le Guide du **routard**

Directeur de collection et auteur
Philippe GLOAGUEN

Cofondateurs
Philippe GLOAGUEN et Michel DUVAL

Rédacteur en chef
Pierre JOSSE

Rédacteurs en chef adjoints
Amanda KERAVEL et Benoît LUCCHINI

Directrice de la coordination
Florence CHARMETANT

Rédaction
Olivier PAGE, Véronique de CHARDON,
Isabelle AL SUBAIHI, Anne-Caroline DUMAS,
Carole BORDES, André PONCELET,
Marie BURIN des ROZIERS, Thierry BROUARD,
Géraldine LEMAUF-BEAUVOIS,
Anne POINSOT, Mathilde de BOISGROLLIER,
Alain PALLIER, Gavin's CLEMENTE-RUÏZ
et Fiona DEBRABANDER

ÎLE
ÎLE

GU00600583

2008

Hachette

Avis aux hôteliers et aux restaurateurs

Les enquêteurs du *Guide du routard* travaillent dans le plus strict anonymat. Aucune réduction, aucun avantage quelconque, aucune rétribution n'est jamais demandé en contrepartie. Face aux aigrefins, la loi autorise les hôteliers et restaurateurs à porter plainte.

Hors-d'œuvre

Le *Guide du routard*, ce n'est pas comme le bon vin, il vieillit mal. On ne veut pas pousser à la consommation, mais évitez de partir avec une édition ancienne. Les modifications sont souvent importantes.

ON EN EST FIERS : www.routard.com

● ***www.routard.com*** ● Tout pour préparer votre périple. Des fiches sur plus de 180 destinations, de nombreuses informations et des services pratiques : photos, cartes, météo, dossiers, agenda, itinéraires, billets d'avion, réservation d'hôtels, location de voitures, visas... Mais aussi un espace communautaire pour échanger ses bons plans et partager ses photos. Sans oublier *routard mag*, ses reportages, ses carnets de route et ses infos pour bien voyager. La boîte à outils indispensable du routard.

Petits restos des grands chefs

Ce qui est bon n'est pas forcément cher ! Partout en France, nous avons dégoté de fameuses petites tables de grands chefs aux prix aussi raisonnables que la cuisine est fameuse. Évidemment, tous les grands chefs n'ont pas été retenus : certains font payer cher leur nom pour une petite table qu'ils ne fréquentent guère. Au total, plus de 700 adresses réactualisées, retenues pour le plaisir des papilles, sans pour autant ruiner voire portefeuille. À proximité des restaurants sélectionnés, 280 hôtels de charme pour prolonger la fête.

Nos meilleurs campings en France

Se réveiller au milieu des prés, dormir au bord de l'eau ou dans une hutte, voici nos 1 700 meilleures adresses, en pleine nature. Du camping à la ferme aux équipements les plus sophistiqués, nous avons sélectionné les plus beaux emplacements : mer, montagne, campagne ou lac. Sans oublier les balades à proximité, les jeux pour enfants... Des centaines de réductions pour nos lecteurs.

Avis aux lecteurs

Les réductions accordées à nos lecteurs ne sont jamais demandées par nos rédacteurs afin de préserver leur indépendance. Les hôteliers et restaurateurs sont sollicités par une société de mailing, totalement indépendante de la rédaction, qui reste donc libre de ses choix. De même pour les autocollants et plaques émaillées.

> Pour que votre pub voyage autant que nos lecteurs,
> contactez nos régies publicitaires :
> ● fbrunel@hachette-livre.fr ●
> ● veronique@routard.com ●

Le contenu des annonces publicitaires insérées dans ce guide n'engage en rien la responsabilité de l'éditeur.

Mille excuses, on ne peut plus répondre individuellement aux centaines de CV reçus chaque année.

TABLE DES MATIÈRES

COMMENT Y ALLER ?

QUITTER L'ÎLE MAURICE

GÉNÉRALITÉS

L'ÎLE MAURICE

LE CENTRE DE L'ÎLE

L'ÎLE RODRIGUES

AU NORD DE L'ÎLE

AU CŒUR DE L'ÎLE 226

À L'EST ET AU SUD DE L'ÎLE 229

À L'OUEST DE L'ÎLE 233

LES GUIDES DU ROUTARD
2008-2009

(dates de parution sur **www.routard.com**)

France

Nationaux

- Nos meilleures chambres d'hôtes en France
- Nos meilleurs campings en France
- Nos meilleurs hôtels et restos en France
- Petits restos des grands chefs
- Tables à la ferme et boutiques du terroir

Régions françaises

- Alpes
- Alsace
- Aquitaine
- Ardèche, Drôme
- Auvergne, Limousin
- Bourgogne
- Bretagne Nord
- Bretagne Sud
- Châteaux de la Loire
- Corse
- Côte d'Azur
- Franche-Comté
- Île-de-France
- Languedoc-Roussillon
- Lorraine
- Lot, Aveyron, Tarn
- Nord-Pas-de-Calais
- Normandie
- Pays basque (France, Espagne), Béarn

- Pays de la Loire
- Poitou-Charentes
- Provence
- Pyrénées, Gascogne

Villes françaises

- Bordeaux
- Lille
- Lyon
- Marseille
- Montpellier
- Nice
- Strasbourg
- Toulouse

Paris

- Junior à Paris et ses environs
- Paris
- Paris balades
- Paris exotique
- Paris la nuit
- Paris sportif
- Paris à vélo
- Paris zen
- Restos et bistrots de Paris
- Le Routard des amoureux à Paris
- Week-ends autour de Paris

Europe

Pays européens

- Allemagne
- Andalousie
- Angleterre, Pays de Galles
- Autriche
- Baléares
- Belgique
- Castille, Madrid (Aragon et Estrémadure)
- Catalogne, Andorre
- Crète
- Croatie
- Écosse
- Espagne du Nord-Ouest (Galice, Asturies, Cantabrie)
- Finlande
- Grèce continentale
- Hongrie, République tchèque, Slovaquie

- Îles grecques et Athènes
- Irlande
- Islande
- Italie du Nord
- Italie du Sud
- Lacs italiens
- Malte
- **Norvège (avril 2008)**
- Pologne et capitales baltes
- Portugal
- Roumanie, Bulgarie
- Sicile
- **Suède, Danemark (avril 2008)**
- Suisse
- Toscane, Ombrie

LES GUIDES DU ROUTARD
2008-2009 (suite)

(dates de parution sur **www.routard.com**)

Villes européennes

- Amsterdam
- Barcelone
- Berlin
- Florence
- Lisbonne
- Londres
- Moscou, Saint-Pétersbourg
- Prague
- Rome
- Venise

Amériques

- Argentine
- Brésil
- Californie
- Canada Ouest et Ontario
- Chili et île de Pâques
- Cuba
- Équateur
- États-Unis, côte Est
- **Floride (novembre 2007)**
- Guadeloupe, Saint-Martin, Saint-Barth
- Guatemala, Yucatán
- **Louisiane (novembre 2007)**
- Martinique
- Mexique
- New York
- Parcs nationaux de l'Ouest américain et Las Vegas
- Pérou, Bolivie
- Québec et Provinces maritimes
- République dominicaine (Saint-Domingue)

Asie

- Bali, Lombok
- Birmanie
- Cambodge, Laos
- Chine (Sud, Pékin, Yunnan)
- Inde du Nord
- Inde du Sud
- Indonésie (voir Bali, Lombok)
- Istanbul
- Jordanie, Syrie
- Malaisie, Singapour
- Népal, Tibet
- Sri Lanka (Ceylan)
- Thaïlande
- **Tokyo-Kyoto (mai 2008)**
- Turquie
- Vietnam

Afrique

- Afrique de l'Ouest
- Afrique du Sud
- Égypte
- Île Maurice, Rodrigues
- Kenya, Tanzanie et Zanzibar
- Madagascar
- Maroc
- Marrakech
- Réunion
- Sénégal, Gambie
- Tunisie

Guides de conversation

- Allemand
- Anglais
- Arabe du Maghreb
- Arabe du Proche-Orient
- Chinois
- Croate
- Espagnol
- Grec
- Italien
- **Japonais (mars 2008)**
- Portugais
- Russe

Et aussi...

- Le Guide de l'humanitaire

Nous tenons à remercier tout particulièrement Loup-Maëlle Besançon, Thierry Bessou, Gérard Bouchu, François Chauvin, Grégory Dalex, Fabrice de Lestang, Cédric Fischer, Carole Fouque, Michelle Georget, David Giason, Lucien Jedwab, Emmanuel Juste, Florent Lamontagne, Philippe Martineau, Jean-Sébastien Petitdemange, Laurence Pinsard, Thomas Rivallain, Déborah Rudetzki, Claudio Tombari et Solange Vivier pour leur collaboration régulière.

Et pour cette nouvelle collection, nous remercions aussi :

David Alon et Andréa Valouchova
Bénédicte Bazaille
Jean-Jacques Bordier-Chêne
Nathalie Capiez
Louise Carcopino
Florence Cavé
Raymond Chabaud
Alain Chaplais
Bénédicte Charmetant
Cécile Chavent
Stéphanie Condis
Agnès Debiage
Tovi et Ahmet Diler
Céline Druon
Nicolas Dubost
Clélie Dudon
Aurélie Dugelay
Sophie Duval
Alain Fisch
Aurélie Gaillot
Alice Gissinger
Adrien et Clément Gloaguen
Romuald Goujon
Stéphane Gourmelen
Claudine de Gubernatis
Xavier Haudiquet
Claude Hervé-Bazin
Bernard Hilaire
Sébastien Jauffret

François et Sylvie Jouffa
Hélène Labriet
Lionel Lambert
Francis Lecompte
Jacques Lemoine
Sacha Lenormand
Valérie Loth
Philippe Melul
Delphine Ménage
Kristell Menez
Delphine Meudic
Éric Milet
Jacques Muller
Alain Nierga et Cécile Fischer
Hélène Odoux
Caroline Ollion
Nicolas Pallier
Martine Partrat
Odile Paugam et Didier Jehanno
Xavier Ramon
Dominique Roland et Stéphanie Déro
Corinne Russo
Caroline Sabljak
Prakit Saiporn
Jean-Luc et Antigone Schilling
Laurent Villate
Julien Vitry
Fabian Zegowitz

Direction : Nathalie Pujo
Contrôle de gestion : Joséphine Veyres et Céline Déléris
Responsable éditoriale : Catherine Julhe
Édition : Matthieu Devaux, Magali Vidal, Marine Barbier-Blin, Géraldine Péron, Jean Tiffon, Olga Krokhina, Virginie Decosta, Caroline Lepeu et Delphine Ménage
Secrétariat : Catherine Maîtrepierre
Préparation-lecture : Danielle Blondy
Cartographie : Frédéric Clémençon et Aurélie Huot
Fabrication : Nathalie Lautout et Audrey Detournay
Couverture : Seenk
Direction marketing : Dominique Nouvel, Lydie Firmin et Juliette Caillaud
Responsable partenariats : André Magniez
Édition partenariats : Juliette Neveux et Raphaële Wauquiez
Informatique éditoriale : Lionel Barth
Relations presse France : COM'PROD, Fred Papet ☎ 01-56-43-36-38 ● info@com prod.fr ●
Relations presse : Martine Levens (Belgique) et Maureen Browne (Suisse)
Régie publicitaire : Florence Brunel

Remerciements

Merci à Kit, ainsi qu'à Roselyne Hauchler de l'office de tourisme de Port-Louis.

LES QUESTIONS QU'ON SE POSE LE PLUS SOUVENT

➤ *Quels sont les papiers indispensables pour se rendre à l'Île Maurice et à Rodrigues ?*

Un passeport valable 6 mois après la date du retour, ainsi qu'un billet d'avion retour.

➤ *Quel est le temps de vol ?*

Environ 11h de vol. Ajouter 1h30 de vol pour rejoindre Rodrigues.

➤ *Quel est le décalage horaire ?*

3h de plus en hiver et 2h en été.

➤ *Quels sont les vaccins indispensables ?*

Aucun vaccin obligatoire. Être à jour de ses vaccins traditionnels. Pour la fièvre jaune, on vous demandera votre carnet de vaccination si vous venez d'un pays à risque.

➤ *Quel est le coût de la vie ?*

Réputée pour être une île « pour les riches », on trouve en fait de nombreux logements chez l'habitant pour un prix très acceptable, autour de 40 € pour deux. Quant aux restos, on peut très bien manger pour 2 fois moins cher qu'en France.

➤ *Quel est le climat ?*

Beau et chaud toute l'année. Les températures baissent en hiver (notre été, de juin à septembre), et la période cyclonique s'étend de janvier à mars, rendant l'atmosphère chaude et humide. La meilleure période va d'avril à juin et de septembre à octobre.

➤ *Quel est le mode de déplacement le plus pratique ?*

Soit la location de voiture un jour par-ci par-là, soit le taxi avec chauffeur qui vous balade toute la journée (parfois moins cher que la location). Comme l'île est petite, on en a vite fait le tour.

➤ *Quelle langue parle-t-on ?*

Officiellement l'anglais, mais dans la pratique les Mauriciens parlent le français, qui devient ici un délicieux créole.

➤ *Toutes les plages sont-elles sans danger ?*

Maurice est le paradis des nageurs. Protégées par un lagon sur presque tout le pourtour de l'île, les eaux sont calmes, regorgent de poissons tropicaux et ne présentent aucun danger (attention tout de même, il y a parfois des oursins).

➤ *Peut-on pratiquer la plongée ici sans problème quand on est débutant ?*

S'il y a un pays idéal pour débuter la plongée, c'est bien celui-ci ! Eaux chaudes, absence de danger, faune et flore d'une grande variété... Le pied !

➤ *Est-ce une destination pour les enfants ?*

Les enfants qui aiment l'eau seront au paradis. Et ceux qui détestent... en enfer.

➤ *Peut-on faire des randonnées à l'intérieur de l'île ?*

Rien à voir avec la Réunion, bien sûr, mais de plus en plus de sentiers sont balisés. Il existe même un parc naturel bien aménagé pour la rando.

➤ *Le pays est-il dangereux ?*

Pour trouver des gens plus affables et plus doux que les Mauriciens, il faut se lever de bonne heure ! Rien à craindre sur le plan sécurité, si ce n'est quelques pickpockets sur certaines plages et des vols malheureusement de plus en plus fréquents dans les locations.

➤ *En quoi Rodrigues est-elle différente de l'île Maurice ?*

Le tourisme se développe peu à peu. L'atmosphère y est tranquille, l'accueil sincère. On vient moins à Rodrigues pour la baignade (les plages sont plus grandes et plus sûres à Maurice) que pour sillonner ce bout d'île et surtout aller à la rencontre des habitants. D'ailleurs, on dénombre plus de gîtes et de chambres d'hôtes que d'hôtels.

COMMENT Y ALLER ?

LES LIGNES RÉGULIÈRES

Depuis la France métropolitaine

▲ AIR FRANCE
– Rens et résa : ☎ 36-54 (0,34 €/mn – tlj, 24h/24), sur ● airfrance.fr ●, dans les agences Air France et dans ttes les agences de voyages. Fermées dim.
➢ Air France assure 1 vol quotidien direct, plus 9 vols par semaine en partage de codes avec Air Mauritius à destination de l'île Maurice, au départ de l'aéroport Paris-Charles-de-Gaulle, Terminal 2C.
Air France propose une gamme de tarifs accessibles à tous : du *Tempo 1* (le plus souple) au *Tempo 5* (le moins cher) selon les destinations. Pour les moins de 25 ans, Air France offre des tarifs très attractifs *Tempo Jeunes*, ainsi qu'une carte de fidélité (Fréquence Jeune) gratuite et valable sur l'ensemble des compagnies membres de *Skyteam*. Cette carte permet de cumuler des *miles*.
Tous les mercredis dès 0h, sur ● airfrance.fr ●, Air France propose les tarifs « Coup de cœur », une sélection de destinations en France pour des départs de dernière minute.
Sur Internet, possibilité de consulter les meilleurs tarifs du moment, rubriques « Offres spéciales », « Promotions ».

▲ AIR MAURITIUS
– Paris : 5, bd de la Madeleine, 75001. ☎ 0890-710-315 (0,15 €/mn). ● air-mauritius.fr ● Ⓜ *Havre-Caumartin* ou *Madeleine*.
➢ La compagnie nationale, en partage de codes avec Air France, relie l'île Maurice à Paris-Charles-de-Gaulle 2C, sans escale (11h30 de vol) jusqu'à 3 fois/j. ; départ dans la soirée, arrivée le lendemain matin. Possibilité d'acheter son billet en ligne sur leur site internet.
Intéressant : Air Mauritius offre des vidéos individuelles en classe économique. Au départ de Maurice, liaisons vers la Réunion, les Seychelles, l'île Rodrigues, Madagascar et l'Afrique du Sud.

▲ CORSAIRFLY
– Rens : ☎ 0820-042-042 (0,12 €/mn). ● corsairfly.com ● (paiement en ligne sécurisé) ou dans ttes les agences de voyages.
➢ Compagnie aérienne régulière, Corsairfly propose 2 vols hebdomadaires à destination de l'île Maurice au départ de Paris-Orly-Sud (dont un avec escale à Lyon, le mardi). Tous les trajets se font de nuit.

▲ EMIRATES AIRLINES
– Paris : 69, bd Haussmann, 75008. ☎ 01-53-05-35-35. ● emirates.com/fr ● Ⓜ *Saint-Lazare* ou RER : *Auber*. Au 3ᵉ étage. Lun-ven 10h-12h30, 14h-17h30.
➢ Six vols par semaine vers Maurice depuis Paris-Charles-de-Gaulle 2C et 3 vols hebdomadaires au départ de Nice. Prévoir 16h de voyage, en comptant l'escale de 2h à Dubaï.

Depuis la Réunion

Pour les liaisons aériennes et maritimes, se reporter au chapitre « Quitter l'île Maurice » ci-dessous. Elles sont identiques dans les deux sens.

LES ORGANISMES DE VOYAGES

– Ne pas croire que les vols à tarif réduit sont tous au même prix pour une même destination à une même époque : loin de là. On a déjà vu, dans un même avion partagé par deux organismes, des passagers qui avaient payé 40 % plus cher que les autres. De plus, une agence bon marché ne l'est pas forcément toute l'année (elle peut n'être compétitive qu'à certaines dates bien précises). Donc, contactez tous les organismes et jugez vous-même.
– Les organismes cités sont classés par ordre alphabétique, pour éviter les jalousies et les grincements de dents.

EN FRANCE

▲ BOURSE DES VOLS / BOURSE DES VOYAGES
– Infos : ● bdv.fr ● ou par téléphone au ☎ 0892-888-949 (0,34 €/mn), lun-sam 8h-22h.
Agence de voyages en ligne, bdv.fr propose une vaste sélection de vols secs, séjours et circuits à réserver en ligne ou par téléphone. Pour bénéficier des meilleurs tarifs aériens, même à la dernière minute, le service de Bourse des Vols référence en temps réel un large panel de vols réguliers, charters et dégriffés au départ de Paris et de nombreuses villes de province à destination du monde entier ! Programme les offres d'une trentaine de tour-opérateurs spécialistes.

▲ CLUB FAUNE
– Paris : 22, rue Duban, 75016. ☎ 01-42-88-31-32. Fax : 01-45-24-31-29.
● club-faune.com ●
Spécialiste du voyage sur mesure, ce tour-opérateur propose une belle gamme d'hôtels de prestige, ainsi qu'une sélection d'hôtels à budget moyen au bon rapport qualité-prix. Club Faune s'est aussi intéressé aux nouveaux hôtels du Sud de l'île, hors des sentiers battus.

▲ DIRECTOURS
– Paris : 90, av. des Champs-Élysées, 75008. ☎ 01-45-62-62-62. Ⓜ George-V. Depuis la province : ☎ 0811-90-62-62 (prix d'un appel local).
● directours.com ● Lun-ven 10h-18h ; sam 11h-18h.
Directours présente la particularité de s'adresser directement au public, en vendant ses voyages par Internet et téléphone, ou encore à son agence, sans intermédiaire.
Spécialiste des voyages à la carte, Directours propose une grande variété de destinations, dont les îles de l'océan Indien.
Directours vend aussi des vols secs et des locations de voitures.

▲ EXPEDIA.FR
☎ 0892-301-300 (0,34 €/mn), lun-ven 8h-20h, sam 9h-19h. ● expedia.fr ●
Expedia.fr permet de composer son voyage sur mesure en choisissant ses billets d'avion, hôtels et location de voitures à des prix très intéressants. Possibilité de comparer les prix de 6 grands loueurs de voitures et de profiter de tarifs négociés sur 20 000 hôtels de 1 à 5 étoiles dans le monde entier. Également la possibilité de réserver à l'avance et en même temps que son voyage des billets pour des spectacles ou musées aux dates souhaitées.

▲ ILES-RESA.COM
– Téléphoner pour connaître leur nouvelle adresse. ☎ 01-56-69-25-25.
● iles-resa.com ● Tlj 8h-22h.
Ce tour-opérateur en ligne, spécialiste des îles, permet de réserver son voyage sur mesure à l'île Maurice... Iles-resa.com propose des formules de séjour dans toutes les catégories de la maison d'hôtes à l'hôtellerie de grand luxe, selon son budget et parmi plus de 250 hôtels insulaires référencés dans

plus de 100 îles du monde. Chaque île ou archipel est décliné dans un sous-site qui présente la destination dans le moindre détail : séjours hôteliers, locations et promotions.

Consultation des offres, des disponibilités, des tarifs et réservations en ligne, avec paiement sécurisé, ou par téléphone auprès du bureau parisien.

▲ JET TOURS

– *Rens :* ☎ *0825-302-010 (0,15 €/mn).* ● *jettours.com* ●

La brochure « Les Voyages à la carte » est disponible dans toutes les agences de voyages.

Les voyages à la carte Jet tours permettent de voyager en toute liberté sans souci de réservation, soit en choisissant des itinéraires suggérés (itinéraires au volant avec ou sans chauffeur, randonnées, excursions, escapades et sorties), soit en composant soi-même son voyage (vols secs, voiture de location, hébergements à la carte).

Jet tours propose aussi des hébergements authentiques, des adresses de charme, des maisons d'hôtes, des hôtels design...

Avec les voyages à la carte de Jet tours, vous pourrez découvrir de nombreuses destinations et notamment l'île Maurice.

▲ LASTMINUTE.COM

– *Rens :* ☎ *0899-785-000 (1,34 € l'appel TTC puis 0,34 €/mn) ou sur* ● *lastminute.com* ● *et dans 9 agences de voyages situées à Paris, Aix-en-Provence, Bordeaux, Lyon, Montpellier, Nice et Toulouse.*

● lastminute.com ● propose une vaste palette de voyages et de loisirs : billets d'avion, séjours sur mesure ou clé en main, week-ends, hôtels, locations en France, location de voitures, spectacles, restaurants... pour penser ses vacances selon ses envies et ses disponibilités.

▲ LOOK VOYAGES

– *Rens et résa :* ● *look-voyages.fr* ●

Les brochures sont disponibles dans toutes les agences de voyages.

Ce tour-opérateur propose une grande variété de produits et de destinations pour tous les budgets : séjours en clubs *Lookéa,* séjours classiques en hôtels, des circuits « découverte », des autotours et des croisières.

▲ NOUVELLES FRONTIÈRES

– *Rens et résa dans tte la France :* ☎ *0825-000-825 (0,15 €/mn).* ● *nouvelles-frontieres.fr* ●

Les 13 brochures Nouvelles Frontières sont disponibles gratuitement dans les 210 agences du réseau, par téléphone et sur Internet.

Plus de 30 ans d'existence, 1 400 000 clients par an, 250 destinations, une chaîne d'hôtels-clubs *Paladien* et une compagnie aérienne, *Corsair.* Pas étonnant que Nouvelles Frontières soit devenu une référence incontournable, notamment en matière de tarifs. Le fait de réduire au maximum les intermédiaires permet d'offrir des prix « super-serrés ». Un choix illimité de formules vous est proposé : des vols sur la compagnie aérienne de Nouvelles Frontières au départ de Paris et de province, en classe Horizon ou Grand Large, et sur toutes les compagnies aériennes régulières, avec une gamme de tarifs selon votre budget. Sont également proposés toutes sortes de circuits, aventure ou organisés ; des séjours en hôtels, en hôtels-clubs et en résidences ; des week-ends, des formules à la carte (vol, nuits d'hôtel, excursions, location de voitures...).

Avant le départ, des réunions d'information sont organisées. Intéressant : des brochures thématiques (plongée, rando, trek, thalasso).

▲ ONE WAY BLEU

– *Avon : 2, rue Gambetta, 77210.* ☎ *01-60-39-53-30.* ● *onewaybleu.fr* ●

One Way Bleu est un tour-opérateur qui sillonne l'océan Indien et l'île Maurice tout particulièrement, à la recherche d'hôtels, de *lodges* et de villas pri-

vées, qui révèlent au mieux les ambiances et les richesses propres à chaque région. Vous faire découvrir leurs coups de cœur pour un lieu, un site, une ambiance, telle est leur ambition.

Leur présence locale, depuis plus de 10 ans, leur a permis de développer, entre autres, une sélection de près de 250 villas privées notées et classées avec service personnalisé. Confiez-leur vos envies de découverte, de farniente ou d'aventures insolites, vos exigences et vos souhaits et ils élaboreront avec vous le séjour le plus adapté à vos rêves. Brochure virtuelle à consulter sur Internet. Brochure « Villas privées » envoyée gratuitement sur demande.

▲ RELAIS DES ÎLES / PARTIR PAS CHER.COM

– *Paris : 9, rue-aux-Ours, 75003.* ☎ *01-44-54-89-89. Call center :* ☎ *01-53-14-60-00 (tlj 24h/24).* ● *relais-des-iles.com* ● Ⓜ *Étienne-Marcel. Lun-ven 10h-20h ; sam 10h-19h.*

Tour-opérateur spécialiste des îles paradisiaques, revendant directement au public. Des Caraïbes à l'océan Indien en passant par l'Asie et la Méditerranée, Relais des Îles vous propose l'avis et le conseil de spécialistes de ces destinations.

▲ TERRES DE CHARME & ÎLES DU MONDE

– *Paris : 19, av. Franklin-D.-Roosevelt, 75008.* ☎ *01-55-42-74-10.* ● *terresdecharme.com* ● *ilesdumonde.com* ● Ⓜ *Franklin-D.-Roosevelt. Lun-ven 10h-18h30 ; sam 13h30-19h.*

Terres de Charme et Îles du Monde ont la particularité d'organiser des voyages « sur mesure » haut de gamme, partout dans le monde, pour ceux qui souhaitent voyager à deux, en famille ou entre amis. Des séjours et des circuits rares et insolites, regroupés selon différents thèmes, dont « charme de la mer et des îles », avec un hébergement allant du douillet au grand luxe mais toujours de charme.

▲ TROPICALEMENT VÔTRE

– *Paris : 43-45, rue Basfroi, 75011.* ☎ *01-43-70-99-55. Fax : 01-43-70-99-77.* ● *tropicalement-votre.com* ● Ⓜ *Voltaire. Lun-ven 9h-19h ; sam 9h-18h.*

Séjours en hôtels de charme, location de villas pieds dans l'eau, combinés inter-îles avec la Réunion ou Rodrigues, séjours sportifs et plongée, voyages de noces.

Les membres de l'équipe connaissent très bien les séjours qu'ils conseillent. Vente directe au public à prix raisonnables.

▲ VOYAGEURS DANS LES ÎLES

Le grand spécialiste du voyage en individuel sur mesure. ● *vdm.com* ●

– *Paris : La Cité des Voyageurs, 55, rue Sainte-Anne, 75002.* ☎ *0892-236-262 (0,34 €/mn). Fax : 01-42-86-16-49.* Ⓜ *Opéra ou Pyramides. Lun-sam 9h30-19h.*

– *Bordeaux : 28, rue Mably, 33000.* ☎ *0892-234-834 (0,34 €/mn).*

– *Grenoble : 16, bd Gambetta, 38000.* ☎ *0892-233-533 (0,34 €/mn).*

– *Lille : 147, bd de la Liberté, 59000.* ☎ *0892-234-634 (0,34 €/mn). Fax : 03-20-06-76-31.*

– *Lyon : 5, quai Jules-Courmont, 69002.* ☎ *0892-231-261 (0,34 €/mn). Fax : 04-72-56-94-55.*

– *Marseille : 25, rue Fort-Notre-Dame (angle cours d'Estienne-d'Orves), 13001.* ☎ *0892-233-633 (0,34 €/mn). Fax : 04-96-17-89-18.*

– *Montpellier : 7, rue de Verdun, 34000. Ouverture prévue en 2007.*

– *Nantes : 22, rue Crébillon, 44000.* ☎ *0892-230-830 (0,34 €/mn). Fax : 02-40-20-64-38.*

– *Nice : 4, rue du Maréchal-Joffre (angle rue de Longchamp), 06000.* ☎ *0892-232-732 (0,34 €/mn). Fax : 04-97-03-64-60.*

– *Rennes : 31, rue de la Parcheminerie, 35102.* ☎ *0892-230-530 (0,34 €/mn). Fax : 02-99-79-10-00.*

Voyageurs
DANS LES ÎLES

© OT Maurice / LIC.075950346

Traducteurs de vos envies, interprètes d'une destination

nos spécialistes de l'île Maurice créent votre voyage sur mesure

Demande de brochures - Devis personnalisé

0892 23 62 62 - **www.vdm.com**

[0,34€ ttc/mn]

– Rouen : 17-19, rue de la Vicomté, 76000. ☎ 0892-237-837 (0,34 €/mn). Fax : 02-32-10-82-58.
– Toulouse : 26, rue des Marchands, 31000. ☎ 0892-232-632 (0,34 €/mn). Fax : 05-34-31-72-73. Ⓜ Esquirol.
Sur les conseils d'un spécialiste de chaque pays, chacun peut construire un voyage à sa mesure...
Pour partir à la découverte de plus de 120 pays, 100 conseillers-voyageurs, de près de 30 nationalités et grands spécialistes des destinations, donnent des conseils, étape par étape et à travers une collection de 27 brochures, pour élaborer son propre voyage en individuel.
Voyageurs du Monde propose également une large gamme de circuits accompagnés (Famille, Aventure, Routard...). Voyageurs du Monde a développé une politique de « vente directe » à ses clients, sans intermédiaire.
Dans chacune des *Cités des Voyageurs,* tout rappelle le voyage : librairies spécialisées, boutiques d'accessoires de voyage, restaurant des cuisines du monde, *lounge*-bar, expositions-ventes d'artisanat ou encore dîners et cocktails-conférences. Toute l'actualité de VDM à consulter sur leur site internet.

▲ VOYAGES-SNCF.COM

Voyages-sncf.com, 1re agence de voyages sur Internet, propose des billets de train, d'avion, des chambres d'hôtel, des locations de voitures et des séjours clés en main ou Alacarte® sur plus de 600 destinations et à des tarifs avantageux.
Leur site ● voyages-sncf.com ● permet d'accéder tlj, 24h/24 à plusieurs services : envoi gratuit des billets à domicile, Alerte Résa pour être informé de l'ouverture des réservations et profiter du plus grand choix, calendrier des meilleurs prix (TTC), mais aussi des offres de dernière minute et des promotions...
Et grâce à l'Éco-comparateur, en exclusivité sur ● www.voyages-sncf.com ●, possibilité de comparer le prix, le temps de trajet et l'indice de pollution pour un même trajet en train, en avion ou en voiture.

EN BELGIQUE

▲ ALIZÉS TRAVEL

– Bruxelles : av. Hansen-Soulie, 83, 1040. ☎ 02-735-60-89. Fax : 02-735-17-87. ● alizestravel.be ●
La magie des îles à prix doux.

▲ NOUVELLES FRONTIÈRES

– Bruxelles (siège) : bd Lemonnier, 2, 1000. ☎ 02-547-44-22. Fax : 02-547-44-99. ● nouvelles-frontieres.be ●
– Également d'autres agences à *Bruxelles, Charleroi, Liège, Mons, Namur, Waterloo, Wavre* et au *Luxembourg.*
Plus de 30 ans d'existence, 250 destinations, une chaîne d'hôtels-clubs *Paladien.* Pas étonnant que Nouvelles Frontières soit devenu une référence incontournable, notamment en matière de tarifs. Le fait de réduire au maximum les intermédiaires permet d'offrir des prix « super-serrés ».

▲ TAXISTOP

Pour ttes les adresses Airstop, *un seul numéro de téléphone :* ☎ 070-233-188. ● airstop.be ● Lun-ven 10h-17h30.
– Taxistop Bruxelles : rue Fossé-aux-Loups, 28, 1000. ☎ 070-222-292. Fax : 02-223-22-32.
– Airstop Bruxelles : rue Fossé-aux-Loups, 28, 1000. Fax : 02-223-22-32.
– Airstop Anvers : Sint Jacobsmarkt, 84, 2000. Fax : 03-226-39-48.
– Airstop Bruges : Dweersstraat, 2, 8000. Fax : 050-33-25-09.
– Airstop Courtrai : Badastraat, 1A, 8500. Fax : 056-20-40-93.
– Taxistop Gand : Maria Hendrikaplein, 65B, 9000. ☎ 070-222-292. Fax : 09-242-32-19.

D 11
JOIÑESSE
Bourg
HEUREUSEMENT,
ON NE VOUS PROPOSE
PAS QUE LE TRAIN.
JOHANNESBURG,
TOUTE L'AFRIQUE
ET LE RESTE DU MONDE.
Voyages-sncf.com
Voyages-sncf.com, première agence de voyage sur Internet avec plus de 600 destinations dans le monde, vous propose ses meilleurs prix sur les billets d'avion et de train, les chambres d'hôtel, les séjours et la location de voiture. Accessible 24h/24, 7j/7.

– *Airstop Gand : Maria Hendrikaplein, 65, 9000. Fax : 09-242-32-19.*
– *Airstop Louvain : Maria Theresiastraat, 125, 3000. Fax : 016-23-26-71.*
– *Taxistop Ottignies : bd Martin, 27, 1340. Fax : 010-24-26-47.*

EN SUISSE

▲ L'ÈRE DU VOYAGE
– *Nyon : Grand-Rue, 21, 1260.* ☎ *022-365-15-65.* ● *ereduvoyage.ch* ●
Agence fondée par quatre professionnelles qui ont la passion du voyage.
Elles pourront vous conseiller et vous faire part de leur expérience sur plus
de 80 pays, dont l'île Maurice. Des billets d'avion à tarif préférentiel, tours du
monde et voyages en famille.

▲ NOUVELLES FRONTIÈRES
– *Genève : 10, rue Chantepoulet, 1201.* ☎ *022-906-80-80. Fax : 022-906-80-90.*
– *Lausanne : 19, bd de Grancy, 1006.* ☎ *021-616-88-91. Fax : 021-616-88-01.*
(Voir texte dans la partie « En France ».)

AU QUÉBEC

▲ CLUB VOYAGES
☎ *1-877-7-étoile pour connaître l'adresse de l'agence Club Voyages la plus proche (il y en a 102 au Québec).*
Club Voyages offre des vols vers tous les continents au départ du Canada.
Sa spécialité : la formule avion + auto. Club Voyages est membre du groupe
Transat A.T. Inc.

NOUVEAUTÉ

BALI, LOMBOK (mai 2008)

Bali et Lombok possèdent des charmes différents et complémentaires. Bali, l'« île des dieux », respire toujours charme et beauté. Un petit paradis qui rassemble tout ce qui est indispensable à des vacances réussies : de belles plages dans le sud, des montagnes extraordinaires couvertes de temples, des collines riantes sur lesquelles les rizières étagées forment de jolies courbes dessinées par l'homme, une culture vivante et authentique et surtout, l'essentiel, une population d'une étonnante gentillesse, d'une douceur presque mystique. Et puis voici Lombok, à quelques encablures, qui signifie « piment » en javanais et appartient à l'archipel des îles de la Sonde. La vie y est plus rustique, le développement touristique plus lent. Tant mieux. Les plages, au sud, sont absolument magnifiques et les Gili Islands, à deux pas de Lombok, attirent de plus en plus les amateurs de plongée. Paysages remarquables, pureté des eaux, simplicité et force du moment vécu... Bali et Lombok, deux aspects d'un même paradis.

QUITTER L'ÎLE MAURICE

L'aéroport est situé au sud-est de l'île, à 7 km de Mahébourg. Il est possible de s'y rendre en bus (arrêt à 300 m de l'aérogare) par la ligne Port-Louis – Mahébourg. Les transferts (payants) peuvent également être assurés par votre hôtel.

Pour des infos sur les départs, composer le ☎ 603-60-22, ainsi que le ☎ 603-30-30 pour les vols Air Mauritius.

EN AVION

Vers l'Europe

Aucune taxe de sortie n'est exigée.
Bien penser à reconfirmer son vol 72h à l'avance.

■ *Compagnies aériennes :* c/o Rogers & Co, Rogers House (plan couleur Port-Louis, A1-2, **9**), 5, rue du Président-Kennedy. *Lun-ven 8h30-16h15 ; sam 8h30-12h. Fermé dim.* La plupart des compagnies aériennes (sauf *British Airways* et *Air Mauritius*) y sont représentées, dont **Air France,** ☎ 202-67-47 *(résa et reconfirmation de vols).* Fax : 212-02-18.

■ *Air Mauritius (plan couleur Port-Louis, A2, **10**) :* rue du Président-Kennedy, Air Mauritius Center, au rez-de-chaussée. ☎ 207-75-75 *(résa et reconfirmation de vols).* ● *airmauritius.com* ● *Lun-ven 8h30-16h15 ; sam 8h30-12h. Fermé dim.*

Vers la Réunion

▲ **AIR AUSTRAL**
– *À l'île Maurice :* c/o Rogers & Co, Rogers House (plan couleur Port-Louis, A1-2, **9**), 5, rue du Président-Kennedy, Port-Louis. ☎ 202-66-77. ● *air-austral.com* ●
– *À la Réunion :* 4, rue de Nice, 97400 Saint-Denis. ☎ 0825-013-012 (0,15 €/mn). ● *reservation@air-austral.com* ● *Également :* 14, rue Archambaud, 97410 Saint-Pierre. ☎ 0825-013-012 (0,15 €/mn). ● *saint-pierre@air-austral.com* ●
– *À Paris :* 2, rue de l'Église, 92200 Neuilly-sur-Seine. ☎ 0825-013-012 (0,15 €/mn). ● *paris@air-austral.com* ●
➢ La compagnie française régionale de l'océan Indien relie l'île Maurice à la Réunion grâce à plusieurs vols quotidiens sur Saint-Denis et Saint-Pierre. *Air Austral* propose également un *pass* océan Indien offrant des avantages tarifaires sur son réseau aérien régional à tout acheteur d'un billet long-courrier vers l'océan Indien. Pour plus de renseignements, consulter leur site internet.

▲ **AIR MAURITIUS**
– *À l'île Maurice :* voir leurs coordonnées plus haut (vols à destination de l'Europe). ● *airmauritius.com* ●
– *À la Réunion :* 13, rue Charles-Gounod, 97400 Saint-Denis. ☎ 02-62-94-83-83. Fax : 02-62-41-23-26. *Également :* 7, rue François-de-Mahy, 97410 Saint-Pierre. ☎ 02-62-96-06-00. Fax : 02-62-96-27-47.
➢ Plusieurs vols quotidiens entre Maurice et Saint-Denis (quelques liaisons avec Saint-Pierre). Il n'est plus nécessaire de reconfirmer ses vols entre la Réunion et Maurice.

LUCAS
SIDA
SACHA

protégez-vous

AID S

www.aides.org

Photo : laurence & lenaud : Espace atharI par le Guidde du koutard.

EN BATEAU

Vers la Réunion

– *En métropole, rens à **l'office de tourisme de l'île Maurice** : 124, bd Haussmann, 75008 Paris.* ☎ *01-44-69-34-50.* Ⓜ *Saint-Augustin.* Théoriquement, ils possèdent les dates de départ précises pour les trajets maritimes. Le calendrier prévisionnel est aussi disponible sur le site ● mscl.mu ●

▲ MAURITIUS PRIDE ET MAURITIUS TROCHETIA

– *Le Mauritius Pride :* ce gros navire propose une liaison entre l'île Maurice et la Réunion. Compter environ 10h de traversée. Six départs par mois (en moyenne). Prix aller-retour en haute saison : 155 € en classe « Loisirs », sièges dans des compartiments, et 230 € en classe « Excellence », cabines spacieuses avec sanitaires et douches. Les véhicules ne sont pas autorisés à bord. Les repas sont inclus dans le prix du billet (sujet à modification).

– *Le Mauritius Trochetia :* ce bateau, tout confort, assure 5 voyages par mois (en moyenne) entre l'île Maurice et la Réunion. Il accueille 108 passagers, en cabine uniquement. Environ 12h de traversée. En haute saison, prévoir entre 195 € en 2de classe et 230 € en 1re classe. Repas compris.

Il est possible d'effectuer l'aller avec l'un des navires et le retour avec l'autre. Pour les deux bateaux, renseignements et réservations : ● mscl.mu ●

– *À l'île Maurice : MSC Coraline Ship Agency Ltd, Nova Building, 1, route Militaire, Port-Louis.* ☎ *217-22-85. Fax : 242-52-45.* ● *msc@coraline.intnet.mu* ● *cinthia.ferret@mscl.mu* ●

– *À la Réunion : SCOAM, 4, av. du 14-Juillet-1789, 97420 Le Port.* ☎ *02-62-42-19-45.* ● *passagers@scoam.fr* ●

– Et dans toutes les agences de voyages.

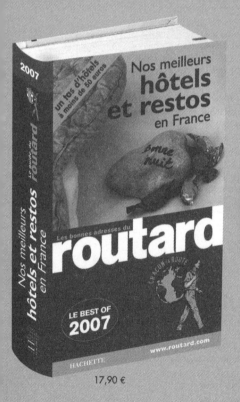

« Un bijou posé dans la mer, un paradis flottant sur l'eau azur, un rêve de sable et de lumière, le paradis exotique... » Maurice ne peut échapper au vocabulaire des brochures. C'est vrai que s'il n'y avait que deux lignes à écrire sur l'île, ce serait une variation sur les thèmes de l'eau, du sable et de la lumière. On y revient sans cesse. Maurice s'est forgé une réputation de destination de stars plus que de routards. Et pourtant, les autorités ont beau faire, s'efforçant de privilégier l'implantation de complexes opulents, ce n'est pas une destination de luxe ! On peut facilement s'en tirer à bon compte. Nulle galère ni embrouille dans cette île facile et confortable. On se laisse aller, au rythme des vaguelettes.

Le lagon est à température constante, tout comme la population, rieuse et amicale. À Maurice, une petite visite par ci, une petite visite par là et hop, on retrouve vite son bout de sable devant son bout de lagon. Plus que les choses, les gens sont à découvert, donc à découvrir. La halte farniente de l'océan Indien a trouvé sa définition : paix et repos. Mélange des peaux, mélange des eaux. Sucré-salé. Méli-mélo de personnalités et chaleur tempérée. Jamais trop chaud, jamais trop frais. On est ici comme en suspension. Pas étonnant qu'on y vienne pour « faire un break ».

ABC DE L'ÎLE MAURICE

- **Population :** 1 240 000 hab.
- **Superficie :** 1 865 km² (65 km sur 48 km).
- **Dépendances :** île Rodrigues, Agaléga et Saint-Brandon. L'archipel des Chagos a été séparé du territoire en 1965 par la Grande-Bretagne.
- **Capitale :** Port-Louis.
- **Langues :** anglais, français, créole, bhojpuri, hindi, tamoul, telegu, urdu, hakka.
- **Monnaie :** roupie mauricienne (Rs).
- **Régime :** démocratie parlementaire.
- **Chef de l'État :** Anerood Jugnauth depuis 2003.
- **Chef du gouvernement :** Navin Ramgoolam depuis juillet 2005.
- **Devise :** « L'étoile et la clé de l'océan Indien. »
- **Drapeau :** le quadricolore, rouge (représentant le flamboyant), bleu (la mer), jaune (le soleil) et vert (la végétation).
- **Salaire mensuel moyen :** environ 8 000 Rs (200 €).

AVANT LE DÉPART
Adresses utiles

En France

🄸 **Office de tourisme de l'île Maurice :** 124, bd Haussmann, 75008 | Paris. ☎ 01-44-69-34-50. ● ot-maurice.com ● Ⓜ Saint-Augustin ou

Miromesnil. Au 1er étage. Lun-ven 10h-13h. Rens par téléphone 9h-18h. En plus des guides pratiques et des brochures habituelles, on y trouve de nombreuses plaquettes d'hôtels (bien pour affiner ses choix). Bons conseils, notamment en matière d'hébergement. Aide personnalisée pour chaque visiteur. Envoi de brochures par courrier.

■ **Ambassade et consulat de la République de Maurice :** 127, rue de Tocqueville, 75017 Paris. ☎ 01-42-27-30-19. ● paris@amb-maurice.fr ● Ⓜ Wagram ou Pereire. Service consulaire lun-ven 10h-12h30.

GÉNÉRALITÉS

En Belgique

Il n'existe pas d'office de tourisme. L'ambassade fournit des informations touristiques (mêmes coordonnées que le consulat ci-dessous) ; consulter également les sites officiels : ● ot-maurice.com ● ilemaurice-tourisme.info ●

■ **Consulat de la République de Maurice :** rue des Bollandistes, 68, Etterbeek, Bruxelles 1040. ☎ 02- 733-99-88. ● ambmaur@skynet.be ● Service consulaire lun-ven 10h30-12h30.

En Suisse

Ni ambassade ni consulat de l'île Maurice. Les ressortissants étrangers ayant besoin d'un visa doivent contacter l'ambassade à Paris (voir coordonnées plus haut).

🛈 **Mauritius Tourism Information Service :** Kirchenweg, 5, Zurich 8032. ☎ 044-388-41-18. ● info@ prw.ch ● ot-maurice.com ● ilemaurice-tourisme.info ● Lun-ven 9h-17h.

Au Canada

Il n'existe pas d'office de tourisme. Mais le bureau d'Air Mauritius peut fournir des renseignements.

■ **Air Mauritius :** Airways Center Business Park, 5915 Airport Road, Suite 830, Mississauga (Ontario) L4V-1T1. ☎ (800) 363-96-75 ou (905) 405-01-88. ● airmauritius.ca ●
■ **Consulat honoraire de la République de Maurice :** 606, rue Cathcart, suite 200, Montréal (Québec) H3B-1K9. ☎ (514) 393-95-00. ● info@gga-mtl.ca ● Lun-ven 9h-17h. Téléphoner avant de se déplacer, pour s'assurer de la présence et de la disponibilité du personnel (non permanent) de ce consulat honoraire.

Formalités d'entrée

Pas de visa nécessaire pour les Français, Belges, Suisses, Luxembourgeois et Canadiens (liste non exhaustive) pour un séjour qui n'excède pas 3 mois, mais un passeport valable encore au moins 6 mois après la date envisagée du retour est exigé, ainsi qu'un billet de retour (à présenter à la douane). Vous devez également être en mesure de prouver que vous avez de quoi assurer financièrement votre séjour. À l'arrivée à l'aéroport, on vous demandera dans quel hôtel vous allez descendre. Prenez n'importe lequel, mais **ne dites surtout pas que vous ne savez pas.** Il est déjà arrivé que certains touristes qui n'avaient pas d'adresse de logement repartent par le premier avion ! Les routards ne sont pas la clientèle favorite de l'île Maurice.

Pour obtenir un visa touristique, les étrangers résidant en France doivent en faire la demande auprès de l'ambassade à Paris (voir coordonnées plus haut) au minimum 1 mois avant le départ.
Voir la liste des nationalités qui ont besoin d'un visa sur le site (en anglais) :
● gov.mu ● Cliquer sur le lien non-citizen.
Pour prolonger votre séjour jusqu'à 6 mois maximum, la demande (gratuite) s'effectue auprès du bureau des passeports et de l'immigration (voir ci-dessous). Il faut présenter une copie du passeport, son billet de retour, une lettre d'hébergement (ou réservation d'hôtel) et pouvoir justifier de 100 $ par jour.

■ *Bureau des passeports et de l'immigration :* Sterling House, 9-11, rue Lislet-Geoffroy, Port-Louis. ☎ *(00-230) 210-93-12 à 19. Fax :* *(00-230) 210-93-22.* ● *gov.mu* ● *(cliquer sur le lien non-citizen). Lun-ven 10h-12h, 13h-14h.*

Douane

Vous avez le droit d'apporter 250 cigarettes, 1 l de spiritueux (les Mauriciens adorent le whisky), 2 l de vin et seulement 25 cl d'eau de toilette et 10 cl de parfum.
Attention, si vous êtes allé dernièrement dans des régions affectées par la fièvre jaune, les douaniers vous demanderont votre certificat de vaccination. Pour les autres vaccins à prévoir, lire également la rubrique « Santé ».

Carte internationale d'étudiant (carte ISIC)

Elle prouve le statut d'étudiant dans le monde entier et permet de bénéficier de tous les avantages, services, réductions étudiants du monde. Soit plus de 37 000 avantages concernant les transports, dont plus de 8 000 en France, les hébergements, la culture, les loisirs... C'est la clé de la mobilité étudiante ! La carte ISIC donne aussi accès à des avantages exclusifs sur le voyage (billets d'avion spéciaux, assurances voyage, carte de téléphone internationale, cartes SIM, location de voitures, navette aéroport...).
Pour plus d'informations sur la carte ISIC et pour la commander en ligne, rendez-vous sur les sites internet propres à chaque pays.

Pour l'obtenir en France

Se présenter dans l'une des agences des organismes mentionnés ci-dessous (émission immédiate) avec une preuve du statut d'étudiant (carte d'étudiant, certificat de scolarité...), une photo d'identité et 12 € (ou 13 € par correspondance, incluant les frais d'envoi des documents d'information sur la carte). Émission immédiate.
Pour localiser un point de vente proche de chez vous : ● isic.fr ● ou ☎ 01-49-96-96-49.

■ *OTU Voyages :* ☎ *01-55-82-32-32.* ● *otu.fr* ● pour connaître l'agence la plus proche de chez vous. Possibilité de commander en ligne la carte ISIC.
■ *Voyages Wasteels :* ☎ *0825-88-* *70-70 (0,12 €/mn).* ● *wasteels.fr* ● pour être mis en relation avec l'agence la plus proche de chez vous. Propose également une commande en ligne de la carte ISIC.

En Belgique

La carte coûte 9 € et s'obtient sur présentation de la carte d'identité, de la carte d'étudiant et d'une photo auprès de :
■ *Connections :* rens au ☎ *02-550-01-00.* ● *isic.be* ●

En Suisse

Dans toutes les agences STA Travel (☎ 058-450-40-00), sur présentation de la carte d'étudiant, d'une photo et de 20 Fs. Commande de la carte en ligne : ● isic.ch ● ou ● statravel.ch ●

■ **STA Travel :** 3, rue Vignier, 1205 Genève. ☎ 058-450-48-30.

■ **STA Travel :** 20, bd de Grancy, 1015 Lausanne. ☎ 058-450-48-50.

ARGENT, BANQUES, CHANGE

Monnaie

La monnaie locale est la *roupie mauricienne,* avec des coupures de 25, 50, 100, 200, 500, 1 000 et 2 000 roupies, ainsi que des pièces de 5 et 10 roupies. Elle se divise en centimes (les « sous »), avec des pièces de petite monnaie (5, 10, 20 et 50 sous). L'abréviation est « 10 Rs » pour 10 roupies.

Taux de change

Difficile d'être vraiment précis à ce sujet, le cours variant parfois d'une semaine sur l'autre. Début 2007, 1 € s'échangeait contre environ 40 Rs (taux de conversion que nous avons choisi dans le guide). Toutefois, mieux vaut garder en tête que la fourchette moyenne est comprise entre 35 et 45 Rs pour 1 €. Deux conséquences : d'une part, les tarifs annoncés en roupies fluctuent selon le cours ; d'autre part, de nombreux professionnels du tourisme n'indiquent leurs prix qu'en euros pour se préserver des trop grandes variations.

Banques et bureaux de change

Aucun problème pour changer des euros sur place : banques et bureaux de change se trouvent dans toutes les villes importantes. Ils font le change des billets comme des chèques de voyage *(travellers).* Les changeurs privés proposent, en général, un meilleur taux que les banques. Vérifier tout de même le reçu et recompter l'argent remis. Il arrive qu'un employé tente de s'octroyer d'office une commission.

Le taux de change est un peu moins intéressant pour les *travellers.* S'il est identique (en apparence), le bureau de change retiendra une commission (légale, cette fois).

– *Horaires des banques :* lun-ven 9h-15h *(17h pour certaines).* Dans les secteurs touristiques, les bureaux de change sont ouverts en général le samedi toute la journée ainsi que, parfois, les dimanche matin et jours fériés.

Cartes de paiement

Les cartes de paiement sont acceptées dans la plupart des hôtels, restos (sauf les bouis-bouis) et boutiques, mais pas dans les stations-service. Pas de problème pour trouver des guichets automatiques acceptant la plupart des cartes de paiement. Éviter cependant de retirer à tout bout de champ de petites sommes : commissions salées garanties à la fin du séjour ! À propos des commissions : se méfier aussi des frais de transactions parfois prohibitifs (jusqu'à 10 % !) prélevés par certaines banques mauriciennes, à l'occasion de paiements effectués depuis l'Europe (lors du règlement d'une partie du montant d'un séjour, par exemple). Se renseigner avant.

En cas de problème (perte, vol), sachez que chaque banque gère elle-même le processus d'opposition et le numéro de téléphone correspondant, et ce quelle que soit la carte ! Avant de partir, notez donc bien le numéro d'opposition propre à votre banque en France (il figure souvent au dos des tickets de retrait, sur votre contrat ou à côté des distributeurs de billets), ainsi que le numéro à 16 chiffres de votre carte. Bien entendu, conservez ces informations en lieu sûr, et séparément de votre carte. L'assistance médicale se limite aux 90 premiers jours du voyage.

– **MasterCard :** assistance médicale incluse ; numéro d'urgence : ☎ (00-33) 1-45-16-65-65. En cas de perte ou de vol, composez le numéro communiqué par votre banque. ● mastercardfrance.com ●

– **Carte American Express :** en cas de pépin, téléphonez au ☎ (00-33) 1-47-77-72-00. Numéro accessible tlj 24h/24, PCV accepté en cas de perte ou de vol. ● americanexpress.fr ●

– **Carte Visa :** pour faire opposition, appelez le numéro communiqué par votre banque. ● carte-bleue.fr ● Assistance médicale incluse ; numéro d'urgence (Europ Assistance) : ☎ (00-33) 1-45-85-88-81.

– Pour toutes les cartes émises par **La Banque postale,** composer le ☎ 0825-809-803 (0,15 €/mn) ; pour les DOM ou depuis l'étranger : ☎ (00-33) 5-55-42-51-96.

ACHATS

Avant tout, il faut fréquenter les marchés. Ceux qui ont lieu tous les jours, bien sûr, pittoresques et chaleureux, mais aussi les foires hebdomadaires (comme celles de Mahébourg et de Quatre-Bornes) où l'on dégote toutes sortes de jolies choses. Si les T-shirts, polos, pantalons et paréos sont de qualité modeste, on s'attardera sur les nappes de Madagascar brodées de personnages, mais aussi sur les paniers, jeux en bois, boîtes marquetées, vannerie... Plein de petits cadeaux pas chers à rapporter aux amis.

Rayon alimentation, n'oublions pas le carry, les piments vendus en sachet, le sel de Tamarin (de très bonne qualité), le thé à la vanille, le café de Chamarel, le rhum (vanille, épicé ou blanc), les fameux gâteaux de la biscuiterie Rault (une vraie curiosité, aux environs de Mahébourg), ou encore le marlin fumé conditionné en boîte isotherme qui garantit sa conservation tout au long du voyage de retour. Pour ceux qui n'ont pas eu le temps de chiner quelques merveilles culinaires sur les marchés, ne pas hésiter à se rendre dans les supermarchés (les Super U sont bien approvisionnés). Le charme en moins certes, mais on y trouve les mêmes produits à des prix équivalents, parfois même moins chers (comme pour les épices).

On peut aussi acheter des diamants non sertis provenant d'Afrique du Sud et taillés à l'île Maurice, notamment dans les magasins Adamas à Grand Baie, sur le parking du Super U, ou encore à Floréal.

– **Horaires des magasins :** attention, ils ferment en général les jeudi et dimanche après-midi (sauf à Port-Louis où ils ferment le samedi après-midi).

Les maquettes de bateaux

C'est à la fin des années 1960 que tout commença. L'ambassadeur de France proposa à un artisan, José Ramar, de réaliser pour l'ambassade une maquette de bateau d'après les plans qu'il lui apportait. Encouragé par le résultat, José Ramar monta sa petite société. Dès lors, plusieurs dizaines de fabriques de maquettes virent le jour. C'est désormais le grand truc à Maurice. Les Mauriciens sont vraiment doués pour ce travail de précision. Chapeau ! Mais attention, tous les fabricants ne sont pas aussi soigneux.

Comment s'y retrouver ? Curepipe dans le centre et Goodlands dans le nord concentrent la majorité des ateliers ; bien qu'appliquant la division du travail (un ouvrier s'occupe de telle partie de la coque, un autre des canons, un autre encore du gréement, etc., les travaux les plus délicats étant souvent effectués par des femmes), ces fabriques produisent des maquettes d'une belle qualité artisanale. D'autres ateliers, plus modestes, familiaux, s'en tirent bien aussi ; on en trouve à Mahébourg, par exemple.

Quelques précisions et mises en garde

Les maquettes sont superbes. Mais attention à l'achat impulsif ! Voici quelques infos.
– Ne pas acheter dans la première fabrique. Il est conseillé d'en voir plusieurs avant de se décider. Petit à petit, on évalue mieux la qualité du travail et des finitions.
– Ne pas se laisser emballer par les gros modèles. Dans l'ambiance locale, on est prêt à se lancer, avec l'appui des vendeurs. Toujours se poser la question : « Où vais-je la mettre, cette maquette a-t-elle sa place quelque part ? »
– Outre la taille souvent démesurée des achats qu'on est tenté de réaliser, il se peut que de retour en France, le bardage de bois des flancs des bateaux se décolle à cause du chauffage qui dessèche le bois. Ce n'est pas systématique, mais ça arrive. Autant être prévenu.
– Bien savoir ce que l'on désire : la plupart des gens ne voient pas la différence entre une excellente maquette et une réalisation moyenne. Ce qu'il faut bien sûr éviter, c'est de payer la seconde au prix de la première. Et ça arrive souvent. Bref, essayez de préciser pour vous-même votre niveau d'exigence et votre budget, histoire de ne pas vous laisser embarquer sur les eaux tumultueuses des dépenses démesurées.
– Et le transport ? Sur ce point, on ne peut que louer l'habileté de la plupart des vendeurs. Les maquettes sont généralement emballées avec beaucoup de soin dans une mousse, le tout recouvert de papier, d'un film plastique (important en cas d'ondée intempestive) et doté d'une poignée. À condition de ne pas jouer des maracas, le bijou fera un voyage sans encombre.

Prix, frais de port et taxes

Importants, les taxes et les frais de port ! Ils sont légion ceux qui font une tête de six pieds de long quand on leur annonce le tarif de fret. Quand la maquette est de taille à tenir dans un sac plastique d'environ 60 cm x 50 cm, on vous laissera la passer en bagage de cabine. Toutefois, il n'existe pas de règles strictes en la matière, la décision finale revenant à la compagnie aérienne. Si la maquette part en soute, bien se renseigner sur le prix à régler. En effet, selon la taille et le poids, ça grimpe très vite. Selon la compagnie aérienne, les accords en cours et l'âge du capitaine, le prix de votre maquette peut gonfler fortement. Deuxième étape, la douane française. Au-delà d'une somme équivalente à environ 180 €, vous devrez acquitter la TVA de 19,60 % du prix de votre achat. Les douaniers n'appliquent pas cette règle systématiquement. Là encore, d'heureuses surprises sont possibles.
En tout cas, mieux vaut le savoir, histoire d'évaluer financièrement où vous mène un tel achat. Bien évidemment, les fabricants ne crient pas ces infos sur les toits, ils ont même tendance à fortement les minimiser. Mais comme tout cela change chaque année, bien se renseigner sur place. Voilà, bons achats, les amis ! Par ailleurs, inutile de présenter une facture au rabais (que certains magasins sont prompts à vous établir), car les douaniers mauriciens et réunionnais possèdent une liste des prix de chaque modèle par magasin. Pas la peine de risquer une amende pour fausse déclaration de valeur en douane.

Les bateaux proposés

Certaines fabriques proposent une cinquantaine de modèles, d'autres moins. Les Français étant de gros clients, on trouve des toulonnaises, des thoniers, des langoustiers, parfois la *Belle Poule* et souvent le *Saint-Géran,* qui s'échoua au milieu du XVIIIe siècle au large de l'île d'Ambre sur la côte est de Maurice. Les superbes bateaux américains du début du XXe siècle sont aussi à l'honneur, ainsi que de nombreux vaisseaux anglais et français de la fin du XVIIIe siècle-début du XIXe siècle ayant participé aux grandes batailles navales, notamment celles de Vieux Grand Port. Quelques demi-coques également, toujours élégantes, et, depuis peu, les voiliers racés de l'America's Cup. Et si d'aventure vous ne trouviez pas votre bonheur dans cette liste déjà bien étoffée, certains artisans (comme *Maquettes Constance* à Mahébourg) acceptent tout type de commande. Il suffit de fournir les plans du bateau désiré, qu'il s'agisse du célèbre *Belem* ou du dériveur familial, et de convenir des délais et du tarif.

Les vêtements de grandes marques

En quelques années, l'île Maurice est devenue le paradis du shopping, avec ses vêtements de marques vendus à prix sacrifiés, comme on dit. Les boutiques se trouvent pour la plupart à Floréal, notamment dans la galerie commerciale, le *Floréal Square* (marques *Harris Wilson, Et Dieu Créa la Femme, Équateur*). On en trouve aussi à Curepipe, au *Sunshell Center,* dans le centre (marques *Habit* et *IV Play*). Méfiance cependant car la situation a beaucoup évolué ces derniers temps. Si certaines grandes étiquettes possèdent effectivement des usines à Maurice et écoulent leurs produits sur le marché national (*Billabong,* par exemple), ce n'est absolument pas le cas de *Ralph Lauren, Hugo Boss, Kenzo* et autres *Dolce & Gabana*. Ces enseignes, plus ou moins tolérantes pendant longtemps, font désormais la guerre aux contrefaçons. Ne vous laissez pas berner par les faux certificats d'authenticité placardés en devanture de certains revendeurs. Par exemple, si vous trouvez du *Ralph Lauren,* sachez que la maison mère a gagné tous ses procès et que la marque en contrefaçon n'est donc plus « officiellement » en vente sur l'île. Et puis sachez enfin que la douane française est sans pitié pour les importateurs de ces imitations.
– *Conseils :* fuyez comme la peste les échoppes à touristes qui revendent plusieurs marques différentes (même celles du Caudan Waterfront à Port-Louis ou à Floréal), ainsi que les étalages à la sauvette comme on en trouve dans les rues de Port-Louis. Achetez les marques locales : *Harris Wilson, IV Play, Habit, Island Style, Pardon, Et Dieu Créa la Femme, Équateur* et, pour les articles en cuir, le très chic *Hémisphère Sud.*

BOISSONS

Il fait chaud, alors on boit beaucoup. On trouve tout l'éventail des boissons gazeuses internationales, mais ce ne sont évidemment pas elles qui désaltèrent. Préférez donc les breuvages locaux, tels que le jus de tamarin ou l'*alouda,* du lait aromatisé à la grenadine, épaissi par un tapioca local (on en trouve sur les marchés).

L'eau

En principe, elle est potable, mais achetez plutôt l'eau en bouteilles capsulées (on n'est pas à l'abri d'une infiltration dans les canalisations du réseau d'eau potable !). On en trouve partout. Une bouteille d'eau coûte près de 15 Rs (0,40 €).

Boissons chaudes

– *Le café* s'avère plutôt bon grâce aux plantations de caféiers de Chamarel qui produisent des grains de qualité.

– *Le thé* est également très honorable, assez corsé et souvent vanillé, ce qui est fort agréable. Ça lui donne une pointe d'exotisme. Il est produit principalement à Bois Chéri, au sud de l'île.

Boissons alcoolisées

– Plusieurs *rhums* sont distillés dans l'île. Normal, avec toute cette canne... même si le jus a longtemps été réservé à la production de sucre. Ils sont de qualité honnête, voire très corrects depuis que le gouvernement a autorisé la fabrication du rhum agricole en 2003. Le *Green Island* est l'un des plus prisés. Le *White Diamond* est très bon marché. Quant au rhum à la vanille du *Domaine de Saint-Aubin,* il est parfumé et doux comme une belle liqueur. Dans de nombreux bars et restaurants, vous trouverez des rhums « arrangés », dans lesquels on a fait macérer différents fruits (bananes, ananas, noix de coco, litchis, etc.).
– Le *ti-punch* ou le *punch coco* ne sont pas les apéritifs les plus consommés ici. Les Mauriciens préfèrent plutôt le *whisky* (d'importation) !
– *La bière* est reine chez les touristes. Puisqu'elle est bonne, profitons-en. *Phœnix, Blue Marlin,* douces et agréables, sont produites à la brasserie de Phœnix. La *Black Eagle* est produite à Nouvelle-France. En petite ou en grande bouteille, on les adopte bien vite.
– *Le vin :* des raisins d'Afrique du Sud sont vinifiés à Maurice. Une histoire drôle circule sur la qualité du vin à Maurice : sur son lit de mort, le patriarche d'une famille de négociants réunit ses fils pour leur révéler enfin les secrets de fabrication du nectar... Ils s'approchent doucement du visage paternel pour l'entendre murmurer dans un ultime souffle : « On peut aussi le faire avec du raisin. » Il faut dire qu'autrefois la boisson était élaborée à base de banane ou de goyave de Chine, et non de raisin. En fait, cette blague (mais en est-ce une ?) résume assez bien la réputation du vin issu des fûts mauriciens, même si les blancs sortent un peu du lot. On en trouve à la carte de certains restos. Essayez-en un verre, juste par curiosité.
Sinon, les vins d'importation d'Afrique du Sud sont acceptables. Certains sont même bons, mais à des prix élevés. Quelques restos proposent des vins français, mais c'est pour faire chic car on n'a jamais vu un bon vin traverser les océans et s'en remettre sans séquelles. Nous, on préfère la bière (hips !).

BUDGET

L'île Maurice a la réputation d'être une île chère. Jusqu'alors, la politique touristique du gouvernement a conduit à favoriser le tourisme haut de gamme et les groupes, pas vraiment les routards. La preuve : il n'y a aucun camping dans l'île, mais des emplacements sur la plage publique pour planter sa tente, avec, sur les grandes plages, des sanitaires à proximité. À priori, quand on choisit cette destination, ce n'est pas pour faire des économies mais pour se reposer, prendre du bon temps. Bref, en profiter. Ce n'est pas un hasard si des centaines de couples viennent ici passer leur lune de miel.
Mais contrairement à l'idée reçue, on peut parfaitement se loger et se nourrir à des prix raisonnables – et même carrément bon marché comparé au coût de la vie en Occident.
– Le plus cher dans le budget est, sans surprise, le *billet d'avion.* Là, pas grand-chose à faire pour échapper à la douloureuse.
– Et pour faire de réelles économies, n'achetez pas de vêtements d'été pour venir ici, vous trouverez tout sur place à petits prix.
– Attention, il existe une *taxe sur la valeur ajoutée* de 15 % (voir rubrique « Pourboire et taxe »). En général, elle est déjà incluse dans les prix affichés par les hôtels. En revanche, ce n'est pas toujours le cas pour les restaurants

des catégories « Prix moyens » et « Chic » notamment. Nous l'avons intégrée dans les prix mentionnés.

Logement

Le mieux, pour les prix précis, est de se référer aux brochures délivrées par l'office de tourisme à Paris. Cela vous permet de calculer votre budget au plus près.

– **Conseils :** si vous êtes à deux ou à quatre, vous préférerez naturellement faire vos réservations d'hôtels tout seuls, une fois sur place. Il faut toutefois savoir que pour une destination comme l'île Maurice, de nombreuses personnes réservent leur hébergement depuis l'Europe par le biais d'une agence. Résultat, les prix négociés par l'agence sont souvent bien meilleurs (parfois jusqu'à 30 %) que ce que l'on vous proposera sur place. C'est quasi systématique pour les complexes hôteliers importants, les grands hôtels, qui fonctionnent essentiellement sous forme de « packages ». Ne pas négliger cette formule si vous êtes intéressés par ce type d'hébergement. Un bon moyen de calculer ce qui est le plus avantageux pour vous : informez-vous auprès d'une agence du prix de l'hébergement pour 8 jours dans tel hôtel, et comparez cette somme avec les prix de la brochure de l'office de tourisme.

Ceux qui veulent néanmoins décider sur place, de visu, doivent savoir que les grands hôtels, qui friment pas mal, sont souvent prêts à rabattre leurs prix de 10 ou 20 % (et plus à certaines périodes), si on le leur demande gentiment. Ces hôtels sont d'ailleurs rarement complets en dehors des quelques « pics » comme le Nouvel An.

De même, pour les pensions, tout est toujours négociable, surtout si c'est la basse saison.

Enfin, pour être complet, sachez que la plupart des établissements (excepté ceux des catégories « Bon marché » et « Prix modérés » en principe) pratiquent des prix haute et basse saisons. Grosso modo, la haute saison débute en octobre/novembre et s'achève en mars/avril (on note quelques variations selon les établissements). Au mois d'août, les prix se musclent parfois à nouveau. Coût de bambou supplémentaire pour les fêtes de fin d'année.

Échelle des prix pour l'hébergement

Rappel : 1 roupie = 0,03 € (et 1 € = près de 40 Rs).
La base de calcul est une chambre ou un bungalow pour 2 personnes pour une nuit.

– **Bon marché :** moins de 700 roupies (17,50 €).
– **Prix modérés :** de 700 à 1 000 roupies (17,50 à 25 €).
– **Prix moyens :** de 1 000 à 1 500 roupies (25 à 37,50 €).
– **Plus chic :** de 1 500 à 2 200 roupies (37,50 à 55 €).
– **Beaucoup plus chic :** plus de 2 200 roupies (plus de 55 €).

Nourriture

Le plus petit poste budgétaire. La richesse des cultures et le brassage qui en découle font que n'importe quel type de restaurant (qu'il soit à dominante créole, indienne, européenne ou chinoise) propose bien souvent des plats de la culture voisine. Ainsi, même dans un resto aux prix relativement élevés, on pourra déguster un bon *mine frit* chinois, le plat le moins cher qui soit. Seul bémol : certains restaurateurs ont une fâcheuse tendance à prendre les touristes pour des portefeuilles ambulants et poussent un peu à la consommation.

Échelle des prix pour la restauration

Nous indiquons les prix pour un repas (entrée, plat, dessert) par personne, sans les boissons.

– *Très bon marché :* moins de 150 roupies (moins de 3,80 €).
– *Bon marché :* de 150 à 250 roupies (3,80 à 6,30 €).
– *Prix modérés :* de 250 à 400 roupies (6,30 à 10 €).
– *Prix moyens :* de 400 à 600 roupies (10 à 15 €).
– *Plus chic :* de 600 à 1 000 roupies (15 à 25 €).
– *Beaucoup plus chic :* plus de 1 000 roupies (plus de 25 €).
La nourriture est le budget le plus compressible. Ainsi, en choisissant un hébergement avec cuisine, vous serrerez encore les cordons de votre bourse, vu que les aliments ne coûtent pas bien cher.

GÉNÉRALITÉS

CLIMAT

Puisque nous sommes dans l'hémisphère sud, les saisons sont inversées. Mais comme on est sous les tropiques, grosso modo, il fait beau toute l'année. La chaleur est toujours agréable, jamais insupportable grâce à l'alizé venu du sud-est. En fait, c'est un climat quasi parfait, judicieux équilibre entre chaleur et douceur.
En entrant dans les détails, on trouve une saison hivernale de juin à septembre, période pendant laquelle les températures sont au plus bas, oscillant tout de même entre 17 °C la nuit et 25 °C la journée. C'est une saison très

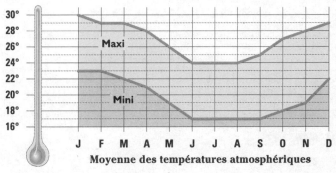

Moyenne des températures atmosphériques

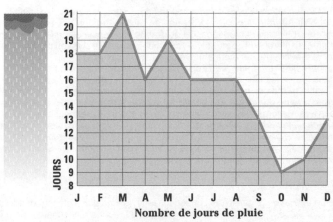

Nombre de jours de pluie

ÎLE MAURICE (Port-Louis)

agréable. Les plus fortes pluies et les températures les plus élevées s'étalent sur plusieurs mois, de janvier à mars, et jouent au yo-yo entre 25 et 30 °C. Pas de panique, les précipitations n'ont rien à voir avec nos pluies à nous. Là-bas, elles prennent la forme d'un orage bienfaiteur qui rafraîchit l'atmosphère. Sur les côtes, c'est plutôt un interlude entre deux grandes plages de soleil. La pluviométrie est plus importante sur le plateau central, mais comme aucun touriste n'y séjourne, ce n'est pas gênant. En revanche, il faut savoir qu'il pleut plus sur la côte est que sur la côte ouest. Par exemple, les régions de Mahébourg et de Trou d'Eau Douce sont plus arrosées que Grand Baie et Trou aux Biches, surtout en hiver. Le taux d'humidité tourne autour de 75 à 80 %, ce qui n'a rien de pénible.

– En résumé, les mois idéaux pour séjourner sont avril, mai, juin, septembre, octobre et novembre, mais aucune période n'est à proscrire.

– Il fait jour de 6h à 18h en hiver et de 5h à 19h en été.

– **Les cyclones :** le principal sujet d'inquiétude. L'île Maurice, comme les îles voisines, est sujette aux cyclones. L'été, les mers chaudes confrontées aux courants d'air frais engendrent des formations nuageuses, parcourues de vents violents et chargées en eau. La saison commence en décembre et se termine en mars. Bien souvent, ils passent juste à côté, se contentant d'arroser copieusement l'île ; parfois, ils provoquent des dégâts relativement importants, surtout pour la flore. Si vous séjournez sur l'île à cette période, les hôtels ou proprios doivent vous remettre une notice explicative sur les précautions à prendre en cas d'alerte cyclonique (sinon, demandez-la). Le système de prévision comporte en effet quatre phases d'avertissement, classées en fonction de la force présumée du vent. Quelques signes avant-coureurs permettent de deviner l'arrivée d'un cyclone : absence de vent, mer d'huile, ciel rougeoyant... Le calme avant la tempête ! Il faut alors consulter régulièrement le service *Telmet* de la météo en composant le ☎ 96. Mais, on le répète, la plupart des cyclones se résument à quelques grosses ondées et bonnes bourrasques.

Précisons toutefois qu'il ne faut absolument pas boire l'eau du robinet après le passage d'un cyclone, ni manger au restaurant. Les coupures de courant fréquentes ne font évidemment pas bon ménage avec la conservation des aliments.

CUISINE

À Maurice, chaque population a apporté dans sa valise sa couleur culinaire. Résultat, on retrouve dans les cartes de tous les restos des plats indiens, créoles, chinois et européens. Ce qui frappe ici, c'est la diversité. Ainsi, une entrecôte marchand de vin côtoie sans rougir un cari de poisson ou un rougail-saucisse. Malgré cet étonnant éventail, il n'y a pas eu à Maurice de syncrétisme culinaire comme au Brésil. Certains restos, à force de vouloir taper dans toutes les cuisines, proposent un résultat un peu décevant.

C'est la grande diversité et l'originalité de quelques plats qui font la force de cette cuisine du monde. On trouve de bonnes tables, même si elles ne sont pas très nombreuses. Les cuisines indienne et créole prennent appui sur des sauces relevées, mijotées durant des heures. Ce sont de loin les plus inventives. Dans beaucoup de plats interviennent le piment (pas trop fort), le gingembre, le curry et parfois des fruits. La tomate, l'oignon et l'ail constituent aussi des bases culinaires.

Les plats

– **Le vindaye :** originaire de l'ouest de l'Inde, le *vindaloo* a été introduit à l'île Maurice sous le nom de vindaye. Variante très proche des achards. Se prépare avec moutarde, vinaigre, oignons, épices... et se sert froid. Le vindaye de poisson se révèle un plat raffiné, riche en saveurs.

– **Le rougail :** spécialité créole, venant de la Réunion. À Maurice, contrairement à la Réunion, il est surtout à base de tomates (pommes d'amour), oignons, ail (d'où son nom), gingembre et épices. Fort en goût, fort en gueule, il accompagne une viande émincée, un poisson, ou est servi avec des morceaux de saucisse.

– **Le chutney (ou chatini) :** originaire de l'Inde. Mélange d'épices écrasées, ail, gingembre, piment, vinaigre, etc. En fait, il existe de nombreuses variétés de chutneys puisqu'on peut y incorporer des fruits dans de savantes oppositions de saveurs sucrées-salées. Il permet de relever des plats modestes. Spécialité originale : le chutney de larves de guêpes. On trouve surtout les nids de guêpes dans les champs de canne (parfois dans les arbres). On les enfume pour chasser les guêpes adultes, puis on casse les nids pour récupérer les larves. Elles sont frites dans de l'huile avec des oignons. Bien croustillantes, elles sont mélangées avec du thym, du sel, du poivre, du jus de citron, et le tout est servi chaud avec le riz.

– **Le carry (ou curry) et le cari :** typiquement indien, le carry n'est pas une seule épice mais un ensemble d'épices, composé de piment ou poivre, curcuma, girofle, coriandre, cumin (parfois gingembre et cannelle). Le cari est le nom d'une préparation, un plat (cari-poulet, cari-poisson) qui contient du carry (l'épice). On fait des caris de tout : poisson, viande, volaille, abats, tout est « carissable ». C'est un plat bon marché et rarement raté. On en trouve à toutes les tables.

– **Les daubes :** tout ce qui mijote pendant longtemps, constituant une sauce riche accompagnant une viande. On regroupe bon nombre de préparations sous cette appellation.

– **Briani (ou byriani) :** plat musulman traditionnel du nord de l'Inde, qu'on retrouve assez souvent à Maurice. Se prépare avec toutes les viandes, sauf le porc bien entendu, et du riz. Dans les restos, il est souvent proposé le week-end.

– **Le cerf :** quand on vient à Maurice, on ne s'attend pas forcément à manger du cerf. Eh bien, on a tort ! Historiquement introduit dans l'île par les Hollandais (cerf de Java), il fait l'objet, encore aujourd'hui, d'élevages très importants, ce qui explique sa présence fréquente sur les tables un peu chic. On le prépare souvent en sauce, mais il est également proposé sous forme de steak. Avis aux amateurs, c'est assez cher. À noter que le sanglier, ou cochon marron, est également élevé en semi-liberté et servi dans certains restaurants.

– **Les poissons :** grillés, en cari, en vindaye ou même fumés. Maurice propose son lot de poissons tropicaux dont les couleurs font rêver sous l'eau et dont la saveur ravit les papilles une fois dans l'assiette. On conseille de choisir les grillades pour tous les poissons entiers frais. C'est le meilleur moyen d'en conserver le goût véritable. Essayez le marlin fumé, une excellente idée d'entrée lorsqu'il est servi en fines lamelles, bien qu'assez cher ; on le trouve donc dans des restos moyen et haut de gamme. Les tables d'hôtes et les pêcheurs le servent également grillé en tranches : sa chair dense se révèle étonnamment tendre et savoureuse. Voici les poissons que vous rencontrerez le plus souvent sur la table : thon, capitaine, daurade, carpe, rouget, tazar (le barracuda), empereur (une variété de marlin), cateau, mulet, vivanneau, sacréchien, etc. D'autres, moins fréquents mais aux noms chantants : poisson-beurre (un délice), maman rouge, carangue, bécune, barois, dame Berry, gueule pavée, bordemare, croissant à queue blanche, sap sap, madame tombée. Et puis toutes les vieilles (rouge, voleuse, grise, pintadée, etc.). Le must pour un vrai Mauricien qui se respecte, c'est la sardine-pain-piments confits, un peu comme notre pain-beurre-oignons...

– **Les crustacés et fruits de mer :** d'abord les crabes. Les « p'tits crabes » pour le fameux bouillon de crabes, les carlets, plus gros à la chair très fine (chers dans les restos), les faille faille (crabes des grands fonds), les carcassailles, cipayes, p'tits poules, etc. On trouve aussi des bigorneaux, des tec-

tecs, les crevettes *(chevrettes)* et les crevettes géantes, les célèbres *cama-rons* (genre gros bouquets ou gambas, en plus fin). Enfin, une des reines de la table : l'*ourite* (poulpe). Celle de Rodrigues est fameuse, servie en plat chaud ou en salade. Puis son petit cousin, le calamar, appelé ici *mourgate.* Quant aux huîtres d'argent de la côte est, elles entrent parfois dans la composition de plats exquis.

– **Samoussas, dholl puri, rotis, beignets :** on en trouve dans les restos, mais ces en-cas sont fréquemment proposés par les marchands ambulants qui passent sur les plages à l'heure du déjeuner, dans la rue principale de Grand Baie et dans les allées du marché de Port-Louis. Les *dholl puri* sont des sortes de crêpes extra-fines à peine cuites, très souples, que l'on remplit de légumes et de sauce. Servis chauds, mangés sur le pouce, c'est délicieux. Le *roti* est préparé à peu près selon le même principe, mais la galette est plus épaisse. Les *samoussas* sont des feuilletés fourrés (pommes de terre ou viande), légèrement épicés, puis frits. Peut constituer un déjeuner extra. On vous proposera aussi des beignets classiques, toujours roboratifs. Ne pas oublier le gâteau piment, fait à base de *dholl* et d'épices, qui se présente sous forme d'exquises boulettes.

Le midi, on conseille de se contenter de petits en-cas ou d'aller dans un resto chinois. Réservez le raffinement pour le soir, sur une terrasse devant la mer, où vous goûterez un marlin fumé, un steak de thon grillé, une daube de cerf ou un vindaye. En tout cas, à Maurice, compte tenu de la richesse, on n'est jamais lassé et les papilles sont rarement au repos.

– **Cuisine chinoise :** chinois ou pas, les restos proposent tous un *mine frit* (nouilles sautées au poulet), un *bol renversé* (dans un bol, on entasse plusieurs couches de riz, poulet ou autre viande ou crevettes, et légumes, puis on démoule le tout dans l'assiette) vraiment pas cher, des soupes chinoises, des poissons panés, beignets de crevettes, etc. Vous vous en tirerez toujours à bon compte.

Les légumes

Grande richesse de légumes. Dommage que les restaurants ne les mettent que parcimonieusement à l'honneur.

Voici les plus connus : le *chouchou,* le *giraumon* (citrouille ou potiron), le *pâtisson* (ah, les pâtissons farcis !), le *manioc,* la *patate,* la *bringelle* (l'aubergine) et encore les *embrevades* (ou embravattes à la Réunion), *pipengaille, fruit à pain, embérique, margoze, arouille, lalo,* sans oublier la *pomme d'amour* (notre bonne vieille tomate). Les piments les plus forts, ceux qu'on mange crus avec une petite sauce, comme les Mauriciens, sont les piments rodriguais.

– **Les brèdes :** c'est la « verdure », tout ce qui ressemble à de grandes feuilles vertes (y compris les feuilles comestibles de certains légumes) ; épinards, oseille, bettes *(mouroungue),* chouchou, cresson, *petsaï* (genre de laitue), songe, etc. Cuits à l'étouffée, bouillis, cuits à la vapeur. Excellents légumes d'accompagnement (avec le riz surtout). Cuisinés par les familles, ils ne figurent pas souvent dans les restos car ils sont considérés comme un plat de pauvres, dommage !

– **Le palmiste :** sous ce nom, il faut comprendre « cœur de palmier ». Nous ne connaissons généralement en Europe que ceux en boîte. Et pour cause, le palmiste est très fragile et ne se conserve pas, à part en conserve, justement. L'arbre doit avoir entre cinq et sept ans pour qu'on puisse le trancher, ce qui évidemment lui donne une valeur et un prix dépassant un peu, à notre sens, ce qu'il mérite. On l'appelle aussi « la salade du millionnaire », eu égard à son prix, mais c'est très bon. Il est souvent accompagné de marlin fumé.

– **Le riz :** comme dans beaucoup de pays du Sud-Est asiatique et de l'océan Indien, le riz est le principal élément de la cuisine mauricienne. On trouve de nombreuses variétés : des gros grains, des petits, des longs. L'un des plus prisés est le *basmati* (évidemment plus cher). Cuit dans le *dekti,* plat en aluminium qui a remplacé la marmite d'antan. Quelques plats de riz populaires : le riz frit (avec porc ou saucisses, oignons, tomates, échalotes, ail, cacahuètes), riz cantonais (qu'on ne présente plus), riz *pilaw* (ou *pilau* ou *pullao*) appelé aussi *plof.* Il est originaire de Perse et transita par l'Inde (riz à la viande, safran et épices).

Les fruits

Leurs noms sonnent aussi joliment à l'oreille. Impossible de les citer tous. Voici les plus savoureux : *mangue* (nombreuses variétés, comme la *baissac,* presque violette, la *maison rouge,* Eugénie, Auguste, Aristide, José, etc.), *litchi, papaye, goyave, carambole* (de forme oblongue, vert-jaune avec des arêtes), *atte* (ou *anone* ou *zat* ou encore *pomme-cannelle,* avec une écorce verte à gros grains ovales et une chair délicieuse), *cœur de bœuf* (ou cachiman), *grenadine* (ou fruit de la passion), *fruit de Cythère* (ou pomme-Cythère), *tamarin, corossol, avocat, jamrosa, bibasse* (nèfle), *longane* (à la pulpe encore plus parfumée que celle du litchi), *jamalaque, jack-fruit* (gros fruit de forme ovale), *coco rouge.*
Et tous les classiques : melon, pastèque, banane (goûtez à la « gingeli », hmm !), mandarine, citron vert et ananas qu'on vous propose de bien belle façon. Goûtez surtout à l'ananas *Victoria,* un ananas de petite taille tout à fait délicieux.

Les épices

D'abord, les grands classiques : *muscade, clou de girofle, cardamome* (ou laïti), *cumin* (petit anis), *massala* (mélange d'épices), la graine de la *coriandre (cotomili), gingembre, cannelle, poivre vert, piment, caripoulé* (*kaloupilé* à la Réunion), le *vargon* qui entre parfois dans la composition du curry, le « quatre-épices », provenant des fruits d'un arbuste où l'on retrouve le goût de quatre épices différentes (muscade, girofle, cannelle et poivre).

Les sucres

L'île Maurice est encore un gros producteur de sucre, même si la filière entame depuis peu une profonde restructuration. Mais pour être exact, ne parlons pas du sucre, mais plutôt des sucres. L'île Maurice produit en effet une quinzaine de sucres roux spéciaux, traités sans additif, qui contiennent plus ou moins de mélasse. La production de sucres spéciaux, qui a débuté dans les années 1970, dépasse 70 000 t par an. Peu (ou pas) utilisés en vérité dans la cuisine locale, ils sont surtout exportés en Europe et ailleurs, et apportent des touches de saveurs, de parfums, de couleurs, bref de fantaisie, dans les desserts, thés et même certains plats ! Possibilité d'acheter un petit livre de cuisine *Délices et desserts* consacré exclusivement à des recettes à base de sucres spéciaux, en vente à *l'Aventure du Sucre* (voir « Dans les environs de Pamplemousses »).

DANGERS ET ENQUIQUINEMENTS

Cher(e)s lecteurs(trices), pas de malentendu, ce chapitre ne se veut pas paranoïaque. Il s'agit d'une simple mise en garde. La délinquance existe. Oh, pas de braquage à la colombienne, bien sûr, mais des petits comportements malsains (souvent liés au tourisme de masse, d'ailleurs).
– **Des cas de vols dans les bungalows :** on nous signale aussi de plus en plus, dans les villas de Mont-Choisy, à la Pointe d'Esny, Grand Baie, Peyrebère, Mahébourg et Rivière Noire, des cas de fric-frac sans effraction, ce qui démontrerait que les voleurs possédaient un double des clés. C'est d'ailleurs

pour cette raison que nous essayons de sélectionner autant que possible les villas où le propriétaire est présent et moins celles des proprios qui sont trop souvent absents ou qui les donnent en gestion. Mais il semblerait que cette sécurité supplémentaire ne soit plus une garantie, non plus. Des cas d'agressions pour vol sont aussi mentionnés. Cela dit, il ne faut pas généraliser et montrer systématiquement les Mauriciens du doigt. Il est prouvé que le tourisme haut de gamme attire sur l'île des malfrats internationaux.

– **Ne pas toucher aux drogues et aux stupéfiants :** la consommation et la détention de drogue sont strictement interdites, sous peine d'emprisonnement (parfois même à vie !). Méfiez-vous des petits vendeurs qui vous proposent de la *gandia,* autrement dit, de l'herbe.

– **Quelques cas d'agression :** plusieurs femmes seules se sont fait agresser et dépouiller à Blue Bay et à Grand Baie. Les agressions sont néanmoins très rares à Maurice, qui reste une île sûre.

– **Ne pas laisser ses affaires sur la plage sans surveillance :** comme partout, cela va de soi.

– **Police :** ☎ 208-70-13 ou 20, demander la police du tourisme (Emergency Rescue Service).

DÉCALAGE HORAIRE

Maurice est en avance sur la France de 3h en hiver et 2h en été. Quand il est 12h en France, il est 15h en hiver, 14h en été à Maurice.

ÉCONOMIE

Fondée sur l'agriculture (essentiellement la canne à sucre), l'industrie du textile, le tourisme, l'activité bancaire offshore et un port franc, l'économie mauricienne est l'une des plus compétitives d'Afrique. Qui, en 1968, aurait parié sur cette île qui ne savait fabriquer que du sucre ?

Saluons au passage la responsabilité de la Grande-Bretagne qui, en partant, a laissé un pays politiquement stable et économiquement viable. Le résultat relève aujourd'hui du miracle : une nation entière a retroussé ses manches de polo pour faire de son île un paradis pour les locaux et les touristes du monde entier. Mais en creusant un peu, l'image d'Épinal se ternit vite. L'économie est saine, mais la vie politique et administrative est corrompue, les inégalités sociales sont profondes et le chômage pointe ses statistiques... Finies les années riz blanc, quand les entreprises importaient de la main-d'œuvre.

Industrie

– **La canne à sucre :** c'est le végétal visible de l'avion, du bus, du vélo et même à pied. On ne voit que lui, on en mange (le sucre), on en boit (le rhum), on s'abrite et on se chauffe avec. Impossible d'y échapper.

Introduite à l'île Maurice au XVIIe siècle par les Hollandais, la canne à sucre couvre encore près de 40 % de la superficie totale de l'île. Elle est récoltée par quelques grands domaines, qui produisent chaque année entre 520 000 et 600 000 t de canne en fonction des caprices météorologiques. La plantation de la canne s'effectue de janvier à septembre et demande entre 11 et 18 mois pour arriver à maturité. Les sous-produits, la mélasse et la bagasse, servent, pour la première à la fabrication du rhum, et pour la seconde à la production d'énergie électrique.

En 1974, le sucre et son sous-produit représentaient 90 % des exportations, entraînant une grande dépendance de l'économie aux aléas du secteur. L'industrie sucrière fut longtemps l'épine dorsale de l'économie du pays. Aujourd'hui, elle représente environ 15 % des exportations. Malgré tout, avec les

PLANS ET CARTES
EN COULEURS

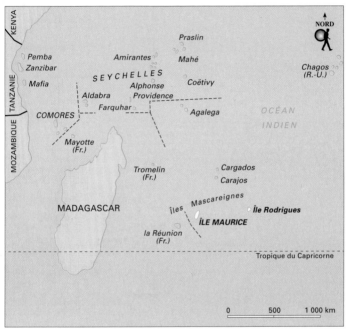

LES ÎLES DE L'OCÉAN INDIEN

L'ÎLE MAURICE

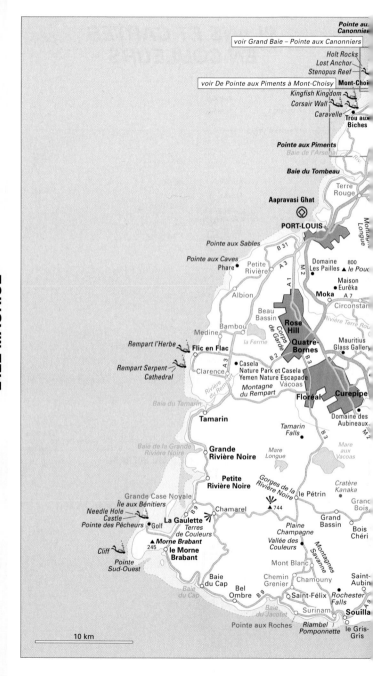

voir Grand Baie – Pointe aux Canonniers

voir De Pointe aux Piments à Mont-Choisy

Pointe au Canonnier

Holt Rocks
Lost Anchor
Stenopus Reef — Mont-Choi

Kingfish Kingdom
Corsair Wall
Caravelle — Trou aux Biches

Pointe aux Piments
Baie de l'Arse

Baie du Tombeau

Terre Rouge

Aapravasi Ghat

PORT-LOUIS

Montag Longue

Pointe aux Sables

Pointe aux Caves
Phare

Petite Rivière

Domaine 800
Les Pailles ▲ le Pou

Maison
Eurêka
Moka A 7

Albion

Circonstan

Beau Bassin

Rose Hill

Quatre-Bornes

Medine

Bambou

la Ferme

Mauritius Glass Gallery

Rempart l'Herbe — Flic en Flac

Rempart Serpent —
Cathedral

Clarence

Casela Nature Park et Casela
Yemen Nature Escapade

Montagne du Rempart

Vacoas

Floréal

Curepipe

Baie du Tamarin

Tamarin

Tamarin Falls

Domaine des Aubineaux

Baie de la Grande Rivière Noire

Grande Rivière Noire

Mare Longue

Mare aux Vacoas

Petite Rivière Noire

Gorges de la Rivière Noire
le Pétrin

Cratère Kanaka

Grande Case Noyale
Île aux Bénitiers

Needle Hole
Castle
Pointe des Pêcheurs — Golf

Chamarel

▲ 744

Grand Bois

Grand Bassin

Bois Chéri

La Gaulette
Terres de Couleurs

Plaine Champagne

Cliff

▲ Morne Brabant
245   le Morne Brabant

Vallée des Couleurs

Mont Blanc

Montagnes Savanne

Saint-Aubin

Pointe Sud-Ouest

Baie du Cap

Chemin Grenier

Chamouny

Rochester Falls

Bel Ombre

Saint-Félix

Souilla

Baie du Cap

Baie du Jacotet

Surinam

Pointe aux Roches

Riambel
Pomponnette

le Gris-Gris

10 km

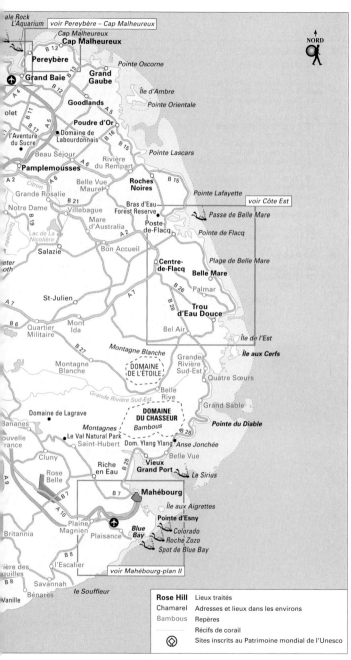

NORD

Rose Hill	Lieux traités
Chamarel	Adresses et lieux dans les environs
Bambous	Repères
----------	Récifs de corail
⦿	Sites inscrits au Patrimoine mondial de l'Unesco

L'ÎLE MAURICE

REPORTS AU PLAN DE PORT-LOUIS

■ **Adresses utiles**

🅱 Office de tourisme
✉ Postes
🚌 1 Gare routière pour le sud
🚌 2 Bus pour Mahébourg
🚌 3 Gare routière pour le nord
 et l'est
🎮 4 Zénith Cyber Café
 5 Ambassade et consulat
 de France
 6 Consulat de Belgique
 7 Consulat de Suisse
 8 Bureau des passeports et de
 l'immigration
 9 Rogers & Co (compagnies
 aériennes)
10 Air Mauritius

🛏 Où dormir ?

20 Tandoori Hotel
21 Hôtel Saint-Georges

🍽 Où manger ?

30 Jim Snack
31 Le Chinois

32 Canton
33 First Restaurant
34 La Flore Mauricienne
35 La Bonne Marmite
36 Le Café du Vieux-Conseil
37 Mystic Masala
38 Le Bistrot du Port et
 Tandoori Express
39 Le Capitaine
40 L'Imprévu

🍷 Où boire un verre ?

50 Keg and Marlin Pub

🍴 À voir

60 Blue Penny Museum
61 Musée du Moulin
62 Musée postal
63 Shellorama, musée du
 Coquillage
64 Grand Bazar
65 Mosquée Jummah
66 Musée d'Histoire naturelle
67 Jardin de la Compagnie
68 Musée de la Photographie
69 Anciennes maisons créoles

REPORTS AU PLAN DE PORT-LOUIS

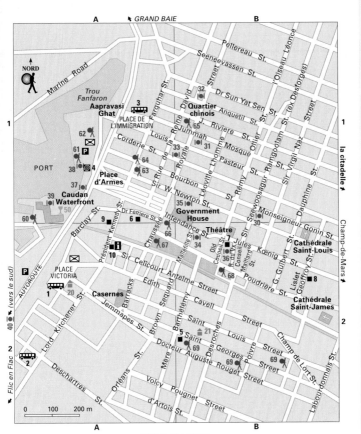

GRAND BAIE

NORD

Marine Road

Trou Fanfaron

Aapravasi Ghat

PLACE DE L'IMMIGRATION

PORT

Caudan Waterfront

Place d'Armes

Quartier chinois

Pellereau St.

Seeneevassen St.

L'Oiseau Léonce

St. Tex Desforges

Dr Sun Yat Sen St.

Anquetil St.

J. Riviere

Mosque

Pasteur

Faquhar St.

David

Louisa

Corderie St.

Rue de la Reine

Rue de Bourbon

Sir W. Newton St.

Leoville L'homme St.

Ollier St.

Rémy St.

Seewoosagur Ramgoolam St.

Sir Virgil Naz St.

Monseigneur Gonin St.

Dauphine St.

la citadelle

Champ-de-Mars

Government House

Théâtre

Barclay St.

Président Kennedy St.

Dr Ferrière St.

Intendance St.

Chaussée St.

Mallefille St.

Old Council St.

Jules Koenig St.

Corderie St.

Maillard St.

Poudrière St.

G. Guibert St.

Listel Geoffroy St.

Cathédrale Saint-Louis

Cathédrale Saint-James

PLACE VICTORIA

Sir Celicourt Antelme Street

Casernes

Barracks

Edith Cavell

Seguard

Brown

Barthélémy Saint

Jemmapes St.

Lord Kitchener St.

Descartes St.

Orleans St.

Mère St.

Docteur Auguste Rouget Street

Voicy Pougnet Street

d'Artois St.

Desroches

Saint Georges Street

Louis Poivre Street

Champ de Lort St.

Labourdonnais St.

AUTOROUTE

Flic en Flac (vers le sud)

0   100   200 m

PORT-LOUIS

L'ÎLE RODRIGUES

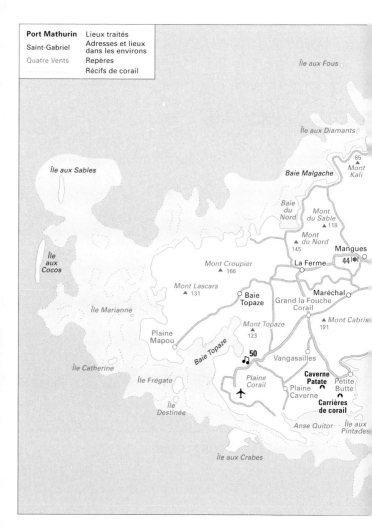

Port Mathurin	Lieux traités
Saint-Gabriel	Adresses et lieux dans les environs
Quatre Vents	Repères
....	Récifs de corail

Île aux Fous

Île aux Diamants

85
Mont Kali

Baie Malgache

Île aux Sables

Baie du Nord

Mont du Sable ▲ 118

Mont ▲ du Nord 145

Mangues 44 ▮●▮

Île aux Cocos

La Ferme

Mont Croupier ▲ 166

Maréchal

Mont Lascars ▲ 131

Baie Topaze

Grand la Fouche Corail

▲ Mont Cabris 191

Île Marianne

Mont Topaze ▲ 123

Plaine Mapou

Baie Topaze

50 ♫

Vangasailles

Île Catherine

Plaine Corail

Caverne Patate ∩

Petite Butte

Île Frégate

Plaine Caverne ∩

Carrières de corail

Île Destinée

Anse Quitor

Île aux Pintades

Île aux Crabes

L'ÎLE RODRIGUES

23 Chez Mireille et Maximilien
24 Les Rosiers
25 La Terrasse, chez Malinie et
    Sidney Clair
26 Chez Claudine
27 Domaine de Décidé
28 Mourouk Ebony
29 Cotton Bay

40 La Marmite Resto
41 Le Bambou
42 Snack La Citronnelle
43 Chez Mme Larose
44 John's Resto
45 Chez Ram
46 Chez Jeannette Baudoin
47 L'Auberge de la Montagne

|●| Où manger ?

12 Le Récif
29 Cotton Bay

♪ Où danser ?

12 Le Récif
50 Prince Nite Club

PORT MATHURIN

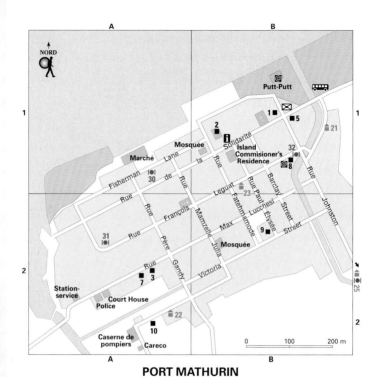

PORT MATHURIN

- **Adresses utiles**
  - 🛈 Office de tourisme
  - ✉ Poste
  - 🚌 Gare routière
  - 1 Mauritius Telecom
  - 2 Rodrigues Regional Assembly
  - 3 Banques
  - 5 Pharmacie
  - 7 Air Mauritius
  - @ 8 Rodnet Cybercafé, Patrico et Rotourco
  - 9 Henri Tours et Galerie d'art

  10 Rod Tours

- **Où dormir ?**
  - 21 Ciel d'Été
  - 22 Chez Giselène Waterstone
  - 23 Pensionnat Vacances des Îles
  - 25 Escale Vacances

- **Où manger ?**
  - 30 Le Restaurant du Quai
  - 31 Paille en Queue
  - 32 Le Dragon d'Or

emplois directs et induits, on estime que l'activité permet de faire vivre près de 60 000 familles sur l'île.

Seulement voilà, près de 90 % de la production est exportée vers l'Union européenne. Durant les 30 dernières années, l'exportation (et la filière) a largement bénéficié d'un régime préférentiel qui garantissait aux pays de l'ACP (Afrique, Caraïbes, Pacifique) des prix deux à trois fois supérieurs aux cours mondiaux. La remise en cause de l'accord sucre était prévisible dès 2003-2004, mais la décision prise par l'Union européenne de mettre un terme à ce régime et d'entamer, dès 2006-2007, une baisse progressive de près de 35 % des prix du sucre, a surpris les industriels par son ampleur et la rapidité de son application. Cette disposition a fait naître de nombreuses incertitudes sur l'ensemble de la filière, forçant les autorités du pays à poursuivre, avec l'appui de l'Union européenne, un plan de réduction des coûts de production et de diversification de la filière sur un horizon de 10 ans. À terme, la plupart des raffineries devraient fermer ou se regrouper, et les effectifs se réduire progressivement jusqu'à environ 7 000 salariés.

– **Le textile :** depuis 1970, c'est la zone franche qui a véritablement permis à l'économie mauricienne de prendre son essor, dépassant l'industrie sucrière en nombre d'emplois, en exportation et part du PIB. Grâce à ce statut d'exonération ou d'allègement de charges, taxes et impôts, le secteur textile a pu se développer jusqu'à représenter les trois quarts des exportations de la zone franche.

À l'île Maurice sont fabriqués polos, maillots de corps, pantalons, vestes, jupettes de quelques grandes marques internationales (mais attention, beaucoup de contrefaçons). Cependant, les entreprises ont trouvé une main-d'œuvre encore meilleur marché à Madagascar et au Mozambique, et aujourd'hui, le secteur est en forte crise.

La concurrence des autres pays producteurs, l'évolution des traités internationaux (avec notamment l'abolition des quotas d'importation depuis janvier 2005) et la baisse du niveau de compétitivité ont contraint plusieurs entreprises à licencier ou à fermer. L'emploi dans ce secteur a chuté d'un peu plus de 30 % entre 1999 et 2005. Le gouvernement a adopté un plan de modernisation de la zone franche, par le biais des nouvelles technologies et d'une plus grande qualification de la main-d'œuvre.

Le tourisme

Apport prépondérant de devises fortes, le tourisme a montré lui aussi, ces dernières années, des signes d'essoufflement... En 2003 et 2004, la croissance n'a été « que » de 3 %. D'accord, en 2005 et 2006, les chiffres sont meilleurs (800 000 visiteurs en 2006 et très prometteurs pour 2007), mais restent très liés à la conjoncture. Si l'effet tsunami a réorienté une partie des touristes vers Maurice, la présence du virus du chikungunya en a dissuadé plus d'un, notamment parmi les Français. Or l'île n'a pas connu (loin de là) l'ampleur de la catastrophe sanitaire à la Réunion, justement parce que la situation est différente (voir à ce sujet la rubrique « Santé »). D'ailleurs, les autorités restent optimistes et parient sur une augmentation de la fréquentation touristique de 10 % par an, sur les dix prochaines années.

Pour permettre cette envolée, le gouvernement a autorisé certaines compagnies aériennes (dont *Corsairfly*) à concurrencer *Air Mauritius*... de façon contrôlée. Désormais, des touristes moins fortunés pourront fouler le sol mauricien, même si l'image de destination de luxe doit être préservée avant tout. C'est sans doute pour cette raison que les autorités ont créé de véritables ghettos pour millionnaires abritant de somptueuses villas, vendues avec le permis de résidence. Par ailleurs, de nouveaux hôtels de luxe s'ouvrent chaque année, le secteur des loisirs se développe et la politique d'expansion bat son plein, drainant sans cesse de nouveaux investisseurs occidentaux et, de plus en plus, orientaux. Mais cette politique semble avoir atteint ses limites, du fait même que le nombre potentiel de visiteurs ciblés reste réduit. Les autorités réfléchissent donc à de nouvelles pistes comme le tourisme d'affaires...

Cette croissance effrénée est-elle souhaitable ? La presse parle depuis plusieurs années déjà de seuil de tolérance atteint pour le Mauricien, qui se plaint notamment de la « privatisation » des plages (voir plus loin la rubrique « Plages »). Sans parler des problèmes liés à l'environnement (manque d'eau, déchets rejetés...). Une considération qui paraît bien dérisoire face à la course au développement, même si le gouvernement affiche toujours sa volonté de maîtriser le tourisme. Un bon moyen de concilier les deux est le tourisme vert. C'est notamment le cas à Rodrigues, où les autorités locales s'efforcent de limiter la construction des hôtels et de promouvoir chambres et tables d'hôtes. À Maurice, où les projets hôteliers ne manquent pas (comme en témoigne le développement récent du secteur autrefois préservé de Bel Ombre), une nouvelle tendance se dessine néanmoins. Un peu partout dans l'arrière-pays, une nouvelle génération de cottages, bungalows et chambres d'hôtes de prestige voit le jour, plus préoccupée par l'intimité et le contact avec la nature que par les plages et les cocotiers. Mais jouer les Robinson a un prix, surtout à Maurice... Les autorités semblent également miser sur un patrimoine naturel longtemps ignoré en valorisant les parcs nationaux. L'abandon d'un projet d'autoroute pour préserver la vallée de Ferney est un signe très fort et encourageant. On voit aussi émerger un tourisme culturel, alliant la découverte historique de l'île, les belles demeures et la gastronomie. Mais beaucoup de chemin reste encore à parcourir avant de modifier un tant soit peu l'image « cocotiers-plage » de l'île.

Les services offshore

Les Mauriciens, grâce à l'éducation gratuite à partir de 1920 (pour l'école primaire) et 1976 (pour le secondaire), ont pu se former et ainsi passer à la seconde étape de leur développement : après le tout-travail, c'est le passage au tout-capital. La bourse des valeurs est créée en 1989, puis c'est le développement des activités bancaires d'outre-mer, qui fait de Maurice un centre financier important dans l'océan Indien. Suite à un accord avec « la grande sœur », un tiers des investissements vers l'Inde transitent par Maurice, d'où une croissance particulièrement forte enregistrée dans ce secteur. Mais il risque de pâtir des suspicions qui touchent l'ensemble des paradis fiscaux, suite à la soudaine lutte internationale contre le blanchiment d'argent. Les services offshore devraient s'orienter vers une plus grande transparence, tout en maintenant un fort pouvoir attractif.

Le port franc

Unique dans l'océan Indien, il possède également un potentiel non négligeable. Grâce à des droits de douane limités, des formalités minimales et des accords régionaux privilégiés, l'île Maurice espère bien devenir une plate-forme pour les entreprises européennes qui cherchent des débouchés sur les continents africain et asiatique.

État des lieux de l'économie mauricienne

Si les indices économiques affichent toujours des chiffres très satisfaisants, la croissance connaît malgré tout un certain fléchissement, passant de 8,6 % en 2000 à 4,7 % en 2006 (elle est néanmoins estimée à 5,5 % pour 2007). Quant à l'inflation, en principe maintenue autour de 6 %, elle a connu une accélération en 2006 et dépassé les 9 %. Les consommateurs subissent de plein fouet cette hausse des prix, due à la dépréciation de la roupie, à la forte concurrence, aux mauvaises conditions climatiques (chute de la production sucrière et laitière) et à la conjoncture internationale. Il paraît aussi clair que tous les secteurs doivent aujourd'hui faire face à un besoin de modernisation et de restructuration pour assurer leur compétitivité. La fin du protocole sucre n'a fait qu'accélérer la nécessité de réformes structurelles et sectorielles et impose des investissements lourds que l'économie absorbe tant bien que mal. Ainsi, le chômage avoisinait les 10 % fin 2006. Il est vrai que le modèle économique mauricien avait laissé sur le côté une bonne part de la population et créé de fortes disparités sociales, notamment entre les différentes communautés (Indiens, créoles, Chinois, Africains, Européens, Mauriciens). L'État doit passer d'une économie protectrice à une économie plus compétitive, une transition qui ne s'opère pas sans heurts sociaux. Le gouvernement mise notamment sur une orientation économique nettement tournée vers les nouvelles technologies. La « cybercité d'Ebène », une technopole toute neuve près de Rose Hill, ambitionne de faire de Maurice une « cyberîle ». L'informatique devrait permettre à plus ou moins long terme de moderniser les industries de la zone franche et du sucre, qui surfent depuis peu sur des marchés plus concurrentiels et fragiles. Pour l'instant, la cybercité n'est pas achevée et l'île est confrontée à un déficit de main-d'œuvre qualifiée dans ce domaine.

ÉLECTRICITÉ

Même voltage qu'en France, à savoir 220 volts. Messieurs, à vos rasoirs électriques ; mesdames, à vos Épilady ! Selon les logements, il faut parfois acheter un adaptateur de prise à un prix dérisoire.

ENVIRONNEMENT

Eau turquoise, chaude et transparente, sable blond bordé de filaos, nature luxuriante. Voilà pour le décor. Un niveau de prestations touristiques élevé : vue de l'extérieur, l'île Maurice est bien la perle de l'océan Indien. Mais en ce qui concerne la protection de l'environnement, l'île en est encore à l'âge de pierre. Le ministère n'a été créé qu'en 1991. Et depuis ? Pas grand-chose. Ah ! pardon, la croissance du pays n'a cessé d'être saluée, les infrastructures hôtelières se sont multipliées et les industries développées. Mais l'île paie depuis quelques années déjà une urbanisation et une industrialisation anarchiques, qu'aucune prise de conscience gouvernementale ou populaire n'a permis d'enrayer.

Drôle de paradis où déchets industriels et domestiques sont largués dans la nature, quand ce n'est pas dans la mer, où l'eau potable a longtemps été polluée, tout simplement parce que les réseaux d'assainissement, le tout-à-l'égout et le ramassage des ordures faisaient défaut. Les conséquences, on l'imagine bien, sont lourdes : près du tiers de la faune locale est menacé de disparition, tandis que 15 % de la flore a déjà disparu et que ce qu'il reste continue de se fragiliser. Quant au corail, il se meurt, pollué par le déversement des eaux usées (surtout des complexes hôteliers), la violence des cyclones n'arrangeant rien.

Le ministère de l'Environnement semble réaliser l'étendue du problème. Malgré une réelle volonté politique, les progrès tardent à se faire sentir. Car l'un des principaux problèmes reste bien le « je-m'en-foutisme » de la population. Les conducteurs vidangent les cochonneries de leurs bus dans un endroit discret, les carcasses d'animaux d'abattage pourrissent sur place, les déchets tapissent les plages à la fin de chaque week-end. En certains endroits, les sacs plastique jonchent la moindre parcelle de végétation, car plus la nature est dense, plus elle fait office de poubelle. Comme le soulignait un journaliste mauricien, « l'environnement n'est pas l'affaire des nettoyeurs, mais des citoyens ». Des citoyens-promoteurs qui bétonnent, des citoyens-directeurs d'entreprise qui menacent de licencier s'ils doivent mettre leurs usines aux normes, des habitants qui alimentent les décharges sauvages du moment qu'elles se trouvent chez le voisin.

Devant tant d'obscurantisme, le gouvernement a lancé une opération de sensibilisation à l'environnement. Ces actions salutaires, mais tardives, sont en décalage avec les mentalités, qui mettent plus longtemps à réagir qu'un texte de loi à être voté. Espérons que cette prise de conscience nationale sera la plus rapide possible pour permettre d'assurer un nouvel équilibre entre croissance économique et respect écologique.

FAUNE ET FLORE

La faune

L'animal fétiche de Maurice n'existe plus. C'était le **dodo** ! Non, pas celui qu'on pique à l'heure de la sieste, mais un oiseau énorme (près de 25 kg), aussi appelé dronte, au bec recourbé et crochu. Une sorte de gros canard un peu balourd, incapable de voler à cause de son poids et de ses ailes atrophiées. Non seulement il fut facilement chassé, mais les chiens et autres animaux débarqués sur l'île avec les Portugais dévoraient ses œufs, provoquant sa disparition au XVIIe siècle. Le Mauritius Institute (le musée d'Histoire naturelle) de Port-Louis possède un squelette reconstitué de l'animal, ainsi qu'une peinture. Encore plus fort : en 2005, une équipe de chercheurs hollandais a retrouvé sur le site de la Mare aux Songes (du côté de Mahébourg) des ossements de dodo, et, surtout, la partie supérieure d'un bec, suffisamment rare pour être identifiée comme telle. Les reliques dateraient d'au moins 2 000 ans ! La zone marécageuse qui les abritait (où d'autres ossements avaient déjà été découverts au XIXe siècle) pourrait bien faire l'objet d'une étude plus approfondie afin de reconstituer l'environnement naturel du célèbre volatile. Une équipe de recherche, *l'International Dodo Research Foundation,* serait donc en train de voir le jour, pour mener à bien ce projet.

La colonisation de l'île n'a pas été très profitable pour la faune et, sur la bonne cinquantaine d'espèces qui existaient avant l'arrivée de l'homme, il n'en reste qu'une poignée. Ainsi la **tortue géante** de Maurice, les **râles** (oiseaux aquatiques) ou le **merle noir** ont également disparu. Et si l'on vous cite le pigeon des mares, l'oiseau babane, l'oiseau manioc, le coq des bois, l'oiseau cardinal, la perruche et le beau paille-en-queue (emblème d'Air Mauritius), vous n'en verrez guère dans la nature, car aujourd'hui, ils sont peu nombreux et se cachent bien.

En revanche, différentes espèces de souche étrangère à l'île et importées par l'homme prospèrent à son voisinage : le foudi de Madagascar (baptisé ici « cardinal »), de la taille et d'une silhouette proches de notre étourneau, à ceci près que le mâle porte une livrée vermillon, le bulbul orphée (le « condé » des Mauriciens), sympathique passereau à huppe noire et aux sourcils rouges, originaire de l'Inde et du Pakistan, etc.

Il n'y avait qu'un seul mammifère à Maurice avant l'arrivée des hommes, la **chauve-souris mauricienne,** ou « renard volant », espèce indigène toujours présente dont on pourra voir quelques spécimens au Vanilla Park. Ce sont les Hollandais qui introduisirent le **cerf** au XVIIe siècle, en provenance de Java. Il y est resté et est élevé en semi-liberté dans les grands domaines. Les chasseurs en tuent chaque année un certain quota, qu'on retrouve à la carte de certains restos. Également introduit et chassé, le **cochon sauvage,** appelé « marron ». Notez que la saison de la chasse s'étend de juin à novembre mais qu'elle se pratique en fait toute l'année, dans des chasses privées (comme au *domaine du Chasseur* par exemple).

Les tortues énormes qu'on voit dans les parcs proviennent de Madagascar ou des Seychelles. Introduits il y a bien longtemps également, le lièvre et la mangouste, qu'on voit fréquemment en bordure des routes. La **mangouste,** petit prédateur redoutable, sert notamment à la dératisation des champs de canne. Quant aux singes, ce sont des **macaques** que les colons portugais importèrent dans les soutes de leurs vaisseaux. Ils habitent les forêts et on ne les voit guère que vers la Plaine Champagne, au sud, où vous pourrez leur offrir bananes ou gâteaux car ils ne sont pas farouches. À noter encore que l'île Ronde abrite deux sortes de boas.

Le règne animal marin est certainement plus riche et plus représentatif de l'île Maurice, véritable aquarium tropical sur toute sa côte ou presque. Un masque, des palmes et un tuba, et vous voici plongé dans un monde où opèrent les **poissons-chirurgiens,** où les **poissons-perroquets** font du mime (à défaut de parler), où des capitaines tiennent bon la barre en suivant la brillance des étoiles de mer. Et encore de belles **murènes** à la peau soyeuse, des **mérous** à l'air naïf, des **chinchards argentés...** Aucun danger dans cette symphonie de couleurs, à l'exception du **poisson-pierre** au parfait mimétisme. Particulièrement statique, il est difficile à repérer. Quand c'est le cas, c'est qu'il est trop tard. Sa piqûre provoque de fortes fièvres et peut être mortelle dans certains cas, lorsqu'elle entraîne une noyade. La consultation d'un médecin d'urgence est conseillée. Les hôtels doivent, en principe, se munir d'un sérum antivenimeux. Pour ne pas le rencontrer, ne pas marcher dans l'eau sur les récifs de corail. On vous en parle, mais en fait, les accidents sont très rares. De manière générale, portez des chaussures en plastique, ne serait-ce que pour les oursins.

Les pêcheurs qui s'aventurent hors du lagon, dans le grand bleu, pourront évidemment attraper des **thons,** des **wahoos,** des **coryphènes** (improprement baptisées « daurades », alors que les véritables daurades sont ici rassemblées sous le vocable de « gueules pavées »), des **sails-fish,** mais surtout des **marlins,** variété d'espadon qui atteint plusieurs centaines de kilos. L'île Maurice est un lieu de pêche au gros très fameux, et les centres de pêche reçoivent les spécialistes du monde entier.

– *Conseils :* n'achetez pas d'objets en écaille de tortue de mer ; d'une part l'espèce est protégée, il ne faut donc pas aggraver la situation, et d'autre part les douaniers pourraient vous le rappeler autrement. Idem pour les coraux et coquillages, également protégés mais qu'on retrouve dans les magasins de souvenirs, censés alors avoir été importés. Cette exploitation de la faune et de la flore sous-marines ne va certainement pas dans le sens de la protection d'une nature partout menacée.

– *Et les dauphins ?* Tout le monde veut les voir, les approcher, nager avec. Seulement voilà, ce qui était au départ une magnifique balade à la rencontre de ces adorables mammifères s'est aujourd'hui transformé en un business affligeant. Chaque jour, dans le secteur du Morne Brabant, la petite colonie de dauphins qui y a élu domicile est traquée par des grappes de bateaux de tous gabarits. Certains matins, c'est une vingtaine de barques, hors-bords et catamarans qui les encerclent. Ces pauvres animaux sont évidemment gênés par de telles flottilles, mais les touristes aussi. Car certains capitaines peu scrupuleux n'hésitent pas à foncer pour être au plus près des dauphins, zigzaguant entre les embarcations sans se préoccuper des nombreux nageurs. Il faudra sans doute un drame avant que les gardes-côtes ne réagissent. C'est triste.

La flore

Comme pour la faune, la flore fut énormément modifiée par l'arrivée de l'homme. Autrefois, une épaisse forêt recouvrait l'île de toutes parts ; il n'en reste aujourd'hui que 3 %, concentrée dans les réserves naturelles du Sud-Ouest comme la réserve de Bras d'Eau au sud de Roches Noires, ou celle de la vallée de Ferney, au nord de Mahébourg. Elle se composait de savane en bord de mer, puis de forêts d'ébéniers et, sur les hauteurs, de superbes tambalacoques. Les Hollandais furent les premiers, au XVIIe siècle, à « nettoyer » Maurice pour y introduire la canne à sucre. Pour eux, l'île n'était qu'un point de passage sur la route de l'actuelle Indonésie. Alors ils la dévastèrent, et des essences rares s'éteignirent. Plus tard, les colons qui s'installèrent pour de bon apportèrent dans leurs bagages toutes sortes de plantes pour décorer les jardins. De ces sortes de plantes qui essaiment vite, sont robustes et chassent petit à petit les essences indigènes en les empêchant de s'épanouir. C'est le cas du célèbre arbre du voyageur, si beau mais tellement prolifique... Plus tard encore, le développement continu de la canne favorisa la déforestation. Aujourd'hui, c'est grâce aux soins attentifs et passionnés des membres de la *MWF (Mauritian Wildlife Foundation)* que la forêt originelle retrouve par endroits son aspect d'antan. De jeunes pousses sont élevées en pépinières, puis replantées sur des terrains propices débarrassés des plantes exotiques. Un travail de longue haleine...

Les touristes qui séjournent au bord des plages se familiarisent rapidement avec deux arbres particuliers : le flamboyant et le filao.

– *Le flamboyant :* l'une des plus belles espèces qu'on connaisse. Divisé dès la base en plusieurs troncs se ramifiant généreusement à une dizaine de mètres pour s'ouvrir un peu comme un parasol, il offre de novembre à janvier une floraison incroyable de petites fleurs rouges ou orange absolument radieuses. Planté au bord des routes, le flamboyant est une véritable merveille, éclatant de couleurs sur fond de ciel bleu.

– *Le filao :* son nom exact est *casuarina* (*filao* étant le nom portugais). Il s'avère plus modeste. Ressemblant au pin, fin et longiligne, on le trouve le long de quasiment toutes les plages. Introduit dès la fin du XVIIIe siècle, il sert à fixer le sable mais aussi à ombrager le pique-nique familial et dominical des Mauriciens sur les plages publiques. À la même époque, on introduisit le *badamier* et le *cocotier*.

– *Le paysage d'antan :* la meilleure idée que l'on peut se faire de ce qu'était Maurice autrefois est de traverser la *Plaine Champagne* et d'embrasser la vue à partir des gorges de la *rivière Noire.* Dans cette partie de l'île, ce sont essentiellement des plantations de thé et de café. Dans les régions touristiques comme le Nord, on verra surtout des champs de canne à perte de vue, juste rehaussés par les flamboyants. Le *latanier* et certaines sortes de *palmiers* ne se trouvent plus que sur l'île Ronde au nord de Maurice, sur l'île aux Aigrettes, près de Mahébourg, et également sur quelques hauteurs de l'île Maurice. Notons encore les beaux *vacoas,* les dizaines de sortes d'*hibiscus* et les *anthuriums* qu'aiment rapporter les touristes.

– *Les cultures fruitières :* cette liste ne serait pas complète si l'on oubliait tous les merveilleux fruits, cadeaux d'une nature généreuse : mangue, banane, ananas, papaye, corossol, avocat, jack-fruit, carambole, litchi, coco...

FÊTES ET JOURS FÉRIÉS

Compte tenu de la diversité religieuse de l'île, il y a dix-sept jours fériés officiels, neuf à des dates fixes et huit dépendant du calendrier lunaire. Mais attention, il peut arriver qu'il y ait des changements d'une année sur l'autre et que certains jours fériés ne soient pas reconduits !

Dates fixes

– *1er et 2 janvier :* Nouvel An.
– *1er février :* abolition de l'esclavage.
– *12 mars :* anniversaire de l'Indépendance (déclarée en 1968).
– *1er mai :* fête du Travail.
– *15 août :* Assomption.
– *1er novembre :* Toussaint.

– *2 novembre :* anniversaire de l'arrivée des engagés Indiens.
– *25 décembre :* Noël.

Dates variables

– *7 février 2008 :* fête du Printemps (Nouvel An chinois).
– *23 février 2008 : Thaipoosam Cavadee.*
– *6 mars 2008 : Maha Shivaratree.*
– *21 mars 2008 : Holi.*
– *mars-avril 2008 : Ougadi.*
– *15 septembre 2007 et 3 septembre 2008 : Ganesh Chaturthi.*
– *9 novembre 2007 et 28 octobre 2008 : Divali.*
– *24 novembre 2007 et novembre-décembre 2008 : Ganga Asnan.*
Quant au *ramadan* (date fixée selon la position de la lune), à un ou deux jours près, il doit débuter vers le 13 septembre 2007 (2 septembre 2008) pour s'achever vers le 13 octobre 2007 (1er octobre 2008) par *l'Aïd-el-Fitr,* grande fête qui clôture cette période.

Quelques mots sur certaines fêtes traditionnelles

La grande majorité des fêtes à dates variables ont été introduites par les Indiens et plus particulièrement les Tamouls. Mais il y a aussi des rites chinois et chrétiens. Tous ceux décrits ici ne font pas forcément l'objet d'un jour de congé mais ils sont tous importants.
– *Le Thaipoosam Cavadee :* originaire du sud de l'Inde. C'est sans doute la fête la plus impressionnante. Son origine se situe loin dans l'histoire de l'hindouisme, à l'époque où Idoumban parvint à se délivrer du démon grâce à l'intervention du fils de Shiva. C'est une cérémonie de purification du mal. Durant la fête, les participants portent sur leurs épaules le *cavadee,* structure de bois symbolisant les montagnes sacrées, abondamment décorée de choses multiples et multicolores. L'essentiel étant que ça brille. Une longue préparation de plusieurs jours, accompagnée d'un jeûne, précède le jour de la cérémonie où nombre de « fêtards » entrent dans d'impressionnantes transes. La musique, l'état de fatigue, les prières sans fin permettent d'accéder à cet état où l'on se rapproche de Dieu. On se plante des aiguilles dans les joues, des épingles dans la langue, des crochets dans le dos, souvent reliés à des citrons ou à de minuscules gobelets de lait purificateur. Puis on va au temple, où des offrandes seront faites. Ferveur, délire, cris, pleurs, transes, malaises... et joie intense constituent les ingrédients particuliers de cette fête pas comme les autres, à laquelle il faut assister si vous êtes à Maurice à ce moment-là, mais avec pudeur et respect.
– *Fête du Printemps :* Nouvel An chinois. Dragons décorés, danses, offrandes aux pagodes, repas somptueux en famille, prières. La présence de pétards (et donc de beaucoup de bruit) permet d'éloigner les mauvais esprits. Le quartier chinois s'anime alors de spectacles de rue, avec des danses du loup, du lion, du cheval, permettant de quitter le foyer pour le voyage céleste... Mais attention au dragon qui lance le feu !
– *Maha Shivaratree :* cette fête est longuement développée au chapitre « Grand Bassin » (Ganga Talao), où elle se déroule. Également l'une des plus importantes de l'île.
– *Ganga Asnan :* cette fête est aussi populaire que le *Maha Shivaratree.* Elle remémore les racines indiennes et le culte gangétique, quand le fleuve céleste se répandit sur terre en se subdivisant en sept branches, les sept rivières sacrées de l'Inde. Depuis, les dévots se purifient dans la *Ganga Mai,* la mère de tous les cours d'eau. À Maurice, les fidèles vont se purifier dans l'océan Indien, où le Gange jette ses eaux. Certains pensent que le Ganga Talao, le lac sacré mauricien à Grand Bassin, serait en contact secret avec le Gange, et préfèrent s'y baigner.

– **Holi :** la fête des couleurs et des moissons. Elle rappelle que Holika, la sœur d'un roi, voulut brûler son neveu qui, finalement, sortit indemne des flammes. Résultat, aujourd'hui, pour punir Holika, on brûle son effigie. Mais le principal de la fête consiste à se lancer de l'eau colorée en rouge, bleu, vert, violacé... au visage ou sur les vêtements. Si vous mettez le nez dehors ce jour-là, vous vous retrouvez déguisé en arc-en-ciel en quelques minutes. Donc, habillez-vous de préférence en blanc et avec de vieux vêtements. Si ça ne vous plaît pas, restez à l'hôtel. Sinon, faites comme tout le monde, participez !

– **Divali :** on fête la libération de Sita, retenue prisonnière par le démon Rawana, et le retour de son mari Rama, le septième avatar de Vishnu. La fête se caractérise par la décoration des maisons de mille petites lumières pour éclairer le chemin de Rama et Sita lors de leur retour dans leur ville natale d'Ayodhia. Cette fête est considérée par les hindous comme la victoire du Bien sur le Mal. À l'occasion de Divali, on prie également Laksmi, déesse des Richesses. Tous les foyers hindous préparent pour ce jour-là des gâteaux distribués ensuite aux amis et parents.

– **Ghoons :** la fête a lieu le premier mois de l'année islamique et commémore le décès de Hussein, martyr et petit-fils du prophète. Elle est célébrée par les musulmans chiites, qui, pendant quarante jours, s'habillent de noir. Les hommes se réunissent à la tombée de la nuit pour écouter les récits héroïques de Hussein. Bref, les musulmans indiens se flagellent le corps et d'autres choses encore pas très catholiques. Le clou du spectacle est le *ghoon,* structure en bambou décorée, qui symbolise la ville sainte de Karbala (en Irak) et le tombeau de Hussein. On le transporte en procession, en se transperçant le corps, dans les rues de Port-Louis, avant de le ramener dans le quartier de la Plaine Verte, où il est détruit dans la rivière.

– **Pèlerinage du père Désiré Laval :** les 8 et 9 septembre. Un hommage à « l'apôtre des Noirs ». Ce n'est pas un jour férié, mais c'est une date très importante. Lire pour les détails la partie « Dans les environs » à Port-Louis.

– **Toussaint et fête des Morts :** le lendemain de la fête de tous les saints, le 2 novembre, on rend hommage à tous les morts. Fête chrétienne où l'on va à la messe avant d'aller fleurir les tombes. Si, sur le continent européen, c'est un jour de recueillement, ici la fête revêt un aspect moins funèbre. La messe est colorée et, au cimetière, les prières s'accompagnent de l'arrosage des tombes. Tirant leur source d'Afrique et de Madagascar, certains rites, comme le retournement des morts, sont venus enrichir la fête des Morts. Ainsi, il n'est pas rare de préparer pour le défunt son plat préféré, accompagné d'un p'tit verre de rhum. Imaginez en France : ici, un civet de lapin, là, une choucroute posée sur un caveau de famille avec un ballon de rouquin ou une chopine de Gueuse. Pour les Mauriciens, c'est la preuve irréfutable d'une certaine forme de vie après la mort.

GÉOGRAPHIE

Là, ça va être vite fait. L'île est petite : 1 865 km², circonscrits dans un ovale presque régulier d'environ 48 km d'est en ouest sur 65 km du nord au sud, avec 330 km de côtes. Située dans l'océan Indien, dans l'hémisphère sud, légèrement au nord du tropique du Capricorne, au sud-est de Madagascar, elle appartient à l'archipel des Mascareignes (avec la Réunion et l'île Rodrigues).

C'est une île d'origine volcanique bien plus ancienne que la Réunion. Dans cette dernière, le volcan est toujours en activité, tandis qu'à Maurice il est éteint depuis belle lurette. On estime que sa formation eut lieu il y a environ 8 000 000 d'années et qu'elle est stationnaire depuis 20 000 ans.

Sur les côtes, les plages superbes sont protégées par une barrière de corail ceinturant l'île presque uniformément, ce qui crée un lagon aux eaux particulièrement lumineuses et chaudes. Les vagues de l'océan viennent s'écraser sur le récif, qui fait office de véritable bouclier. Grâce à lui, les plages sont tranquilles et sécurisantes, pour les petits comme pour les grands.

À l'intérieur, un grand plateau central situé entre 400 et 600 m d'altitude, avec le piton de la Rivière Noire, point culminant à 828 m d'altitude. Il fait plus frais sur les hauteurs (3 à 5 °C de moins) et les pluies y sont assez fréquentes. Des crêtes acérées, donnant du rythme à un relief globalement modeste, entourent ce haut plateau. Du côté de Port-Louis, on trouve le massif du Pouce (812 m) et celui de Pieter Both (823 m), ainsi que la chaîne de Moka. Un peu plus au sud, non loin de la côte ouest, le Rempart (545 m) et les Trois Mamelles, moins remarquables par leur altitude que par la grâce de leurs découpes. Et puis au sud, la chaîne de la Savanne et la Plaine Champagne où les gorges de la Rivière Noire rappellent un peu la Réunion, en plus petit. Toute la partie est et nord se révèle parfaitement plate, ce qui laisse libre cours à la culture de la canne à sucre.

HÉBERGEMENT

Pas de problème particulier. Sachez que la plupart des hébergements proposent le transfert depuis (et vers) l'aéroport (service payant à demander au moment de la réservation). Soit on choisit de réserver son hôtel en France par le biais d'une agence (c'est ce qui se fait le plus couramment, surtout pour les grosses structures), soit on se débrouille sur place (mais n'oubliez pas d'indiquer une adresse aux douaniers à l'aéroport !). Le plus important est surtout de bien choisir son lieu de séjour. La région touristique de Grand Baie et Pereybère ? Celle plus calme de Trou aux Biches ? Celle de Flic en Flac ou encore du côté sud-est, vers Mahébourg ? Comme la plupart des touristes choisissent l'hébergement pour toute la durée de leur séjour (en général 1 ou 2 semaines), mieux vaut ne pas se tromper. Bien sélectionner aussi le type de structure.

Maurice est pourvue de grandes chaînes hôtelières possédant des établissements de 100 chambres et plus. Juste un détail qui a son importance : dans ce type d'hébergement, si vous êtes un inconditionnel du calme, demander, dans la mesure du possible, une chambre éloignée du bar et de la piscine où il y a souvent des animations nocturnes.

Parallèlement à cela, il existe des petites résidences hôtelières sympathiques et plus abordables, répondant parfaitement à l'équation suivante : « On veut une semaine de repos dans un endroit confortable, pas trop cher, donnant directement sur la mer et possédant une petite piscine ». Les unes proposent des chambres, les autres des studios et appartements de 2 à 6 personnes avec cuisine équipée (ou parfois les deux à la fois). Dans ce dernier cas, le ménage quotidien est généralement compris. Évidemment, les prestations sont restreintes et l'accueil n'est pas assuré 24h/24 (il y a néanmoins un gardien la nuit). L'office de tourisme de l'île Maurice à Paris (voir la rubrique « Avant le départ ») peut vous renseigner sur ce type de structure.

On peut tout aussi bien louer un *campement,* c'est-à-dire une petite maison individuelle, mais il faut que le propriétaire habite à proximité. Les temps ont changé et les vols s'organisent. On vous indique quelques adresses. À moins de passer par une agence française spécialisée dans ce genre de location. Plutôt intéressant, ● ile-maurice.fr ● loue des villas pieds dans l'eau à Grand Baie, Pereybère, Rivière Noire, Mahébourg et sur la côte est, face à l'île aux Cerfs. Compter environ 270 €/j. la villa pour 6 personnes. Un véritable service hôtelier peut être mis à la disposition des occupants. On réserve auprès de *Tropicalement Vôtre :* ☎ 01-43-70-99-55.

Et puis, au plus bas de la gamme, il y a, bien sûr, les petites pensions et les *guesthouses.* Dans cette catégorie, on trouve le pire et le meilleur. Certaines proposent un rapport qualité-prix moyen car elles sont souvent mal situées (proches de la route, loin de la plage). Parfois il est ridicule de faire des économies de bouts de chandelles et il vaut mieux mettre un peu plus pour avoir une chambre ou une location confortable, à deux pas de l'eau, puisque vous êtes venu pour ça.

Outre notre sélection, vous verrez souvent des pancartes « *Rooms to let* » (chambres à louer). Elles sont souvent modestes et bon marché.

HISTOIRE

La création de Maurice est un conte marin : un volcan jailli des eaux, des oiseaux transportant les graines qui vont exploser en verdure, des bois flottants qui, échoués, plantent leurs racines sur des plages. Un jour, ces bois se transforment en navires. Les commerçants arabes, qui cabotent le long de l'Afrique de l'Est, lui offrent un nom : *Dina Arobin*. C'était au Xe siècle. En 1502, on la retrouve sous la dénomination *Dina Meshriq* : Machrek désigne l'Est, par opposition au Maghreb, l'Ouest. Mais cette « île d'Orient », malgré des ports naturels engageants, ne retient pas les fils du Prophète : le vent du grand commerce emporte leurs boutres vers les îles fabuleuses de l'Orient extrême.

Les Portugais : les découvreurs

Des Portugais, elle reçoit la même offense. Ils sont bien trop avides d'Inde, et, au-delà, des merveilleux Cathay (la Chine) et Cipango (le Japon) pour prendre racine en cette île. Pourtant, on l'estime assez bonne pour servir d'étape. On ne sait d'ailleurs pas exactement quel navigateur portugais découvrit l'île au début du XVIe siècle, entre 1502 et 1512 – Diego Días, Pedro Mascarenhas (qui donnera son nom à l'archipel des Mascareignes, comprenant Maurice, Rodrigues et la Réunion), ou encore Domingo Fernandez, commandant de la flotte de Tristan da Cunha. On sait que ce dernier y jette l'ancre en 1511 et la baptise *Cirne*, « l'île du Cygne », du nom d'un de ses bateaux ou à cause de l'étrange oiseau qu'il y voit et qui, assez curieusement, lui aurait rappelé le cygne : « Sans plumes par le corps qui est couvert d'un duvet noir, il a le cul tout rond, le croupion orné de plumes crépues, le bec gros, les jambes hautes. » C'est le dodo, un E.T. spécifique à Maurice, et qui, comme le kiwi en Nouvelle-Zélande, est devenu l'emblème national. On le trouve sur les timbres, les autocollants, partout... sauf dans la nature. Car les équipages portugais chassaient le dodo. Un petit coup de gourdin, et hop ! à la broche. De plus, ils débarquèrent cochons, chèvres, bœufs, chiens et même des singes hautement gastronomiques, histoire de fournir des provisions aux suivants... et cochons, chiens et singes (sans oublier les rats !) festoyaient volontiers avec des œufs de dodo.

Les Hollandais (1598-1710) : les pionniers

Au XVIIe siècle, les *descubridores* portugais cèdent l'océan aux marchands de Hollande. Ceux qui débarquent en 1598 à l'intérieur du lagon, près de Vieux Grand Port, viennent de la colonie du Cap. Pour décourager la concurrence étrangère, leur amiral hisse le drapeau des Pays-Bas et donne à l'île un nouveau nom : *Mauritius* ou Maurice. Pourquoi pas Roger ou Marcel ? Parce que Maurice est le prénom de leur prince, Maurice de Nassau.

Quarante ans après, pour plus de sûreté, on s'installe avec armes et bagages. Les bagages comprennent des esclaves d'Afrique ou de Madagascar. Quant aux colons, il s'agit de forçats expédiés des îles à épices (Java, Sumatra...). Livré à lui-même, tout ce monde se dissipe. Les esclaves – qui l'eût cru ? – se font la belle. Les colons détruisent les forêts d'ébène et les derniers dodos. Alors, l'île se venge : aux cyclones succèdent les disettes, les naufrages (l'amiral Pieter Both, dans la baie du Tombeau), les raids de pirates... En 1710, les Hollandais rembarquent. Non sans laisser quelques cadeaux : un troupeau de cerfs, qu'on chasse encore, du tabac, de la canne à sucre et les futurs chouchous. Et le titre de « Mère de la Tasmanie » : c'est de Maurice que son futur découvreur, Abel Tasman, appareilla en 1642.

Les Hollandais partis, Maurice redevient un trou. Une escale où remplir ses tonneaux d'eau et réparer ses voiles. Pour le reste, c'est-à-dire les petites femmes, on trouve Bourbon (la Réunion) plus sympa... C'est justement de cette île voisine que viendra, cinq ans plus tard, M. Dufresne d'Arsel. Ce Malouin commande le *Chasseur*, un vaisseau auquel la Compagnie des Indes orientales a chargé d'apporter, du port yéménite de Moka, les premiers plants de caféiers destinés à faire de Bourbon le fournisseur des goûters de la Cour. Maurice est déserte ? Ce brave la rebaptise « Isle de France » et l'offre à sa compagnie. Celle-ci attendra 6 ans (1721) pour y installer ses hommes. Un comptoir est ouvert. Mais question réussite, bernique !

Mahé de La Bourdonnais, le Malouin colonisateur

Son premier héros, cette île malchanceuse le trouve en 1735. Encore un capitaine de la Compagnie des Indes. Il est originaire de Saint-Malo (Bretagne) et navigue depuis l'âge de 10 ans : Bertrand François Mahé de La Bourdonnais (voir son portrait dans la rubrique « Personnages »). Pour le récompenser de bons et loyaux services rendus sous la bannière de la Compagnie des Indes dans l'océan Indien, le roi Louis XV le nomme « gouverneur des Isles Bourbon et de France ». Il débarque un 4 juillet 1735 dans ce port nord-ouest qui deviendra Port-Louis. Il s'y installe : l'endroit vaut mieux que Grand Port, le précédent chef-lieu, où les alizés compliquaient la manœuvre des voiliers.

Son objectif : orienter l'Isle de France vers l'activité maritime, en faire une sorte de « Saint-Malo des Indes » autrement dit, un entrepôt en temps de paix, une base corsaire en temps de guerre. L'ennemi (et le rival) est déjà bien implanté dans la région : c'est l'Angleterre. L'île Bourbon, de son côté, deviendrait le grenier à blé et s'épanouirait dans l'agriculture. La Bourdonnais sait ce qu'il veut et ce qu'il ne veut pas. Il ne veut pas que les Mascareignes deviennent les Antilles de l'océan Indien. Il souhaite qu'on traite les esclaves correctement. Il les fait entrer dans la maréchaussée et leur donne même la possibilité de devenir marins. Cela dit, de nombreux colons conservent des comportements cruels et inhumains avec leurs esclaves, comme l'observe Bernardin de Saint-Pierre. Que fait encore Mahé ? Pour éviter la famine, il impose l'obligation de planter du blé et demande aux colons de produire leur propre viande, d'élever des volailles. Son obsession : pouvoir à tout moment assurer la survie de l'île et le ravitaillement des équipages qui y font escale.

Port-Louis est mal fichu ? Mahé établit les plans d'une ville coloniale avec des fortins. Il fait aménager le port. Les chantiers de carénage sont fatigués ? Il les fait rénover pour qu'ils accouchent d'une flotte importante. Mais l'Isle de France est bien plus qu'une base. On bâtit un hôpital, on exploite les forêts, on fonde la première sucrerie dans le quartier de Pamplemousses... Les maisons manquent de toiture solide ? On fait venir des ardoises de Bretagne pour couvrir les bâtiments publics.

En quelques années, cette île en friche et quasi déserte devient l'une des plus prospères colonies du roi. Mahé pense aussi à Rodrigues, qui devient un poste de ravitaillement et de surveillance à l'est. Stratège, il lance depuis l'Isle de France des missions exploratoires vers le nord. Des gentilshommes bretons explorent les Seychelles à bord des vaisseaux du roi. L'île d'Abondance est découverte, elle est renommée Mahé, en l'honneur du gouverneur.

Le naufrage du Saint-Géran : le drame de 1744

Un autre fait divers propulse l'Isle de France dans la légende. Dans la nuit du 17 août 1744, le vaisseau le *Saint-Géran,* parti le 24 mars de Lorient, arrive à destination à la tombée de la nuit. Le temps est radieux. Le ciel étoilé. La lune s'est levée. Faut-il, dès le soir, aborder au port ? Tel est l'avis du capitaine Delamarre, mais ses adjoints l'en dissuadent. Pour eux, il n'y a pas de danger à courir des bordées et à louvoyer au large des côtes avant l'aube. Vers minuit, deux marins viennent prévenir l'officier de quart que le vaisseau est trop près des côtes. Il se trouve alors non loin de l'île d'Ambre, au nord-est de l'île. L'officier les éconduit. À 2h du matin, retentit un cri sinistre : « Brisant à l'avant ! » La cloche d'alarme tinte. Les passagers affolés montent sur le pont. Pour alléger le navire, le capitaine fait couper le mât d'artimon qui, dans sa chute, entraîne le mât de misaine, les deux mâts heurtent les flancs du navire comme un puissant bélier. Le navire s'enfonce, la coque se brise, la quille se rompt par le milieu, la poupe et la proue se soulèvent. L'eau bouillonne dans les flancs du navire. Un radeau construit en toute hâte emporte soixante personnes, mais il est aussitôt englouti. Sur le gaillard d'avant, Mlle du Caillou n'ose rejoindre son fiancé dans les flots. Celui-ci remonte près d'elle à bord et demeure à ses côtés tandis que le bateau s'abîme dans les flots. Autre scène dramatique sur le gaillard d'arrière, M. de Peramon tombe à genoux devant sa fiancée, Anne de Mallet, la suppliant de se dévêtir pour qu'il puisse plus facilement la sauver. Mais la pudique créole refuse de quitter ses vêtements, et son fiancé préfère se laisser mourir près d'elle. Ces deux histoires émouvantes ont été racontées (donc authentifiées) plus tard par plusieurs survivants du naufrage, qui parvinrent à gagner la côte à la nage. Le *Saint-Géran* avait embarqué près de 200 passagers et membres d'équipage (dont une trentaine d'esclaves africains montés le 15 juin à Gorée). Mais le navire transportait aussi de précieuses pièces de machines pour les moulins à canne à sucre. Et aussi quantité de piastres. Il fallut créer du papier-monnaie : la disette de bon et bel argent avait tourné à la crise monétaire ! Ce naufrage d'août 1744 fut un véritable drame humain et économique.

Pierre Poivre, un homme d'épices

Après la chute de Mahé de La Bourdonnais (1746), la Compagnie des Indes patronne encore pour quelques années le destin de l'île. En 1764, pressé de renforcer sa base navale et son pouvoir dans l'océan Indien, le roi de France rachète les Isles Mascareignes à la Compagnie des Indes. En reprenant définitivement la région en main, il décide d'en faire à nouveau une colonie. Finis les exaltations romantiques et les rêves d'empire de la Compagnie ! Le ministère de la Marine, c'est bien le moins, s'en occupe directement. La reprise du pouvoir sur les îles se concrétise le 14 juillet 1767 par le débarquement à Port-Louis des premiers administrateurs royaux. Le pouvoir, désormais, fonctionne en duo : un gouverneur et un intendant. Les successeurs de La Bourdonnais font de leur mieux pour promouvoir Maurice. Mais aucun n'en aura la personnalité ni le charisme. Le premier gouverneur royal s'appelle Daniel Dumas. À ses côtés, et en perpétuelle rivalité avec lui, Pierre Poivre, intendant des Isles de France et de Bourbon de 1767 à 1772.
Celui-ci est un Lyonnais avisé qui a beaucoup voyagé en Extrême-Orient (voir son portrait dans la rubrique « Personnages »). Poivre s'oppose à son supérieur sur tous les points. Malgré cela, tous deux font du bon travail. Le port de Port-Louis est envahi par les vases et obstrué par les carcasses de navires qui avaient péri dans les cyclones. On le nettoie, durée du chantier : 10 ans ! Poivre veut développer la culture des épices. Il implante les premiers muscadiers et les girofliers qui ont enrichi la Hollande en Insulinde. Son idée est de faire de l'Isle de France « une nouvelle Moluques ». Il ne délaisse pas pour autant les cultures vivrières, bien que certains de ses détracteurs affirment qu'elles ont été défavorisées par les épices. À la fin du XVIIIe siècle, les épices seront un échec et la canne à sucre un succès. Quoi qu'il en soit, il reste qu'« on ne peut faire ici du bien qu'en suivant les routes tracées par Mahé de La Bourdonnais et Pierre Poivre », comme on disait à l'époque.

« La Calypso des mers du Sud »

Suffren avait surnommé l'Isle de France « la Calypso des mers du Sud ». Par ses charmes océaniques et sa douceur tropicale, elle retient les marins en escale. Sur la route des Indes, c'est une étape nécessaire pour les navires, ne serait-ce que pour le ravitaillement des équipages.

– **Bougainville** fait le tour du monde de 1766 à 1768. Le 16 octobre 1768, il quitte Batavia (actuelle Jakarta) à bord de la *Boudeuse*. Le 8 novembre, il arrive à Port-Louis, et reste environ un mois sur l'Isle de France. Il rencontre Pierre Poivre, l'intendant, lui remet sa fameuse « bougainvillée » ainsi qu'une cucurbite, sorte d'alambic destiné à dessaler l'eau de mer.

– **Yves de Kerguelen** y fait escale en août 1771. Il y équipe deux flûtes, la *Fortune,* qu'il commande lui-même, et le *Gros-Ventre,* commandé par Saint-Allouarn, un autre gentilhomme breton. En décembre 1771, les deux vaisseaux quittent Port-Louis en direction du Sud austral. Ils découvrent les îles de la Fortune, prenant possession de la Grande Terre des îles Kerguelen (appelée la France australe). Kerguelen repart en mars 1773 avec l'*Oiseau* et le *Roland,* qui font escale le 29 août 1773 à Port-Louis.

– **Lapérouse** séjourne sur l'Isle de France pendant six années, de 1772 à 1778. Il épouse une femme de l'île.

Guerres navales entre la France et l'Angleterre

Les déboires militaires et maritimes français aux Indes ont fait de l'océan Indien une mer anglaise. La guerre d'Indépendance américaine (1778-1783) oblige la France à épauler les indépendantistes en Amérique et à s'engager contre les Anglais dans l'océan Indien. Pour commander les forces navales, le roi envoie un marin de génie : Suffren. Outrés, les Anglais se vengent sur les possessions indiennes françaises.

La grande heure de la future Maurice a sonné, car l'île devient alors une place hautement stratégique dans cette lutte pour la suprématie militaire dans l'océan Indien. Elle accueille 15 000 soldats, les marins de Suffren et les grands corsaires malouins, comme Robert Surcouf qui y débarque en 1789. Jusqu'en 1794, il navigue dans l'océan Indien et pourchasse les Anglais. Le plus hardi et le plus chevaleresque des corsaires sous la Révolution et l'Empire fait quand même de la traite d'esclaves, alors que celle-ci est déjà interdite. Ses prises sur les Anglais affluent à Port-Louis. Surnommée « Étoile et clé de la mer des Indes », la ville abonde de richesses. Sur fond de villas créoles, les élégantes se promènent au bras des aventuriers. Les rhumeries tournent à plein pour désaltérer les gosiers militaires.

À la veille de la Révolution française, on dénombre sur l'Isle de France 7 850 Blancs, 950 « libres » et 37 000 esclaves, soit au total une population de 45 800 âmes.

L'île à l'heure de la Révolution française

Un jour, le drapeau à fleurs de lys fait place aux trois couleurs de la République. Les habitants sont ravis : la disparition des gouverneurs royaux a comme un goût d'indépendance. Mais voilà que la Convention se mêle d'abolir l'esclavage ! Comme la Martinique, l'Isle de France résiste. Influencé par Joséphine, Bonaparte ne tarde d'ailleurs pas à abroger la mesure. Les esclavagistes respirent ; les esclaves, qui représentent alors 80 % des habitants, beaucoup moins... Puis la guerre reprend contre l'Anglais. Surcouf (47 prises) et ses hommes multiplient les hold-up juteux, à tel point que les Américains accourent emplir leurs cales de produits indiens : les Isles de France et Bourbon assurent près de la moitié des exportations françaises aux États-Unis. Mieux encore : en 1810, la marine impériale offre à Napoléon la seule victoire navale de son règne (gravée sur l'Arc de triomphe) en ratatinant la flotte anglaise à Grand Port.

Mais juste à temps, car l'Isle Bourbon vient de capituler. Six mois plus tard, c'est au tour de l'Isle de France. En un tournemain, quelque 10 000 Anglais et Indiens débarqués au Cap investissent la totalité du territoire. Leur exploit ôte une belle épine du pied anglais. « Tant que les Français tiendront l'Isle de France, clamait Pitt en 1761, les Anglais ne seront pas maîtres de l'Inde. »

Mauritius l'Anglaise (1810-1968)

Ici se séparent les routes des deux sœurs. Napoléon exilé à Sainte-Hélène, les Anglais ont accepté de rendre l'Isle Bourbon à Louis XVIII, pour mieux se garder l'ex-Isle de France, rebaptisée Mauritius, c'est-à-dire Maurice. Mais il en faut plus pour angliciser Maurice... De nouveaux colons, par exemple. Ceux-ci ne viendront pas. Que faire, sinon accepter l'ordre déjà établi ? Le code Napoléon, le catholicisme...

Maurice, devenue anglaise, gagne en importance maritime et prospérité commerciale. On plante l'île de canne. En un quart de siècle, la production de sucre décuple, pour atteindre les 100 000 t. Malgré l'interdiction de la traite, on s'arrange pour importer de nouveaux esclaves d'Afrique et de Madagascar. Ces habitudes ne disparaissent qu'en 1835, lorsque l'Angleterre décide d'abolir l'esclavage et consent à indemniser (grassement) les maîtres. Mais le problème reste entier : qui va s'échiner, maintenant, sur les champs de canne ? On fait comme aux Antilles. On engage des Indiens à des salaires de misère. Ceux-là mêmes qui représentent aujourd'hui les deux tiers de la population ravivent la navigation et dopent la prospérité. C'est l'heure des grandes fortunes des « barons du sucre », qui se constituèrent surtout au XIXe siècle. En 1869, hélas, le percement du canal de Suez permet aux navires venus d'Europe d'atteindre l'Inde et l'Asie plus rapidement, donc à moindre coût. Résultat : l'étape classique de l'île Maurice n'est plus nécessaire. Quelques visiteurs illustres – Darwin, Conrad, Gandhi... – y font escale. Et puis l'île connaît une série de catastrophes : cyclones, incendies, épidémies (l'une d'elles décimera la moitié des habitants de Port-Louis)... le tout sur fond de surpopulation galopante.

L'indépendance

En 1901, le mahatma Gandhi, de passage sur l'île, parle de justice et de démocratie. Il avait quelques longueurs d'avance, mais avec la fondation du parti travailliste en 1936, largement appuyé par la population indienne, commence la course à l'indépendance. En 1959, le droit de vote accordé aux habitants de plus de 21 ans sachant écrire leur nom conforte encore ce parti populaire.

En 1965, une conférence constitutionnelle se tient à Londres, où le parti travailliste demande l'indépendance immédiate, malgré une coalition de toutes les minorités qui se prononcent contre. Le docteur Seewoosagur Ramgoolam (SSR pour les intimes) devient en 1968 le premier chef du nouvel État mauricien. La Constitution du 12 mars 1968 ne donne pourtant pas encore le statut de république à Maurice, qui reste une monarchie sous la souveraineté de l'Angleterre, représentée à Maurice par un gouverneur général.

En 1969, une coalition regroupant le parti travailliste, le comité d'action musulman et le... PMSD (Parti mauricien social-démocrate) voit le jour, inaugurant les grandes combinaisons politiques qui vont se succéder par la suite. Un nouveau parti politique émerge alors, plus critique, plus radical, le Mouvement militant mauricien de Paul Bérenger, un Franco-Mauricien. Le MMM augmente rapidement son influence.

Impossible de citer toutes les péripéties de la vie politique mauricienne : diverses scissions des partis politiques et d'ineffables coalitions et machinations font valser aux postes de commande les grands manitous de l'île : Paul Bérenger, Gaëtan Duval et Aneerood Jugnauth. En 1992, le statut de monarchie anglaise est aboli, et Maurice accède enfin au statut indépendant de République (12 mars 1992). Véritable démocratie bien assise, l'île connaît bien de temps à autre quelques débordements d'autorité, mais ce ne sont finalement que des péripéties.

Une émeute qui en dit long

Pour célébrer le trentième anniversaire de l'indépendance du pays, Navin Ramgoolam, alors Premier ministre, organisa la plus grande fête de l'histoire de la République, le 12 mars 1998. Il favorisa un peu le culte de la personnalité de son père, feu SSR, en en faisant le père de la Nation, et en oubliant que la libération était le fruit d'une action commune.
En février 1999, la mort en prison dans d'obscures circonstances du chanteur créole Kaya, véritable idole populaire, provoque un soulèvement unique dans les annales. Les créoles s'en prirent aux hindous, exacerbant les inégalités entre les différentes communautés.

Nouvelles alliances

En 2003, sir Aneerood Jugnauth devient président de la République, laissant sa place de Premier ministre à son nouvel allié Paul Bérenger, un Franco-Mauricien du Mouvement militant mauricien (MMM). Il fait ainsi mentir la tradition qui voulait jusqu'à présent que le Premier ministre soit un hindou de la caste Vaish. Mais en 2005, avec le retour de Navin Ramgoolam au poste de chef du gouvernement, la tradition a repris ses droits !
La victoire des travaillistes s'est construite autour d'un discours de gauche sur l'amélioration des conditions de vie des Mauriciens. Promesse illusoire, comme l'a montré, quelques mois plus tard, une hausse générale des prix (pain, lait, gaz, électricité...) et une politique économique très austère.

L'année 2006 et le début 2007 en bref

Ainsi s'ouvrait l'ère des coupes sombres budgétaires. Car il était temps d'anticiper le manque à gagner abyssal causé par la remise en cause des accords sucre avec l'Union européenne. Amorcée en 2006, la chute des cours du sucre a contraint Navin Ramgoolam à engager des réformes et supprimer en partie une politique de subsides, jusque-là largement entretenue. Il a donc abrogé les subventions traditionnelles (notamment sur les denrées de base, comme le lait, le riz et les lentilles) et joué la carte du tourisme pour engranger de nouvelles devises. Mais le chef du gouvernement a du mal à faire passer ses nouvelles orientations et les Mauriciens grincent des dents : taxes nouvelles, inflation record, plages publiques se réduisant comme une peau de chagrin pour favoriser un tourisme de luxe, disparités grandissantes... sont autant de sujets d'inquiétude et de colère que les dégâts provoqués en février 2007 par le cyclone Gamède n'ont pas arrangés.

INFOS EN FRANÇAIS SUR TV5

TV5MONDE vous accompagne : la chaîne TV5MONDE est reçue dans de nombreux hôtels du pays, et disponible dans la plupart des offres du câble et du satellite. Si vous êtes à l'hôtel, et que vous ne recevez pas TV5MONDE dans votre chambre, n'hésitez pas à la demander ; vous pourrez ainsi recevoir 18 fois par jour des nouvelles fraîches de la planète en français.
Pour tout savoir sur TV5, connectez-vous sur ● tv5.org ●

LANGUES

Là, pour les francophones, c'est la cerise sur le gâteau. Bien que la langue officielle soit l'anglais, les Mauriciens parlent le créole, ce français savamment transformé, simplifié, où l'on écrit les liaisons avec un « z », où les mots sont liés avec des « n », et où finalement ce qui apparaît comme une réduction des termes au premier abord se transforme en richesses linguistiques savoureuses.

Voici quelques expressions courantes :

Français	Créole
S'il vous plaît	*Si ou plé*
Comment ça va ?	*Ki manière ?*
Bien, merci	*Mo bien, merci*
Monsieur	*Missié*
Où est-ce ?	*Kote sa ?*
C'est cher	*Li ser*
C'est bon	*Li bon*
C'est très bon	*Li mari bon*
C'est top	*Li mauvais bon*
Pas de problème	*Péna problème*
Quelle heure est-il ?	*Ki lère là ?*
Il fait chaud	*Fer so*
Où sommes-nous ?	*Kot nou été ?*
Je t'aime	*Mo content toi*
Bonjour	*Bonzour*
Au revoir	*Salam*
Je m'en vais	*Mo pé allé*
Aujourd'hui	*Azordi*
Demain	*Dimain*
Un coquillage	*Ene coqui*
Le marché	*Bazar*
Médecin	*Doctère*

Le français est donc la langue la plus utilisée après le créole. On peut comprendre ce dernier avec un peu d'effort ou d'expérience. À l'école, c'est l'anglais qui domine, comme dans les documents officiels, mais les journaux, s'ils veulent vendre, doivent écrire en français. Voilà pour une fois un pays où le français a gardé un pouvoir charismatique et historique, à défaut d'être législatif.

L'hindi est enseigné à l'école, mais c'est le bhojpuri (sorte d'hindi créole) qui est parlé dans les communautés indiennes, ainsi que le cantonais, le hakka et, dans une moindre mesure, le mandarin chez les Chinois.

LIVRES DE ROUTE

– *Paul et Virginie,* de Bernardin de Saint-Pierre ; Flammarion (2002). Écrite en 1773, publiée à Paris en 1787, cette histoire d'amour pure et tragique dans l'ancienne Isle de France fut l'un des trois triomphes de la littérature française au Siècle des lumières, avec *La Nouvelle Héloïse* de Jean-Jacques Rousseau et *Les Liaisons dangereuses* de Pierre Choderlos de Laclos. C'est l'histoire d'une idylle entre deux enfants, Paul et Virginie, élevés selon la « nature et la vertu » sur l'Isle de France, cette île tropicale paradisiaque de l'océan Indien, belle comme au premier matin du monde. L'Isle de France n'a-t-elle pas été surnommée « La Nouvelle Cythère » par des marins philosophes ? Paul est le fils d'une paysanne bretonne modeste et intègre. Virginie, la fille d'une dame normande désargentée et dévouée. Ils partagent tout durant leur enfance et leur jeunesse. Hélas, le destin les sépare. Virginie est envoyée en France pour être « éduquée » selon les conventions bourgeoises. Désespéré et solitaire, Paul attend durant des années le retour de sa bien-aimée. Virginie revient un beau jour sur son île à bord du vaisseau *Saint-Géran*. Poussé sur des récifs, le navire se brise et Virginie connaît une fin tragique (voir, pour plus de détails, le résumé de l'histoire vraie du naufrage dans la rubrique « Histoire »). Les visiteurs trouveront, au cours de leur voyage, de nombreuses références à cet ouvrage, ainsi que des lieux réels dont s'inspira Bernardin de Saint-Pierre : Rivière Noire, Rivière des Trois Mamelles, le quartier de Montagne Longue (où se passe l'essentiel de l'action), le Cap Malheureux, la baie du Tombeau et l'église de Pamplemousses.

– *L'œuvre de Malcolm de Chazal :* voir son portrait dans la rubrique « Personnages ». Ses livres ont été publiés en France : *Sens Plastique* (Gallimard, 1949, rééd. 1990) ou chez des éditeurs de l'île Maurice. À la lecture de cet ouvrage, Jean Paulhan s'écrie : « Si on cherche un parallèle à votre livre, il faudrait remonter à la métaphysique hindoue. » Chazal publie ensuite *La Vie filtrée* (Gallimard, 1949, rééd. 2003), *Petrusmok, Mythologie de crève cœur ou Les Hommes de la pierre, Le Rocher de Sisyphe* (tous parus à l'île Maurice, 1951). Puis, après 1954, on retiendra *Le Livre de conscience, La Bible du mal, L'Évangile de l'eau, les Dieux ou les consciences-univers*.

– *Quelques poèmes de Charles Baudelaire :* peu le savent, mais le poète a été très marqué par son court séjour mauricien (du 1er au 19 septembre 1841). Plusieurs poèmes s'en inspirent : *La Vie antérieure, La Chevelure, Correspondances, Parfum exotique, Bien loin d'ici, La Belle Dorothée, L'Invitation au voyage, La Musique...* Disparue en mer très jeune, Émeline, « la créole enchanteresse », repose au cimetière de Pamplemousses (pour plus de détails, se reporter plus loin au chapitre consacré au jardin de Pamplemousses).

– *Les romans de J.M.G. Le Clézio :* *Le Chercheur d'Or* (1991), Gallimard, coll. Folio (374 p.) ; *La Quarantaine* (1997), Gallimard, coll. Folio (544 p.) ; *Voyage à Rodrigues* (1997), Gallimard, coll. Folio (145 p.). Trois ouvrages de J.M.G. Le Clézio qui s'inspirent de l'île Maurice et de l'océan Indien. À travers le voyage initiatique de ses personnages, Le Clézio part à la découverte de sa famille (notamment de son grand-père Léon Le Clézio, notable mauricien du début du XXe siècle), et renoue avec ses racines. Entre l'île Maurice et Rodrigues, il embarque le lecteur dans une quête du « paradis perdu ».

– *Les Rochers de Poudre d'or* (2003), de Natacha Appanah-Mouriquand ; Gallimard, coll. Folio (2006). Premier roman de cette jeune femme née en 1973 à Maurice et aujourd'hui journaliste à Lyon. Elle y décrit le recrutement, le voyage – effroyable – et l'arrivée à l'île Maurice d'immigrants indiens, censés remplacer les esclaves affranchis pour la coupe de la canne. Le rêve de tous : fuir la misère de l'Inde pour cet Eldorado qui dissimule peut-être, sous ses rochers, de la poudre d'or... L'auteur nous entraîne sur la trace de ces personnages motivés par l'amour, la désespérance ou l'espoir et dont les destinées se mêlent. Un premier roman primé par le prix RFO.

– *Blue Bay Palace* (2004), de Natacha Appanah-Mouriquand ; Gallimard, coll. Continents Noirs (104 p.). On ne lit pas *Blue Bay Palace,* on le dévore ! Second livre de la romancière, d'une écriture tout aussi maîtrisée que le premier. Dans un décor où, « à gauche, les riches ont vue sur l'océan » et « à droite, les pauvres n'ont vue sur rien excepté leurs semblables », Maya, 19 ans, poursuit l'amour et le lecteur, lui, se prend au piège de cette brûlante passion.

– *Bénarès* (1999), de Barlen Pyamootoo ; éd. de l'Olivier, coll. Littérature française (2006 ; 96 p.). La fuite vers le bonheur de deux jeunes garçons qui essaient, le temps d'une nuit, d'échapper à la misère et au chômage. De Bénarès, village sans avenir, ils partent vers Port-Louis et rêvent de cette autre Bénarès, ville indienne mythique, d'un ailleurs où le paradis existe peut-être. Un roman sans complaisance, où l'auteur mauricien évoque son île avec amour et détresse.

– **Sueurs de sang** (2001), de Abhimanyu Unnuth ; Stock, coll. Littérature étrangère. Ce romancier mauricien, dramaturge et critique, livre ici une grande fresque, écrite en hindi (et traduite en français), sur la lutte des Indiens au XIXe siècle pour retrouver leur liberté dans ces plantations de canne à sucre où ils travaillent parfois jusqu'à leur mort. Cette épopée échappe à toutes les règles de la bienséance romanesque occidentale : longs dialogues, absence d'action, lenteur du déroulement. Un hymne à la justice sociale, mais aussi à la religion indienne, qui trouve sa force dans la pluralité des cultures de l'île.

– **Histoire d'Ashok et d'autres personnages de moindre importance** (2001), d'Amal Sewtohul ; Gallimard, coll. Continents Noirs. Ashok, petit fonctionnaire et antihéros par excellence, rêve de quitter son île-prison, dans laquelle la pluriethnicité n'est plus source de richesses mais de conflits, où la tradition et la modernité s'affrontent parfois, où les inégalités se font chaque jour plus grandes et plus violentes. Comme si le masque de l'harmonie était tombé. L'auteur ponctue son récit de longs chapitres en créole pour mieux l'ancrer dans la réalité et le quotidien de tout un peuple.

– **La Maison qui marchait vers le large** (2001), de Carl de Souza ; éd. du Rocher (2006 ; 336 p.). L'histoire glisse, comme une maison victime d'un glissement de terrain, sur des relations entre un propriétaire paralytique et grincheux et sa bonne, Germaine, avec en arrière-plan le problème d'appartenance communautaire. Son style classique est pimenté par le savoureux parler créole. C'est son originalité. En 2000, Carl de Souza a publié *Les Jours Kaya,* chronique inspirée par les événements survenus après la mort du chanteur mauricien Kaya.

– **Le Bal du dodo** (1989), de Geneviève Dormann ; LGF (1991). Grand Prix du roman de l'Académie française. Une grande fresque qui se passe dans la société aristocratique française de Maurice. Les flash-back rendent la lecture parfois difficile, mais l'ouvrage demeure un incontournable sur la Maurice de cette fin de siècle. Le bal du dodo existe bel et bien, tous les ans, à Curepipe.

– **À l'autre bout de moi** (1979), de Marie-Thérèse Humbert ; LGF (1992). Née à Quatre-Bornes en 1940, l'auteur vit en France, où elle a mené une carrière d'enseignante. C'est le long cheminement de sœurs jumelles, Anne et Nadège, ou d'un personnage double, Anne-Nadège, entre adoration et affrontement. Histoire de la sœur qui reste seule, après le décès de Nadège lors d'un avortement, et qui prend sa place auprès d'un brillant avocat indo-mauricien. Le roman explore deux lectures possibles, l'une psychologique, l'autre sociologique, fondée sur les relations ethniques conflictuelles à Maurice. Du même auteur, *La Montagne des signaux* (1996), disponible en Livre de Poche.

– **L'Arbre Fouet** (1997), d'Ananda Devi ; L'Harmattan, coll. Lettres de l'océan Indien. Le voyage intérieur d'Aeena, fille d'un prêtre swami, soumise aux punitions liées à un karma de parricide (datant d'une vie antérieure). Une quête identitaire noueuse et vibrante, qui d'un grenier peuplé de fantômes jusqu'au tréfonds d'un lac, permettra d'exorciser de vieux démons et de « faire la peau » au pouvoir constricteur de la religion, ici, un hindouisme formaliste et extrémiste. Ananda Devi a publié de nombreux autres livres, dont **Eve de ses décombres,** paru chez Gallimard en 2006. Voir aussi notre rubrique « Personnages ».

– **Le Silence des Chagos** (2005), de Shenaz Patel ; éd. de l'Olivier, coll. Littérature française (151 p.). Un roman qui raconte de manière simple et émouvante l'exil forcé des habitants des Chagos à Maurice, en 1973, afin que ce petit archipel, au cœur de l'océan Indien, puisse devenir une base militaire américaine, loin des regards dérangeants. Un bel hommage à ces centaines de Chagossiens laissés-pour-compte à Port-Louis, telle « une poussière brune qu'une légère brise de mer balaiera au loin ».

– On peut lire également les **Contes mauriciens,** de Charles Baissac.

MÉDIAS

La langue de la presse est le français. C'est le cas des trois principaux quotidiens : *Le Mauricien, L'Express* et *Le Matinal,* dits indépendants, et des hebdos *Le Militant* (journal du MMM) et du week-end, *Le Défi Plus,* hebdo le plus lu de l'île, qui résume l'actualité de la semaine. Mais chaque communauté religieuse possède aussi son propre journal, représentant les hindous, les catholiques, les musulmans. Les Sino-Mauriciens se réfèrent à deux quotidiens publiés en mandarin.

Il existe trois chaînes de TV qui émettent des programmes en trois langues (français, anglais et hindi). Mais il n'est pas rare de tomber aussi sur des programmes tamoul, marathi, gujarati, telegu et mandarin. Rien que ça ! Un moyen de conserver son identité culturelle.

Pluriethnie également en radio, puisque *Radio Maurice* et *Kool FM* diffusent en créole et en langues européennes, tandis que *One World FM* retransmet des émissions notamment de *France Inter* et *Voice of America.*

GÉNÉRALITÉS

MUSIQUE

Le séga

Caractéristique du folklore typiquement mauricien. Danse et musique d'origine africaine, le séga fut importé par les esclaves ; son rythme effréné, son caractère répétitif, ses mélodies simples, presque entêtantes, sont chargés de désir, et ça se voit très nettement quand les Mauriciens le dansent. Les mouvements se font surtout d'avant en arrière, plus que de droite à gauche. Les femmes portent une large jupe à volants colorés et les hommes une sorte de pantalon de corsaire, large et court. Si l'on respecte la règle, le couple face à face ne doit jamais se toucher.

Malheureusement, aujourd'hui on ne trouve plus beaucoup de séga improvisé sur la plage comme c'était le cas autrefois, car le séga véritable se veut spontané. Il faut se contenter des soirées séga hebdomadaires des hôtels et des clubs (les fameux *Nite clubs* !), plus ou moins authentiques, plus ou moins qualitatives. Mais c'est le seul moyen pour les formations professionnelles de s'assurer un revenu régulier. Il est toujours amusant de voir les Blancs, raides comme des piquets, se joindre aux groupes de danseurs locaux. Le roi du séga reste Ti'Frère, référence absolue, décédé il y a quelques années.

L'instrument principal est la *ravane,* grosse caisse assez plate qu'on porte sur soi et qu'on frappe avec les doigts. Ajouter des noix de coco remplies de graines et un triangle (voire deux morceaux de métal qu'on martèle), voilà tout ce qu'il faut pour faire la fête.

Voici une petite discographie. N'hésitez pas à acheter les CD et cassettes de séga mauricien, vraiment bon marché.

Denis Azor avec son tube *Alalila.* **Linzi** et son album *Sofé linzi,* frais et dansant. **Cassiya,** *Na rié pa efacé,* l'autre groupe à la mode dans la catégorie séga-jeune avec **Windblows.** **Ras Natty Baby,** d'origine rodriguaise, certainement le meilleur dans la catégorie seggae (un mélange de séga et de reggae). Il chante maintenant seul dans un bon album, *Nuvel vision* ; écouter également ses premiers albums avec les **Natty Rebels.** Et aussi un bon album de **Racine Tatane,** *Seggae nu lamizik.* Le chanteur de ce groupe n'était autre que Kaya, le chanteur tué en février 1999. De **Kaya** en solo, belles reprises de Bob.

Il existe aussi une compilation des plus belles chansons de l'île Maurice avec l'incontournable *Ambalaba,* si joliment reprise par Maxime Le Forestier.

PERSONNAGES

Les figures historiques

– *Bertrand François Mahé de La Bourdonnais* *(1699-1753)* : gouverneur des Isles de France et de Bourbon de 1735 à 1746. Né à Saint-Malo, il fit à 10 ans son premier voyage dans les mers du Sud (1709). En 1719, engagé au service de la Compagnie des Indes, il s'illustre par son courage et son ingéniosité dans l'océan Indien. Il se forge dès 35 ans une solide réputation de voyageur et accumule une colossale fortune. D'une énergie rare, il ne dort jamais plus de 2 ou 3h par nuit ! Revenu en France en 1733, il est nommé gouverneur des îles Mascareignes. Avec lui, l'Isle de France prend son véritable essor (voir la rubrique « Histoire »). Une statue à Port-Louis, offerte par l'Angleterre, rend hommage à ce grand personnage au destin glorieux et tourmenté. Une grande avenue parisienne près de la tour Eiffel porte aujourd'hui son nom.

– *Pierre Poivre* *(1719-1786)* : naturaliste, aventurier, voyageur philosophe dans l'esprit du Siècle des lumières, il fut nommé intendant des Isles de France et de Bourbon de 1767 à 1772, sous les ordres du gouverneur Dumas, après le départ de Mahé de La Bourdonnais. Né près de Lyon, il se destine d'abord à la vocation religieuse mais, d'un naturel aventurier, il décide d'exercer son sacerdoce en Chine. Lors d'un voyage, son bateau est attaqué par les Anglais, et il perd son bras droit. Il séjourne en Annam (Vietnam actuel) et observe les possessions hollandaises aux Indes néerlandaises (Indonésie actuelle), riches en épices qui, à l'époque, valent de l'or. À Pondichéry, il fait la connaissance de Mahé de La Bourdonnais. Ils arrivent ensemble à l'Isle de France. Doté d'un patronyme prédestiné (Poivre !), il développe la culture des épices (cannelle, noix de muscade, girofle) au détriment, selon certains de ses détracteurs, des cultures vivrières nécessaires à l'autosuffisance de Maurice. L'une de ses réussites reste la création du plus grand jardin tropical du monde : le jardin de Pamplemousses. Sur le plan privé, Poivre vécut à Mon Plaisir, il se maria tard avec une belle jeune femme, que Bernardin de Saint-Pierre tenta de courtiser. L'un de ses descendants aujourd'hui est le journaliste Patrick Poivre d'Arvor.

– *Louise-Hélène Autard de Bragard* *(1848-1909)* : née aux Plaines Wilhems, dans une famille de planteurs du quartier de Terre Rouge (près de Pamplemousses). Sa mère, Émeline, une ravissante Mauricienne créole, inspira à Charles Baudelaire (voir le chapitre « Le jardin de Pamplemousses, le cimetière ») son premier poème publié en 1845 : *À une dame créole,* suite à son passage sur l'île en septembre 1841. Louise-Hélène avait autant de charme qu'elle. Elle épousa en 1869 le célébrissime entrepreneur Ferdinand de Lesseps. Elle n'avait que 21 ans et lui 64 ans ! Ce dernier inaugura l'œuvre de sa vie durant la même année : le canal de Suez. Louise Autard de Bragard devint donc l'épouse du Français le plus célèbre dans le monde au XIXe siècle après Victor Hugo. En quinze ans, ils eurent douze enfants !

Les personnalités politiques

– *Sir Seewosagur Ramgoolam* *(1900-1985)* : il est le « père de la nation mauricienne ». Né à Belle Rive, près de Bel Air (district de Flacq). Il est le fils d'un laboureur indien. Étudiant en Grande-Bretagne, il fréquente les milieux nationalistes indiens, rencontre Gandhi, Nehru, Tagore. Après quatorze ans de vie anglaise, il revient à Maurice et exerce la médecine. Lancé tôt en politique (dès 1935), ce gentleman accompli remporte un succès populaire à la tête du parti travailliste qu'il a créé (le MLP). Maire de Port-Louis en 1958. SSR, comme il est surnommé depuis son ennoblissement par la reine d'Angleterre, devient le premier chef du nouvel État en 1968. Il est enterré dans une sépulture d'État au sein du jardin de Pamplemousses. Le poète mauricien Malcolm de Chazal, qui le soutenait, a dit de lui : « Il est l'architecte du mauricianisme intégral... C'est le plus grand homme d'État que nous ayons eu et qui soit à la mesure internationale. »

– **Gaétan Duval :** avocat (criminaliste), politicien, ancien maire de Curepipe et de Port-Louis, il se fait remarquer dans les années 1970-1980 comme ministre des Affaires étrangères de la jeune république de Maurice. On s'accorde pour reconnaître que c'est lui qui a lancé l'île dans le grand tourisme international. Membre du Parti mauricien social-démocrate, ce créole de souche tamoule était surnommé « King Créole ». Un livre écrit par un membre de son parti, *Le Droit à l'excès*, est à l'image du personnage. Les Mauriciens ne lui reprochent pas aujourd'hui d'avoir été homosexuel et d'avoir aimé le luxe (il menait un train de vie princier), mais ils apprécient le résultat de son action : l'ouverture à l'Europe et à ses marchés, et le développement du tourisme.

– **Paul Bérenger :** après des études en France, ce Franco-Mauricien revient à l'île Maurice où il fonde le Mouvement militant mauricien (MMM). Ses idées d'extrême gauche (c'est l'après-1968) lui valent le soutien des jeunes travailleurs mauriciens. En 1971, le MMM provoque une série de grèves. L'état d'urgence est déclaré. Résultat : les responsables de ce parti sont emprisonnés pendant un an. Belle revanche, il accéda à la tête du gouvernement de 2003 à 2005.

– **Anerood Jugnauth :** considéré comme le « père du miracle économique », il reste au pouvoir de 1982 à 1995. Il a d'abord été le compagnon de route de Paul Bérenger au sein du MMM. Puis, en 1983, il le quitte, estimant que les idées de gauche de ce parti découragent les investisseurs. Il fait alors union avec les travaillistes de Rangoolam et le PMSD, conduit par Gaétan Duval, puis fonde son propre parti, le Mouvement socialiste militant (MSM). Il est aujourd'hui le chef de l'État.

– **Navin Ramgoolam :** fils de Seewosagur Ramgoolam, le père de la Nation mauricienne, Navin a été Premier ministre jusqu'en 2000. Poste qu'il occupe à nouveau depuis juillet 2005.

Les écrivains

– **Malcolm de Chazal** *(1902-1981)* **:** né à Vacoas dans une famille française de lointaine origine auvergnate, installée à Maurice depuis le XVIIIe siècle. Ingénieur sucrier devenu releveur de compteurs, avant de se métamorphoser en poète, écrivain (voir plus haut « Livres de route ») et peintre, Malcolm de Chazal n'a cessé de se recréer tout au long de son œuvre. Auteur inclassable, souvent détaché des contingences terrestres, cet « aristocrate de l'esprit » fut incompris par la majorité de ses compatriotes, et admiré des surréalistes, notamment par André Breton. Il tente de combiner les traditions poétiques, ésotériques avec la quête du soi et du cosmos. Inspiré par l'île Maurice où il passe pourtant pour un excentrique, il écrit entre autres *Petrusmok* et *Le Rocher de Sisyphe*. Il est célibataire, ne possède ni famille ni maison. Il vit en solitaire, gentleman mal aimé de la communauté blanche qui ne supporte pas sa liberté, son anticonformisme et ses idées politiques. Malcolm soutient les travaillistes et les indépendantistes. Suivent des livres d'inspiration biblique et philosophique. À la question : « êtes-vous un génie ? », il répond : « je suis un cœur nu incongnis. » À la fin de sa vie, il se sentait très proche spirituellement de l'hindouisme, sans jamais y avoir été initié ou converti. « Je reste occidental par mes hérédités, par ma langue, par ma manière de manger et de m'exprimer. Mais mon âme est sur le Gange et à Bénarès. Je respire l'Inde. » Il repose au cimetière de Phoenix, un nom ésotérique qui lui convient si bien. Longtemps oublié, Malcolm de Chazal renaîtra-t-il un jour de ses cendres... tel le phénix ? On parle de lui pour créer un musée. En attendant, il est possible de consulter le site ● aurora8.net/fr/malcolmdechazal/index.html ●

– **Marcel Cabon** (1912-1972) : né à Curepipe dans une famille créole mauricienne. Autodidacte, journaliste, il est un élément important de la vie culturelle mauricienne. Il écrit des poèmes et des livres en prose : *Diptyque* en 1935, *Printemps* en 1941, puis *Le Rendez-vous de Lucknow* (1966), récit de son voyage en Inde. Mais son texte le plus connu est *Namasté*. Dans ce roman, l'auteur décrit en l'exaltant la pluralité ethnique et culturelle de Maurice.

– **Loys Masson** (1915-1969) : né dans une famille modeste et « déclassée » ; toute son œuvre est inspirée par le thème de la dette envers ses parents et celui de la recherche d'un monde plus libre, plus juste, plus tolérant. En 1962, il obtient un prix littéraire avec son roman *Le Notaire des Noirs,* considéré comme son meilleur livre. Sa poésie dérange moins que ses romans rebelles, écrits au vitriol, où il dénonce les préjugés racistes, les violences coloniales, l'exclusion ethnique et communautaire.

– **Abhimanyu Unnuth** (1937) : né à Triolet, romancier, dramaturge et critique. Unnuth a publié plus d'une cinquantaine d'ouvrages, tous écrits en hindi, puis traduits en anglais et en français pour certains. Cela explique pourquoi Unnuth est plus connu en Inde qu'en France. Considéré comme la mémoire de l'île, son roman *Sueurs de Sang* est, selon Jean-Marie Le Clézio, « un magnifique chant d'amour à la pensée et à la religion indiennes ».

– **Ananda Devi** (1958) : femme et indienne, elle a banni la langue de bois de ses textes forts et sensibles. Quand elle publie son premier recueil de nouvelles en 1977, elle n'a que 19 ans. Puis les titres se suivent, avec notamment : *Rue de la Poudrière* (1989), *La Fin des pierres et des âges* (1992), *Moi l'interdite* (2000) et *Pagli* (Gallimard, 2001). Dans ce récit à la prose poétique, elle brise quelques tabous hérités de la vieille Inde des castes, en racontant, entre autres, les amours interdites d'une femme hindoue mariée par vengeance à un homme qu'elle n'aime pas, et qui devient l'amante passionnée d'un pêcheur créole. Plus récemment : *Ève de ses décombres* (Gallimard, 2006).

– **Shenaz Patel** (1966) : journaliste-écrivain née à Rose Hill et qui incarne la nouvelle génération. Son genre de prédilection : des nouvelles, en français ou en créole. Elle est aussi l'auteur de trois romans dont *Le Portrait Chamarel,* son premier roman, qui a remporté le prix Radio France du livre de l'océan Indien en 2002. En 2005 est sorti *Le Silence des Chagos* (voir rubrique « Livres de route »).

Les artistes

– **Alphonse Ravaton** (1900-1992) : considéré comme l'âme et la mémoire du séga, la musique du monde créole. Descendant de familles africaine et malgache, il a été le chantre de Maurice pendant des décennies. Quelques-unes de ses chansons, *Anita* et *Roseda,* sont toujours écoutées dans l'archipel des Mascareignes où il était connu sous le nom de Ti'Frère. Chez les Ravaton, la musique se transmet de père en fils. Ses petits-enfants perpétuent la tradition.

– **José Ramar** (1938-2002) : il fut le premier sur l'île à fabriquer des maquettes de bateaux et à les vendre aux touristes. Fondateur de la *Comajora* (son atelier-fabrique à Curepipe), José Ramar a été copié par de nombreux autres artisans qui n'ont cependant jamais atteint sa qualité.

– **Vaco** (né en 1940) : un artiste-peintre incontournable à Maurice, puisqu'en plus de réaliser de très belles toiles, lumineuses et colorées, il a refait une beauté à certains abribus, camion poubelles, etc. On rencontre son œuvre dès l'arrivée à l'aéroport. Vaco possède une galerie à Grand Baie.

PLAGES

N'est-ce pas une évidence de le dire : les plages de l'île Maurice sont belles. Oui, le sable est presque partout fin, clair et soyeux. Les eaux limpides ont une couleur bleu turquoise unique sous le ciel de l'océan Indien, et leur température très agréable oscille entre 20 et 25 °C. Les baigneurs, les nageurs, les plongeurs et les poissons sont à leur aise dans cet aquarium tropical, comme au matin du premier jour du monde.

Rares sont les plages mauriciennes sans ombre, très rares les plages souillées ou sales. Des rangées de palmiers au feuillage ébouriffé, des ribambelles de cocotiers et de filaos bordent les plages, formant des petits bois maritimes très recherchés aux heures chaudes. À la différence de l'île de la Réunion, les plages bordent la côte sur presque la totalité du littoral mauricien. Pas un secteur de Maurice sans un bout de sable, sauf le Sud sauvage entre Souillac et la Pointe Vacoas (près de Blue Bay). Là, ce sont les abruptes falaises de roches volcaniques noires qui règnent en maître.

Avant de vous jeter à l'eau, un petit conseil tout de même : mieux vaut se baigner avec des sandales en plastique, même si ce n'est pas très glamour... car, hormis au niveau des plages artificielles des grands complexes hôteliers, il y a très souvent des oursins.

Notre sélection des meilleures plages publiques

– *Blue Bay et Pointe d'Esny :* sur la côte sud-est, proche de Mahébourg, Blue Bay porte bien son nom, c'est bel et bien une « baie bleue ». La plage publique est bordée de filaos et très bien abritée. Quant à la plage publique de Pointe d'Esny, c'est l'une des plus charmantes de l'île. Malheureusement, son accès est très difficile. Peu de grands complexes hôteliers.

– *Trou aux Biches et Mont-Choisy :* côte nord-ouest. À partir de Trou aux Biches, c'est une longue bande de sable blanc qui s'offre au regard sur près de 3 km (avec de nombreux complexes hôteliers, tout de même). Elle se prolonge au nord par la plage de Mont-Choisy, qui forme un très bel arc de cercle. À l'ombre des filaos, plusieurs gargotes proposent boissons fraîches et en-cas.

– *Grand Baie :* côte nord. Une série de plages publiques agréables et abritées dans une baie en forme de fer à cheval. Peu d'intempéries, peu de pluies, pas de courants dangereux, ni de vagues, mais on ne peut pas vraiment y nager, étant donné le nombre de bateaux amarrés un peu partout.

– *Pereybère :* côte nord. Entre Grand Baie et Cap Malheureux, une remarquable petite crique aux eaux bleu clair. L'un des meilleurs endroits pour se baigner.

– *Cap Malheureux :* côte nord. Ce secteur du littoral, plus sauvage et peu urbanisé, offre de belles plages publiques regardant l'île Ronde et l'île Plate. La plage de Bain Bœuf est très belle, mais elle n'est pas idéale pour se baigner en raison de la présence de quelques rochers et de nombreux voiliers.

– *Roches Noires :* sur la côte est, elle se prolonge jusqu'à Poste Lafayette. Ici, l'air est chaud mais vif, les couleurs éclatent, et c'est ce qui rend sympathique cette plage bercée par les alizés du large. Mais elle est bordée de rochers à de nombreux endroits ; on ne peut donc pas se baigner partout.

– *Belle Mare :* sur la côte est, ensoleillée mais moins sèche et plus venteuse que la côte ouest. Notre côte préférée. Une très longue étendue de sable blanc et fin, qui va de Palmar à Trou d'Eau Douce. Pas de problème d'accès public.

– *L'île aux Cerfs :* sur la côte est, à 15 mn en bateau de Trou d'Eau Douce. Superbe lagon et plages qui font souvent la première de couverture des catalogues vantant les beautés de l'île.

– *Flic en Flac :* sur la côte ouest, la plus sèche et la plus chaude. Pas de « flics » dans des « flaques » d'eau saumâtre... mais une très longue plage publique, charmante et ombragée sur plusieurs kilomètres par des bois de filaos. Une plage vraiment agréable où tout le monde peut se baigner, les petits comme les grands. Dommage que la pression touristique ait peu à peu transformé la route côtière en une succession de boutiques et de restos. À partir du quartier de Wolmar, invasion du littoral par les hôtels de luxe.

– **Le Morne :** les plages publiques du Morne constituent l'un des fleurons de l'île. Malgré l'invasion des grands hôtels de super luxe qui avalent des portions entières de littoral pour leur bien-être, au grand dam des Mauriciens eux-mêmes, le visiteur n'aura pas de souci particulier pour accéder aux dernières plages publiques du Morne.

La question de l'accès aux plages publiques

Sachez qu'aucun propriétaire ne peut théoriquement revendiquer une plage dans sa globalité. Le littoral est la propriété de l'État mauricien (d'ailleurs, on l'appelle *State Land*) jusqu'au niveau atteint par les plus hautes marées (grosso modo, une grande partie de la langue de sable). De plus, la loi prévoit un accès libre au littoral, tous les 500 m. Mais la réalité est un peu plus compliquée. L'État est effectivement propriétaire du littoral, qui relève du domaine public, mais a parfaitement le droit de le céder en location à des professionnels et à des particuliers. Par conséquent, une plage n'est pas « privée » dans le sens où elle appartient toujours à l'État, mais elle n'est pas considérée comme publique. Si l'accès au littoral est donc absolument libre en deçà de la trace laissée par la marée haute *(High Water Mark),* il n'est pas forcément permis de s'y attarder. Pour faire simple, n'importe quel quidam a parfaitement le droit de se balader sur la plage, mais à condition de faire sa pause entre deux zones privées (et de ne surtout pas se servir du mobilier de plage). Ce qui est de moins en moins évident vu le rythme des constructions de super complexes. D'autant plus qu'il y a toujours un agent de sécurité planqué derrière un palmier ! Comme de nombreux propriétaires et hôtels « pieds dans l'eau » se sont octroyé des bouts entiers de littoral, certaines plages publiques se réduisent comme une peau de chagrin.

Si on ne trouve pas l'accès à la plage publique (on les indique autant que possible dans le guide), il faut alors passer par l'hôtel qui demande parfois un droit d'entrée. Ce phénomène d'accaparement du littoral par l'industrie hôtelière de luxe ou par les villas et autres lotissements (ici, on appelle ça des *morcellements*) a tendance à se développer, et c'est une source d'inquiétude. D'une part, les Mauriciens en sont les premières victimes puisqu'ils sont obligés de s'entasser le week-end sur les dernières plages publiques, d'autre part ces constructions ne sont pas sans conséquences pour l'écologie. Les lois de protection de l'environnement ne font pas encore le poids face à la loi du profit... Quant aux renouvellement des baux pour la location, ils n'auront pas lieu dans le meilleur des cas avant 2020 !

PLONGÉE SOUS-MARINE

Jetez-vous à l'eau !

Pourquoi ne pas profiter de ces régions où la mer est souvent calme, chaude, accueillante, et les fonds riches, pour vous initier à la plongée sous-marine ? Faites le saut : plongez ! La plongée est enfin considérée plus comme un loisir grand public qu'un sport, et c'est une activité fantastique. Entrez dans un autre élément où vous pouvez virevolter au milieu des poissons, les animaux les plus chatoyants de notre planète ! Des règles de sécurité, que l'on vous expliquera au fur et à mesure, sont bien sûr à respecter. Comme pour tout sport ou loisir. Ne vous privez pas de tutoyer, en le respectant, le monde sous-marin... et n'oubliez pas que la chasse sous-marine est formellement interdite.

Si, c'est facile !

Pour réussir vos premières bulles, pas besoin d'être sportif ni bon nageur. Il suffit d'avoir plus de 6 ans et d'être en bonne santé. Sauf pour un baptême, un certificat médical vous sera demandé, et c'est dans votre intérêt. Les enfants peuvent être initiés à tout âge, à condition d'avoir un encadrement qualifié dans un environnement adapté (eau chaude, sans courant, matériel adapté). Non, la plongée ne fait pas mal aux oreilles : il suffit de souffler en se bouchant le nez. Non, il ne faut pas forcer pour inspirer dans cet étrange « détendeur » qu'on met dans la bouche, au contraire.

Et le fait d'avoir une expiration active est décontractant, puisque c'est la base de toute relaxation ; être dans l'eau modifie l'état de conscience car les paramètres du temps et de l'espace sont changés : on se sent, à juste titre, ailleurs. En vacances, c'est le moment ou jamais de vous jeter à l'eau. Et n'hésitez pas à goûter aux plongées de nuit, qui révèlent un monde et des sensations différents. Nous vous indiquons dans le texte des adresses de clubs de plongée.

Attention, vous devez respecter un intervalle de 12h avant de monter en altitude, même à 400 m, et de 24h avant de prendre l'avion, afin de ne pas modifier le déroulement de la désaturation et d'éviter ainsi les accidents de décompression.

Les clubs de plongée

Tous les clubs sont affiliés, selon leur zone d'influence, à un ou plusieurs organismes internationaux. Les deux plus importants sont la *CMAS,* Confédération mondiale des activités subaquatiques (d'origine française), et *PADI,* Professional Association of Diving Instructors (d'origine américaine).

Chacun délivre ses formations et ses diplômes, valables dans le monde entier et, depuis 1996, une convention a été signée entre CMAS et PADI, établissant la reconnaissance des brevets (mais non l'équivalence), sauf en métropole où le brevet PADI n'est pas reconnu. Pour vous aider à choisir votre formation, sachez que le brevet CMAS est plus onéreux car il exige plus de plongées (six pour le niveau I contre quatre avec PADI). Il enseigne donc une meilleure maîtrise et un comportement aquatique responsable. Les cours sont personnalisés et l'évaluation est à la charge du moniteur (d'où l'intérêt de trouver un prof sérieux et compétent). La pédagogie PADI est performante (cours sur vidéo), mais la pratique en plongée reste plus limitée. Elle n'intègre pas les paliers. Du coup, pas de plongée en dessous de 40 m et des temps de plongée assez courts pour être conformes à leurs courbes de sécurité.

Dans les régions « influencées », la majorité des clubs plongent à l'américaine, tendant à une certaine standardisation : la durée et la profondeur des plongées sont très calibrées.

Si le club ne reconnaît pas votre brevet, il vous demandera une plongée-test pour vérifier votre niveau. En cas de demande d'un certificat médical, le club pourra vous conseiller un médecin dans le coin. Tous les clubs délivrent un « carnet de plongée » qui, d'une part, retracera votre expérience et, d'autre part, réveillera vos bons souvenirs. Gardez-le et pensez à toujours emporter ce « passeport » en voyage. Un bon centre de plongée est un centre qui respecte toutes les règles de sécurité sans négliger le plaisir.

Comment choisir un centre de plongée ?

– *Se renseigner :* car vous payez pour plonger et, en échange, vous devez obtenir les meilleures prestations. À vous de voir si vous préférez un club genre « usine bien huilée » ou une petite structure souple. Le mieux est de traîner au retour des plongées et de demander l'avis des plongeurs.

– **Méfiez-vous** d'un club qui vous embarque sans aucune question préalable sur votre niveau de plongée, vos antécédents et votre situation médicale ; il n'est pas « sympa » mais dangereux.

– **Vérifiez** les diplômes des moniteurs et assistants (pas toujours évidents).

– **Regardez** si le centre est apparemment bien entretenu (rouille, propreté, etc.), si le matériel de sécurité (oxygène, trousse de secours, radio, etc.) est à bord, si le bateau est équipé d'une protection contre le soleil, si vous n'avez pas trop à transporter l'équipement (encore que le portage de bouteilles est là aussi une question de culture : dans l'école française, on porte davantage soi-même ses bouteilles, tandis qu'à l'américaine on vous les portera systématiquement), s'il n'y a pas trop de plongeurs par palanquée (six maximum, est-ce un rêve ?), si les numéros d'urgence sont bien affichés dans le centre (c'est obligatoire).

– **Les équipements** sont-ils bien adaptés et en quantité suffisante ? Vous verrez que pour apprécier une plongée, il vaut mieux ne pas être stressé, par exemple par des palmes inadaptées ou un masque qui fuit.

– **Est-ce que le moniteur plonge** ou est-ce un pote à lui ? S'il plonge, quel niveau a-t-il ? On constate parfois que certaines structures ne sont pas sérieuses et que les moniteurs ne plongent pas, déléguant le cours à un plongeur dont on ne sait rien. D'autant que les clubs font signer une décharge avant d'aller plonger.

– **Comment se déroulent les baptêmes ?** Y a-t-il un moniteur par plongeur ou un pour quatre ? Dans le deuxième cas, c'est une initiation.

– **Combien de temps dure une plongée ?**

– Pour les confirmés, **à combien sont gonflées les bouteilles ?** Entre 180 et 220 bars, c'est bon.

C'est la première fois ?

Alors l'histoire commence par un baptême, une petite demi-heure générale-ment, pendant laquelle le moniteur s'occupe de tout et vous tient par la main. Laissez-vous aller au plaisir. Même si vous vous sentez harnaché comme un sapin de Noël déraciné hors saison, tout cet équipement s'oublie complète-ment une fois dans l'eau. Vous ne devriez pas descendre au-delà de 5 m. Puis l'aventure se poursuit par un apprentissage progressif.

À l'île Maurice

Maurice reste une destination alléchante pour la clarté de ses eaux, son lagon peu profond, ses poissons coralliens, ses coquillages. Elle est plus colorée que la Réunion, mais seuls les sites peu fréquentés restent poisson-neux. Ces dernières années, l'intérieur du lagon a indéniablement souffert de l'industrie, du tourisme, de la pollution et de la pêche. Cependant, il est à noter que les coraux de Maurice n'ont pas été affectés par le phénomène climatique *El Niño*, entre 1996 et 1998, qui a détruit beaucoup de coraux de l'Indo-Pacifique. À l'extérieur de la barrière, vous trouverez tombants, lan-goustes, requins, raies, dauphins, épaves... Certains endroits sont de vrais aquariums en liberté.

On peut plonger toute l'année, la saison idéale étant d'octobre à mars (sachant que de janvier à mars, c'est la période cyclonique). Et la tempéra-ture de l'eau oscille gentiment entre 24 et 28 °C, selon le mois. Beaucoup de plongées intéressantes sur la côte ouest (de Flic en Flac à Grand Baie). La côte est se montre plus sauvage et plus rocheuse, mais bien sûr elle subit davantage les aléas météorologiques.

Plusieurs clubs dans l'île. Souvent les grands hôtels ont un club attenant à leur structure. Plus l'hôtel est chic, plus les prix sont élevés. On a fait une sélection de certains clubs. La plupart proposent baptêmes, plongées d'explo-ration, cours et passages de diplômes. Pour les baptêmes, qui ont lieu dans les 5 m, l'expérience est extra et c'est l'occasion de s'initier à ce sport dans de très bonnes conditions : température et limpidité de l'eau idéales, plaisir des yeux infini... Et, pour les confirmés, une plongée sur épave (l'île possède plusieurs épaves volontairement coulées pour créer des sites) ou dans la fosse aux requins n'est pas pour déplaire.

– Attention toutefois aux clubs qui ont tendance à embarquer trop de plongeurs. Votre sécurité est alors en jeu. Un moyen simple de vérification consiste à repérer les deux derniers chiffres de l'immatriculation des bateaux. Ils correspondent au nombre maximum de passagers embarqués. Si vous êtes quatorze à bord et que le bateau autorise seulement huit passagers, posez-vous des questions.

– Soyez aussi vigilant quant au comportement de l'équipe qui vous encadre. Outre les principes de sécurité, elle doit respecter l'environnement. Par exemple si, pendant la plongée, un membre du club chasse devant vous, sachez que cette pratique est formellement interdite. Contactez la *MSDA (fédération de l'île), 209, route Royale, Beau Bassin.* ☎ 454-00-11. ● msda-cmas. org ● Le moniteur va chasser des petits poissons pour amuser le touriste et afin d'attirer les prédateurs (murènes, etc.) qui viennent ensuite les manger dans sa main. Il n'est pas besoin de tuer la faune sous-marine pour attirer les murènes : les poubelles de n'importe quel restaurant regorgent de restes suffisamment appétissants pour ces poissons.

– Refusez également les bateaux de plongée qui balancent sans vergogne leur ancre sur les fonds coralliens, ou les moniteurs qui plongent avec des bâtons en fibre de verre pour titiller les poissons et les faire sortir de leur abri. Le monde sous-marin est un monde de silence, rejetez ces pratiques idiotes qui consistent à utiliser à tort et à travers les *shakers* et autres klaxons sous-marins destinés uniquement à avertir d'un danger.

Les clubs affiliés à la fédération mauricienne (la *MSDA*) vous demandent d'acheter une licence (bleue), valable deux mois (le tarif officiel est inscrit sur la licence, et on n'a pas à vous faire payer davantage). Elle vous assure en responsabilité civile et en dégâts matériels.

Pour toutes les urgences relatives à la plongée (médecins spécialisés, caisson de décompression), se reporter à la fin des « Généralités », rubrique « Urgences ».

Nos meilleurs spots de plongée

Remarque : ces spots sont positionnés sur la carte générale en couleur de l'île Maurice et sur la carte détaillée des îles du Nord, et le cas échéant sur les cartes détaillées aux chapitres correspondants.

Le Nord-Ouest

Sur cette côte, la plus touristique de l'île, les spots sont nombreux, généralement riches et spectaculaires. De Trou aux Biches à Grand Baie, la mer est habituellement calme, les courants faibles, parfois plus importants du côté de la Pointe aux Canonniers.

⌇ **L'Aquarium** *(aussi appelé West Reef ou Brisants Ouest ; carte couleur île Maurice) :* à Grand Baie. Tous niveaux. Il s'agit du site le plus fréquenté de Maurice (les clubs de l'Est traversent l'île en voiture pour y plonger). C'est aussi l'un des endroits les plus prisés des photographes sous-marins, y compris les professionnels qui shootent ici une faune abondante, en partie venimeuse, et de nombreuses espèces de poissons rares ou endémiques.

⌇ **Lost Anchor** *(carte couleur île Maurice) :* face au *Club Med* de la Pointe aux Canonniers. Niveau II. Profondeur : de 25 à 35 m. *Anchor,* parce qu'on y voit une ancre, énorme ; *Lost,* parce qu'on ne sait pas de quel vaisseau elle provient, mais elle daterait du XVIIe siècle. Beau décor de corail noir, gorgones et autres. Petites grottes abritant des bancs de poissons-soldats et autres petits poissons, et passage de gros.

🐠 ***Stenopus Reef*** *(carte couleur île Maurice) :* au sud de la Pointe aux Canonniers. Niveau II. Profondeur : de 25 à 38 m. L'un des tout meilleurs spots du Nord-Ouest, remarquable pour son relief et sa flore : canyons et vallées d'où jaillissent des gorgones géantes et superbes alcyonaires. C'est là que l'on peut voir les plus majestueuses *tubastrea* (faux corail noir), dépassant les 3 m de haut. Faune également présente : nasons, raies, thonidés, tortues et, les jours de chance, marlins. Par courant portant, plongée dérivante sur près de 1 km, l'une des plus belles.

🐠 ***Holt Rocks*** *(carte couleur île Maurice) :* toujours au sud de la Pointe aux Canonniers. Tous niveaux (mais attention au courant !). Profondeur : de 10 à 20 m. D'énormes masses basaltiques recouvertes de coraux, où l'on rencontre des balistes titans, des murènes joueuses, des poissons-clowns et des perches dorées ; c'est une merveille, notamment en plongée de nuit.

🐠 ***Corsair Wall*** *(carte couleur île Maurice) :* au large de Trou aux Biches. Niveau II confirmé. Profondeur : de 34 à 65 m. Un nouveau et superbe site qui correspond au plateau supérieur d'un tombant où l'on voit évoluer de nombreux poissons prédateurs (thons, carangues, requins de récif, requins bouledogues, etc.). Il n'est pas rare de pouvoir admirer des bancs de raies. Majestueuse ancre avec sa chaîne concrétionnée dans les coraux.

🐠 ***Caravelle*** *(carte couleur île Maurice) :* au large de Trou aux Biches. À partir du niveau I. Profondeur : de 19 à 25 m. Là encore, un nouveau site. Gros blocs de basalte recouverts de grandes tables de corail et un petit pinacle en forme de dos de chameau envahi de corail de feu. Au programme : bancs de platax à longues nageoires, raies aigles, carangues gros yeux, belles murènes, requins corail, etc.

🐠 À noter également, le ***Kingfish Kingdom*** *(carte couleur île Maurice)* et le ***Whale Rock*** *(carte couleur île Maurice),* respectivement pour les niveaux III et II.

Les îles du Nord

Dans les îles du Nord, la plupart des plongées sont accessibles à tous. Là encore, sites très spectaculaires. Mais sachez qu'on est en pleine mer et que l'accès aux spots est souvent difficile, voire impossible, à cause des conditions météo. La plupart des clubs de la région, jusqu'à Trou aux Biches au sud, proposent des sorties vers ces îles.

🐠 ***Shark Pit*** *(la fosse aux requins ; carte îles du Nord) :* au nord de l'île Plate, au pied de Roche Pigeon. À partir de niveau I très aguerri. Profondeur : de 12 à 24 m. Quelques requins (et parfois beaucoup plus) nageant dans une fosse presque trop petite pour eux. Très impressionnante, cette plongée dépend des conditions météo et surtout de la saison, la meilleure allant de décembre à avril.

🐠 ***La Grotte aux Dormeurs*** *(carte îles du Nord) :* île du Coin de Mire. Tous niveaux. Plongée dépendant des marées à cause du courant qui peut être très violent. Profondeur : de 2 à 28 m. Il y a en fait une dizaine de spots autour de cette île, qui est la plus proche de la côte (accès en 20 à 40 mn depuis les centres de la région). Cette grotte abrite fréquemment des requins-dormeurs, et le récif voisin est très riche en faune et en flore.

🐠 ***Le Banc Rouge*** *(carte îles du Nord) :* entre l'île Ronde et l'île aux Serpents. Tous niveaux. Profondeur : de 15 à 30 m. Site connu mais peu fréquenté, à cause de son éloignement. Pic abrupt remontant de 77 m à la surface de la mer, où vivent de nombreux poissons le long de la paroi. Visibilité toujours parfaite.

L'Est et le Sud-Est

De Grand Gaube à Mahébourg, la côte est n'est pas la plus riche en sp...
Les conditions naturelles rendent parfois la plongée malaisée (vent, mer agitée). Il y a cependant quatre ou cinq sites notables, dont surtout la passe de Belle Mare. Passé Mahébourg, le spot de Blue Bay est également remarquable surtout pour le *snorkelling* (masque et tuba).

🐚 *Passe de Belle Mare (carte couleur île Maurice) :* face à l'hôtel *Belle Mare*. À partir de niveau I très aguerri, car les conditions sont difficiles. Profondeur : de 20 à 35 m. La passe comprend cinq sites différents, accessibles à tous. Chaque site a son intérêt. Ensemble très complet qu'on peut pratiquer en une plongée dérivante. Dauphins et raies sont souvent de la revue.

🐚 *Blue Bay (carte couleur île Maurice) :* à Blue Bay, à 200 m du rivage. Tous niveaux. Profondeur : de 5 à 10 m. Excellente visibilité, pas de courant. Coraux formidables et poissons nombreux mais discrets (voiliers, chirurgiens, demoiselles...) que l'on découvre toujours plus nombreux, au fur et à mesure de la plongée. L'endroit vaut surtout pour la plongée avec masque et tuba, c'est même le meilleur spot de l'île pour ça ; les plongeurs accomplis avec bouteilles auront sans doute vu aussi bien ailleurs, mais ça reste d'un bon niveau même pour eux.

🐚 *Colorado (carte couleur île Maurice) :* du côté de Mahébourg, à 500 m du récif. Niveau II confirmé. Profondeur : de 33 à 40 m. Tombant, canyon sinueux et arche majestueuse. Chef-d'œuvre d'architecture, le site accueille une faune des plus intéressantes : carangues, barracudas, langoustes, parfois des tortues et des requins. Le courant peut de temps à autre rendre la plongée déplaisante.

🐚 Intéressantes aussi, dans la baie de Mahébourg *(carte couleur île Maurice),* la **Roche Zozo** pour niveau II confirmé et l'épave du **Sirius** (tous niveaux).

Le Sud-Ouest

Du Morne Brabant à Flic en Flac, on trouve une trentaine de sites de plongée très pratiqués. Vers le Morne Brabant et Rivière Noire, la plupart se situent sur un plateau compris entre le récif et le gouffre, soit un secteur assez restreint. Sur le fond sablonneux, on observe quantité de coraux diurnes (ouvrant leurs polypes à la lumière du jour). Moins spectaculaire bien sûr que d'autres sites à Maurice, ce secteur intéressera surtout l'observateur patient et attentif, qui y découvrira une faune délicate et variée. Courant généralement faible. Vers Flic en Flac, secteur grouillant de cavernes, grottes et tunnels, avec faune abondante. Les plongeurs très expérimentés pourront descendre au-delà de 50 m dans le tombant. Pour les autres, nombreux sites jusqu'à 30 m. Attention aux courants, qui peuvent être très forts en été.

🐚 *Needle Hole (carte couleur île Maurice) :* au large de l'île aux Bénitiers. Tous niveaux. Profondeur : de 4 à 16 m. Multitude de petits poissons, fusiliers et sergents-majors notamment. Spot recommandé pour la photographie, même à la lumière naturelle.

🐚 *Castle (carte couleur île Maurice) :* au large de l'île aux Bénitiers. Tous niveaux. Profondeur moyenne : 15 m. Courant faible. Site remarquable en plongée nocturne. Tortues, danseuses espagnoles et superbes coraux multicolores. En revanche, de jour, l'endroit perd de son intérêt.

🐚 *Cathedral (carte couleur île Maurice) :* face au *Pearl Beach Hotel*, à Flic en Flac. Niveau I jusqu'à 20 m, puis niveaux II ou III. Profondeur : de 15 à 28 m. On descend le long du tombant jusqu'à une vaste caverne aux hautes voûtes, surnommée « cathédrale ». Ambiance mystérieuse et faune intéressante : murènes, poissons-scorpion, poissons-lion, carangues, etc.

🐚 *Rempart Serpent (carte couleur île Maurice) :* face au *Klondike Hotel,* à Flic en Flac. Pour plongeurs expérimentés uniquement. Profondeur : 25 m.

Éboulis corallien qui doit son nom à sa forme sinueuse : énorme serpent donc, long d'une centaine de mètres, couvert d'algues, et dont la particularité est d'abriter une faune riche, variée et très abondante : murènes, poissons-pierre, rascasses, soles, stenopus, cochers...

Les plongeurs très expérimentés pourront se rendre à **Rempart l'Herbe** *(carte couleur île Maurice),* appelé aussi *Shark Place...* Très impressionnant.

POPULATION

On dit la Réunion surpeuplée. Mais que dire de l'île Maurice ? On compte plus d'un million de Mauriciens, rien que dans l'île (beaucoup sont partis s'installer en France et en Angleterre). La densité y atteint 607 hab./km^2 (106 hab./km^2 en France métropolitaine). Dans les rues de Port-Louis comme dans les bourgs de la côte, c'est un maelström humain qui mélange les couleurs de trois continents : l'Europe, l'Afrique et l'Asie.

Dans les champs, dans les rues, la densité de saris écarlates est un signe qui ne trompe pas : 68 % des Mauriciens sont d'origine indienne, 52 % de la population est de confession **hindoue.** La plupart des coolies au teint très sombre, arrivés (de force) au XIXe siècle du Tamil Nadu (sud-ouest de l'Inde), de la côte de Malabar, de Calcutta ou d'ailleurs, n'ont jamais pris leur ticket de retour. Ils ont fait souche. Et prospéré. De nombreuses terres qu'ils étaient venus travailler ont été acquises par leurs descendants. La quasi-totalité des avocats et médecins, ce sont eux. Ils sont la clé de chaque élection, et détiennent le pouvoir politique et administratif (la plupart des fonctionnaires sont hindous, sauf à Rodrigues, où le gouvernement a jugé bon de privilégier les locaux pour combattre la pauvreté de l'île). Côté religion, certains ont mêlé leur hindouisme au catholicisme, quand ils ne l'ont pas pimenté de coutumes africaines. Mais la plupart continuent de prier pour la triade Brahma, Vishnu et Shiva : le tout était de transposer dans le paysage mauricien les lieux sacrés (lacs, bassins, etc.) qu'ils vénéraient aux Indes...

Il ne faut pas confondre ces hindous avec d'anciens voisins à eux : les **musulmans de l'Inde** (17 % de la population). La plupart de ceux-ci proviennent du Bihar et travaillent beaucoup dans le petit commerce. Les **Sino-Mauriciens** s'impliquent moins dans la politique que dans le commerce. Venus souvent sur l'île de leur propre chef, ces Fils du Ciel sont relativement peu nombreux (3 %), mais on les retrouve dans toute l'île. Devenus Mauriciens sous le gouvernement anglais, Indiens et Chinois auraient dû rester ouverts aux valeurs de la vieille Albion. Mais les nécessités de l'insertion les ont conduits à adopter la langue et les coutumes ordinaires de l'île, si bien que tout le monde parle le créole ou le français.

La « population générale » (28 % de la population) de l'île garantit cette permanence. Elle se subdivise en créoles, métis et Franco-Mauriciens. Ces derniers, héritiers des premiers colons, bien que très peu nombreux (1 ou 2 % de la population), détiennent une bonne part du pouvoir économique et les deux tiers des richesses de l'île. La plupart des plantations, des sucreries et du gros commerce de l'île sont entre leurs mains. À eux les fraîches villas de Floréal et les villas d'agrément sur la côte. Mais l'autre part de la « population générale » – créole et, dans une moindre mesure, métisse – est moins bien lotie, rassemblant la plupart des laissés-pour-compte du décollage économique. À eux les ghettos et les cases de guingois.

Dernier élément ethnique : les **Îlois.** Ils sont arrivés des Chagos – le groupe d'îles qui prolonge les Maldives au cœur de l'océan Indien – lorsque les Britanniques, souverains coloniaux du petit archipel, louèrent à l'armée américaine l'îlot de Diego Garcia. La guerre froide s'attiédissant, il fut question de fermer la base. Mais les Îlois, chassés de leurs foyers, sont toujours à Maurice où leur pauvre statut de réfugiés leur vaut plus de pitié que d'estime... À ce sujet, ne pas manquer de lire *Le Silence des Chagos* de Shenaz Patel (voir rubrique « Livres de route »).

Notons enfin que chaque communauté possède un surnom, sans connotation péjorative. Les musulmans ? Des « lascars », du nom des anciens navigateurs arabes. Les Tamouls ? Des « madras ». Trop discrets sans doute, les Chinois n'ont pas eu droit à un sobriquet...

Le malaise identitaire

L'identité mauricienne n'est une réalité que pour une minorité des habitants de l'île. La plupart se considèrent comme membres d'une communauté avant d'être mauriciens. Mais l'indépendance est somme toute récente. L'île doit gérer la diversité dans les valeurs républicaines, mais aussi communautaires. La génération née en 1968, avec l'indépendance, doit aussi combattre les barrières entre communautés et faire accepter l'autre au sein de sa famille. Le métissage n'est pas une valeur cotée et la femme doit trouver sa place ailleurs qu'au foyer. La communauté indienne, majoritaire en nombre, détient le pouvoir politique. Déjà, en 1993, le père Cerveaux lançait le fameux concept de « malaise créole ».

Maurice a été soudée dans les années de boom économique et chacun y a trouvé son compte, certains plus que d'autres. Une classe moyenne a émergé en même temps que la société de consommation remplaçait la société traditionnelle. Dernier exemple de ce changement : le temple de la consommation qu'est le Caudan Waterfront à Port-Louis. Imaginez qu'un simple pull coûte le salaire mensuel d'un ouvrier, et vous comprendrez que le fossé se creuse. Chacun lorgne sur les biens des voisins, celui-ci ouvre un resto, eh bien moi aussi. Le malheur, c'est qu'on le ressent parfois dans l'accueil. Sans compter les signes extérieurs, le téléphone portable, la voiture européenne... C'est l'époque de l'argent à tout prix et de la réussite sociale. Fini le temps où la nation travaillait dans le même sens ; maintenant, c'est du chacun pour soi et le plus rapidement possible. Les jeunes ne veulent pas travailler dans les champs de canne, et c'est légitime. À l'école, c'est la course aux diplômes et aux cours privés.

Mais, plus grave, la petite délinquance augmente ; chaque propriétaire vous le dira, ne laissez rien traîner et fermez les portes quand vous sortez... La prostitution se développe dans les endroits touristiques, les filles sont jeunes et jolies, et elles peuvent gagner en une nuit de quoi faire vivre leur famille pendant un mois. Et ce pays qui pouvait se targuer de ne pas connaître le mot « chômeur » commence à les compter par milliers (environ 10 % de la population active), avec les fermetures de plus en plus nombreuses de raffineries sucrières et d'usines de textile.

Bon, on n'était pas obligés de faire un tableau aussi noir de la société mauricienne, mais si nous, on ne le fait pas, ce ne sont pas les agences touristiques et les slogans paradisiaques qui le feront pour montrer l'envers du décor plage, lagon, soleil, accueil, sourire...

POSTE

L'île Maurice fut, après l'Angleterre, la Suisse, le Brésil et les États-Unis, le cinquième pays à émettre des timbres, les fameux *one penny* et *two pence*. C'était en 1847, pour l'envoi d'invitations au bal du gouverneur. Il n'en reste guère plus d'une vingtaine au monde, et les collections réunissant la paire sont plus rares encore (la reine d'Angleterre en possède, et la Banque nationale de Maurice aussi). Ce sont les vignettes les plus chères au monde. L'île a gardé cette tradition philatélique et possède d'ailleurs deux musées à Port-Louis : le Musée postal et le *Blue Penny Museum*, qui abrite les fameux *Post Office*. Les bureaux de poste ouvrent de 8h15 (ou 8h30) à 15h30 (ou 16h), jusqu'à 11h45 le samedi, et ferment en général à l'heure du déjeuner. Attention, les tarifs varient selon le format de la carte postale. Un courrier vers la France met au moins une semaine.

BOIRE ET TAXE

...vice est inclus dans le prix, mais rien ne vous empêche de laisser quelque chose en plus. Cela dit, ce n'est pas la règle localement.

ATTENTION : il existe une *taxe sur la valeur ajoutée* (une idée de la France) de 15 % pour les produits et services en général.

RELIGIONS ET CROYANCES

Il n'existe pas de religion officielle, bien au contraire : de par la diversité des origines de la population, plusieurs croyances sont représentées. Ce qui donne à Maurice un panorama religieux aussi unique que passionnant, compte tenu de la taille du pays.

La spécificité de l'île est d'avoir su conjuguer une implication importante des fidèles et une tolérance religieuse plutôt meilleure qu'ailleurs. De fait, mosquées, églises et temples sont souvent construits à peu de distance les uns des autres. Les événements de 1999, au cours desquels les hindous, détenteurs du pouvoir politique, ont été la cible de mécontentements populaires, doivent sans doute être interprétés sous l'angle social plus que religieux.

– *L'hindouisme* constitue la religion prédominante, avec 52 % de la population. Il s'agit plutôt d'un hindouisme « allégé », c'est-à-dire débarrassé de ses lourdeurs, de ses archaïsmes. Moins de croyances irrationnelles, pas de vaches sacrées, pas de *sadhus* (ascètes se mortifiant pour Dieu), une idolâtrie simplifiée. Le système de caste importé par les immigrants indiens ne semble pas s'être véritablement enraciné dans l'île. Il exerce tout au plus une influence sur les mariages. En revanche, l'attachement à la terre des ancêtres est profond : même le Ganga Talao (Grand Bassin), une retenue d'eau naturelle, entretiendrait des liens secrets avec le Gange. Les hindous y célèbrent le Maha Shivaratree, une des fêtes indiennes les plus populaires.

– *L'islam* provient pour l'essentiel du sous-continent indien mais aussi d'Afrique. Les musulmans représentent 17 % de la population. Parmi les nombreux lieux de culte dispersés dans les villages, le plus important est la mosquée Jummah, située à Port-Louis.

– *Le christianisme :* les chrétiens atteignent 28 % de la population, avec une part infime de protestants (anglicans). Ce sont des immigrants européens ou créoles venant d'Afrique pour l'essentiel, ainsi que la majorité des Sino-Mauriciens. L'Église catholique a vécu au XIXe siècle un grand renouveau avec le *père Laval* qui, aujourd'hui encore, rassemble autour de sa tombe à Port-Louis de nombreux fidèles, toutes confessions confondues.

– *Le bouddhisme* est, quant à lui, pratiqué par une très faible minorité de Chinois.

SANTÉ

– Aucun vaccin obligatoire, sauf pour les personnes qui viennent de régions à risque de fièvre jaune (Afrique intertropicale). Comme partout dans le monde, il est recommandé d'être à jour pour les vaccins tétanos, polio, diphtérie, hépatite B. L'OMS recommande également le vaccin contre l'hépatite A.

– Même si elle est potable, éviter de boire l'eau du robinet.

– Il n'existe plus aucune souche de maladie tropicale grave à redouter. En revanche, Maurice est exposée à des maladies tropicales courantes transmises par les *piqûres d'insectes,* notamment la dengue et le virus du chikungunya, piqûres dont il convient de se préserver au mieux. Suite au nombre considérable de victimes affectées par le chikungunya sur l'île de la Réunion, les autorités ont pris des mesures préventives, qui plus est dans un contexte

sanitaire très différent de celui de sa voisine. En effet, les Mauriciens n'o
jamais relâché leur vigilance quant aux risques liés aux maladies tropicales
démoustication régulière, anticipation du phénomène et de ses conséquences, population avertie et accompagnée, etc. Ce qui a permis d'éviter que
l'épidémie n'atteigne les proportions de l'île française.

Un laboratoire a mis sur le marché une gamme conforme aux recommandations du ministère français de la Santé : *Repel Insect Adulte* (DEET 50 %) ;
Repel Insect Enfant (35/35 12,5 %) ; *Repel Insect Trempage* (perméthrine)
pour imprégnation des tissus (moustiquaires en particulier) permettant une
protection de 6 mois ; *Repel Insect Vaporisateur* (perméthrine) pour imprégnation des vêtements ne supportant pas le trempage, permettant une protection résistant à 6 lavages.

À noter, les produits également à base de DEET à 50 %, nom commercial
Insect Écran Peau. Attention, ne pas utiliser chez l'enfant. Et à base de 35/35,
nom commercial *5 sur 5 Tropic*.

– Par précaution, on pourra emporter des médicaments contre la diarrhée :
un antibiotique, type *Ciflox* (2 comprimés) associé à un ralentisseur du transit
intestinal, le lopéramide (*Imodium* ; 2 gélules, puis 1 gélule après chaque
selle liquide, sans dépasser 8 par 24h).

– Il faut aussi se protéger contre le soleil. Chapeau et crème solaire sont
indispensables. Attention, quand on roule à mobylette, on ne sent pas le
soleil, et bonjour les brûlures ! Port du casque obligatoire. Protection maximum aussi quand on nage : rien de plus vicieux que l'eau qui vous rafraîchit
le corps, alors que l'on est en train de brûler de la nuque aux talons (en
passant par les mollets et les omoplates).

– Attention à la *consommation de poissons* : certains d'entre eux sont conta-
minés par une toxine qui peut entraîner une maladie appelée « ciguatera »
ou « gratte ». Les poissons les plus gros et les carnivores sont les plus dangereux. Conseil : ne manger du poisson qu'après avis d'un pêcheur ou d'un
restaurateur local.

– Attention aussi au poisson-pierre, difficile à voir tant on a l'impression d'avoir
à faire à un morceau de rocher. Mieux vaut porter ces charmantes sandales-
méduses (en plastique) pour aller dans l'eau !

– Attention aux *MST* (donc au sida) : préservatif systématique !

– Les *médecins* ne sont pas aussi bien équipés qu'en Europe, mais ils soi-
gnent correctement les petits bobos dont peuvent souffrir les touristes. En
cas de gros pépin, on rejoint vite la Réunion et ses excellents hôpitaux. Il
existe de nombreuses cliniques privées sur l'île. À signaler que la clinique
Darné, à Floréal (voir rubrique « Urgences »), est la seule de l'île à être affiliée à la sécurité sociale française.

– *Pharmacies* très nombreuses. Chaque village en possède une, généralement ouverte du lundi au samedi 8h30-18h ou 19h. Dans les grandes villes,
pour connaître la pharmacie de garde le week-end, téléphoner à la police.
Pour plus de renseignements : ● sante-voyages.com ● (rubrique « Infos
Voyages », puis « Pays »).

SAVOIR-VIVRE ET COUTUMES

Les Mauriciens sont tellement doux et tolérants qu'on a du mal à les choquer.
Toutefois :

– ***Pas de nudisme :*** sur les plages publiques, éviter le monokini et les strings.
Ce n'est pas dans les mœurs locales. Sur les bandes de plage directement
en face des hôtels, pas de problème, le monokini est toléré.

– ***Respect des temples, églises et mosquées :*** n'oubliez pas d'ôter vos
tongs, évitez les shorts et les minijupes quand vous pénétrez dans une
enceinte religieuse musulmane ou hindouiste.

– ***Garder le sourire et communiquer :*** de manière générale, les Mauriciens
sont d'un contact facile, très agréable. Le petit vendeur de plage, même si

...enez rien, engagera souvent le dialogue avec vous sur sa vie, ...de Maurice. Certains vous inviteront peut-être même à dîner. ...ent, bien souvent on constate que certains touristes se com-...ine des coquilles Saint-Jacques, toujours prêts à se refermer dès ...autochtone les approche. À vous de vous montrer ouvert.

SITE INSCRIT AU PATRIMOINE MONDIAL DE L'UNESCO

Organisation
des Nations Unies
pour l'éducation,
la science et la culture

En coopération avec
le centre du patrimoine mondial de l'UNESCO

Pour figurer sur la Liste du patrimoine mondial, les sites doivent avoir une valeur universelle exceptionnelle et satisfaire à un au moins un des dix critères de sélection. La protection, la gestion, l'authenticité et l'intégrité des biens sont également des considérations importantes.
Le patrimoine est l'héritage du passé dont nous profitons aujourd'hui et que nous transmettons aux générations à venir. Nos patrimoines culturel et naturel sont deux sources irremplaçables de vie et d'inspiration. Ces sites appartiennent à tous les peuples du monde, sans tenir compte du territoire sur lequel ils sont situés. Pour plus d'informations ● http://whc.unesco.org ●
Depuis 2006, un site mauricien a été classé au Patrimoine mondial de l'Unesco. Il s'agit de l'*Aapravasi Ghat*, à Port-Louis. Ce quai, où débarquèrent des centaines de milliers de travailleurs indiens à partir de 1834, symbolise le début des grandes migrations économiques, le passage d'une main-d'œuvre d'esclaves à celle de citoyens libres et rémunérés.

SITES INTERNET

● *routard.com* ● Tout pour préparer votre périple. Des fiches pratiques sur plus de 180 destinations, de nombreuses informations et des services : photos, cartes, météo, dossiers, agenda, itinéraires, billets d'avion, réservation d'hôtels, location de voitures, visas... Et aussi un espace communautaire pour échanger ses bons plans, partager ses photos ou trouver son compagnon de voyage. Sans oublier *routard mag,* ses reportages, ses carnets de route et ses infos pour bien voyager. La boîte à outils indispensable du routard.
● *tropicscope.com* ● Un site accessible en français (traduit) très complet : de « Où dormir ? » à « Où sortir ? » en passant par les activités, les restos, etc.
● *ilemauricepratique.com* ● Un site créé par des expats français et des Mauriciens. Pas mal de tuyaux et de liens bien utiles.
● *tourisme-ilemaurice.mu* ● En français. Il s'agit du site de l'office de tourisme de l'île Maurice. Infos générales. C'est un point de départ. Intéressera ceux qui veulent se marier sur l'île, on y donne le mode d'emploi.
● *ile-maurice.com* ● En anglais. Généraliste. Nombreux liens, notamment avec les journaux.
● *lemauricien.com* ● *lexpress.mu* ● Deux quotidiens de langue française, chauds sur l'info.
● *ambafrance-mu.org* ● En français. Le site de l'ambassade de France propose une approche de l'île à travers son histoire, sa culture, ses médias. Un site qui s'attache à l'essentiel.
● *http://perso.orange.fr/henri.maurel/* ● En français. Un site consacré à l'histoire de l'île Maurice, réalisé par Henri Maurel, un Mauricien passionné par son sujet. On y trouve par exemple une liste des premières familles qui débarquèrent sur l'île après 1710. Plusieurs rubriques fouillées et détaillées, et des liens avec la généalogie, les archives, la société d'histoire de l'île Maurice.

● *http://membres.lycos.fr/starquit/cuisine.htm* ● En français. Après vos agapes, à vos fourneaux pour tester quelques spécialités culinaires de l'île. Un site à consulter d'urgence au retour.

● *http://barrere.claude.free.fr/maurice/* ● Un carnet de voyages bien conçu et bien présenté, qui prodigue des infos générales, des conseils pratiques et donne un bon aperçu de l'île. Très sympa.

● *mysterra.org/reportage/ile-maurice.html* ● Une présentation du pays illustrée par plus de 1 000 photos.

● *dodosite.com* ● En anglais. Un site bien fait pour partir sur les traces de l'animal mythique de Maurice.

SPORTS ET LOISIRS

À Maurice, ce sont évidemment les sports nautiques que l'on pratique avant tout. Apportez donc votre masque et votre tuba, ça vous évitera d'acheter (ou de louer, ce qui n'est pas forcément très hygiénique) du matériel de mauvaise qualité sur place. Vous ne le regretterez pas, le *snorkelling* suffit pour découvrir une belle variété de superbes poissons sans avoir à plonger très profond. Il y a de nombreux spots faciles d'accès, d'autres où il est préférable de se faire conduire par un gars du coin. Et puis, c'est le moment de s'initier à la plongée sous-marine. C'est facile et chouette. Les confirmés trouveront aussi leur bonheur (voir plus haut la rubrique « Plongée sous-marine »).

– *Voile :* là encore, ce sont les grands hôtels, la plupart du temps, qui louent des petits dériveurs (lasers, catamarans, planches à voile...) et des *kitesurfs.* On en trouve surtout vers les hôtels de Trou aux Biches et Grand Baie.

– *Pêche au gros :* parcourez l'océan à bord d'un bateau qui vous déposera au coucher du soleil sur une plage de corail blanc... C'est écrit dans les prospectus, donc c'est possible ; mais ce qui n'est pas dit, c'est que les prises sont propriété des bateaux. Vous avez juste le droit de vous faire photographier avec le marlin bleu, et de le payer pour l'avoir dans votre assiette. Pendant plus de quinze ans, Maurice a détenu le record du monde de pêche pour le marlin bleu du Pacifique. Nous, on préfère la pêche à la petite sardine... en boîte !

– *Randonnées et activités terrestres :* à priori, on ne vient pas pour ça. Programmé à la suite d'un voyage à la Réunion ou destination en soi, le séjour à Maurice est placé sous le signe du repos, de préférence en bord de mer. Et pourtant, il y a largement de quoi faire. Alors oui, bien sûr, les sommets vertigineux de Maurice dépassent péniblement les 800 m d'altitude (le Pouce, Pieter Both et le piton de la Rivière Noire avec 828 m) et ressemblent plutôt à de gaillards monticules face aux imposants massifs réunionnais. Mais inutile de faire 1 000 m de dénivelée par jour pour découvrir des paysages somptueux, une nature luxuriante, des cascades qui scintillent, une faune et une flore protégées. Il existe des circuits pour tous niveaux, de la petite balade de 1h en parcours plat à celle d'une journée pour partie en cordée, voire plusieurs jours pour les mordus. Tout est possible.

Le parc naturel de Rivière Noire a été spécialement balisé pour les randonneurs. Plus de 50 km de sentiers répartis en six balades composent l'essentiel des randonnées du parc. Chaque rando dure entre 2h et 3h et on peut facilement combiner deux parcours, d'autant qu'ils ont chacun leurs spécificités : l'un sinue le long des gorges, un autre permet d'observer de nombreux oiseaux, un troisième offre plusieurs « points de vue », etc. Mais l'une des plus belles balades est celle qui part de la maison du tourisme de Rivière Noire et passe par le point de vue des Macchabées avant de rejoindre Le Pétrin. Quoi qu'il en soit, on vous conseille vivement de passer à la maison du tourisme (se reporter au chapitre correspondant) pour obtenir le maximum d'infos, même si vous choisissez une des randonnées qui démarrent plus loin, en direction du Pétrin.

Par ailleurs, on observe depuis peu un vrai développement de l'offre de randos guidées et d'activités sportives en tout genre. De nombreux jeunes se lancent dans l'aventure, faisant le pari du tourisme vert, et proposent des balades à la carte de grande qualité et pour tous niveaux. Parmi les différentes compagnies, on contactera notamment : ***Fun and Culture*** (☎ 785-61-77. ● *yanature.com* ●) dont l'excursion phare n'est autre que l'ascension du célèbre Morne Brabant ; ***Yemaya Adventures*** (☎ 752-00-46. ● *yemeya adventures.com* ●) qui propose indifféremment des sorties à pied, à VTT et en kayak ; ***Otélair*** (☎ 696-67-50 ou 251-66-80. ● *otelair.com* ●), connu pour ses belles randos mais aussi ses activités de canyoning. À ce sujet, voir également ***Vertical World*** (☎ 254-66-07. ● *verticalworldltd.com* ●). La compagnie ***Alisios Trekking*** (☎ 422-31-17. ● *alisiostrekking.com* ●) organise, quant à elle, des randonnées au Morne, au Pieter Both, des parcours tyroliennes et tir à l'arc, ou encore une balade en pirogue à voile dans le lagon de Mahébourg. Dernière solution, les balades organisées dans les grands domaines privés, comme le domaine du Chasseur (sauf les jours de chasse, cela va sans dire ! Renseignez-vous à l'avance) ou les randonnées plus spectaculaires à la montagne du Pouce et plus encore aux Tamarin Falls, que nous détaillons. Même si les randos à Maurice sont loin de ressembler à de grands treks, ce ne sont pas non plus des promenades de santé. Il faut être en bonne forme physique, car le climat et les dénivellations sollicitent l'organisme.
Matériel à prévoir : une bonne paire de chaussures de marche, un chapeau, un vêtement imperméable, une crème antimoustiques, une crème solaire. Demander si la nourriture et l'eau sont prévues par l'organisateur.

Le jeu

Passe-temps favori des Mauriciens. Jeux de dominos, mah-jong, cartes, loterie, mais aussi courses hippiques et casino pour les plus riches. L'hippodrome du Champ-de-Mars de Port-Louis est plein pendant la saison estivale et les bandits manchots des casinos tournent sans fin.
– ***Boka :*** un jeu de cartes qui se joue dans un endroit caché des femmes, qui, on ne sait pas pourquoi, empêchent toujours les maris de jouer leur paie. Se joue avec cinq cartes : la première n'est pas retournée, on ne la regarde qu'à la fin ; les quatre autres sont distribuées une par une, avec à chaque fois des mises et des joueurs qui renoncent. Cela se joue vite : un carré d'as ramasse la mise, puis c'est la suite à pique *(war so thaï son)* et ainsi de suite. Les mises commencent à 10 Rs (0,30 €).
– ***Romi :*** encore des cartes, mais se joue avec deux paquets de 54 cartes, et il faut au moins six personnes. On a chacun dix cartes. On n'avait plus de monnaie pour essayer de comprendre les règles, et on tenait à notre short !

TÉLÉPHONE ET TÉLÉCOMS

Téléphone

Il existe de plus en plus de cabines publiques à carte, indiquées par des panneaux jaunes, ainsi que les endroits où l'on peut acheter les télécartes (qui ne sont pas forcément les débits de tabac, ici appelés « tabagies », mais n'importe quels petits commerces, supermarchés, restos ou stations-service...). Celles à puce sont bien plus coûteuses que celles à code : près de 10 Rs (0,30 €) la minute pour l'Europe pour les premières, environ 6 Rs (0,20 €) pour les secondes. La *Sezam Calling Card* (à code) s'avère d'un excellent rapport qualité-prix. En vente dans toutes les épiceries et tabagies. On peut appeler de la plupart des cabines publiques, mais aussi depuis sa chambre d'hôtel. Dans ce cas, attention toutefois à la surtaxe qui correspond au service fourni par l'hôtel.

L'île Maurice est envahie par les portables, et certains magasins ont un auto-collant sur leur porte qui interdit l'accès aux personnes qui téléphonent en achetant. *Orange, SFR* et *Réunion SRR* ont des accords avec des opérateurs locaux. Sachez que des hôtels, les appels internationaux coûtent une petite fortune.
– *France → Maurice :* composez le ☎ 00-230, suivi de votre numéro. Pour connaître le tarif, contactez votre opérateur habituel.
– *Maurice → France :* composez le ☎ 020-33, puis votre numéro à neuf chiffres. Le 0 qui précède le préfixe disparaît lorsque l'on téléphone de l'étranger vers la France.
– *Maurice → Réunion :* composez le ☎ 020-262, suivi de votre numéro.

GÉNÉRALITÉS

Accès au Net

On trouve des cybercafés ou boutiques internet dans les principales villes et coins touristiques. Cela dit, tous les hôtels dignes de ce nom et de plus en plus de pensions proposent un accès à la toile. Compter dans les magasins spécialisés près de 2 Rs (0,06 €) la minute, avec en général un minimum de 15 à 20 mn. Plus cher dans les hôtels.

TRANSPORTS INTÉRIEURS

L'unique autoroute traverse l'île en diagonale, de l'aéroport à Grand Baie, en passant par le centre de l'île, la capitale et le jardin de Pamplemousses. Elle est gratuite.

Le bus

Pour se rendre d'un point à un autre de l'île, ou pour des petits trajets, le bus s'avère fort pratique. Car malgré les apparences, il est efficace. Effective-ment, tous les véhicules appartiennent à une multitude de compagnies pri-vées, qui exploitent un créneau horaire dont la grille est gérée par le gouver-nement. À chacun de rentabiliser au mieux le temps qui lui est imparti ! Au début, il y eut bien sûr toutes sortes d'abus et d'entourloupes, comme ces bus qui roulaient au pas pour arriver pile poil à la sortie des usines, mais depuis que différents contrôleurs vérifient l'heure des passages, tout fonc-tionne comme sur des roulettes ! Dans chaque gare routière, les rabatteurs s'efforcent évidemment de rameuter les passagers vers leurs propres bus. Ils passent souvent sur les axes principaux (mais sont moins fréquents ailleurs). Les arrêts sont nombreux. Extrêmement bon marché. On paie dans le bus, non pas au conducteur, mais au contrôleur.
À partir de Port-Louis, aucun problème pour se diriger vers Grand Baie, Perey-bère, Trou aux Biches, Flic en Flac, Trou d'Eau Douce, Mahébourg ou Cure-pipe. Pour plus de précisions au départ de Port-Louis, voir la rubrique « Arri-ver – Quitter » de la capitale. Enfin, signalons que si le bus est pratique et bon marché, il est aussi extrêmement polluant, on n'a jamais vu de pareils cra-choirs à gaz, et mieux vaut être dedans que derrière : raison de plus pour les emprunter !
En revanche, si vous voulez visiter plusieurs sites de l'île dans une même journée (Euréka, Casela Bird Park, Pamplemousses), on vous conseille vive-ment de louer une voiture ou de prendre un taxi-guide.

Location de voitures

On en trouve sans problème dans tous les sites touristiques. Il faut avoir au minimum 21 ans et un permis datant d'au moins un an. Pas besoin de permis de conduire international si l'on séjourne moins d'un mois. Si vous voulez une voiture à votre arrivée à l'aéroport, réservation indispensable avant le départ (voir plus bas « Arrivée à l'aéroport »). Nul besoin de louer un véhicule pour tout le séjour. En deux ou trois journées, on peut effectuer la visite des principales attractions de l'île. Mieux vaut la prendre au coup par coup et organiser des journées d'excursions. Rien n'est jamais très loin, mais pour explorer toutes les côtes tranquillement ainsi que l'intérieur des terres, une voiture est quand même nécessaire.

Attention, lire le contrat soigneusement, vérifier la validité de la vignette, bien regarder si les plaques d'immatriculation de la voiture sont de couleur jaune et si la voiture n'a pas plus de cinq ans. Les deux derniers chiffres de la plaque indiquent l'année de mise en circulation. Celle-ci est alors conforme au regard des assurances tous risques. Les assurances ne couvrent RIEN lorsqu'il s'agit de voitures (de sous-loueurs) munies de plaques d'immatriculation noires, réservées à l'usage privé. L'assurance tous risques ne concerne par conséquent que les propriétaires des véhicules, pas les touristes. Une caution est toujours demandée. Avant de partir, vérifier les freins et les feux. Bien se mettre d'accord sur la période de location, l'heure de retour et le niveau d'essence.

En cas d'accident, contactez immédiatement votre agence de location.

■ *Auto Escape :* ☎ 04-90-09-28-28 ou ☎ 0800-920-940 (n° gratuit) Fax : 04-90-09-51-87. ● auto escape.com ● info@autoescape. com ● Depuis la France, vous pouvez réserver par le biais de cette agence qui réserve auprès des loueurs de véhicules de gros volumes de location, ce qui garantit des tarifs très compétitifs. Réduction de 5 % accordée aux lecteurs du *Guide du routard* sur l'ensemble des destinations. Il est recommandé de réserver à l'avance. Vous trouverez également les services d'Auto Escape sur ● routard.com ●

■ *Voitures des îles :* ☎ 05-90-25-24-32. Fax : 05-90-25-24-33. ● voituresdesiles.com ● Central de réservation basé à la Guadeloupe et spécialisé sur les îles qui revend de grandes enseignes de location à prix discount, notamment à l'île Maurice.

■ Toutes les grandes compagnies de location de voitures comme *Hertz* (☎ 01-39-38-38-38), *Avis* (☎ 0820-05-05-05) ou *Europcar* (☎ 0825-358-358) possèdent des agences à l'île Maurice.

– *Généralités sur la conduite automobile :* ici comme dans la plupart des anciennes colonies britanniques, on roule à gauche. Donc, bien faire attention en arrivant à un rond-point ou quand vous sortez d'un chemin pour reprendre la route principale. Au fait, comment reconnaître un Français au volant ? C'est celui qui met ses essuie-glaces au carrefour ! Les Mauriciens conduisent un peu à l'italienne dans le style, mais en beaucoup plus tolérant et fataliste. Ne vous énervez pas si on vous klaxonne, c'est pour vous indiquer qu'on vous dépasse, et que vous devez vous pousser sur la gauche pour que la voiture d'en face puisse elle aussi passer... quand bien même il y aurait sur la gauche un cycliste zigzaguant ou quelques piétons : à vous de bien calculer le coup ! Vous serez d'ailleurs, d'une façon générale, consterné par l'imprudence, l'inconscience même de ces cyclistes (ou motocyclistes) roulant de nuit sans éclairage, quasiment au milieu de la chaussée ; idem pour les piétons marchant dans les rues (qui, c'est vrai, n'ont pas de trottoirs). Autre danger : les chiens, nombreux, et qui aiment eux aussi se balader au milieu de la route, ou s'y allonger. Si vous devez conduire de nuit, soyez encore plus vigilant, car il n'y a pas (ou peu) d'éclairage sur les routes et dans les villages.

– *À propos des routes :* l'état des routes s'améliore peu à peu sur les axes principaux, c'est moins vrai pour les routes secondaires franchement défoncées, où la quantité invraisemblable de nids-de-poule fait penser à un champ de mines. C'est déjà dangereux pour les pneus en temps normal, mais après une bonne averse, c'est la panique ! On ne voit plus rien ! Pas étonnant dans ces conditions que toute le monde roule... au milieu. Les bus y compris. Heureusement, l'allure de chacun est généralement adaptée à la route. La signalisation reste souvent fantaisiste quand elle n'est pas tout simplement absente. Quand ils sont indiqués, mieux vaut se fier aux numéros des routes pour savoir si vous êtes sur la bonne ; il est indispensable d'avoir une bonne carte routière (on recommande la carte *IGN* ou *Macmillan,* un peu plus chère) et le sens de l'orientation (ou une boussole !).

– **Limitation de vitesse :** 50 km/h en ville et 80 km/h ailleurs (90 km/h sur l'autoroute).

– **Dernières remarques et recommandations :** lorsque le clignotant ne fonctionne pas, les Mauriciens tendent le bras à l'horizontale à travers la fenêtre pour indiquer qu'ils vont tourner à droite. Pour tourner à gauche, le bras est relevé jusqu'à former un angle droit (n'allez pas vous imaginer autre chose !).

À Port-Louis, Curepipe, Quatre-Bornes et Rose Hill, le stationnement est payant sur les principaux axes. Il faut alors acheter des coupons de 30 mn, 1h, 1h30 ou 2h, vendus par carnets de 10 dans les stations-service.

L'essence coûte moins cher qu'en France. Compter un peu moins de 30 Rs (0,80 €) le litre de super sans plomb.

Pour les petits trajets (plage-resto, resto-hôtel, hôtel-centre du village), la mobylette ou le vélo restent l'idéal.

Location de taxi avec chauffeur

Un excellent moyen d'explorer l'île si l'on n'a pas envie d'ouvrir la carte à chaque carrefour. À la demi-journée ou à la journée, ça revient moins cher qu'une voiture, l'intimité en moins, évidemment. Avantages : on ne se perd pas, on se laisse guider et, si le chauffeur est sympa, on peut apprendre plein de choses sur le mode de vie mauricien. Inconvénients : on peut tomber sur un chauffeur pénible ou bien tout simplement conduisant comme un pied. Il y a aussi le risque qu'il vous dirige vers des restos où il touche une commission, mais avec le *Guide du routard* en poche, vous pourrez imposer votre choix (ce qui, parfois, n'empêchera pas le restaurateur ou le magasin où vous vous êtes fait conduire d'être taxé ensuite... et de répercuter ce racket sur votre addition !). Tout ça est malheureusement de plus en plus fréquent. Formule à ne pas négliger tout de même.

Le scooter

Plus le coin est touristique, plus les points de location sont nombreux. On les indique. Parfait pour les petits trajets au jour le jour. Compter entre 400 et 500 Rs/j. (10 et 12,50 €). Sympa, mais prudence (porter un casque) ! Attention aux coups de soleil.

Le vélo

Ne négligez pas ce moyen de transport, très utilisé par les Mauriciens. La configuration de l'île s'y prête d'ailleurs parfaitement. Les petites routes côtières, quel pied ! Bon, il ne s'agit pas de faire le tour de l'île à bicyclette, mais c'est vraiment un moyen de déplacement super pour les courtes distances. Plusieurs loueurs vers Grand Baie, Trou aux Biches, Flic en Flac, Trou d'Eau Douce ou Mahébourg. Soyez tout de même très vigilant. L'ennemi numéro un des cyclistes, c'est le bus : fou, dangereux et pollueur. Évitez aussi de rouler la nuit : il n'y a pratiquement pas d'éclairage.

UNITAID

« L'aide publique au développement est aujourd'hui insuffisante » selon les Nations unies. Les objectifs principaux sont de diviser par deux l'extrême pauvreté dans le monde (1 milliard d'êtres humains vivent avec moins de 1 dollar par jour), de soigner tous les êtres humains du sida, du paludisme et de la tuberculose, et de mettre à l'école primaire tous les enfants du monde d'ici à 2020. Les États ne fourniront que la moitié des besoins nécessaires (80 milliards de dollars).

C'est dans cette perspective qu'a été créée, en 2006, UNITAID, qui permet l'achat de médicaments contre le sida, la tuberculose et le paludisme.

Aujourd'hui, plus de 30 pays se sont engagés à mettre en œuvre une contribution de solidarité sur les billets d'avion, essentiellement consacrée au financement d'UNITAID. Ils ont ainsi ouvert une démarche citoyenne mondiale, une première mondiale, une fiscalité internationale pour réguler la « mondialisation » : en prenant son billet, chacun contribue à réduire les déséquilibres engendrés par la mondialisation.

Le fonctionnement d'UNITAID est simple et transparent : aucune bureaucratie n'a été créée puisque UNITAID est hébergée par l'OMS et sa gestion contrôlée par les pays bénéficiaires et les ONG partenaires.

Grâce aux 300 millions de dollars récoltés en 2007, UNITAID a déjà engagé des actions en faveur de 100 000 enfants séropositifs en Afrique et en Asie, de 65 000 malades du sida, de 150 000 enfants touchés par la tuberculose, et fournira 12 millions de traitements contre le paludisme.

Le *Guide du routard* soutient, bien entendu, la réalisation des objectifs du millénaire et tous les outils qui permettront de les atteindre ! Pour en savoir plus : ● unitaid.eu ●

URGENCES

■ *Police touristique :* ☎ 203-12-12 et 208-12-12.
■ *Police :* ☎ 999 ou 112.
■ *Pompiers :* ☎ 995.
■ *SAMU :* ☎ 114.
■ *Hôpitaux et cliniques :* à Floréal, **clinique Darné,** rue G.-Guibert. ☎ 601-23-00. En cas de gros pépin, c'est là qu'il faut aller. De plus, c'est la seule à être affiliée à la sécurité sociale française. Le meilleur hôpital public, le plus moderne, est à Pamplemousses : **Hôpital National Sir Seewoosagur Ramgoolan.** ☎ 243-46-70. Également connu sous le nom d'« Hôpital du Nord ».
■ *Médecins spécialistes de la plongée :* Brigitte Labatte, à Grand Baie. ☎ 263-68-96. **Serge Maurice,** à Quatre-Bornes (ORL très compétent). ☎ 454-80-53. Pas loin du bazar central, face à la municipalité.
■ Nouveau *caisson de décompression :* à Quatre-Bornes, à **l'hôpital Victoria de Candos** (☎ 427-51-35, 9h-16h ; sinon ☎ 425-30-31 ou 425-20-50). Contacter le Dr Soondron, ☎ 259-88-76. Le caisson le plus moderne de l'océan Indien.
■ *Météo :* ☎ 302-60-70. Ça peut devenir une urgence en cas de cyclone. Dans ce cas, composer le ☎ 96. Voir plus haut la rubrique « Climat ».

L'ÎLE MAURICE

Pour la carte de l'île Maurice, se reporter au cahier couleur.

Arrivée à l'aéroport

✈ *L'aéroport* est situé au sud-est de l'île, à l'opposé et à 48 km de Port-Louis, la capitale, et à 7 km de la petite ville de Mahébourg. Il s'appelle *Sir Seewoosagur Ramgoolam International Airport*, en souvenir du « père de la nation mauricienne », mais il est partout indiqué « Aéroport de Plaisance ». Moderne et efficace, il rassemble toute la panoplie des services :

🛈 *Office de tourisme :* dans le hall d'arrivée, juste avt la sortie et à côté des loueurs de voitures. Ouv en fonction des vols. En principe, lun-ven 6h-13h, 14h-20h ; w-e 6h-12h (ou 13h). Délivre un petit guide pratique de l'île et une carte sommaire.

– *Horaires des vols :* ☎ 603-60-21 pour avoir des infos à l'aéroport même. Pour les vols Air Mauritius, composer le ☎ 603-30-30.

– Plusieurs *banques* dans le hall de sortie. Elles pratiquent toutes le même taux de change officiel. Sinon, *distributeurs automatiques* aussitôt à droite en sortant *(HSBC, Mauritius Bank...).*

– *Loueurs de voitures :* en raison du petit nombre de voitures disponibles, il est préférable de réserver son véhicule avant d'arriver. Néanmoins, on peut toujours tenter sa chance. Quelques loueurs : *Budget,* ☎ 637-43-75 ; *Europcar,* ☎ 637-32-40 ; *Hertz,* ☎ 670-43-01 (7h30-17h ; en dehors de ces horaires : ☎ 211-30-30) ; *Avis,* ☎ 637-31-00 ; *Sixt,* ☎ 603-60-54.

Comment vous rendre à votre hôtel ?

En fonction du type de voyage que vous entreprenez, plusieurs formules.
– Si vous avez effectué votre réservation d'hôtel en France, vous avez peut-être demandé un *transfert aéroport* (de nombreux hôtels le proposent). Dans ce cas, un véhicule de l'hôtel viendra vous chercher.
➤ *En bus :* la ligne Port-Louis-Mahébourg emprunte la route qui longe le parking de l'aéroport. L'arrêt de bus se trouve donc à l'extérieur de l'aéroport (à env 300 m), sur la route principale que l'on rejoint après avoir traversé en diagonale tout le parking, juste après le rond-point. Les bus passent environ toutes les 20 à 30 mn, de 6h30 à 18h. Vraiment très bon marché.
➤ *En taxi :* ils vous attendent à la sortie de l'aérogare. La ville la plus proche de l'aéroport est Mahébourg, à 7 km. Compter environ 300 Rs (7,50 €) pour s'y rendre ; 1 500 Rs (37,50 €) pour aller vers le nord (Grand Baie, Grand Gaube, Pointe aux Canonniers...) et environ 1 200 Rs (30 €) pour aller vers l'ouest (Flic en Flac, Tamarin, etc.) et vers l'est (Trou d'Eau Douce, Belle Mare, etc.). Ajouter environ 15 Rs (0,40 €) par bagage. Notez que ces taxis sont équipés d'un compteur, mais, pour les petites courses notamment, ils ne l'allument pas toujours ; vous pouvez en principe demander qu'ils le fassent ; mais le plus simple et le plus diplomate est de convenir avant du coût de la course, histoire d'éviter les mauvaises surprises. Il faut enfin déplorer l'abus d'une pratique devenue quasi systématique chez les taxis : la commission perçue auprès des hôtels, restaurateurs ou tous commerces où le taxi vous conduit... que vous ayez ou non indiqué l'adresse. Un comble ! Avec deux conséquences désastreuses : une guerre des commissions (dont le montant

est évidemment répercuté sur votre addition) et la diffamation à l'égard des adresses qui ne jouent pas le jeu. Gare aux bobards du genre « mais non, cet hôtel est minable, n'y allez pas » ou encore « je vous assure qu'il est complet »...

PORT-LOUIS

> **Pour le plan de Port-Louis, se reporter au cahier couleur.**

Port de commerce principal de l'île, Port-Louis ressemble plus à une grosse bourgade animée qu'à une vraie capitale. C'est d'ailleurs ce qui la rend sympathique. La ville semble fière de sa poignée de vilains buildings ultramodernes qui poussent doucement d'année en année, détruisant peu à peu les dernières maisons en bois qui en faisaient tout l'attrait. Malgré cela, la place d'Armes, les rues du centre et surtout le marché dégagent un charme suave de petite sous-préfecture, trépidante et trop bruyante le matin, alanguie dès 14h et assoupie à 18h, après la fermeture des magasins. Attention, évitez de vous y rendre le matin entre 7h30 et 9h et l'après-midi entre 15h30 et 17h30 : embouteillages monstres sur la M2, « l'autoroute » qui traverse la capitale.

UN PEU D'HISTOIRE

Pourquoi « Port-Louis » ? Parce que c'est le principal port, bien abrité, sur la côte nord de l'île, et qu'on lui donna le patronyme de Louis XV, au nom duquel le capitaine Dufresne d'Arsel prit possession de Maurice au début du XVIIIᵉ siècle. La ville était déjà un gros port de commerce où mouillaient toutes sortes de vaisseaux chargés d'épices et de coton. Mais c'est au milieu du même siècle que la ville prend un véritable essor, grâce à Mahé de La Bourdonnais.
À cette époque, on trace les rues au cordeau, on réorganise le port. Il devient la halte obligée des navires de la Compagnie des Indes. Halte aussi pour les corsaires, comme le célèbre Surcouf qui traquait sans cesse l'Anglais, à qui il disputait la suprématie sur l'océan Indien.
Puis les militaires et les commerçants font de Port-Louis une escale dynamique sur la route des Indes, pendant le XIXᵉ siècle. En 1865, cette prospérité se trouve ralentie par l'ouverture du canal de Suez. Ce prodigieux raccourci entre l'Europe et l'Asie évite aux navires venus d'Europe de contourner l'Afrique, leur permettant de gagner l'Inde plus rapidement, donc à moindre coût. Conséquence, le canal de Suez rend inutile l'escale mauricienne.
Autre choc : une épidémie de malaria contraint la population à déserter la capitale pour les villes du centre de l'île, plus saines et plus fraîches. Port-Louis s'en remet doucement et poursuit son développement avec la création d'une voie de chemin de fer la reliant à Mahébourg, maintenant désaffectée. Aujourd'hui, c'est toujours un port de commerce particulièrement dynamique, une place financière et une capitale administrative en pleine effervescence.

Arriver – Quitter

En bus

– Dans la région urbaine de Port-Louis : service de 5h30 à 20h.
– De ville en ville : de 6h30 à 18h (ou 18h30 selon les destinations), mais la liaison *Port-Louis – Curepipe* aller-retour via *Rose Hill*, *Quatre-Bornes* et *Vacoas* est assurée jusqu'à 23h.

Un voyage à votre image

Hôtels de charme, combinés d'îles, voyage de noces, golf et plongée

CRÉATEUR DE VOYAGES DANS L'OCÉAN INDIEN DEPUIS PLUS DE 10 ANS

www.tropicalement-votre.com

Il existe deux grandes stations de bus :

🚌 **_Gare routière pour le sud_** _(plan couleur A2, 1)_ : _pl. Victoria._
➢ Relie la capitale à **_Rose Hill, Quatre-Bornes, Vacoas, Curepipe, Phoenix_** et **_Mahébourg_** via _Curepipe._ Pour ces destinations, bus toutes les 10-20 mn environ. Tous les patelins sur la route du Sud sont également desservis. Attention, pour Mahébourg, les bus partent d'une rue sans nom _(plan couleur A2, 2),_ à quelques enjambées au sud de la gare routière.

🚌 **_Gare routière pour le nord et l'est_** _(plan couleur A1, 3)_ : _pl. de l'Immigration._
➢ Dessert notamment la côte touristique de **_Trou aux Biches, Mont-Choisy, Grand Baie, Pereybère, Cap Malheureux,_** ainsi que **_Pamplemousses._** Départs en moyenne toutes les 10-20 mn.
➢ Pour **_Grand Baie,_** il existe un express quotidien toutes les heures, de 6h45 à 18h30.
➢ Pour **_Trou aux Biches,_** liaisons toutes les 25 mn environ, de 6h à 18h45.
➢ Pour certains villages, il est nécessaire de changer de bus à Quatre-Bornes ou à Curepipe. Demander au chauffeur.

En voiture

Petit paragraphe sur « l'autoroute » de l'île, baptisée M2, qui traverse Port-Louis devant le front de mer (Caudan Waterfront) : en fait d'autoroute, il s'agit plutôt d'une grosse nationale accessible à tous les véhicules, camions, bus, autos (jusque-là, rien d'anormal) mais aussi vélos, mobs, chiens et autres engins mobiles se déplaçant sans feux la nuit...
Cette route est idéale pour traverser l'île du sud-est au nord-ouest, de Mahébourg à Grand Baie via la capitale, mais attention aux bouchons aux heures de pointe (de 7h30 à 9h, puis de 15h30 à 17h30). Il est inutile de l'emprunter au départ de Port-Louis pour rejoindre le Sud-Ouest, et notamment Flic en Flac ou le Morne Brabant. Dans ce dernier cas, il est préférable de continuer vers le sud par la route qui prolonge Lord Kitchener Street _(plan couleur A2)._

Orientation

Ville coloniale au quadrillage parfait, coincée par les quais sur un flanc, encadrée d'une chaîne de petites montagnes sur l'arrière : on peut difficilement s'y perdre. Une carte est utile malgré tout, car les rues changent de nom plusieurs fois sur leur chemin, et parfois elles n'en ont pas. On s'y balade sans problème à pied. Quelques points de repère : la place d'Armes (centre administratif et financier), le marché (centre social et économique), la mosquée (haute flèche blanche dans le quartier chinois), le Caudan (sur les quais).

Adresses et infos utiles

Informations touristiques

🛈 **_Office de tourisme_** _(plan couleur A2)_ : rue du Président-Kennedy, immeuble Air Mauritius, 11ᵉ étage. ☎ 210-15-45. ● _tourisme-ilemaurice.mu_ ● _Lun-ven 9h-16h ; sam 9h-12h._ Fermé dim et j. fériés. Nombreuses informations sur le logement et les activités touristiques de l'île. Brochures abondantes et guides bien documentés, dont certains en français.

Services

✉ **_Poste_** _(plan couleur A1)_ : pl. du Quai. Lun-ven 8h15-16h ; sam 8h15-11h45. Un autre bureau _(plan couleur A2),_ Dumas St, près de la station de bus de la place Victoria (pour les timbres seulement).

■ **Téléphone :** le centre-ville et le Caudan Waterfront sont bien équipés en cabines à carte ou à pièces.
@ **Zénith Cyber Café** (plan couleur A1, **4**) : l'Astrolabe, Caudan Waterfront. Lun-sam 10h-22h ; dim 10h-16h. Réduc étudiants.
■ **Change :** nombreuses banques en ville. En principe, lun-ven 9h-15h30. La plupart sont regroupées sur la rue Sir-William-Newton et la place d'Armes (plan couleur A1). Elles ne pratiquent pas toutes le même taux de change, mieux vaut donc comparer. Certaines sont plus avantageuses pour le cash et d'autres pour les chèques de voyage.

Représentations et services diplomatiques

■ **Ambassade et consulat de France** (plan couleur B2, **5**) : 14, rue Saint-Georges. ☎ 202-01-00 (ou ☎ 202-01-48, en dehors des horaires de bureau). Fax (services administratifs) : 202-01-20. ● ambafrance-mu.org ● Lun-ven 8h30-13h30. Le consulat peut, en cas de difficultés financières, vous indiquer la meilleure solution pour que des proches vous fassent parvenir de l'argent, ou encore vous assister juridiquement en cas de problème.
■ **Consulat de Belgique** (plan couleur A1, **6**) : c/o Ireland Fraser Shipping, 10, rue Dr-Ferrière, PO Box 56. ☎ 208-72-89. ● rpayen@iblgroup. com ● Lun-ven 9h-12h.
■ **Consulat de Suisse** (plan couleur B2, **7**) : 2, rue Jules-Kœnig. ☎ 208-87-63. ● swiss.consul@ intnet.mu ● Lun-ven 9h-12h.
■ **Bureau des passeports et de l'immigration** (plan couleur B2, **8**) : Sterling House, 9-11, rue Lislet-Geoffroy. ☎ 210-93-12 à 19. Fax : 210-93-22. Lun-ven 9h-12h, 13h-14h.

Santé

■ **Pharmacie du Port** (plan couleur A1) : rue du Président-Kennedy, au croisement de la Barclay St. ☎ 208-10-37. Lun-ven 8h-17h45 ; sam 8h-17h ; dim 8h-12h30.
■ **Pharmacie Newton :** 10, rue Newton. ☎ 208-22-44 ou 211-30-67.
■ **Hôpital Doctor-Jeetoo :** rue Volcy-Pougnet. ☎ 212-32-01.
■ **City Clinic :** 102-106, rue Sir-Edgar-Laurent. ☎ 216-03-47 ou 242-04-86. Voir également la rubrique « Urgences » dans les « Généralités » en début de guide.
■ **Toilettes publiques :** de nombreux w-c publics gratuits et propres au Caudan Waterfront (plan couleur A1).

Transports

Pour les coordonnées des compagnies aériennes, se reporter au chapitre « Quitter l'île Maurice » en début de guide.

■ **Parking :** les tickets de parking, indispensables pour se garer à Port-Louis, ne sont disponibles que dans les stations-service. Il existe des parkings payants au Caudan ; le Granary, situé juste derrière la poste principale (plan couleur A1), dans un grand bâtiment en brique rouge, ancien entrepôt à grain (noter les grands toboggans à riz), est bien pratique et gardé (tlj 7h-23h). Tarifs très raisonnables.

Culture

■ **Librairie du Trèfle** (plan couleur A1) : rue Royale, près de l'intersection avec la place d'Armes. ☎ 212-11-06. Journaux, magazines, livres de poche, beaux livres, une vraie librairie complète.
■ **Librairie Book Court** (plan couleur A1) : Caudan Waterfront, dans

la galerie commerciale située face au Blue Penny Museum. ☎ 211-92-62. *Ouv 10h-18h ; jeu 10h-20h ; dim 10h-12h30.* L'une des meilleures librairies de l'île. Moderne et avec un très grand choix de livres.

■ *Cinéma STAR (plan couleur A1) : au Caudan, dans la galerie commerciale Le Pavillon. Programmation au* ☎ *152. Env 150 Rs (3,80 €) la place.* Nombreux films en français, plusieurs par jour.

Où dormir ?

Il y a plusieurs petits hôtels à Port-Louis, mais il y a vraiment peu de raisons de dormir ici. On vient surtout à Maurice pour les lagons et les couchers de soleil, pas pour croupir dans un hôtel médiocre. L'île étant petite, on n'est jamais qu'à une poignée de kilomètres d'un site enchanteur. Port-Louis est une ville qui se visite le matin. L'après-midi, l'animation décroît doucement. À 18h, c'est une ville morte, sauf au Caudan Waterfront. Néanmoins, si votre voiture tombe en panne à 21h, voici quelques adresses.

De bon marché à prix modérés

🛏 *Tandoori Hotel (plan couleur A2, 20) : 8, pl. Victoria, au croisement de la rue Jemmapes.* ☎ *212-00-31. Fax : 212-35-03. Proche de la place d'Armes et du Caudan. Doubles 500-800 Rs (12,50-20 €) selon confort. Pas de petit déj.* Hôtel au 1er étage. Un minuscule escalier, un peu sombre, conduit à une dizaine de chambres impersonnelles et pas de première jeunesse, mais pas chères. Les plus onéreuses sont climatisées. En revanche, pas question de faire la grasse mat' ! Les bus de la gare routière font vrombir leur moteur juste sous les fenêtres !

Beaucoup plus chic

🛏 *Hôtel Saint-Georges (plan couleur B2, 21) : 19, rue Saint-Georges.* ☎ *211-25-81 ou 82.* ● *blue-season-hotels.com* ● *Presque en face de l'ambassade de France. Doubles standard avec douche, w-c et TV autour de 2 300 Rs (57,50 €). Réduc* possible au-delà de 2 j. Élégant décor de vieux meubles, façon copie de la Compagnie des Indes, avec en rez-de-chaussée un petit bar chaleureux. Chambres tout confort, très bien tenues. Piscine. Possibilité de se restaurer sur place.

Où dormir dans les environs ?

🛏 *Villa Jorico : 154, route de Pointe aux Sables, à env 8 km de Port-Louis.* ☎ *234-20-35.* ● *villa-jorico.com* ● 🍴 *En venant de Petite Rivière, au sud, c'est après le poste de police et la plage publique. Sinon, en venant de Port-Louis par l'autoroute, prendre la sortie B31 à Grande Rivière Nord-Ouest, mais mieux vaut téléphoner avt pour un itinéraire détaillé. Séjour 2 nuits min. Doubles 2 200-2 640 Rs (55-66 €) selon saison et confort (les plus chères regardent le large), avec petit déj. Clim' en supplément. Repas sur résa.* Dans une maison moderne, mais imitant avec bon goût le style colonial, une dizaine de chambres et appartements (avec 2 ou 3 chambres, cuisine équipée). Une situation idéale près de la capitale, mais pourtant au calme. On peut profiter ici d'un jardin, d'une piscine et de la mer. Dans le jardin, jeux pour les petits. Belle terrasse pour savourer son petit déj. L'une des chambres est aménagée pour les personnes à mobilité réduite. Accès internet gratuit (connexion wi-fi). Cuisine à disposition des hôtes.

Où manger ?

Attention, beaucoup de restos ferment le week-end.

Au centre-ville

Très bon marché (moins de 150 Rs, soit 3,80 €)

|●| *Au marché* (plan couleur A1) : tous les petits vendeurs de *samoussas*, de *dholl puri* et de petits pains sont regroupés sous une grande halle, à côté du marché aux fruits et légumes. Idéal pour un cale-creux sans se ruiner.

|●| *Jim Snack* (plan couleur B1, 30) : rue Mgr-Gonin, entre Virgil Naz et Sir Seewoosagur. Tlj sf dim 10h-16h. Resto de poche chinois. Cari d'ouri-tes, riz-salade, *mine* bouilli. Vraiment bon marché donc. À emporter ou à déguster sur place, accoudé au mini-comptoir.

De bon marché à prix modérés (de 150 à 400 Rs, soit 3,80 à 10 €)

|●| *Le Chinois* (plan couleur B1, 31) : 20, rue Jummah-Mosque. À l'étage. Dans la série « chinois », celui-ci remporte un franc succès. On en parle à l'autre bout de l'île ; c'est le resto des mariages (chinois, bien entendu), et on y vient de tout le quartier. Cadre très classique, avec ce goût marqué pour le rouge tapageur, et les habituels plats : nouilles (*mine*) à toutes les sauces, *shop suey*, soupe de crabe et canard laqué. Accueil chaleureux.

|●| *Canton* (plan couleur B1, 32) : 15, rue E.-Anquetil. Lun-sam 10h-20h30 ; j. fériés 10h-14h30. Fermé dim. Au cœur du quartier chinois. Cadre dépouillé, clientèle locale. Honnête cantine cantonaise pas chère du tout. Plats plutôt copieux. Les boulettes de viande sont succulentes.

|●| *First Restaurant* (plan couleur A-B1, 33) : à l'angle des rues Royale et Corderie (au 1er étage, levez les yeux !). Fermé lun. Dans une grande salle climatisée. Très apprécié par la communauté chinoise de l'île. On y mange donc de la cuisine chinoise dans une atmosphère calme. Service courtois.

|●| *La Flore Mauricienne* (plan couleur B2, 34) : 10, rue de l'Intendance ; au rez-de-chaussée de l'Anglo Mauritius House. Lun-ven 7h45-15h30 ; sam 7h45-14h. Fermé dim. Installé dans un édifice moderne sans charme, voici un resto qui se veut un rien chicos pour hommes d'affaires du quartier, qui viennent y manger des salades ou des plats plus consistants. On peut aussi y grignoter un en-cas (pains fourrés, croques, etc.). Rien de renversant. D'ailleurs, on peut s'y attabler juste pour boire un jus de fruits ou un café en terrasse, en retrait de la rue, derrière un rideau de verdure.

Prix moyens (de 400 à 600 Rs, soit 10 à 15 €)

|●| *La Bonne Marmite* (plan couleur B1, 35) : 18, rue Sir-William-Newton. ☎ 212-24-03. Fermé soir, w-e et fêtes de fin d'année. Dans ce resto, plusieurs facettes, plusieurs étages, donc plusieurs possibilités pour se restaurer. Au *coffee shop*, un buffet avec 4 plats différents et quelques spécialités indiennes. Mais c'est surtout le resto traditionnel, à l'étage, qui retient l'attention. Grand choix de plats mauriciens, chinois, indiens et européens. C'est très finement cuisiné, subtil, et le service comme le cadre sont également soignés et élégants, dans le style indien. Les plats sont parfaitement présentés et exécutés, c'est un vrai régal. Il y a aussi, au sous-sol, le *Rocking Boat,* un petit pub pour se relaxer, avant, après...

Plus chic (au-delà de 600 Rs, soit 15 €)

I●I *Le Café du Vieux-Conseil (plan couleur B2, 36) : rue du Vieux-Conseil.* ☎ *211-03-93. Lun-sam 10h-17h, plus le soir pdt les saisons théâtrale et hippique. Fermé dim.* Au cœur du vieux Port-Louis, dans un beau jardin verdoyant. Une halte bien fraîche et reposante pour une cuisine légère : grillades, crêpes ou spécialités mauriciennes, toutes les envies sont contentées. La terrasse est idéale pour se reposer du bruit et de la pollution.

Au Caudan Waterfront (plan couleur A1)

Tandis que les rues du centre-ville restent désespérément vides le soir, les terrasses des nombreux restos qui jouent à touche-touche autour du port ne désemplissent pas, surtout le week-end.

De très bon marché à bon marché (moins de 250 Rs, soit 6,30 €)

I●I *Mystic Masala (plan couleur A1, 37) : un kiosque au bout du Caudan (près d'une galerie d'art et du magasin* All Sport*). Tlj 11h-22h env.* Snack indien qui propose des sandwichs et des plats savoureux à prix riquiqui. Quelques tables et parasols.

I●I *Le Bistrot du Port (plan couleur A1, 38) : Astrolabe Waterfront.* ☎ *210-65-86. Tlj sf dim 8h30-minuit.* Ou beaucoup, beaucoup plus tard lorsque les marins fraîchement débarqués de leur navire envahissent la terrasse. Les Marseillais, c'est bien connu, ont souvent tendance à planter leurs pénates au bord de ce qui leur rappelle le Vieux-Port. Daniel a donc installé son bar-resto en face de celui de Port-Louis et accueille ses visiteurs sous les parasols avec un pastis, comme il se doit. Petits plats simples. On peut aussi y prendre le petit déj.

I●I *Tandoori Express (plan couleur A1, 38) : Astrolabe Waterfront. Juste à côté du* Bistrot du Port. ☎ *210-98-98. Fermé lun soir.* Un self-service propre et très prisé des familles indiennes qui envahissent les tables posées en terrasse. En bon resto indien qui se respecte, quelques plats végétariens. Mais les *tandoori* sont particulièrement recommandables. Avis aux amateurs !

Plus chic (de 600 à 1 000 Rs, soit 15 à 25 €)

I●I *Le Capitaine (plan couleur A1, 39) : Caudan Waterfront.* ☎ *213-00-38.* Là encore, un resto dont la grande terrasse donne sur le bassin du port (et les silos). Cadre qui se veut classe et décontracté à la fois. Pas mal de cadres et d'employés en semaine. Bonne cuisine mauricienne élaborée avec des produits frais. Service rapide. Cependant, on trouve certains prix un chouia trop musclés et, du coup, le rapport qualité-prix quelque peu discutable.

Légèrement excentré

De prix modérés à prix moyens (de 250 à 600 Rs, soit 6,30 à 15 €)

I●I *L'Imprévu (hors plan couleur par A2, 40) : à l'angle des rues Praslin et Edgar-Gallet, à 10 mn à pied du Caudan Waterfront.* ☎ *211-37-23.*

Quitter l'autoroute au niveau du rond-point du Caudan (en direction du front de mer), puis prendre 2 fois la 1ʳᵉ à gauche (fléché). Fermé dim midi. Un resto au cadre soigné et propret qui bénéficie d'une bonne réputation auprès des Mauriciens. La carte offre un large choix (cuisine chinoise, mauricienne et européenne), mais, sans hésitation, on vous conseille les caris. Il y en a une bonne dizaine, vous devriez donc arriver à trouver votre bonheur ! Accueil discret, service aimable.

Où boire un verre ?

🍷 Rien à faire le soir au centre-ville. Une partie de la jeunesse locale vient finir la soirée dans les bars du Caudan, au **Keg and Marlin Pub** *(plan couleur A1, **50**)*, par exemple, pour sa bonne bière. Il y a bien d'autres cafés avec terrasse, face au bassin du port.

À voir

Autour du Port

🎐 **Caudan Waterfront** *(plan couleur A1-2) : sur l'emplacement des anciens docks de Caudan, face au bassin du port.* L'architecture du Caudan mêle l'audace à la tradition dans un style Taïwan avec des petites tourelles, des escalators, des galeries commerciales, des pierres apparentes et de belles couleurs chatoyantes.

Le Caudan Waterfront est le symbole du passage de l'âge de développement à l'âge « enveloppé ». Voilà le palais de la consommation. Des boutiques et encore des boutiques, des distributeurs de billets, un casino, sans oublier, tout de même, le remarquable musée du *Blue Penny*.

C'est le soir et le week-end que les lieux s'animent pour la jeunesse mauricienne : on vient y grignoter des nourritures n'ayant bien souvent rien de local, prendre un verre sur les terrasses, voir un film... voir et se faire voir.

🎐🎐🎐 **Blue Penny Museum** *(plan couleur A1-2, **60**) : au Caudan Waterfront.* ☎ 210-81-76 ou 92-04. ● bluepennymuseum.intnet.mu ● *Lun-sam 10h-17h. Fermé dim et j. fériés. Entrée : 175 Rs (4,40 €) ; réducs. Visite avec audio-guide possible (gratuit).*

Un musée passionnant qui rend hommage au patrimoine mauricien à travers l'art et l'histoire. La muséographie moderne, qui fait appel à des ambiances et des atmosphères intimes, est très réussie. On vous recommande d'y venir dès le début de votre séjour, pour comprendre, en deux pas et trois enjambées, l'histoire du peuplement de l'île.

– La visite débute au **1ᵉʳ étage**. Dans la 1ʳᵉ salle, l'exploration des mers du Sud par les Européens à partir du XVᵉ siècle est magnifiquement illustrée : maquettes de bateaux, authentiques cartes d'époque qui retracent l'évolution des connaissances et dont certaines sont dans un état de conservation étonnant, instruments de navigation. Ne pas rater la copie du plus ancien globe terrestre (1492) sur lequel ne figure pas encore le continent américain. Place ensuite à la découverte de l'île par les Hollandais, la colonisation par les Français, la conquête par les Anglais, jusqu'à l'indépendance.

Dans la 3ᵉ salle, honneur à Port-Louis et à son histoire : lithographies montrant la ville en 1859 et offrant une vue à 360°. Noter la forêt de mâts dans le port. Chaque litho est accompagnée d'une photo du même quartier à notre époque. En comparant les photos, on s'aperçoit alors que Port-Louis était un centre de vie sociale riche avant que ses habitants ne lui préfèrent les villes des alentours.

La visite du 1er étage s'achève par l'histoire de la poste mauricienne. C'est dans cette partie que vous trouverez les deux joyaux du musée qui ne mesurent que quelques centimètres carrés. Il s'agit des **deux timbres-poste les plus célèbres,** certainement des plus rares et donc des plus chers du monde : les fameux *one penny vermillon* non oblitéré et *two pence bleu* non oblitéré, édités en 1847 (une lettre postée de Port-Louis pour un marchand de vin à Bordeaux). Leur valeur tient en fait à une prétendue anomalie dans le libellé du timbre, et surtout, à une légende qui prit vite le pas sur la réalité. Après l'Angleterre, le Brésil, la Suisse et les États-Unis, l'île Maurice émet ses premiers timbres-poste, en 1847 ; 500 exemplaires de chaque sont tirés. Sur chacun d'eux figurent la mention « Post Office » qui n'était autre que l'appellation légale de la poste à cette époque, ainsi que « Postage » qui signifiait tout simplement que l'affranchissement avait été réglé. Peu de temps après, les services postaux remplacent le terme « Post Office » par « Post Paid » sur tous les nouveaux timbres qui seront émis pendant une dizaine d'années. Lorsque les philatélistes vont redécouvrir ces timbres au début du XXe siècle, ils vont réaliser qu'une seule série, la première, portait la mention « Post Office » alors que la plupart des émissions suivantes portaient la mention « Post Paid ». Ils vont supposer que ce terme « Post Office » était le fruit d'une erreur de Joseph Osmond Barnard, le graveur qui avait réalisé cette première série de timbres. Aujourd'hui, la légende a dépassé la réalité. Les « Post Office » sont mondialement connus pour cette prétendue « erreur ». Au-delà de la légende, les « Post Office » font partie des plus anciens timbres au monde. Aujourd'hui, 210 sont répertoriés dans le monde dont les deux exemplaires jamais utilisés du *Blue Penny Museum.*

Ces trésors de la philatélie mondiale n'ont été rachetés qu'en 1993 par un consortium mauricien pour la modique somme de 2,2 millions de dollars. Un retour à l'envoyeur un siècle et demi plus tard. Mais, attention, compte tenu de la fragilité des spécimens, les originaux ne sont exposés qu'en alternance (à côté d'une réimpression tardive), seulement 10 mn par heure (à partir de la demie de chaque heure).

– Suite de la visite au **rez-de-chaussée.** Une partie est dévolue aux expos temporaires (visite gratuite), une autre est consacrée à *Paul et Virginie* et au naufrage du *St-Géran* (voir « Histoire » dans les « Généralités »). Ce drame, au cours duquel presque tous les passagers périrent noyés, resta gravé dans toutes les mémoires et perturba la vie économique de l'île, car le navire apportait des vivres et des denrées essentielles. Une vitrine abrite quelques vestiges du naufrage : dollars espagnols, couverts de gentilshommes bretons et une bague en or, appelée « bague-foi » ou bague de fiançailles, telle qu'en portaient les jeunes filles de Bretagne au XVIIIe siècle. Née du drame, l'histoire de *Paul et Virginie* (voir « Livres de route » dans les « Généralités ») inspira nombre d'artistes, comme le prouvent les diverses éditions présentées, les gravures murales et les estampes originales de l'ouvrage de Bernardin de Saint-Pierre, ainsi que la statue en marbre blanc du sculpteur mauricien Prosper d'Epinay.

🐾 *Le musée du Moulin (plan couleur A1, 61)* : derrière l'Astrolabe, face au port. Tlj sf w-e 10h-15h. Entrée gratuite.
Une survivance du passé ! Le moulin a été construit en 1736 à la demande de Mahé de La Bourdonnais, afin d'alimenter les travailleurs du port. Sa reconstitution est une belle réussite. Photos d'époque ou contemporaines, quelques outils, meules... Possibilité de projection d'un petit film sur sa rénovation et le fonctionnement des moulins en général.

🐾 *Le Musée postal (plan couleur A1, 62)* : pl. du Quai. En principe, lun-ven 9h-15h45 ; sam 9h-11h30. Fermé dim. Entrée gratuite. Il est question que le musée déménage un jour dans l'enceinte de la poste centrale (la première poste de l'île, construite en 1868).

Musée présentant tampons, plaques, vieux télégraphe, balances antiques, boîtes aux lettres, instruments, documents divers et, bien sûr, des timbres du monde entier. Mais rappelons que les célèbres « Post Office », les timbres les plus chers du monde, se trouvent dans le *Blue Penny Museum* de Port-Louis (voir plus haut). On n'en voit ici que des reproductions.

🏃🏃 ⊗ *Aapravasi Ghat* (plan couleur A1) : entrée payante. Quai de débarquement des travailleurs indiens, qui, après l'abolition de l'esclavage dans l'île en 1835, furent recrutés par les Britanniques pour servir de main-d'œuvre dans les usines sucrières. Il reste quelques vestiges (cuisines, salles communes, sanitaires, étable, hôpital) où sont passés près d'un demi-million d'immigrants, appelés *coolies* (terme signifiant « salaire » en tamul). Le site est depuis 2006 classé au Patrimoine mondial de l'Unesco. Il symbolise en effet le premier recours à une main-d'œuvre libre et salariée, une nouvelle forme d'immigration, ainsi que le brassage des peuples et des cultures. *(Plus d'infos sur ● aapravasighat.com ●)* Remarquez la statue d'Anjalay, militante syndicale tuée lors d'une manifestation en 1943, qui représente le courage de la femme mauricienne, qu'elle ait été femme de colon, esclave, aujourd'hui femme laboureur, boutiquière ou ouvrière de la zone franche...

Au centre-ville

🏃🏃 *La place d'Armes* (plan couleur A1) : c'est la grande place et le berceau de Port-Louis, bordée d'élégants palmiers et de trois allées qui remontent jusqu'au palais du Gouvernement, édifice du XVIIIe siècle (ne se visite pas). C'est l'un des plus anciens bâtiments de la ville : le rez-de-chaussée et le 1er étage furent construits sous Mahé de La Bourdonnais, tandis que le 2e étage, préservé de l'incendie de 1816, fut construit par le dernier gouverneur français. Hier résidence d'été des gouverneurs coloniaux – c'est de là que partirent les invitations pour le bal du gouverneur le 30 septembre 1847, timbrées avec les fameux « Post Office » –, le palais est aujourd'hui le siège du Parlement, qui n'a pas trouvé mieux que de construire un bunker pour ses débats. Devant le palais, une statue de la reine Victoria.

– Sur l'*avenue Duke of Edinburgh* (c'est l'allée de gauche), quelques vénérables bâtisses créoles joliment transformées en banques ou en agences de voyages.

– À l'autre extrémité de la place, côté port, à l'ombre des palmiers, la *statue de Mahé de La Bourdonnais,* fondateur de la ville, contemple à jamais (et pour toujours) les quais. Rendons ici un petit hommage à celui sans qui Maurice ne serait pas ce qu'elle est aujourd'hui. Il ne reste cependant rien de ses réalisations : hôpital, poudrière, entrepôt, tout fut détruit par un incendie.

🏃 🏃 *La collection de coquillages Shellorama* (musée du Coquillage ; plan couleur A1, **63**) : 6, rue Sir-William-Newton (à l'angle de Farquhar Street), à l'étage de la bijouterie Mikado. Facilement repérable grâce à ses deux énormes coquillages sur la façade. ☎ 208-19-00. Ouv 9h-17h. Fermé sam ap-m, dim et j. fériés. Entrée gratuite.
On y découvre toutes sortes de coquillages, c'est impressionnant et les collectionneurs y trouveront certainement leur bonheur.

🏃 *Le Grand Bazar* (plan couleur A1, **64**) : à l'angle des rues Bourbon et Farquhar. Lun-sam 6h-17h env ; dim et j. fériés 6h-11h30. Sans aucun doute le coin le plus animé de la ville. Beaucoup de vêtements, de jeux et d'étoffes. Construit en 1828 sur un terrain marécageux, on y venait en barque, un peu comme au marché flottant, mais il fallait surveiller ses embarcations de peur que les esclaves aient l'envie de s'en servir. Au temps de La Bourdonnais, c'est ici que les navires de la route des épices, une course exaltante pour l'époque, faisaient parfois halte. Pas de parano inutile, mais signalons que les touristes sont parfois la cible d'adroits pickpockets. N'ayez rien à voler, on ne vous volera rien.

Ceux qui veulent éviter les bouchons à l'entrée de la ville et trouver plus facilement à se garer, choisiront de venir le samedi. Le marché fonctionne comme tous les autres jours, mais la ville n'est pas encombrée puisque les bureaux et les sociétés sont fermés.

– *Un conseil :* pour tout achat, marchandage de rigueur ; mieux vaut avoir une idée des tarifs pratiqués ailleurs.

🔏 *Le marché :* dans le prolongement du Grand Bazar. Il est divisé en plusieurs halles, reliées les unes aux autres par des allées. Le secteur consacré aux fruits et légumes est le plus haut en couleur et le plus riche en découvertes pour nos yeux et nos papilles. Il ne faut surtout pas manquer d'aller manger sur le pouce dans la halle voisine, où sont désormais regroupés tous les marchands qui s'éparpillaient naguère dans les rues alentour.

🔏 *Les rues autour du marché :* dans Royale St, Bourbon St et Léoville-Lhomme notamment, on trouve des petits vendeurs à la sauvette, qui proposent toutes sortes de fringues. Certains ne font que les slips, d'autres des liquettes-à-papa, d'autres encore des trucs super-hype. Ne pas hésiter à fouiner, on repart rarement bredouille. Pas mal de petites marques locales ou des fins de séries.

🔏 *La mosquée Jummah* (plan couleur B1, 65) : rue Royale. En principe, la mosquée se visite tlj 9h-11h45, 14h-16h. Blanche et verte, comme toutes celles de l'île d'ailleurs, elle compte parmi les édifices les plus réussis de la ville. L'île Maurice reconnut l'islam dès le début du XIXᵉ siècle. La mosquée est née de l'initiative de négociants musulmans qui, ne pouvant se rendre à la mosquée de la Plaine Verte, se cotisèrent en 1852 pour sa construction. Avec sa façade chaulée, ses tourelles, ses balcons sculptés et ses volets verts, ce bel édifice est typique de l'architecture des mosquées mauriciennes. À la porte du quartier chinois, c'est un des multiples symboles de l'esprit de tolérance du peuple mauricien. Derrière la porte d'entrée en bois se cache un patio agréable, frais et calme. Près du large bassin aux ablutions, un beau badamier. Remarquez le travail des boiseries et le baromètre de manufacture française. On peut assister aux ablutions.

🔏 *Le quartier chinois* (plan couleur B1) : symbolisé par une arche assez démodée. Le long de la *rue Royale,* impossible de rater avec ses nombreuses boutiques et inscriptions chinoises rouge et jaune. Mais le quartier est en pleine restructuration, et les anciennes maisons de bois bringuebalantes se comptent aujourd'hui sur les doigts d'une main. Ces boutiques sont les derniers vestiges d'une époque, chacune avec son charme. Il faut se perdre dans le quartier pour le sentir vivre.

– Si vous êtes à la recherche de belles soieries ou de tailleurs, allez *rue de la Corderie* (plan couleur A-B1). On y trouve la plus grosse concentration de boutiques de tissus.

🔏 *Les pagodes :* à différents endroits de la ville s'élèvent de modestes pagodes qu'on reconnaît aisément à leur dominante rouge et à des inscriptions en chinois. Souvent simples, elles prennent leur relief lors de cérémonies, notamment celles des morts.

🔏 *Le musée d'Histoire naturelle* (Mauritius Institute ; plan couleur A1-2, 66) : rue Poudrière, à côté du palais du Gouvernement. ☎ 212-06-39. Lun-mar et jeu-ven 9h-16h ; sam 9h-12h. Fermé mer, dim et j. fériés. Entrée gratuite.

Un bien curieux musée, installé dans un édifice du XIXᵉ siècle, à la noble décadence. Il fut créé en 1831. La visite vaut le détour pour sa curieuse collection d'animaux naturalisés.

On est accueilli par une grosse tête de cachalot. Trois grandes salles en enfilade présentent successivement des mammifères, des poissons et des expositions temporaires. Dans la première salle, de nombreuses vitrines d'oiseaux, dont le célèbre dodo (voir la rubrique « Faune et flore » dans les « Généralités »), il s'agit en fait d'une reconstitution.

🔾 *Le jardin de la Compagnie* (plan couleur A2, 67) *:* *à gauche du musée d'Histoire naturelle, en sortant.* Le jardin, qui appartenait autrefois à la Compagnie des Indes françaises (d'où son nom), fut pendant longtemps la promenade préférée des Port-Louisiens, qui pouvaient y admirer de nombreuses statues offertes par les gouvernements étrangers. Le jardin, au fil des cadeaux, est devenu un véritable panthéon mauricien, au même titre que la place d'Armes. Mais on admire surtout les nombreux banians dont les lianes envahissent l'espace des allées. Avant l'arrivée des Français, l'endroit était un marécage, puis on y aménagea un cimetière ; M. de Rivaltz y construisit une somptueuse résidence et, vers 1828, la place devint un marché, à l'ombre des arbres qu'on peut admirer encore aujourd'hui.

🔾 *La rue du Vieux-Conseil* (plan couleur B2) *:* c'est là que le Conseil supérieur de l'Isle de France tenait ses assises. Elle débute devant le croquignolet petit théâtre XIXᵉ siècle à colonnes et balustrades. Construit sur l'emplacement d'un bazar, il compte parmi les plus vieux de l'hémisphère sud. Il faut se renseigner au ☎ 212-62-49 pour y voir une pièce pendant la saison théâtrale, en hiver. Au fond de la rue, à gauche, un élégant édifice de 1767. Pierre Poivre, s'étant disputé avec le gouverneur Daniel Dumas et s'étant vu refuser le droit de siéger au palais du Gouvernement, se fit construire cette demeure de pierre pour y tenir ses propres réunions. Barrant le fond de la rue, une belle bâtisse ancienne, aujourd'hui siège du *musée de la Photographie.* Dans la ruelle, un autre vénérable bâtiment : la *maison de la Poésie.*

🔾🔾 *Le musée de la Photographie* (plan couleur B2, 68) *:* *rue du Vieux-Conseil, prendre la rue Churchill en face du théâtre.* ☎ 211-17-05. *Tlj sf w-e 9h30-15h. Entrée : 100 Rs (2,50 €).*
Musée privé, petit, dense (et climatisé), présentant un bel ensemble d'appareils photographiques du XIXᵉ siècle et du début du XXᵉ siècle, rassemblés ici par Tristan Bréville, un véritable passionné qui se fera un plaisir, s'il est là, de vous faire une visite commentée. C'est l'un des plus grands fonds photos du monde et l'un des trésors de Maurice. Collection de daguerréotypes (il s'agit des tout premiers clichés datant de 1839) et rarissimes autochromes stéréoscopiques des frères Lumière. Sur les murs, des photos anciennes sépia ou jaunies par le temps. Ici, Curepipe au début du XXᵉ siècle, là, une émouvante image du débarquement des *coolies* en 1857. Quelques films aussi, montrant l'île Maurice des années 1950. Des retirages de vieilles photos et de cartes postales sont en vente.

🔾 *Les cathédrales* (plan couleur B2) *:* face au palais de justice se dresse la modeste *cathédrale Saint-Louis.* On y trouve les restes de Mme Mahé de La Bourdonnais. Ça ne la rend pas plus intéressante, mais c'est tout ce qu'on a dégoté. Derrière la cathédrale, l'évêché de Port-Louis, situé dans un bel édifice colonial.
– Un peu au sud, la *cathédrale Saint-James,* première église anglicane de la ville, n'a rien d'extraordinaire non plus, sauf si vous êtes observateur. Vous remarquerez alors l'épaisseur des murs et le travail de la charpente. Elle fut construite sur les fondations d'une poudrière, ce qui explique son architecture pas très catholique. Et les curieux iront faire un tour dans la chapelle aux toit et volets rouges.

🔾 *Petit itinéraire des anciennes maisons créoles* (plan couleur B2, 69) *:* si, comme beaucoup de grandes villes, Port-Louis perd ses vieilles demeures au profit d'immeubles à la banalité affligeante, il subsiste, de-ci, de-là, des lambeaux de quartiers évoquant la ville d'antan. Le quartier situé entre la cathédrale et le Champ-de-Mars, par exemple, mais aussi celui de l'ambassade de France.

➢ À l'intersection de la *rue Saint-Georges* et d'une ruelle, intéressante maison avec un porche festonné et deux petits toits de bardeaux bleu pompadour. Au 32 bis, rue Saint-Georges, noter la jolie demeure. Au n° 25, une autre, à l'élégance aristocratique.

➢ À deux pas de là, la cure de l'Immaculée-Conception, où vit le père Souchon, connu pour son œcuménisme. Derrière la cure, jolie façade de bardeaux. On emprunte alors la rue Mère-Barthélemy, et on tourne à droite dans la *rue Saint-Louis.* Ancienne rue de services et dépendances, montrant un des éléments du plan d'urbanisme de Port-Louis (alternance de rues principales et de rues de service).

➢ À l'intersection des rues Saint-Louis et Champ-de-Lort, voir la maison d'angle, restaurée avec goût, siège du conseil économique et commercial de l'ambassade de France. Petite varangue avec frise et balustrades originales. Beau jardin tropical, dont les connaisseurs détailleront à loisir les essences : le manguier baissac (aux fruits violets), le manguier maison rouge, le papayer, la pomme-cannelle, le badamier, le bigaradier, fruit de Cythère et le ravenala (l'arbre du voyageur). Et puis des fleurs, toujours des fleurs, crotons, hibiscus, alamanda. En face, une autre maison avec un grand litchi dans son jardin.

➢ En redescendant vers le port, on peut passer devant les casernes centrales. Elles furent construites par les Français pour se défendre contre l'ennemi qui viendrait de la mer, mais aussi de l'intérieur. Il fallait dormir d'un œil avec tous ces esclaves sur l'île. C'est la police qui occupe actuellement les casernes, car il n'y a pas d'armée mauricienne, seulement des forces d'intervention spéciales.

🍴 *Autre marché :* au bout de la gare routière de la place Victoria (plan couleur A2). Tlj jusqu'à 16h30 env. Assez différent du Grand Bazar, c'est un marché relativement petit mais typique, où l'on trouve de tout : des fruits et légumes, des vêtements, casquettes ou serviettes de bain, des baskets, des piles (si vous les avez oubliées !), des brosses... En général, il faut marchander, mais ce n'est pas le souk ! À noter qu'ici, les prix ne sont pas majorés de façon abusive pour les touristes.

Excentré

🍴 *Les courses hippiques* (hors plan couleur par B2) : si vous êtes à Maurice en été, ne les manquez pas. Non pas celles de Vincennes ou de Cagnes-sur-Mer, mais bien celles de Port-Louis. Le Champ-de-Mars, comprenez l'hippodrome, est un lieu hautement fréquenté pendant la saison, qui s'étale de mai à début décembre. Messieurs-dames, les paris sont ouverts ! Ce bel espace fut conçu par les militaires français, pour en faire un champ de manœuvres. Des duels s'y déroulaient. Beau point de vue sur la ville.
– Pour tt rens sur les courses : ☎ 208-60-47. Elles ont lieu sam ou dim à partir de 12h30. Entrée libre. Si vous venez un autre jour, vous ne verrez pas les chevaux mais les joggers sur la piste et les joueurs de foot sur la pelouse.

🍴 *La citadelle* (hors plan couleur par B1) : également appelée fort Adélaïde, elle surplombe la ville de sa masse grisâtre. Débutée par les Français au XVIIIe siècle, elle fut achevée par les Anglais en 1837. Autrefois forteresse militaire, elle accueille aujourd'hui des concerts. On peut pénétrer dans l'enceinte (compter 50 Rs par personne, soit 1,30 €), mais rien de particulier à voir. Un musée sur l'histoire de Port-Louis doit néanmoins ouvrir ses portes prochainement. Se renseigner auprès de l'office de tourisme. En attendant, on se contentera du panorama sur la ville, ce qui est, il faut bien l'avouer, une mince récompense après 30 mn de grimpette !

➤ *DANS LES ENVIRONS DE PORT-LOUIS*

🥾 *La tombe du père Désiré Laval, « l'apôtre des Noirs » :* *légèrement au nord-est de Port-Louis, à env 3 km du centre, à Sainte-Croix (tout le monde connaît).* On y trouve le monument funéraire du père Laval, un missionnaire normand qui arriva ici en 1841 et vécut jusqu'en 1864. Médecin de formation, il fédéra les esclaves affranchis et les guida. En 1851, les critiques dans la presse cessèrent et reconnurent le rôle important du père Laval auprès de la population. Aujourd'hui, l'Église catholique a sa place sur l'île grâce à lui. Il fut béatifié en 1979 et devrait être canonisé. En 1960, l'église, l'évêché et le tombeau ont été déplacés de quelques dizaines de mètres, après que le cyclone Carol eut dévasté une partie du site. Aujourd'hui encore, dans la nuit du 8 au 9 septembre, pour célébrer l'anniversaire de la mort du père, les Mauriciens, toutes confessions confondues, viennent se recueillir sur sa tombe. Événement étonnant à ne pas manquer (messes en plein air, procession devant le gisant) que celui de cette démarche religieuse qui transcende les religions et les couleurs de peau, pour honorer « l'apôtre des Noirs », comme il fut surnommé.

On découvre dans un édifice le gisant du père Laval, aux couleurs pastel, entouré de petites bougies. À côté, l'église moderne de Sainte-Croix, plus communément appelée l'église Père-Laval.

🥾 *Le cimetière de la route du Nord :* *en prenant l'autoroute pour aller vers le nord, à 5 km de Port-Louis, sortie Montagne Longue, puis Pamplemousses à gauche, et enfin prendre à gauche la ruelle vers Bois Marchand.* Des tombes mauriciennes, chinoises, indiennes... tout ça dans le même lieu, c'est beau comme un cimetière. Le site est immense et loin d'être saturé. Il est ceint de hauts murs jaunes.

🥾 🥾 *Le Domaine Les Pailles :* *à env 5 km au sud de Port-Louis.* ☎ 286-42-25. ● *domainelespailles.net* ● *En voiture, prendre la M2 en direction de Curepipe, l'autoroute reliant le nord au sud. Sortir au panneau « Domaine Les Pailles » (bien indiqué), mais ouvrir l'œil pour ne pas dépasser ce panneau, car cette voie rapide étant séparée par un terre-plein central, on ne peut faire demi-tour que plusieurs kilomètres plus loin. Après la sortie, c'est fléché jusqu'au domaine, situé derrière des entreprises de cosmétiques. Accès en bus difficile. Les bus (direction Henrietta) vous déposent à 2 km du domaine, et les taxis demandent cher.*

Visite guidée tlj 10h30-16h30, ttes les 30 mn (domaine ouv 10h-17h). Prix : 170 Rs (4,30 €) avec le musée des Masques, inclus d'office. Si on ne veut pas voir le musée, le préciser dès le départ et on paie alors 95 Rs (2,40 €) slt pour la visite du Domaine (durée : 45 mn). On peut aussi faire une balade en calèche pour env 110 Rs (2,80 €) ou en petit train pour 100 Rs (2,50 €). Autre formule : la visite en calèche et petit train, la randonnée en 4x4 et la visite guidée pour 700 Rs (17,50 €), et avec déjeuner dans l'un des restos autour de 1 300 Rs (32,50 €). Réduc enfants 3-11 ans. Les restos sont pour la plupart ouv midi et soir.

Le Domaine Les Pailles est un complexe touristico-culturel-gastronomique (entre nous, très, très touristico) situé sur un terrain plat et dénudé de plusieurs hectares, plombé de soleil, sans ombre (prévoir une ombrelle ou un couvre-chef). Il tente de reconstituer le Maurice multiculturel. Malgré les bonnes intentions de départ, l'ensemble est tout de même bien pauvret et plutôt commercial. Cela pourra éventuellement intéresser les enfants. La visite guidée comprend une démonstration de séga (sauf le dimanche) ; des explications sur le processus de fabrication du sucre (au passage des touristes, on fait tourner un zébu et on écrase un peu de canne à sucre grâce au fangourinier, machine qui broie la canne). À quelques pas, un alambic de cuivre rouge, du XVIII⁰ siècle, importé de Madras, permet d'expliquer le principe de distillation du rhum, avec bien sûr une dégustation (sympa pour les parents !). On finit par une tournée dans les jardins à la « découverte » des épices, où l'on voit une petite culture de coton (jamais exploité à l'île Maurice).

– *Le musée des Masques :* *tlj 10h30-16h30. Entrée seule : 75 Rs (1,90 €) ou comprise dans le forfait avec la visite guidée.* Ce musée cherche à recenser et regrouper les masques en voie de disparition et constituer ainsi une sorte de patrimoine mondial. On découvre déjà une belle représentation des symboles, croyances et coutumes de peuples artistes à travers l'exposition de masques de tous les pays, de toutes les couleurs, de toutes les formes et les matières. Sous chaque figure, une petite note explique son origine et son utilisation. Parfois, des danses avec masques et des spectacles musicaux sont organisés. Se renseigner à l'accueil.

➤ À faire également : *une randonnée (appelée « safari ») de 2h en Land Rover dans les montagnes environnantes, non loin de la montagne du Pouce, dans une ancienne réserve de chasse où s'ébattent près de 3 000 cerfs. Compter 450 Rs (11,30 €) par pers. Départs à 10h et 14h30.* En chemin, on aura vu des cerfs, et visité la *case du Miel* avec un rucher et l'explication de son fonctionnement. Intéressant pour les mômes.

– Mais le fin du fin reste le *casino.* Le plus classe de l'île. Entrée gratuite et pertes élevées garanties. Il est également possible de se marier au domaine.

– En fait, on va surtout au *Domaine Les Pailles* pour les restos.

Où manger au Domaine Les Pailles ?

Coup de chapeau donc aux restos du domaine, qui réalisent un sans-faute, tant au niveau de l'agrément du cadre que de la qualité du service et de la cuisine, et cela quelle que soit la couleur culinaire. Il s'agit d'un véritable tour de l'île des saveurs. Il y a un resto chinois, un indien, un créole, un français... et une pizzeria ! Des établissements sérieusement tenus et de bon rapport qualité-prix. À noter qu'on ne paie pas l'entrée au *Domaine* si on se contente de venir y manger.

|●| *Pizzeria Dolce Vita :* *tlj à midi et mer, ven et sam soir avec animation musicale. Autour de 200 Rs (5 €).* L'idée même d'une pizzeria peut paraître incongrue puisque, à notre connaissance, aucune colonie italienne n'est venue peupler Maurice. Voici l'endroit le moins cher pour déjeuner dans le domaine et, surtout, il dispose d'une terrasse, d'une belle piscine et d'un minigolf accessible aux consommateurs. Bien agréable, d'autant qu'il fait chaud dans la plaine des Pailles.

|●| *Restaurant indien Indra :* *tlj sf dim et j. fériés. Compter min 600 Rs (15 €).* Certainement la plus grande réussite sur le plan architectural. Décor de boiseries, de potiches, de meubles raffinés, de nappes damassées, de soieries merveilleuses, au milieu duquel virevoltent des serveurs attentifs, en tenues somptueuses, au rythme du clapotis de la fontaine centrale. Compte tenu du cadre, de la qualité de la cuisine et du service, et de l'addition presque raisonnable, l'*Indra* est un lieu d'exception ! Régulièrement le soir, musique live avec *tabla* et sitar.

|●| *Clos Saint-Louis :* *lun-sam, midi slt. Fermé dim. Compter env 700 Rs (17,50 €) le repas.* Situé dans une fausse vieille maison coloniale qui surplombe le domaine. On ressent une certaine classe, appuyée par les tentures, les boiseries, le parquet sombre et le mobilier. Les murs ont gardé une certaine distinction, la cuisine un certain raffinement (émincé d'autruche aux fruits de la passion), et le service un certain savoir-faire digne des grandes tables.

|●| *Fu Xiao :* *tlj sf sam midi. Compter min 600 Rs (15 €) le repas.* Cuisine chinoise authentique dans un cadre chicos. Prix un peu élevés pour un chinois mais, comme l'ensemble des restos sur le domaine, la qualité est là. Et, si vous vous sentez d'attaque, la coupe *Kung Fu* vous défie pour le dessert !

À faire

🎥 *Le mont Pieter Both :* il porte le nom de l'amiral hollandais, gouverneur des Indes néerlandaises, qui périt avec son navire dans la baie du Tombeau (la bien nommée). Cette « montagnette » à l'allure hautaine, qui dresse son pic à 821 m, exactement dans l'axe du Champ-de-Mars, est coiffée d'une pierre en équilibre. Son ascension est possible, mais seulement pour les adeptes de l'escalade. Marcheurs du dimanche, s'abstenir. On accède au pied du Pieter Both par le village de Crève Cœur. Attention, il n'y a aucun chemin balisé ni entretenu, et on n'a pas envie de perdre nos lecteurs.

MOKA

À une dizaine de kilomètres au sud de Port-Louis. Prendre l'autoroute M2 en direction de Curepipe ; quelques kilomètres plus loin, bifurquer sur la gauche vers Mont Ory. « Derrière » la montagne qui domine la capitale, le quartier de Moka, au nom savoureux, se situe tout près de la ville de Rose Hill. On y trouve les symboles de la matière grise de l'île : l'université, des laboratoires de recherche, l'institut Mahatma-Gandhi, la résidence du président de la République. Entre Moka et Rose Hill, le paysage du quartier de Château Trianon est en pleine mutation. Une véritable « cybercité » est en train de voir le jour, au milieu des champs de canne à sucre. Elle est destinée à héberger une pépinière d'entreprises informatiques et de haute technologie, ainsi que des résidences et des magasins.

Où dormir ? Où manger dans le coin ?

🏠 🍽 Sur le domaine de la *maison créole Eurêka,* un peu à l'écart de la bâtisse principale, possibilité de passer la nuit dans de petits pavillons coloniaux en bois, pleins de charme et superbement restaurés. *Mêmes coordonnées que la maison Eurêka (voir ci-dessous). Compter env 3 500 Rs (87,50 €) pour 2, petit déj compris.* Tous disposent d'une kitchenette, de la clim' et d'une petite varangue. Idéal en amoureux. Le propriétaire franco-mauricien propose également 3 chambres d'hôtes dans sa demeure. Toutes joliment décorées sur un thème différent. Mêmes tarifs (un peu chérot pour le coup !). On préfère, de loin, les pavillons baignés dans la nature ! Piscine pour les résidents. *Le midi slt, table d'hôtes sur résa, à env 650 Rs (16,30 €).* On déguste, sous la varan-

gue de la *maison Eurêka,* une cuisine traditionnelle simple mais de grande qualité : salade de marlin fumé, cari de bœuf accompagné d'étouffée de giraumon, etc. David Hamilton, la duchesse d'York et même Alain Decaux y sont passés.
🍽 *Le Ravin :* à l'entrée de la ravine de la maison Eurêka. ☎ 433-45-01. *Lun-ven 10h-16h ; soir et w-e, sur résa slt. Compter 600-800 Rs (15-20 €) le repas.* Resto placé dans le cadre luxuriant et enchanteur de la rivière Moka et ses berges. On peut donc déjeuner ou prendre un verre avec vue sur la ravine. Resto gastronomique avec ses belles tables nappées et sa cuisine d'inspiration française parfumée d'épices exotiques. Mais on peut aussi se contenter d'une restauration rapide (genre snack) qui comblera les budgets plus modestes.

À voir

🎥🎥 *La maison créole Eurêka :* juste à l'entrée de Moka, avt le pont, tourner à droite ; la 1re entrée correspond à la ravine, la 2de à la maison. ☎ 433-84-

77. ● *maisoneureka.com* ● *Lun-sam 9h-17h ; dim 9h-15h30. Entrée (visite libre ou guidée) : 175 Rs (4,40 €) pour la maison et le jardin, autant pour la ravine, ou 300 Rs (7,50 €) les deux ; gratuit moins de 12 ans.* C'est assez cher, mais le domaine est privé et autofinancé, ce qui justifie le prix de l'entrée. Et puis, comme il n'y a pas grand-chose à voir sur le plan culturel à Maurice, on peut considérer que ça en vaut la peine.

Élégante maison coloniale du début du XIXᵉ siècle, très bien conservée, ayant appartenu pendant vingt ans au premier master mauricien de la Cour suprême avant d'être rachetée par Henri Le Clézio, arrière-grand-père de l'illustre écrivain J.M.G. Le Clézio. « Eurêka ! » fut le cri que poussa le futur propriétaire en découvrant la bâtisse. Elle en conserva le nom. La maison et le domaine furent vendus en 1980, lors du partage des biens, car les ancêtres Le Clézio ayant eu 17 enfants, 104 héritiers se présentèrent.

Aujourd'hui, elle n'est plus habitée, mais elle conserve une certaine atmosphère aristocratique entretenue par les actuels propriétaires. On peut se promener partout dans la maison ; tout est placé de façon à la rendre vivante et à ne pas donner l'impression d'être dans un musée. Les pièces sont garnies de meubles souvent superbes, provenant pour beaucoup des Compagnies des Indes françaises ou anglaises. On déambule successivement dans le salon de musique, le salon chinois (remarquer l'étonnant meuble en bois de cannelle et le lit en bois de séquoia). Juste après, la salle à manger, ornée d'une table en acajou et de porcelaines de Limoges. Plus loin, le bureau avec les assiettes de la Compagnie des Indes qui étaient emportées en Asie pour lester les navires et que l'on faisait peindre sur place avant de faire le voyage retour. À voir encore, la salle de bains assez originale avec bain de siège en métal, baignoire en marbre et curieuse douche. Quelques photos de Port-Louis au début du XXᵉ siècle agrémentent les murs de la chambre d'amis.

On aurait bien aimé trouver quelques documents sur l'histoire de la famille Le Clézio. Dommage !

Les petites cabanes en bois dans le jardin servaient autrefois de logements pour les serviteurs. Aujourd'hui, elles ont été aménagées en sympathiques petits appartements que l'on peut louer (voir ci-dessus « Où dormir ? Où manger dans le coin ? »).

➤ Derrière la maison, côté sud, une belle varangue à colonnade, jardin et pelouse, et, tout au bout du parc, la *ravine* où coule la rivière Moka. Compter environ 1h pour la balade. Attention, ça descend puis ça grimpe, et avec l'humidité ambiante, on est vite essoufflé. Non motivés, s'abstenir. Pour ceux qui aiment crapahuter dans les rochers, c'est une belle balade. Le guide donne des tas d'infos sur la flore, l'environnement, le mode de vie des habitants, et il montre même l'endroit où Henri Le Clézio se baignait. Des arbres endémiques ont été plantés dans un réel effort de protection et de respect de l'environnement. À noter, les caféiers, du tabac, un ébénier, des plantes sensitives, des feuilles de songe... Il y a quatre cascades dans la ravine. On peut se baigner, même si l'eau reste assez fraîche. Sous quasiment chaque cascade, des bassins permettent un massage naturel...

➤ *DANS LES ENVIRONS DE MOKA*

🦌 *Le Réduit :* ce nom bien modeste cache en fait l'une des plus belles résidences de l'île, qui ne fit que s'enrichir au fil des siècles puisqu'il s'agit de la résidence des gouverneurs de l'île. Elle est habitée aujourd'hui par le Président. Le jardin est ouvert une fois par an, en septembre. En attendant, vous pouvez admirer le château sur les billets de 200 roupies. Bien qu'elle soit superbe, on ne s'étendra pas sur cette bâtisse qui ne se visite pas.

🦌 *La montagne du Pouce :* fermant le cirque de montagnes au sud-est de Port-Louis, elle culmine à 800 m. On ne peut pas la louper : au sommet, un petit plateau avec un rocher lui donne la forme d'un pouce. Une des balades un peu

sportives à ne pas rater ! Départ de Moka muni de bonnes chau
semelles bien marquées (on oublie les tongs !). Compter environ 3h
En voiture, prendre sur la M2 (autoroute Nord-Sud) la sortie Mo
route jusqu'au rond-point avec, sur la gauche, la direction Mont
cette direction jusqu'à un carrefour, puis prendre sur la droite en direction du
Pouce (il y a une pancarte !). Continuer sur environ 3 km jusqu'à un virage
sec vers la droite. Dans ce virage, une « route » part sur la gauche ; c'est
l'accès aux champs de canne à sucre. Se garer un peu plus loin, au niveau
d'une maison en ruine. On est sur un terrain privé, mais on peut y laisser sa
voiture. Un petit mot aux locaux permet de s'assurer que l'on ne va pas gêner
un véhicule qui devrait manœuvrer...

On suit le chemin principal en terre, qui se rétrécit de plus en plus. Là commence une ascension à travers une végétation dense. Le sentier est assez
abrupt et jonché de pierres glissantes. Après environ 15 mn, on accède à un
palier avec un trou dans la végétation qui permet de contempler le plateau
central, la zone urbaine et les champs de canne. Vingt minutes plus tard, on
atteint un petit plateau. Remarquez dans la roche une niche bleue dédiée à la
Vierge Marie.

Première vue sur l'ouest de l'île et notamment les faubourgs et la ville de
Port-Louis. Au niveau de ce plateau, le chemin continue sur la droite. On peut
se tromper, car le chemin semble continuer tout droit (en fait, c'est le chemin
qui vient de Port-Louis, qui arrive sur le même plateau). Si, en s'engageant
sur ce chemin, on essaie de suivre un des nombreux sentiers qui partent vers
le sommet, on rencontre une végétation très dense et rapidement, on doit
rebrousser chemin. Si ça vous arrive, c'est que vous êtes allé trop loin !

En fait, le chemin part sur la droite juste après le plateau. Environ 20 mn
après, on débouche sur un autre magnifique panorama avec une vue sur
l'Ouest, le Sud et l'Est. Pour ceux qui s'en sentent le courage et qui n'ont pas
le vertige, on termine par l'ascension vers le sommet. Le chemin est escarpé
et il faut souvent s'aider des mains. On ne peut s'y engager qu'un par un.
C'est faisable, mais prudence, on tient à vous. En haut, vue à 360° sur l'île
Maurice, ainsi que sur quelques îles. On reste pantois à contempler ce somptueux paysage. Prudence redoublée pour la descente.

LE JARDIN DE PAMPLEMOUSSES

> « Le don d'une plante utile me paraît plus précieux que
> la découverte d'une mine d'or et un monument plus
> durable qu'une pyramide. »

Bernardin de Saint-Pierre

🌴🌴🌴 Sans doute le plus bel endroit à voir à l'intérieur de l'île. Ce vaste jardin
botanique, situé dans le village de Pamplemousses, se trouve à environ 11 km
au nord-est de Port-Louis.

On pense que le nom de « Pamplemousses » provient d'une variété de *citrus*
appelé pamplemoussier, sans que celui-ci soit pourtant un pamplemousse
mais quelque chose de voisin. Le jardin s'organise sur 37 ha et propose
quelques merveilles de la création. En tout, 600 espèces, parmi lesquelles
80 variétés de palmiers dont 40 proviennent des Mascareignes uniquement.
N'oubliez pas d'apporter du pain pour nourrir les poissons du bassin !

UN PEU D'HISTOIRE

Comme beaucoup de choses à Maurice, c'est encore à **Mahé de La Bourdonnais,** gouverneur français de ce qui s'appelait alors l'Isle de France, qu'on

ait la création de l'un des plus beaux jardins botaniques du monde. Donc, l'ami Mahé acheta en 1735 la demeure **Mon Plaisir** sur ce terrain, pour y créer un potager. Il y planta des arbres et des plantes venus d'ailleurs. On essaya le ver à soie, on y planta du manioc. Mon Plaisir fut la résidence officielle des gouverneurs jusqu'à la construction du Réduit.

Abandonné quelques années, le jardin connut un nouvel élan grâce à **Pierre Poivre,** naturaliste et philosophe comme on pouvait l'être à l'époque, mais surtout intendant de l'île à partir de 1767. Il importa des plantes et des arbres de tous pays, notamment le giroflier, qui se vendait à l'époque plus cher que l'or. Il s'attacha à répertorier précisément toute la flore de l'île.

Le vrai départ de Pamplemousses était donné, et **Nicolas Céré,** le botaniste qui eut, après Poivre, la charge du jardin, poursuivit le chemin tracé par son prédécesseur. Ainsi la cannelle et la muscade firent leur apparition en même temps que des dizaines d'essences rares. Au milieu du XIXᵉ siècle, à la grande époque du sucre, on introduisit plusieurs sortes de cannes. De même, l'épidémie de malaria que connut l'île en 1866 poussa les responsables du jardin à introduire et étudier l'eucalyptus, qui permettait d'assécher les marais où foisonnaient les moustiques. Quelques artistes de renom ont visité le jardin : *Charles Baudelaire* en 1841, *Joseph Conrad* en 1888, *Jean-Marie Le Clézio,* ainsi que des personnalités politiques, *Nelson Mandela, François Mitterrand, Indira Gandhi.*

Aujourd'hui, le jardin est la promenade favorite des Mauriciens le dimanche, en dehors de la plage, d'autant qu'après le cyclone de 1999, il a été magnifiquement rénové.

Arriver – Quitter

➢ **En bus :** *prendre la ligne n° 22, Port-Louis – Grand Gaube. Dans la capitale, départ du terminal situé place de l'Immigration.*

Où manger ?

Bon marché

|●| **Café Wiener Walze :** *en face de l'église de Pamplemousses. Tlj à midi. Compter env 200 Rs (5 €) le repas.* Belle varangue avec d'agréables fauteuils en rotin, parfait pour siroter un jus de fruits frais, se caler avec une salade ou un petit plat simple, ou encore pour savourer une glace. Prix plus que corrects. Rapide et sans prétention, une bonne halte revigorante.

Où manger dans les environs ?

De bon marché à prix moyens (de 150 à 600 Rs, soit 3,80 à 15 €)

|●| **Le Fangourin :** *à l'entrée de l'Aventure du Sucre, dans une vieille maison avec varangue. Voir plus loin « Dans les environs de Pamplemousses ».* ☎ 243-06-60. *Tlj 9h-17h.* Salle et terrasse bien agréables avec vue sur le magnifique jardin du site. Plein de petites choses pas chères à manger sur le pouce (sandwichs...), salades (énormes) et plats chauds, certains originaux et particulièrement goûteux. Tout est extrêmement bien préparé. Les desserts, faits à la minute et absolument fabuleux (c'est rare), sont à ne manquer sous aucun prétexte ! Le matin, on y sert aussi de délicieuses crêpes aux sucres spéciaux.

|●| *Chez Tante Athalie :* Mon Repos, route Royale, Pamplemousses. ☎ 243-92-66. À 2,5 km de Pamplemousses. Prendre la route de Centre-de-Flacq, puis bifurquer sur la gauche au niveau du panneau C.I.E. ; c'est au bout du chemin, sur la gauche de la maison coloniale. Lun-sam, midi slt. Menu env 450 Rs (11,30 €) ; plus cher à la carte. Une adresse au cadre aussi sympa qu'original : un genre de garage à la déco soignée, et précédé par une belle collection de voitures anciennes à l'entrée ! Cuisine créole avec quelques sympathiques suggestions du jour.

Comment visiter le jardin ?

– **Horaires :** tlj 8h30-17h30. Bureau d'information : ☎ 243-94-03. Entrée gratuite.
– **Parking :** si vous êtes en voiture, sachez qu'on ne peut pas se garer près de l'entrée principale. Un grand parking gratuit est situé sur le flanc gauche du jardin, à environ 200 m de l'entrée principale. Du parking, on peut aussi accéder au jardin par une entrée secondaire. Ne vous faites pas avoir par ceux qui, au milieu de la route, vous font garer en vous demandant une poignée de roupies.
– **Combien de temps ?** On peut, bien entendu, y passer la journée ; en fait, en 2h, on a vu l'essentiel. Le jardin est grand mais pas démesuré, et la balade se révèle bien agréable, d'autant qu'ombragée la plupart du temps.
– **Trois solutions de visite :** soit vous déambulez à votre guise, découvrant ici et là, au gré de la balade, certains joyaux du parc, et passant assurément à côté de certains autres (mais après tout, qu'importe !) ; soit vous achetez un livret très complet (mais un peu cher et pas en vente le w-e) sur le jardin, avec une carte bien détaillée (disponible dans les petits kiosques aux deux entrées) ; soit vous optez pour un guide, ce que nous vous conseillons.
– **Les guides :** ils sont badgés, se tiennent aux deux entrées du jardin et demandent env 50 Rs (1,30 €) par pers (et jusqu'à 4 pers) pour une visite de 45 mn à 1h ; gratuit moins de 12 ans. Si vous voulez voir les choses les plus importantes, cela vous évitera bien du temps perdu. Libre à vous, ensuite, de poursuivre la flânerie à votre rythme.
– **Conseil :** attention aux pickpockets !

Les attraits du jardin

Voici quelques jalons qui vous aideront dans votre balade. En reliant ces points les uns aux autres, vous découvrirez tout au long du parcours des centaines d'essences bizarres, majestueuses, étonnantes, inconnues en Europe : arbres à muscade, à miel, palmiers de Rodrigues et du voyageur, bouquets de bambous, baobabs, lataniers de l'île Ronde, banian de 400 ans, sapotilliers (dont la gomme donne le chewing du même nom), arbres à pain. Curieux arbre aux quatre-épices *(pimenta idiosa)* qui donne quatre senteurs : clou de girofle, poivre, cannelle et muscade ! Quant à « l'encrier », sa sève noire donne l'encre de Chine. Vacoas des îles Rodrigues, arbres à cannelle, poivriers, lotus dont on fait le papier (papier Lotus !), filaos, badamiers, tecomas, litchis, arbres à saucisses, appelés « cacahuètes pour éléphants ».

🎋🎋🎋 Parmi les plus fascinants, les **palmiers.** Pas moins de 80 variétés, dont le palmier-bambou ou palmier-multipliant, le palmier-bouteille, le palmier-crocodile appelé « palmier-lacoste » par les locaux, le palmier-salade de millionnaire (qui donne le fameux cœur de palmier qui peut nourrir cinq personnes mais qui ne peut être coupé qu'au bout de sept ans, d'où son coût élevé), le palmier-oursin, le palmier-latanier (toujours un mâle et une femelle face à face !), le palmier-splendide qui développe de nombreuses racines pour se protéger des tortues, etc. La liste est encore longue. À vous de fouiner !

🏃 **La grille d'entrée :** en fer forgé, très belle, majestueuse et accueillante. Elle aurait remporté un premier prix à une exposition internationale en Angleterre en 1862.

🏃 **L'avenue Poivre,** qui part sur la droite, est bordée de hauts et superbes palmiers, aux cylindres parfaitement ronds, parfaitement droits. On les appelle les palmiers royaux.

🏃 **L'avenue Telfair :** bordée d'exceptionnels palmiers Talipots, qui se caractérisent par leurs feuilles énormes en forme d'éventail. Ils fleurissent au bout de 60 ou 80 ans de manière incroyable, puis meurent juste après. Pas de chance, la dernière floraison a eu lieu en 2001. Ce sont vos petits-enfants qui profiteront du prochain spectacle !

🏃 Sur l'**avenue Charles-Darwin,** on trouve d'énormes mahoganis, plus connus sous le nom d'acajous. Ils furent plantés il y a plus d'un siècle.

🏃🏃 **Le bassin des nénuphars :** en poursuivant le périple, on tombe fatalement sur ce beau bassin rectangulaire où évoluent les *Victoria Amazonica,* ces nénuphars géants de la forêt amazonienne. Cette incroyable plante aquatique, au diamètre atteignant presque 1,50 m, est lisse sur la surface et fermée par un rebord, ressemblant ainsi à un immense moule à tarte. Le dessous est hérissé d'épines minuscules par milliers, qui lui servent de défenses. La beauté naturelle, l'équilibre et la simplicité de cette plante en font l'une des plus nobles qui soient. Pas étonnant que son découvreur lui ait donné le nom d'une reine. À la beauté de la plante s'ajoute sa fragilité. Sa fleur éclôt deux jours de suite, à la tombée de la nuit, et passe doucement du blanc le matin au rose l'après-midi avant de s'éteindre en mauve le lendemain matin.

🏃 **Le bassin des lotus :** moins spectaculaire que celui des nénuphars. Les jolies fleurs blanches se dressent au sommet de fines tiges verticales. Feuilles « imperméables ». Non loin, on trouve les aréquiers qui produisent un fruit dont la noix centrale est le bétel, un excitant très prisé par les Indiens (Inde), comme par les Amérindiens (Amérique du Sud). On mélange le bétel à de la chaux et on entoure cette pâte d'une feuille de vigne pour qu'elle puisse être mâchée.

🏃 **Le château de Mon Plaisir :** le terme de « château » est sacrément exagéré, mais cette élégante demeure de style colonial, élevée au XIXᵉ siècle par les Anglais, n'a rien à voir avec la villa Mon Plaisir que fit édifier Mahé de La Bourdonnais près de la grille d'entrée et qui est aujourd'hui détruite. Mon Plaisir accueille les bureaux administratifs et certaines cérémonies officielles. Néanmoins, on peut visiter une petite salle avec une exposition dédiée à Seewoogasur Ramgoolam, le « père de la Nation ».

🏃 **Le Samadhi de Sir Seewoogasur Ramgoolam :** face au château Mon Plaisir, il s'agit d'un monument en pierre, bas, de forme carrée, entouré de grilles blanches. Là fut incinéré le corps de l'ancien Premier ministre de Maurice, de 1968 à 1982. Non loin de ce monument funéraire, une allée rassemble une série d'arbres plantés par des visiteurs de marque, comme Nelson Mandela ou François Mitterrand.

🏃 **Le parc à tortues :** au fond, à droite du jardin. On y voit quelques très vieux spécimens importés des Seychelles au XIXᵉ siècle en vue de la protection de l'espèce. Elles sont énormes et superbes. Elles ont aussi quelques copines originaires de Madagascar. Au-dessus d'elles, un énorme banian qui ressemble étrangement à nos caoutchoucs. À proximité, un enclos à daims.

🎋 Non loin, un **moulin à sucre** qui utilisait des bœufs pour entraîner le mécanisme qui broyait les cannes. On voit encore les bacs de décantation du jus.

🎋 **Le grand bassin :** autrefois marécage, il entoure maintenant une végétation luxuriante, accueillant des nichées d'oiseaux criards. Des petits ponts mènent aux petits kiosques sur des petites îles. Tout cela est bien mignon.

🎋 **L'avenue Paul-et-Virginie :** rien de particulier en soi, si ce n'est qu'elle est agréable, bordée de palmiers-bambous, de génévriers, de noyers d'Inde et, non loin, de mahoganis. Tout au bout, un piédestal qui devait accueillir la statue de Paulo et Virginie. Elle ne fut jamais réalisée.

À voir, à l'extérieur du jardin

🎋 **Le cimetière de Pamplemousses :** dans le village de Pamplemousses, à côté de l'église qui fait face à la grille principale, ce cimetière abrite de nombreuses tombes et sépultures. À 30 m environ après l'entrée principale, sur le côté droit de l'allée centrale, on peut remarquer la tombe d'*Alain Magon de Saint Ellier,* ancien gouverneur des Isles de France et de Bourbon (mort en 1778). Elle est reconnaissable à ses inscriptions sculptées en haut-relief. Juste à côté, la tombe de *Jeanne Françoise Casse,* Indienne née à Hyderabad au royaume de Golconde, morte en 1810. L'épitaphe de cette défunte inconnue est sculptée dans la pierre. On peut chercher aussi la tombe de **Monseigneur Buonavita,** à gauche de l'entrée. Ce Corse d'origine fut l'aumônier de Napoléon à l'île de Sainte-Hélène et vint finir sa vie comme vicaire de la paroisse de Saint-Louis. D'autres figures de l'île y reposent, comme **Émeline Autard de Bragard,** « la créole enchanteresse » morte en mer. Remarquer l'originalité de son caveau en marbre blanc trônant au centre de l'allée principale. Le poète Charles Baudelaire fut subjugué par la beauté de cette Émeline, qu'il rencontra au cours de son séjour à l'île Maurice en septembre 1841. Il logeait alors dans la maison de la famille Autard de Bragard, qui possédait un domaine à Terre Rouge et une sucrerie à Pamplemousses. Sur la route du retour en France, Baudelaire fit escale à l'Isle Bourbon et envoya son poème *À une dame créole* à Émeline Autard de Bragard, alors âgée de 23 ans. Le terme « créole » ne désigne pas une métisse ou une mulâtre mais une habitante des îles d'ascendance européenne. Gustave-Adolphe Autard, son époux, fut-il jaloux d'un tel éloge ? Toujours est-il que, par décence, Baudelaire lui envoya d'abord le poème. Clin d'œil de l'histoire, ce fut le premier poème publié par Baudelaire, en 1845 à Paris. Une des filles d'Émeline, Louise-Hélène Autard, épousa le célèbre Ferdinand de Lesseps (voir la rubrique « Personnages » dans les « Généralités »).

🎋 **L'église de Pamplemousses :** elle date du XVIIIe siècle. Modeste et discrète, elle ne présente rien de particulier, mais elle fait partie de la légende de *Paul et Virginie* depuis que ces lignes furent écrites par Bernardin de Saint-Pierre à la fin de son roman : « On l'enterra [Virginie] près de l'église de Pamplemousses, sur son côté occidental, au pied d'une touffe de bambous... » En réalité, aucune Virginie n'a jamais été enterrée à cet endroit ! Cela n'empêche pas les touristes curieux de venir jusqu'ici pour chercher en vain la tombe de l'héroïne du livre.

Achats

🎐 **Maritime Models :** Royal Road ; dans la galerie marchande Comptoir des Mascareignes *située en face du parking et de l'entrée secondaire du parc.* ☎ 243-93-47. • maritime-

models.net • Lun-sam 9h30-18h ; dim 10h-14h. Un fabricant de maquettes de voiliers d'une grande élégance. Également des pirogues mauriciennes.

➤ *DANS LES ENVIRONS DE PAMPLEMOUSSES*

♥♥♥ ☆ *L'Aventure du Sucre* : *Beau Plan, Pamplemousses.* ☎ 243-06-60.
● *aventuredusucre.com* ● *Accès par la M2 entre Port-Louis et Grand Baie, au niveau du rond-point, à 300 m du jardin de Pamplemousses. Tlj 9h-17h ; visites guidées à 11h et 14h30. Entrée : 300 Rs (7,50 €) ; réduc enfants et étudiants (gratuit moins de 6 ans). On peut y passer entre 1h et plusieurs j. si on souhaite tout voir, le site convient à tous. Compter tout de même 2 bonnes heures de visite pour profiter de l'essentiel. Un livret de jeux pédagogiques (env 10 Rs, en français) a été conçu pour les 8-13 ans. Ne pas oublier de le demander à la caisse.*

L'ancienne usine de sucre de Beau Plan, reconvertie en musée fin 2002, s'étend sur pas moins de 5 000 m^2. Avec le *musée du Blue Penny* à Port-Louis, c'est la visite culturelle de Maurice par excellence. Grâce à sa très belle muséographie vivante et moderne, qui alterne théorie et travaux pratiques, on y découvre comment le sucre a façonné l'île, ses paysages, son économie, son peuplement ; bref, son histoire. C'est cette mémoire collective, cette identité mauricienne, par-delà les clivages communautaires et religieux, que le musée entend mettre en lumière. L'idée est que tous les habitants sont des enfants d'immigrés, qui, par leurs talents conjugués, ont contribué à bâtir Maurice.

Le fabuleux travail de recherche rend justement la partie historique tout à fait passionnante. Sur des panneaux pédagogiques, on prend connaissance de l'origine des populations qui ont peuplé l'île Maurice : les tentatives d'établissement des premiers colons depuis les Hollandais, les difficultés de la vie au quotidien (famines, mortalité, absence de femmes), puis l'installation définitive des Français avec la création de « l'Isle de France » et le travail titanesque accompli par La Bourdonnais. Puis, avec la traite des esclaves africains, la description de leur terrible statut de « biens mobiliers » jusqu'à l'abolition de l'esclavage et leur affranchissement. Voir à ce sujet le programme de l'Unesco : « La route de l'esclave ». Évocation de l'art de vivre à la « mode des Indes », avec ses influences en décoration et en architecture en métropole au XVIIIe siècle. On poursuit en toute logique par la colonisation anglaise, puis l'immigration indienne, attirée par des contrats de travail dans l'industrie sucrière, ce qui explique, en partie, l'« indianisation » actuelle de l'île.

Mais la visite ne se résume pas à ces documents, aussi intéressants soient-ils, car plus qu'un musée, c'est bel et bien à une aventure qu'on nous convie. À travers les impressionnantes machines encore en activité il y a peu, on apprend le procédé de fabrication du sucre, comment la canne devient jus (le fangourin) puis le jus, cristal. Saviez-vous aussi qu'une importante partie de l'électricité de l'île est issue de la combustion de la bagasse (paille de canne à sucre), qui est récupérée après l'extraction du fameux jus ?

Les plus jeunes sont accompagnés dans leur découverte par deux personnages de dessin animé (Raj, le martin et Floryse, la mangouste). Dans un amphithéâtre, spécialement aménagé, les enfants peuvent même assister à une petite projection ou répondre un peu plus loin au quizz de la locomotive. Très ludique.

La visite se termine par un hommage aux dockers grâce à une expo photos *in situ* : dans la coque d'un bateau. À la sortie, le *Village Boutik* permet d'acheter quelques souvenirs originaux, réalisés spécialement par des artisans du coin (copiés ensuite un peu partout dans l'île). C'est aussi (et surtout) l'occasion de goûter à la canne à sucre (en saison) et aux différents sucres de l'île (on ne savait pas qu'il pouvait y en avoir autant, avec des goûts si distincts !). Sur les quinze variétés existantes à Maurice, on en goûte à peu près huit, chacune possédant sa valeur nutritionnelle et sa saveur propre. Et pour faire vraiment le tour du sujet, on peut finir par une dégustation de vieux rhum, avec une recette spéciale, là encore à base d'un savant mélange de sucres.

L'aventure peut aussi se poursuivre sur le plan culinaire au *Fangourin*, le resto du site, dont on ne dit que du bien plus haut (voir « Où manger dans les environs ? »).
– *À vos agendas :* début août, pendant 3 jours, *l'Aventure du Sucre* organise son **festival de Cannes... à sucre,** avec des acteurs à gogo ! Sur le site, de nombreux stands animés par des professionnels. Moult démonstrations pédagogiques et interactives sur les différentes étapes de production du sucre, jusqu'aux confitures, pâtes de fruits... et même des démos de sucre artistique ! Un atelier d'initiation à la sculpture en sucre est aussi organisé pour les enfants. Très sympa avec plein de dégustations à la clé ! Mêmes horaires d'ouverture et mêmes tarifs.

LA ROUTE DE PAMPLEMOUSSES À POSTE-DE-FLACQ

🏵🏵🏵 C'est l'une des plus belles routes de l'île Maurice. Elle part de Pamplemousses et rejoint Poste-de-Flacq sur la côte est, en passant par l'intérieur (et non par le littoral). De Pamplemousses, prendre vers l'est, direction Mont Goût et Grande Rosalie. La route traverse un paysage vallonné composé de collines plantées de champs de canne à sucre. Ne pas aller jusqu'à Villebague, même s'il y a un beau **château,** l'une des dernières grandes maisons créoles du XVIIIe siècle, dissimulé derrière son bouquet d'arbres, à flanc de colline, sur l'une des plus vieilles plantations. De toute façon, il ne se visite pas. Bifurquer sur la droite peu avant Villebague (petit panneau très discret indiquant La Nicolière). La route passe devant le **lac de La Nicolière,** une réserve d'eau douce, grimpe ensuite sur un versant de montagne verdoyante. L'air est plus frais que sur la côte, les nuages sont plus nombreux et la végétation devient boisée. Les pins de Chine apparaissent. On trouve aussi des papyrus, arbres qu'on reconnaît facilement à leur écorce qui se déchire comme du papier.

🏵🏵🏵 Au carrefour de **Salazie** commence la redescente vers la plaine côtière. De là-haut, la vue est vraiment superbe. On aperçoit au loin la mer, avec le lagon bleu turquoise et la plaine littorale, très verte, ponctuée de hameaux et de villages éparpillés. En chemin, la route passe par Bon Accueil et rejoint Poste-de-Flacq.

LA CÔTE NORD-OUEST ET NORD, DE POINTE AUX PIMENTS À ROCHES NOIRES

Voici la côte nord-ouest de l'île. Même si l'endroit est très touristique et si ce n'est pas le coin le plus authentique de l'île, les plages ne sont jamais bondées et l'atmosphère est fort sympathique. De Pointe aux Piments jusqu'au Cap Malheureux, c'est une succession de plages, séparées par des bancs de rochers noirs. Les trois points forts de la côte sur le plan de la concentration touristique sont sans conteste Trou aux Biches, Grand Baie et Pereybère. Deux bons tiers des touristes de l'île sont logés là. La plupart d'entre eux ne décollent jamais de leur serviette. Tant mieux, ça fait plus de place ailleurs pour les autres. Entre les deux, c'est un chapelet continu d'hôtels de toutes catégories, de plages immenses mais pas toujours très larges, bor-

dées de plantations de filaos et fermées au large par une barrière de corail.
Bref, les vacances avec les coups de soleil, les vendeurs de *samoussas* et
de paréos.
Sur cette partie de la côte, on ne regarde que la mer. À l'intérieur des terres,
rien à voir. Relief zéro. Des champs de canne qui succèdent à des champs
de canne et, à l'horizon, des champs de canne. Pour mieux cultiver le sol, les
agriculteurs en dégagent les énormes rochers de lave noire, qu'ils rassemblent ici à là entre deux champs. Ces monticules, parfois de forme pyramidale, ressemblent à des ruines aztèques. On les appelle d'ailleurs les pyramides créoles.

Transports sur cette côte

➢ *En bus :* sur la route côtière, les bus passent fréquemment dans un sens
comme dans l'autre. Il y a des arrêts à peu près partout et le ticket coûte trois
fois rien. Moins de bus après 18h. De plus, c'est tellement sympa et convivial
qu'on pourrait faire le tour de l'île sans descendre...
➢ *En voiture, en scooter ou à vélo :* la plupart des agences de voyages de
Grand Baie et quelques hôtels proposent des locations.
➢ *En taxi :* à plusieurs, c'est un bon moyen pour bouger et visiter. Le meilleur
côtoie le pire, et le bouche-à-oreille marche bien pour se refiler les bons
chauffeurs.

LA BAIE DU TOMBEAU

Sur la route qui va vers Triolet en partant de Port-Louis (après avoir quitté
la M2), tourner à gauche en direction de la baie du Tombeau. À environ 2 km
se trouve un parking devant une tabagie « Le goulet Miss Gayah ». De là, un
chemin mène à une plage quasi déserte (sauf le week-end), sans complexe
hôtelier. Ce n'est peut-être pas le coin idéal pour se baigner (pas de sable fin
mais de gros galets), mais c'est un petit endroit tranquille pour se poser.

POINTE AUX PIMENTS

Un morceau de côte bordé de roches noires et qui est resté préservé, surtout
entre Pointe aux Piments et Trou aux Biches. Pas vraiment un village mais un
coin au calme. Pas vraiment de plages non plus, ou alors petites et artificielles, créées par les hôtels de luxe. Amis des langues de sable, cap plus au
nord. La seule vraie plage avec une mince bande de sable est celle de *Balaclava* qui se trouve à 3 km au sud (se reporter à la rubrique « À voir. À
faire »).

Où dormir ? Où manger ?

De bon marché à prix modérés (moins de 400 Rs, soit 10 €)

🏠 🍴 *Au Soleil Couchant* (plan
Pointe aux Piments, *30*) : route
Royale, sur la gauche en venant du | nord, env 250 m après l'intersection
de la route côtière et de la route de
Triolet. Fermé certains j. fériés. Bâti-

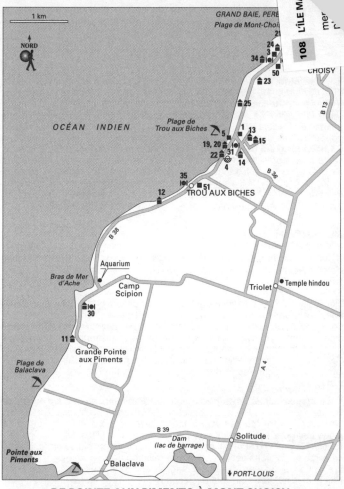

GRAND BAIE, PERE
Plage de Mont-Choisy

L'ÎLE MAU

108

CHOISY

mer

1 km

NORD

OCÉAN INDIEN

Plage de
Trou aux Biches

B 13

B 36

B 38

TROU AUX BICHES

Bras de Mer
d'Ache

Aquarium

Camp
Scipion

Triolet

Temple hindou

Grande Pointe
aux Piments

A 4

Plage de
Balaclava

Pointe aux
Piments

B 39

Dam
(lac de barrage)

Solitude

Balaclava

↓ PORT-LOUIS

DE POINTE AUX PIMENTS À MONT-CHOISY

■ Adresses utiles

1 Poste de Police
2 Mauritius Commercial Bank
3 Shibani Finance
4 Épicerie Chez Popo
5 Pharmacie Ducasse

Où dormir ?

11 Villas Mon Plaisir
12 Aquamarine
13 Rocksheen Villa
14 Hôtel Villa Kissen

15 Villa Condessa
17 La Cocoteraie
18 Villas Mont-Choisy
19 Résidence C'est Ici
20 Le Sakoa
21 Beach Villas et Grand Baie Travel & Tours
22 Rhapsodie Bungalows
23 Casuarina Hotel
24 Hôtel Coralia Club
25 Hôtel Trou-aux-Biches
30 Au Soleil Couchant

34 Bois d'Oiseaux

Où manger ?

30 Au Soleil Couchant
31 Souvenirs Restaurant
32 Café de la Paix
33 Pizza & Pasta
34 Le Pescatore
35 La Cravache d'Or

■ À faire

50 Blue Water Diving Center
51 Atlantis Diving Center

blanc et bas. Resto local, simple, propre et populaire. Cuisines créole, chinoise et européenne. Rien de bien gastronomique, mais ça reste honnête. Quelques chambres à louer à l'arrière.

Plus chic

🏠 **Villas Mon Plaisir** (plan Pointe aux Piments, 11) : ☎ 261-74-71. ● villasmonplaisir.com ● Tout au bout de Pointe aux Piments, sur le côté gauche de la route. Double env 80 € pour 2 pers en ½ pens (obligatoire). Un hôtel-resto qui devait rouvrir mi-septembre après rénovation complète. Dans un endroit tranquille (car moins touristique que les autres secteurs de la côte), avec son p'tit bout de plage populaire en face, il propose des chambres à la déco standard, propres, climatisées, avec téléphone, et des balcons d'où l'on aperçoit la mer. Toutes sont situées autour d'un jardin tropical avec la piscine au milieu. Diverses activités nautiques gratuites : prêt de masque et tuba, kayak, planche à voile, sortie en bateau à fond de verre. Possibilité d'excursions et de location de voitures. Une adresse à privilégier en famille et avec des enfants.

À voir. À faire

🏊 🚶 **L'Aquarium** (plan Pointe aux Piments) : en face du Beach Colonial Hotel, à Pointe aux Piments. ☎ 261-45-61. ● mauritiusaquarium.com ● Lun-sam 9h30-17h ; dim et j. fériés 10h-15h. Les poissons sont nourris tlj à 11h. Entrée : 195 Rs (4,90 €) ; réduc.
Inséré dans un petit jardin, il s'agit du seul aquarium de Maurice. Il accueille une grande variété de la faune aquatique, dont une espèce endémique d'hippocampe, très rare. Toute proportion gardée, car l'ensemble est tout de même bien modeste. En revanche, le grand bassin avec ses tortues et ses requins est tout à fait impressionnant, car on voit les animaux de vraiment très près. Ça intéressera les enfants, mais on encourage plutôt les adultes à aller rencontrer toute cette faune dans son élément naturel (à vos bouteilles de plongée !).

🏊 **La plage de Balaclava** (plan Pointe aux Piments) : à env 3 km au sud de Pointe aux Piments. Prendre la direction de Balaclava/Port-Louis. Après 2 km, bifurquer à droite (au panneau Maritim), puis 1re à droite. Un petit bout de plage très populaire le week-end avec sa rangée de filaos. Oh ! rien de particulier. De part et d'autre, quelques hôtels de luxe y ont élu domicile. Et pour ceux qui ne sont pas gênés (y a pas de raison !) de venir se baigner ou faire bronzette sur, ou à proximité des plages des hôtels, c'est un superbe coin ! Pas le plus naturel, mais tout à fait charmant. Si vous êtes à vélo ou à pied, évitez d'aller plus au sud, vers le Goulet. On nous a signalé quelques cas d'agression.

TROU AUX BICHES ET MONT-CHOISY

Voici un coin qui collectionne bien des atouts : exposition nord-ouest idéale, lagon, plages et filaos. Trou aux Biches s'étale sur plusieurs kilomètres et se compose de quelques dizaines de maisons dispersées de part et d'autre de la route et de quelques grands hôtels. Pas vraiment de centre, pas de boutiques en série, mais un petit port aux barques multicolores avec un store et une placette avec sa cabine téléphonique. La plage, très longue mais pas très large, ondule sagement le long de la route. Les hôtels chers squattent le littoral, mais on y accède par un bout qui est public.

Plus au nord, l'*anse de Mont-Choisy*. C'est l'une des plus belles plages de l'île, en arc de cercle, large, au sable blond planté de filaos qui permirent de fixer le sol. Attention cependant, il y a parfois des méduses. En fin de semaine, c'est le grand rendez-vous des familles qui viennent pique-niquer, jouer dans l'eau, faire la sieste, bref, être ensemble. Animation et joie de vivre.

Arriver – Quitter

➤ *En bus :* entre Port-Louis et Trou aux Biches, liaisons toutes les 25 mn environ, 5h-19h30. Éviter les heures de pointe (7h30-9h, 15h30-17h30).

Adresses utiles

■ *Poste de police (plan Pointe aux Piments, 1) :* au croisement de la route Triolet-Trou aux Biches et Pointe aux Piments.
■ *Cabines téléphoniques à pièces et à carte :* à l'extérieur du poste de police.
■ *Mauritius Commercial Bank (plan Pointe aux Piments, 2) :* route Royale, sur la droite en venant du sud. Distributeur automatique. Guichet de change lun-jeu 9h-15h15 ; ven-sam 9h-17h. Fermé dim.
■ *Shibani Finance (plan Pointe aux Piments, 3) :* sur la gauche de la route, après le resto Le Pescatore,

en allant vers le nord. Lun-sam 8h-18h ; dim et j. fériés 8h-12h. Bureau de change aux taux négociables et intéressants.
⊛ *Épicerie Chez Popo (plan Pointe aux Piments, 4) :* route Royale, à 300 m à droite après le centre du village de Trou aux Biches en venant du sud. Lun-sam 7h-19h ; dim 8h-12h.
■ *Pharmacie Ducasse (plan Pointe aux Piments, 5) :* sur la gauche en venant du sud, un peu avant l'intersection pour Triolet. ☎ 265-65-38 ou 423-62-17 (urgences). Lun-sam 9h-19h ; dim 9h-12h.

LA CÔTE NORD-OUEST ET NORD

Où dormir ?

Location de studios, bungalows, appartements

⌂ *Grand Baie Travel & Tours (plan Pointe aux Piments, 21) :* c/o Beach Villas Coastal Road, Mont-Choisy. ☎ 265-52-61. ● gbtt.com ● Propose plusieurs types d'hébergement, du studio au bungalow, dans les environs de Mont-Choisy. Offre aussi diverses excursions : *Maurice colonial* (la route du Thé), *les Beautés du Sud,* etc.

De bon marché à prix modérés

⌂ *Aquamarine (plan Pointe aux Piments, 12) :* route Royale, sur le côté gauche en venant du sud. ☎ et fax : 265-69-23. Studios 830-1 000 Rs (20,80-25 €) pour 2 pers ; apparts 1 200-1 800 Rs (30-45 €) pour 4 pers. Ristourne généralement accordée en basse saison. Les logements sont au fond du jardin, au calme, mais il faut marcher un peu pour aller à la plage. Certains ont vue sur mer, les plus chers ont la clim'. Confort basique, mais équipement correct. Ajoutons que le balai n'est pas passé dans les coins... Cela dit, l'accueil de Murday, une sympathique retraitée, est charmant et les prix plutôt mini. Ici, mieux vaut avoir un moyen de locomotion, sinon on peut se sentir un peu isolé.
⌂ *Rocksheen Villa (plan Pointe aux Piments, 13) :* 161, Morcellement Jhuboo. ☎ et fax : 265-50-43. ● rocksheenvilla.com ● Du poste de

police, prendre la route en direction de Triolet, puis la 1re à gauche ; c'est à env 200 m sur le côté droit. Studios 700-900 Rs (17,50-22,50 €) pour 2 pers selon confort et saison. Dans un quartier calme et résidentiel, les propriétaires francophones, un Mauricien et une Écossaise, proposent 6 studios soigneusement entretenus. Ceux du dernier étage sont plus récents. Au cas où c'est complet, ils pourront certainement vous trouver un logement dans le coin, notamment des appartements pour 4 à 6 personnes. L'accueil est charmant et la tranquillité des hôtes préservée.

🛏 **Hôtel Villa Kissen** *(ex-Sandonna Villa ; plan Pointe aux Piments, 14) : sur la route de Triolet.* ☎ 265-55-23. ● *villa-kissen.com* ● *À env 150 m de la plage. Doubles 23 €, petit déj compris. Quelques studios à 26 € pour 2 ou 3 pers. Chambres avec balcon ou terrasse, salle d'eau et clim' (kitchenette pour les studios) dans un bâtiment récent à l'architecture quelque peu champignonesque ! Piscine. Bon accueil. Transfert aéroport possible et excursions sur demande.*

De prix moyens à plus chic

🛏 **La Cocoteraie** *(plan Pointe aux Piments, 17) : sur la route principale, côté droit en venant du sud.* ☎ 265-56-94. ● *http://cocoteraie.amltd.net* ● *Selon confort (avec ou sans clim'), doubles 35-38 €, petit déj compris ; studios (2 pers) 40-47 €. Également des studios et bungalows pour 4 ou 6 pers 45-60 €, ainsi qu'un bungalow pour 8 pers.* Une trentaine de logements dans un bâtiment moderne, avec une petite piscine entourée de verdure. Bruit de la rue largement audible, mais c'est propre, fonctionnel, et c'est l'essentiel. Le resto se défend pas mal. Et puis, la plage publique est à seulement quelques minutes à pied.

🛏 **Villas Mont-Choisy** *(plan Pointe aux Piments, 18) : à Mont-Choisy.* ☎ 265-59-34. ● *gbtt.com/fr* ● *Route côtière, sur la droite en venant du sud. Selon saison, 1 200-1 800 Rs (30-45 €) le studio pour 2 pers. Ristourne intéressante si vous réservez par Internet.* Une douzaine de studios et d'appartements (jusqu'à 6 personnes) avec cuisinette, dans un bâtiment dont la façade n'est pas très glamour, mais c'est très propre, fonctionnel, et avec quelques détails de déco agréables. Piscine de taille honorable avec un bout de pelouse, malheureusement juste en bordure de parking et de route. Mais la belle plage de Mont-Choisy n'est qu'à 200 m environ. Au final, un bon équilibre entre le confort et le prix (souvent négociable).

🛏 **Villa Condessa** *(plan Pointe aux Piments, 15) : morcellement Jhuboo.* 📱 778-18-88. ● *condessa@ intnet.mu* ● *Du poste de police, suivre la route en direction de Triolet, prendre la 1re à gauche, puis la 1re à droite et enfin à gauche. La maison est tout au bout de la rue, à gauche. Selon saison, compter env 800-1 000 Rs (20-25 €) pour 2 pers en studio (clim' en sus) et env 1 500 Rs (37,50 €) l'appart pour 6 pers.* Dans leur maison, les propriétaires proposent des studios et des appartements spacieux de 3 chambres, avec séjour, cuisine, salle de bains et balcon. Sur le côté, un bassin pour faire trempette. Surtout intéressant pour ceux qui voyagent en famille ou entre copains.

🛏 **Rhapsodie Bungalows** *(plan Pointe aux Piments, 22) : route Royale, à Trou aux Biches. Résa auprès de Christian Sullivan :* 📱 779-39-59. ● *navillus@intnet.mu* ● *À 500 m après le poste de police, sur la droite de la route Royale, quand on vient du nord. Prévoir 2 400-2 800 Rs (60-70 €) par appart selon vue et saison (5 ou 6 nuits min).* Deux grandes maisons aux toits et volets bleus, très accueillantes, comprenant 2 appartements chacune. Préférez celle située face à la mer (un peu plus onéreuse). Spacieuse avec grand salon, cuisine, salle de bains et 2 chambres climatisées. Accès direct sur la belle plage de Trou aux Biches. Supérette *Chez Popo*, pratiquement en face.

Beaucoup plus chic

🏠 **Le Sakoa** (plan Pointe aux Piments, **20**) : route ROYALE, à Trou aux Biches. Au niveau de la pharmacie Ducasse. ☎ 265-52-42 à 44. ● lesakoa.com ● Compter 3 000-4 600 Rs (75-115 €) pour 2 pers selon vue et saison, petit déj inclus. Également des suites, plus chères. Un ensemble de bungalows vert pâle, aux toits de chaume, abritant des studios avec kitchenette, tout confort, meublés avec élégance et décorés avec goût. Belle piscine dans un jardin soigné et devant une plage superbe. Le tout est impeccable, propre et agréable. Un coup de cœur pour le charme et le raffinement des lieux.

🏠 **Beach Villas** (plan Pointe aux Piments, **21**) : à Mont-Choisy, route Royale, côté gauche, en venant du sud. ☎ 265-52-62. ● gbtt.com/fr ● Studios 1 600-2 800 Rs (40-70 €) et apparts 2 700-4 100 Rs (67,50-102,50 €) selon saison. Un ensemble résidentiel de taille raisonnable, situé en bord de mer avec des logements très bien équipés. Certes, la plage est toute petite, mais c'est toujours agréable d'avoir vue sur la mer et, en contrepartie, la piscine a des dimensions respectables. Véritable havre de paix, au calme et charmant. Une bonne option dans le coin.

🏠 **Résidence C'est Ici** (plan Pointe aux Piments, **19**) : route côtière, au niveau de la pharmacie Ducasse. ☎ 265-52-31. ● cest-ici.com ● Fermeture pour travaux prévue jusqu'en nov 2007. Studios, apparts (pour 2 pers) 3 000-3 700 Rs (75-92,50 €) et un bungalow (pour 4 pers) 5 000 Rs (125 €). Petite réduc en basse saison. Souvent plein, résa à l'avance. Autour d'un jardin spacieux, ombragé et agréable, plusieurs logements, climatisés pour la plupart. C'est propre et fonctionnel. Sur la plage, qui prolonge le jardin, quelques tables et bancs pour profiter des soirées barbecue. Possibilité de commander ses repas.

🏠 **Casuarina Hotel** (plan Pointe aux Piments, **23**) : route ROYALE, côté droit, en venant du sud. ☎ 204-50-00. ● hotel-casuarina.com ● Compter 170-258 € la chambre double en ½ pens selon saison. Également des bungalows pouvant accueillir 5 pers. Un complexe hôtelier d'une cinquantaine d'hébergements, très bien intégré dans le décor. La plage est de l'autre côté de la route. La partie bungalows, dans un jardin luxuriant, fait penser à un village méditerranéen : des petites maisons blanches aux toits de chaume, intérieurs colorés, des terrasses bien séparées, aucun vis-à-vis avec le voisin, une ambiance familiale mais qui sait se tenir. Côté activités : 2 piscines, salle de muscu, tennis, ping-pong et, sur la plage, kayak, ski nautique, laser... Accueil cordial et personnalisé.

🏠 **Bois d'Oiseaux** (plan Pointe aux Piments, **34**) : route ROYALE, à 50 m du resto Le Pescatore. ☎ 265-53-41. ● boisdoiseaux.com ● Prévoir 69-110 € selon saison et bungalow. Également une villa les pieds dans l'eau avec piscine et jardin privés 215-275 €. Dominique et Philippe Hitié louent 5 bungalows équipés chacun de 2 chambres, salle de bains, salon, cuisine, téléphone, terrasse ou balcon. Également une buanderie à disposition. Joliment rénovés, les logements sont bien meublés, fonctionnels et confortables. L'ensemble est soigneusement tenu et coquet. Accès direct à la mer par un passage privé.

🏠 **Hôtel Coralia Club** (plan Pointe aux Piments, **24**) : devant un petit bout de plage adorable et à 3 mn à pied en longeant la longue et belle anse de Mont-Choisy. ☎ 265-60-70. ● mont_choisy@intnet.mu ● Doubles 6 600-7 400 Rs (165-185 €) selon vue. Possibilité de ½ pens. Un hôtel-club prisé des agences de voyages, mais un peu vieillissant. Il propose des chambres confortables, une agréable piscine, un jardin soigné et ombragé en surplomb de la plage et une cuisine plutôt généreuse. Nombreuses activités nautiques gratuites (ski nautique, plongée avec masque sur la barrière de corail, canoë, planche à voile...). Intéressant pour ceux qui séjournent en famille.

Spécial folies

En réalité, seulement si vous avez gagné le jackpot au casino situé juste à côté.

▲ **Hôtel Trou-aux-Biches** (plan Pointe aux Piments, **25**) : Royal Road. ☎ 204-65-65. ● trouaux biches-hotel.com ● Doubles standard 294-730 € (on n'indique même plus les roupies !) selon vue et saison, en ½ pens. Et on ne parle même pas des chambres supérieures ! Pour ceux qui n'ont pas les moyens de loger sur place mais qui veulent profiter du cadre, tout n'est pas perdu ! Possibilité d'acquitter un droit d'entrée : 300 Rs (7,50 €), convertibles en consommation. Hôtel 4 étoiles sur la plus belle plage de l'île, proposant de superbes pavillons disséminés dans un grand parc arboré et fleuri. Piscine, 3 restos, miniclub pour les enfants. Bien entendu, accès direct à la plage. Jeux et sports de plage gratuits (ski nautique, etc.). Conseillé d'acheter les prestations par agence car, sur place, c'est évidemment inabordable. Location de vélos, fitness, casino, courts de tennis, golf de l'autre côté de la route. Bien que construit dans les années 1970, cet hôtel se porte comme un charme et après sa toute dernière rénovation, il affiche une insolente beauté !

Où manger ?

De très bon marché à prix modérés (moins de 400 Rs, soit 10 €)

Goûtez aux petits plats vendus par les cuisiniers ambulants, vous verrez, c'est bon, et ça permet à des centaines de Mauriciens de vivre et de faire vivre leur famille, tout en ayant des contacts agréables avec les touristes. Si l'on reste plusieurs jours au même endroit, on prend rapidement ses petites habitudes avec ces vendeurs ambulants.

|●| **Souvenirs Restaurant** (plan Pointe aux Piments, **31**) : route Royale, au niveau du poste de police, juste en face du parking de la plage. Un snack-épicerie ouv jusqu'à 19h-20h. Fermé dim. C'est en quelque sorte le bistrot du coin, la gargote améliorée, qui sert pour quelques dizaines de roupies de pantagruéliques portions de mine frit special. Des plats de base, chinois ou créoles, qui tiennent au corps. Les baigneurs de la plage publique s'y retrouvent sur les quelques tables en terrasse ou dans la petite salle et c'est toujours bondé (c'est bon signe !). Fait aussi des plats à emporter. Très bon marché.

|●| **La Roulotte** : au milieu de la plage, sous les filaos, une sympathique camionnette présente tlj jusqu'à 17h env. Propose mine et riz frit au poulet ou mixte, en barquettes, pour quelques dizaines de roupies. Pratique pour un pique-nique sur la plage sans quitter sa serviette.

|●| **Café de la Paix** (plan Pointe aux Piments, **32**) : route côtière, Mont-Choisy. ☎ 265-53-35. Juste à côté du Blue Water Diving Center. Un petit resto familial et propret avec quelques tables en terrasse. Cuisine mauricienne plutôt goûteuse à prix modérés. Accueil très gentil.

De prix moyens à un peu plus chic (de 400 à 800 Rs, soit 10 à 20 €)

|●| **Pizza & Pasta** (plan Pointe aux Piments, **33**) : route Royale, à Mont-Choisy, juste au croisement avec la B13 (qui mène à Pointe aux

Canonniers et à Mont-Choisy).
☎ 265-70-00. On mange dans une grande salle ou sur une terrasse entourée d'un jardin verdoyant. Au programme, une cuisine italienne, pur jus, honorable. Pas mal de choix côté *antipasti* et pizzas. Prix tout de

même un peu élevés. L'endroit plaît beaucoup aux enfants grâce aux quelques animaux dans le jardin, même si on entend davantage le bruit des voitures que les gazouillis des oiseaux en cage.

Beaucoup plus chic (plus 1 000 Rs, soit 30 €)

|●| **Le Pescatore** (plan Pointe aux Piments, **34**) : route Royale. ☎ 265-63-37. Sur la gauche en allant vers Grand Baie, après avoir dépassé l'hôtel Trou-aux-Biches. *Résa quasi obligatoire. Premier menu à 2 530 Rs (63,30 €) et second à 3 220 Rs (80,50 €). On peut s'en sortir pour un peu moins cher à la carte.* Varangue directement sur la mer, décor néocolo d'un grand raffinement au milieu des plantes vertes. Les places en bord de rambarde sont évidemment les plus recherchées. Accueil et service élégants. Cuisine de très haute réputation qui change au gré des sai-

sons. La grande classe !
|●| *La Cravache d'Or* (plan Pointe aux Piments, **35**) : route Royale. ☎ 265-70-21. Entre Trou aux Biches et Pointe aux Piments, dans un virage, discrètement indiqué par un panneau. Fermé dim, sf de début déc à mi-janv. Résa conseillée. Compter min 1 300 Rs (32,50 €) le repas. Cadre élégant, gastronomie franco-mauricienne avec une préférence pour le poisson, extra-frais, cela va sans dire. Service de grande classe. Salle aérée et belle terrasse donnant sur la plage. Musique créole ou française le samedi soir.

À voir

🐾 *Le temple hindou de Triolet* (plan Pointe aux Piments) : à Triolet, à env 4 km de Trou aux Biches. Prendre la route qui passe devant le poste de police : le temple de Maheswarnath Maudir se trouve à l'entrée de Triolet, sur la gauche, près de la station de bus. Tlj 6h-18h. Ne pas oublier d'ôter ses chaussures en accédant aux temples. Site religieux hindou élevé en 1891 et réunissant sur un même espace plusieurs temples de différentes tailles, dans le style coloré qui caractérise cet art. Plusieurs divinités sont évidemment à l'honneur. C'est le site le plus vénéré de l'île avec celui de Grand Bassin. C'est en effet d'ici qu'un groupe de neuf personnes a effectué le premier pèlerinage à Grand Bassin en 1898. L'un d'eux avait eu une révélation selon laquelle l'eau du Ganga-Talao était en contact avec celle du Gange. Cet épisode occupe une grande place dans l'histoire de l'indépendance mauricienne. À cette époque, les travailleurs n'avaient pas la possibilité de se déplacer librement sur l'île, et encore moins de quitter leur travail pendant plusieurs jours. On peut observer sans problème les rites des prières avec la discrétion et la mesure qui conviennent à ce type de lieu.

À faire

Plages

⌇ La *plage de Trou aux Biches,* assez étroite, pas trop fréquentée et toujours agréable, se poursuit plus au nord par celle de Mont-Choisy, plus large, plus généreuse et plantée de filaos, ces grands arbres frêles avec de longs filaments. Les Mauriciens utilisent cet arbre en guise de sapin de Noël. À Trou aux Biches, quand on arrive du parking, sur la gauche, on a de la place pour poser sa serviette, mais pour se baigner, il faut slalomer entre les bateaux et autres embarcations. Sur la droite, la plage de l'hôtel est superbe et l'eau limpide. Pour éviter la proximité des hôtels, il faut longer encore la plage pour trouver un endroit plus « aéré », mais à nouveau on a le problème des bateaux pour se baigner... Patrouilles de police régulières.

Quant à **la plage de Mont-Choisy** (un peu plus au nord), pas de problème : il n'y a pas d'hôtel qui bouche la vue. C'est une superbe anse ourlée de sable blond, longue de plus de 1 km, large, aérée et propre (elle est nettoyée chaque jour). L'eau est d'un beau vert, un peu laiteux. Pour nous, c'est tout simplement la plus belle de toute la côte nord-ouest. En plus, elle est exposée à l'ouest, idéal pour observer le coucher de soleil. En semaine, on y trouve un sympathique mélange de Mauriciens et de touristes. Les jeunes locaux jouent au foot, les touristes se prélassent, le *Club Med* voisin fait tournicoter ses clients en ski nautique... À l'extrémité gauche de la plage, une jolie statue de Ganesh, toute bleue, costumée de manière très colorée, que viennent adorer des familles hindoues à la tombée du soir. Lumière superbe, atmosphère sereine. En fin de semaine, des centaines de Mauriciens déboulent en famille pour le pique-nique traditionnel. Musique, ballons, sieste, jeux dans l'eau. Ambiance bon enfant et plaisante. Une certaine douceur de vivre et idée du bonheur.

|●| Sur le chemin qui longe la plage de Mont-Choisy, camionnette vendant gâteaux-piments, *samoussas, rotis* et... hamburgers. Petits vendeurs ambulants de noix de coco et d'ananas. Le dimanche soir, la plage est un rien crasseuse. Mais le lundi matin, c'est à nouveau propre.

Activités nautiques

Au niveau du parking de Trou aux Biches, un stand propose des activités nautiques à des prix intéressants, notamment pour le *parasailing* (parachute ascensionnel).

Plongée

■ **Blue Water Diving Center** *(plan Pointe aux Piments, 50)* : Royal Road. ☎ 265-67-00 ou ▯ 728-14-40 *(16h-19h)*. ● hvitry@intnet.mu ● bluewaterdivingcenter.com ● *En venant du sud, bureau sur le côté droit de la route, juste après avoir passé le resto Le Pescatore. Tlj 8h30-16h30. Fermé 25 déc et 1er janv. Baptême env 1 500 Rs (37,50 €), plongée env 1 070 Rs (26,80 €) sans l'équipement. Également des forfaits. Réduc de 10 % sur présentation de ce guide, pour 2 pers, sauf sur les forfaits. Certificat médical (hormis pour les baptêmes) et brevets demandés. Le centre, affilié CMAS et PADI, propose baptême, perfectionnement, passage de diplômes, formation en secourisme, plongées pour les enfants et de nuit, ainsi que des plongées et cours Nitrox. Et puis, bien sûr, des balades* sous-marines extra, en toute sécurité, dans un climat de confiance. Départs à 9h (confirmés), 11h (baptêmes, débutants et réadaptation) et 13h30 (tous niveaux, sauf débutants). Hugues Vitry, celui qui danse avec les murènes, fervent défenseur de la faune et de la flore sous-marines et grand photographe, dirige cette compagnie depuis de nombreuses années avec sérieux et gentillesse. Pour les baptêmes, Hugues et ses acolytes Mathieu, Pierre et Vic font tout pour mettre en confiance le néophyte et lui faire découvrir le monde de la plongée : lorsque l'appréhension est passée, on se laisse guider. Hugues nous prend par la main et appelle ses copains les poissons. Accueil convivial et personnalisé. Possibilité d'hébergement à l'étage du bâtiment. Salut Bruno !

■ *Atlantis Diving Center (plan*

Pointe aux Piments, 51) : à Trou aux Biches, sur la gauche de la route côtière, en venant du nord. ☎ 265-71-72 ou 422-71-26. ● atlantisdiving. info ● Transport gratuit aller-retour de l'hôtel au centre. Plongée 1 000 Rs (25 €), baptême 1 500 Rs (37,50 €), comprenant un cours théorique sur vidéo, une initiation dans le lagon et une plongée sur la barrière de corail. 10 % de réduc sur présentation du guide. Vellin Bhurtun (prononcer Burton, c'est-à-dire « beurre-tonne », et non « bure-thon »), ancien infirmier-

réanimateur (ça rassure !) qui a visité une bonne partie des mers du globe, se consacre désormais à sa passion. Centre affilié PADI et CMAS, Atlantis propose aussi bien des initiations que des sorties pour plongeurs confirmés sur épaves, coraux, fosse aux requins et tombants rocheux. Il organise également des plongées de nuit, ainsi qu'au Nitrox. Photo et vidéo sous-marine. D'une grande douceur, Vellin sécurise et prendre en main les plus inquiets.

Croisières en voilier

■ **La Sorellina :** Trou aux Biches. ☎ 263-92-47 ou 🖳 758-23-22. ● la sorellina.net ● Thierry, le skipper français, organise des sorties hors des « sentiers marins battus » à bord d'un voilier de 13,50 m, dont la quille peut rentrer dans la coque afin d'accéder aux lagons de faible profondeur. Si vous êtes sur la plage de Trou aux Biches, il n'est pas impossible que Thierry vous aborde pour vous proposer la balade. On peut passer la journée pour environ 65 € par personne avec repas (punch, grillades de poisson et de bananes) et snorkelling, ou bien profiter d'un coucher de soleil avec une navigation de nuit, ou encore faire une sortie sur 2 jours pour 130 €. La programmation peut être à la carte.

Mieux vaut réserver plusieurs jours à l'avance, car Thierry ne prend pas plus de 6 ou 7 personnes à la fois (le tourisme de masse, ce n'est pas son truc) et dispense une initiation à la navigation à la voile (lecture de cartes marines, positionnement GPS, diverses manœuvres...). Vous serez même amené à hisser les voiles, virer de bord et tenir la barre. Grisant et pédagogique, on passe un bon moment.
Également des sorties vers l'île Plate ou l'île d'Ambre à bord d'une magnifique pirogue à voile traditionnelle, tout en teck, barrée par un excellent skipper mauricien. Compter 50-60 € par personne avec le repas. Départ de Grand Baie.

LA POINTE AUX CANONNIERS

Une sorte de presqu'île qui ferme à l'est la plage de Grand Baie. Un coin calme où se nichent quelques hôtels de luxe, le Club Med, ainsi que des structures plus discrètes, souvent charmantes. La pointe est un peu ventée et ne possède pas de grande plage proprement dite. La plus proche est celle de Mont-Choisy.

Où dormir ?

Bon marché

🏠 **Souriam Villa** (plan Grand Baie, 10) : à 50 m du rond-point Pointe aux Canonniers-Grand Baie-Port-Louis, en direction de Port-Louis, sur la gauche. ☎ 263-77-29. ● souriamvilla@

yahoo.fr ● Réduc possible selon durée ; studio autour de 670 Rs (16,80 €). Momo, ex-GO du Club Med, a monté son affaire. La vue sur le terrain vague n'est pas jolie, jolie, un peu à l'image des studios. De plus, coincée entre deux routes, la maison est forcément un peu bruyante, ce qui explique les tarifs. On vient surtout pour l'ambiance à la bonne franquette. D'ailleurs Momo loue plus aux amis qu'aux touristes. Il pourra aussi vous proposer des sorties en bateau pour pêcher ou faire du *snorkelling.* En clair, si vous avez une bonne tête et que vous restez un peu, vous êtes sûr de négocier un bon prix et d'avoir un pote de plus en partant. Petit supermarché juste à côté.

Plus chic

🛏 **Sea Point Beach Bungalows** *(plan Grand Baie, 11) : à la pointe de la pointe.* ☎ 696-48-04. ● seapoint bungalows.com ● *Selon saison, studios 2 000-2 600 Rs (50-65 €) pour 2 pers, apparts et duplex (jusqu'à 5 pers) 2 500-4 200 Rs* *(62,50-105 €).* Petit complexe au milieu d'une grande pelouse plantée de cocotiers et les pieds dans l'eau, avec une plage petite mais agréable. Fonctionnel et calme. Piscine. Accès internet près de la réception.

Beaucoup plus chic

🛏 **Filaos Beach Resort** *(plan Grand Baie, 12) :* ☎ 263-74-82. ● lesfilaos beachresort@intnet.mu ● *Doubles 3 000-3 500 Rs (75-87,50 €). Séjour de 3 nuits min.* Une douzaine de ravissantes chambres aux murs chaulés, en rez-de-jardin ou à l'étage. Toutes offrent un très bon confort (clim', cuisine équipée, etc.) et disposent d'une terrasse ou d'un balcon. Petit bout de plage artificielle devant. Service attentionné. Un bel emplacement pour un hôtel d'un charme certain et d'un bon rapport qualité-prix-tranquillité.

Chic et charme

🛏 **Hôtel 20° Sud** *(plan Grand Baie, 13) :* ☎ 263-50-00. ● 20degressud. com ● *Dans la partie est de la Pointe aux Canonniers, face à la baie de Grand Baie. Compter 130-240 € par pers selon confort et saison (sf fêtes de fin d'année), en ½ pens slt. Également des suites plus chères.* Ce boutique hôtel allie modernité du confort et sens de la tradition (meubles évoquant les demeures coloniales, salle de bains dotées d'anciennes baignoires). Réparties dans un ensemble de bungalows, les chambres, d'une blancheur immaculée, sont douillettes à souhait et baignées d'une douce atmosphère. Anne, ancienne hôtesse de l'air, et Michel, pilote de ligne pendant près de 20 ans, accueillent leurs hôtes de manière personnalisée. Piscine. Une adresse de choix et idéale pour un petit séjour en amoureux, si votre budget vous le permet.

Où manger ?

🍽 **Wakamé Restaurant** *(plan Grand Baie, 30) : route Royale.* ☎ 263-98-88 *ou* 250-98-88. *Fermé mar. L'addition gravite facilement autour des* 600-800 Rs (15-20 €). Un sympathique resto japonais baigné de lumière, à la déco épurée et design. *Sushi, maki* et *sashimi* sont bien sûr au rendez-vous. Mais la carte et l'ardoise proposent aussi des nouilles thaïes ou à la singapourienne, des fruits de mer, quelques viandes. Et s'il y en a le jour de votre passage, ne vous privez pas d'un flan coco, salsa d'ananas et menthe avec sa sauce d'orange !

Où boire un verre ? Où sortir ?

Hidden Reef (plan Grand Baie, 60) : en longeant la côte vers Grand Baie, on le trouve près des boutiques artisanales d'architecture créole, légèrement en retrait de la route. ☎ 263-05-67. Bar ouv à partir de 10h. Fermé dim. Jolie liste de cocktails, dont certains sans alcool. On peut aussi y manger, mais on ne saurait trop vous le conseiller. Bonne ambiance des îles, décontractée.

Les Enfants Terribles (plan Grand Baie, 61) : sur la route principale. ☎ 263-81-17. Ouv mer, ven et sam soir 18h-4h. Entrée libre. Les Enfants Terribles se démarquent des autres bars : style pub anglais avec salon *lounge* et terrasse sous la voûte étoilée. Musique live, DJs, expos de peintures ou de photos. Un des « lieux de nuit » de Maurice, branché sans être trop cher pour autant.

À faire

– Le *Club Med* (☎ 209-10-10), situé un peu avant la Pointe aux Canonniers, propose une formule (11h-18h ou 19h-2h30) à 1 100 Rs (27,50 €), repas compris, permettant d'accéder aux différentes activités à volonté (ski nautique, planche à voile, catamaran, pédalo, tir à l'arc...) ou dîner et participation à la soirée. On peut aussi louer des vélos et des scooters.

GRAND BAIE

Grand Baie porte bien son nom. La baie est longue, très fermée sur elle-même ; ses eaux sont calmes et lumineuses, ce qui en fait un port de plaisance paisible et très prisé des voiliers qui se baladent dans l'océan Indien. Grand Baie est également le plus gros village touristique. C'est l'épicentre de la concentration touristique de l'île, avec les qualités et surtout les inconvénients que ça implique. Jolie baie mais pas vraiment propice à la baignade car il y a des bateaux partout. Vie sociale et activités proposées importantes, mais développement architectural anarchique.

Arriver – Quitter

➢ *En bus (plan Grand Baie) :* un express pour Port-Louis part environ toutes les 30 mn, 9h-17h, au pied du resto *La Jonque*.

Adresses et infos utiles

Pas d'office de tourisme, mais toutes les agences de voyages pourront vous renseigner sur tout et n'importe quoi.

Services

✉ *Poste (plan Grand Baie) :* dans la galerie marchande, à côté du Super U. Lun-ven 8h15-16h ; sam 8h15-11h45.
■ *Cabines téléphoniques à carte :* au poste de police, devant le Super U et à l'arrêt de bus. Vente de télécartes dans la galerie marchande du Super U et dans certaines petites boutiques face à la plage, entre autres.
▣ *Internet Café Itee (plan Grand*

■ **Adresses utiles**

- Bus
- Poste
- 1 Super U, Internet Café Itee & Librairie Le Papyrus
- 2 Cyber Pirate
- 3 Shibani Finance
- 4 Barclay's Bank
- 5 Mauritius Commercial Bank
- 6 Pharmacie Ducasse

🛏 **Où dormir ?**

- 10 Souriam Villa
- 11 Sea Point Beach Bungalows
- 12 Filaos Beach Resort
- 13 Hôtel 20° Sud
- 14 Résidence Peramal et chambres et studios Veerapen
- 15 Auberge Miko
- 17 Bungalows V. Pillay
- 18 Eden Cove
- 19 Ti Fleur
- 20 Hôtel Topaz
- 21 Les Orchidées
- 22 Elysium
- 23 Veranda Grand Baie

🍽 **Où manger ?**

- 30 Wakamé Restaurant
- 31 Café Müller
- 32 Restaurant Coolen, chez Ram
- 33 The Dolphin
- 34 La Terrasse
- 35 Restaurant Puchon
- 36 Palais de Chine
- 37 Comptoir Café
- 38 Around the World - Lotus on the Square
- 39 Paparazzi
- 40 Le Capitaine
- 41 Le Café de la Plage
- 42 Fusion
- 43 Don Camillo

🍦 **Où déguster une glace ?**

🍸🎵 **Où boire un verre ? Où sortir ?**

- 19 La Rhumerie
- 43 Le Banana Café et le Zanzibar
- 50 Les Délices de la Baie
- 60 Hidden Reef
- 61 Les Enfants Terribles
- 62 Sunset Café
- 63 Star Dance
- 64 Le Kilimandjaro

■ **À faire**

- 40 Mascareignes Plongée
- 41 Centre Nautique de Grand Baie
- 70 Blue Safari
- 71 Isla Mauritia

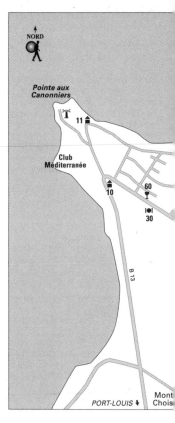

Baie, *1*) : *centre commercial* Super U, *à droite dans l'entrée. Lunjeu 9h-20h30 ; ven-sam 9h-13h30.* @ ***Cyber Pirate*** *(plan Grand Baie, 2) : dans la galerie Espace Océan, au 1er étage. Au centre de Grand Baie, au niveau de la plage publique.* ☎ 263-17-57. *Lun-sam 9h-20h ; dim 10h-13h.* ■ ***Change :*** *Shibani Finance (plan Grand Baie, 3), au début de la rue de la Salette.* ☎ 263-47-98. *Lun-sam 8h-19h ; dim 8h-12h.* Taux de change

intéressant. D'autres bureaux de change face à la plage de Grand Baie dont ***Thomas Cook*** : *lun-sam 8h-20h ; dim 8h-13h30.* ■ ***Banques :*** *plusieurs dans le centre, face à la plage de Grand Baie, dont la **Barclay's Bank** (plan Grand Baie, 4). Lun-ven 9h-15h30.* Change et possibilité de retirer de l'argent au guichet avec les cartes de paiement. Également la ***Mauritius Commercial Bank*** *(plan Grand Baie, 5).* Distributeurs automatiques.

Transports

■ ***Location de deux et quatre-roues :*** *dans certains hôtels ou dans les agences situées près de la plage publique. Prix assez voisins. Vélo à*

100-150 Rs/j. (2,50 à 3,80 €), scooter à 400-500 Rs (10 à 12,50 €) et voiture à partir de 600 Rs (15 €). Pour les scooters, casque fourni.

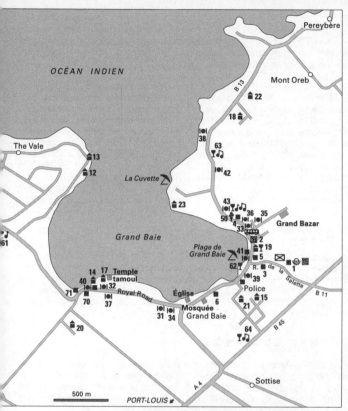

LA CÔTE NORD-OUEST ET NORD

GRAND BAIE – POINTE AUX CANONNIERS

Santé

■ **Médecins : Dr Bob Couacaud** (spécialiste en plongée notamment), ☎ 263-87-13. **Dr Nicolas Ménagé,** ☎ 263-70-71 ou 📱 423-93-27 ; son cabinet est situé dans le bâtiment Tamaris, près de la pharmacie Ducasse, *au 1ᵉʳ étage*. Ces deux médecins se déplacent à domicile.
■ **Pharmacie Ducasse** *(plan Grand Baie, 6) : sur la route côtière, non loin de la mosquée.* ☎ 263-84-03. *Lun-sam 7h30-20h ; dim 7h30-13h.*

Divers

– Le magazine *Côte Nord,* en français et gratuit, contient des articles parfois intéressants et une liste exhaustive d'adresses utiles (nouveaux restos, derniers cafés branchés, etc.).

■ **Librairie Le Papyrus** *(plan Grand Baie, 1) : dans la galerie marchande du* Super U. *Lun-sam 9h-19h ; dim 9h30-12h.* Journaux et magazines. Trois jours de décalage par rapport à la France pour certains journaux. Intéressante sélection de romans d'écrivains mauriciens francophones.
■ **Police** *(plan Grand Baie) : kiosque ouv 24h/24, sur la route principale.* ☎ 263-85-58.

Achats

Nombreuses galeries marchandes plutôt chic à Grand Baie. On y trouve de l'artisanat (souvent importé de Madagascar, de Thaïlande et d'Indonésie) et des vêtements (tant qu'à faire, choisissez les marques locales ; voir la rubrique « Achats » des « Généralités »).

🕭 **Super U** (plan Grand Baie, 1) : rue de la Salette, perpendiculaire à Royal Road. Lun-jeu 9h-20h30 ; ven-sam 9h-21h30 ; dim et j. fériés 9h-13h30. Le plus grand supermarché de la région. Très bien approvisionné. Beaucoup de produits importés, donc assez chers, mais très intéressants pour les produits locaux (épices, confitures, café, etc.). Galerie marchande tout autour avec plu-sieurs guichets de retrait automatique et des téléphones publics. On y trouve aussi des journaux français.

🕭 **Grand Bazar** (plan Grand Baie) : entre les restos chinois La Jonque et La Pagode, face à la plage, part une petite route ; la suivre sur 300 m env. Lun-sam 9h-17h ; dim 9h-12h. Ce marché vend de tout (artisanat, vêtements, chaussures), mais c'est assez cher et très attrape-touristes.

Où dormir ?

Beaucoup d'hôtels de charme sont situés autour et à quelques kilomètres de Grand Baie, en direction de la Pointe aux Canonniers et de Trou aux Biches. À Grand Baie même, dans le centre, on trouve quelques hôtels dont la grande majorité ont les mêmes défauts : banalité affligeante, taille des chambres ridicule, décor minimaliste, bruit et atmosphère nulle. Une seule qualité : les prix généralement modérés.

De bon marché à prix modérés

🛏 **Résidence Peramal** (plan Grand Baie, 14) : impasse Souvenir Lane. ☎ et fax : 263-81-09. ● residence peramal@intnet.mu ● Quand on arrive à Grand Baie par le nord, prendre à droite le chemin juste à l'angle du resto Le Capitaine, c'est au bout. Résa longtemps à l'avance. Studios 25-30 € env, apparts de 2 chambres à partir de 40 €, entretien compris. Loc 1 sem min en hte saison. CB acceptées (commission). M. Krisnah Peramal, retraité de la police, loue des studios pour 2 personnes, ou des petits appartements pour 3 ou 4 personnes dans un petit immeuble moderne, très en retrait de la route. Donc tranquille, avec vue directe sur la baie. Pas de plage à proximité immédiate. Très propre, agréable, avec balcon ou terrasse et cuisine. Pas de clim', mais la brise de mer rafraîchit l'atmosphère. Possibilité de se faire préparer de bons petits plats. Excellent rapport qualité-prix-vue-calme. Le patron connaît bien la « montagne » mauricienne et propose aussi des randonnées et des balades en bateau. Location de vélos, scooters et voitures. Il a un bureau sur la route en face du resto Le Capitaine.

🛏 **Auberge Miko** (plan Grand Baie, 15) : ☎ 263-70-48. ● aubergemiko@ yahoo.com ● À env 400 m du centre. Depuis la route Royale, s'engager au niveau de la petite rue située à l'angle du poste de police, puis à droite, ensuite 1re à gauche ; c'est un peu plus loin, à l'angle de la 1re rue à gauche. Studios (pour 2 pers) 700-850 Rs (17,50-21,30 €) selon saison, apparts (pour 4 pers) 1 200-1 500 Rs (30-37,50 €). Petit déj sur demande. Un peu éloigné du bord de mer et du bruit. Les logements sont nickel et spacieux, avec ventilo et balcon. Hervey, dit Miko, le gérant qui habite sur place, est dans l'hôtellerie depuis un bail, et cela se voit dans l'accueil et l'entretien de l'établissement. Ambiance chaleureuse.

🛏 **Chambres et studios Veerapen** (plan Grand Baie, 14) : impasse Souvenir Lane. ☎ 269-08-49 ou 🖥 777-53-90. • ballog@hotmail.com • C'est la maison juste avt la Résidence Peramal. Compter env 670 Rs (16,80 €) la nuit en studio (2 pers) et près de 1 000 Rs (25 €) en appart (3 ou 4 pers). Petit supplément pour la clim'. Face à la mer, au bord d'un chemin tranquille, une maison blanche et bleue qui propose 6 logements. Contrairement à beaucoup de maisons louées, où les propriétaires ne sont jamais là, M. Veerapen ou ses enfants sont présents. Studios propres. Possibilité de commander des repas.

🏠 **Eden Cove** (plan Grand Baie, 18) : Royal Road, impasse Tajoo, au nord de la ville, quasi à Pereybère. ☎ 255-77-77. • edencove@hotmail. com • Studios avec ventilo à partir de 1 000 Rs (25 €) ; apparts pour 2 pers à 1 200 Rs (30 €), pour 4 pers env 1 800 Rs (45 €), clim' en supplément. À l'écart de la route, donc tranquille, mais pas trop loin de la plage quand même. De beaux logements spacieux (surtout les apparte-ments !), aménagés simplement mais scrupuleusement entretenus, avec terrasse ou balcon et vue sur le jardin. Accueil charmant de Raju Mulliah. Sur demande, transfert à l'aéro-port, repas et diverses excursions.

🏠 **Bungalows V. Pillay** (plan Grand Baie, 17) : Coolen Lane, après le temple hindou. ☎ 263-82-86 ou 03-47. • grandbay@intnet.mu • À droite du resto Coolen, prendre l'impasse qui mène à la mer, c'est au bout à gauche. Compter 500-800 Rs (12,50-20 €) pour les deux types de logement selon saison. Face à la mer : studios tout en longueur et exigus, ou appartements de 2 chambres (pour 4 personnes). Pas de plage. À ce prix, ne pas s'attendre au grand luxe. Dans les anciens studios, le mobilier est un peu fatigué, tout comme la cuisine. Deux appartements ont été refaits récemment. En revanche, pas génial si vous séjournez avec des enfants en bas âge : les escaliers n'ont pas de rambarde. Évitez aussi de loger chez la famille « en dépannage ».

Prix moyens

🏠 **Ti Fleur** (plan Grand Baie, 19) : Royal Road, en plein centre. ☎ 563-03-80. Fax : 263-70-60. • tifleursoleil. com • Doubles 1 300-1 500 Rs (32,50-37,50 €) selon confort. Quelques roupies supplémentaires pour les fêtes de fin d'année. Face à la plage publique (côté rue), un grand bâtiment orange et bleu qu'on ne peut pas manquer ! Une adresse créée par des jeunes, pour des jeunes. Une trentaine de chambres colorées, agréables et bien tenues, avec ventilo ou clim', petits balcons et minibar. En choisir une de préfé-rence proche de la réception et donc, le plus loin possible de la rue.

🏠 **Hôtel Topaz** (plan Grand Baie, 20) : après le resto Le Capitaine, prendre à gauche, puis la 2e à gau-che. ☎ 263-56-01 ou 262-66-51. Fax : 466-52-59. Prévoir env 1 500 Rs (37,50 €) pour 2 pers, petit déj inclus ; ½ pens possible. Un peu excentré, donc au calme. Une grosse bâtisse, plantée dans un jardin avec piscine, elle aussi modeste, mais bien agréable. Chambres spacieuses, sans fioritures. Quelques chambres familiales.

Plus chic

🏠 **Les Orchidées** (plan Grand Baie, 21) : route de la Colline. ☎ 263-87-80. • mauritius-island.com/orchi dees • À env 400 m du centre. Pour s'y rendre : depuis la route Royale, s'engager au niveau de la petite rue située à l'angle du poste de police, puis à droite ; c'est un peu plus loin, sur le côté gauche. Doubles 1 600-2 200 Rs (40-55 €) selon saison, petit déj compris. Tarifs négociables. Un charmant petit hôtel d'une trentaine de chambres, aux murs blancs rehaussés par une déco marine ou des reproductions d'œuvres de l'artiste local Vaco. Les chambres sont bien équipées : douche et w-c, clim' et ventilo. Tout y est impeccable, de l'accueil à la propreté. Le matin, on prend son petit déj au bord de la petite piscine. Sentiment de calme, de fraîcheur et de confort. Bravo !

Beaucoup plus chic

🛏 *Elysium (plan Grand Baie, 22)* : ☎ 269-11-02. ● *hotelelysium.com* ● *À mi-chemin entre Grand Baie et Pereybère, contre-allée sur la droite de la route principale (fléché). Chambres doubles aux noms d'épices 2 170-2 730 Rs (54,30-68,30 €) selon confort et saison, petit déj compris.* Une adresse de charme dans la lignée des *guesthouses* à l'anglaise. Une maison entourée d'un mur, pas trop loin de la plage, et aménagée avec beaucoup de style. Ambiance et déco zen, murs et sols ivoire, accessoires se déclinant dans de douces harmonies claires, mobilier des chambres au design très dépouillé, piscine dans le beau jardin paisible et terrasse pour un *breakfast* agrémenté de confitures raffinées. Un p'tit détail : les chambres à l'étage nous ont paru un peu plus lumineuses.

🛏 *Veranda Grand Baie (plan Grand Baie, 23)* : ☎ 209-80-00. ● *veranda-resorts.com* ● *En arrivant du sud, prendre à gauche, à la sortie de Grand Baie, avant la station* Esso *(pas d'indication). C'est tout au fond de l'impasse, sur la gauche. Selon saison 3 440-4 010 Rs (86-* 100,30 €) *par pers en ½ pens.* Chambres très confortables et décorées avec goût, insérées dans un agréable jardin aux belles plantations. Quelques studios (appelés bungalows) dotés de 1 ou 2 chambres, d'un coin-salon et d'une cuisinette (certains sont situés dans une annexe, tout au fond, certes plus calme, mais dans un environnement un peu moins agréable ; deux d'entre eux, en revanche, surplombent la plage). Les couche-tôt éviteront les chambres autour de la piscine : animation musicale chaque soir jusqu'à 23h-minuit. Un léger bémol : nourriture un peu inégale. En revanche, petit déj extra. Double piscine et langue de sable étroite devant, juste pour faire trempette (zone aménagée). Mais la plage devant le *Yacht Club* (bien pour les enfants), ainsi que celle de la Cuvette se trouvent respectivement à 2 et 5 mn à pied. Miniclub à partir de 4 ans. Nombreuses activités gratuites : bateau à fond de verre avec *snorkelling*, ski nautique, planche à voile, pédalo et kayak. Également un espace bien-être avec massages, hammam, jacuzzi, etc.

Où manger ?

Très bon marché (moins de 150 Rs, soit 3,80 €)

– Dans le centre, sur le grand parking face à la plage publique, *vendeurs ambulants* de *rotis*, gâteaux piments, beignets d'aubergines ou de pommes de terre, *dholl puri*, ainsi que des fruits pelés et des glaces. Vraiment très bons et à prix défiant toute concurrence. À noter que vers 15-16h, ils laissent la place aux marchands de glaces.
– Deux ou trois vendeurs de poulets grillés près de la mosquée, illuminée la nuit en rouge et vert.

De bon marché à prix modérés (de 150 à 400 Rs, soit 3,80 à 10 €)

🍽 *Café Müller (plan Grand Baie, 31)* : *Royal Road, sur la gauche en* allant vers Trou aux Biches, un peu en retrait de la route. *Lun-sam 10h-*

17h30. *Fermé dim.* Pour une petite faim ou pour un goûter. Excellents gâteaux maison, comme celui au coco ou le strudel aux pommes. Également des sandwichs, des salades et parfois des petits plats cuisinés. Jolie déco et belle terrasse noyée dans la verdure. Accueil sympa.

|●| *Restaurant Coolen, chez Ram* (plan Grand Baie, 32) : *Royal Road, côté mer, tout près du temple tamoul.* ☎ 263-85-69. *Fermé mer.* On vient ici tant pour l'ambiance conviviale que pour la cuisine locale, copieuse et vraie. Spécialités de fruits de mer. Propose quelques plats chinois également. Un très bon rapport qualité-prix.

|●| *The Dolphin* (plan Grand Baie, 33) : *Racket Road (ça commence bien !). Dans la rue qui part face à la page publique, à 50 m sur la gauche. Fermé lun.* Un genre de cantine avec 2 salles proprettes et une poignée de tables. Bonne cuisine aux saveurs locales (daube et *vindaye* de poisson) à base de produits frais. On vous conseille le bol renversé. Simple et bien.

|●| *La Terrasse* (plan Grand Baie, 34) : *Royal Road, sur la gauche en allant vers Trou aux Biches, après l'église. Fermé dim midi et mar.* On a bien aimé la terrasse à l'étage qui distille, le soir, une atmosphère paisible, un brin intime et cosy. Dans les assiettes, une cuisine mauricienne qui ne se moque pas de son monde, avec des petits efforts au niveau de la présentation. Service discret. Une sympathique adresse.

|●| *Restaurant Puchon* (plan Grand Baie, 35) : *rue Swami Dayanand. Du bord de mer, au niveau du resto La Jonque, prendre la direction du Grand Bazar, puis 1re rue à gauche (panneau). Fermé lun.* Modeste resto à l'écart de l'agitation, qui sert une gentille cuisine mauricienne d'un bon rapport qualité-prix et d'une belle régularité. Petite salle rafraîchie p[...] des ventilos. Service discret, un po[...] timide.

|●| *Palais de Chine* (plan Grand Baie, 36) : *Royal Road, au niveau de la plage publique.* ☎ 263-71-20. *Fermé dim midi.* Terrasse à l'étage qui domine la rue. Comme tout resto chinois qui se respecte, décor rougeoyant. On vient surtout ici pour le crabe qu'on choisit vivant (quand il y en a, et sur commande c'est mieux) et que l'on déguste sur fond de musique d'ascenseur.

|●| *Comptoir Café* (plan Grand Baie, 37) : *Royal Road, en face du temple tamoul. Ouv midi et soir ; dim jusqu'à 11h30 pour petit déj slt.* Petite adresse tenue par des jeunes souriants. Salle plutôt coquette mais qui donne sur la rue, donc bruyante. Bien pour le petit déj (pâtisserie juste à côté) et des plats légers à prix économiques.

|●| *Around the World – Lotus on the Square* (plan Grand Baie, 38) : *sur la route de Grand Baie à Pereybère, à 800 m env du centre.* ☎ 263-32-51. *Tlj sf dim 11h-16h.* Dans un jardin tropical très paisible. Petits plats style salades composées, tartares ou *bruschette*. Sorbets maison et service souriant. On peut aussi juste y prendre un verre (jus de fruits, *milk-shakes*) et pourquoi ne pas en profiter pour s'offrir un massage ou un soin du visage dans le centre de remise en forme juste à côté ? Une adresse très relaxante !

|●| *Paparazzi* (plan Grand Baie, 39) : *dans la galerie commerçante du centre (Sunset Boulevard).* ☎ 263-88-36. *Jolie salle un peu mode, située au 1er étage, décorée des photos de personnalités locales. Pizzas classiques, un peu arrangées façon mauricienne. Livraisons à domicile de Pointe aux Canonniers jusqu'à Pereybère (petit supplément). Prix un peu musclés tout de même.*

De prix moyens à plus chic (de 400 à 1 000 Rs, soit 10 à 30 €)

|●| *Le Capitaine* (plan Grand Baie, 40) : *route côtière.* ☎ 263-68-67. À l'entrée de Grand Baie en venant de Trou aux Biches. Cadre particulièrement agréable, bar en coque de bateau, grande terrasse ouverte sur

cuisine, ça reste très
si les noms se révè-
plus alléchants que le
de l'assiette. Accueil sympa-
que et décontracté.

Le Café de la Plage (plan Grand Baie, 41) : Royal Road. ☎ 263-70-41. Non loin de la plage publique. Un resto très prisé des touristes. Malgré tout, la cuisine est honorable, le choix large (plats créoles, chinois et européens), le service efficace (peut-être trop d'ailleurs, lorsqu'il vous pousse à consommer de la langouste !). Un atout majeur : sa terrasse au bord de l'eau. À partir de 21h, musique live (séga le samedi soir).

Fusion (plan Grand Baie, 42) : Royal Road. Près de la station Esso et au-dessus de l'Épicerie Gourmande. ☎ 269-13-39. Fermé dim-lun. Compter min 800 Rs (20 €) le repas. Resto au cadre branché et chic tout à la fois : déco épurée, lumi-

naires qui donnent quelques touches de couleur et de chaleur. Un conseil : laisser bermudas et tongs à votre hôtel... Cuisine originale, raffinée, goûteuse qui mélange les saveurs d'ici et d'ailleurs. La carte change régulièrement. Dommage toutefois que les prix aient fait un peu de gonflette ces derniers temps.

Don Camillo (plan Grand Baie, 43) : au centre de la baie, près de la station essence Caltex et du Banana Café. ☎ 263-85-40. Fermé le midi dim et j. fériés. LE resto italien qui bénéficie d'une bonne réputation sur la côte. Antipasti, pasta et pizza, vous vous en doutez. Mais aussi quelques poissons et plats de fruits de mer. Les prix sont raisonnables, la nourriture est bonne et le service excellent. À l'intérieur, cadre élégant, à l'extérieur, terrasse plaisante.

Où déguster une glace ? Où boire un verre ? Où sortir ?

Les Délices de la Baie (plan Grand Baie, 50) : en face des vendeurs ambulants et de la plage. Tlj 7h30-18h30. Hormis les vendeurs de crème glacée à l'italienne devant la plage, à l'hygiène plus discutable, il existe très peu de marchands de glaces à Grand Baie. Raison de plus pour s'attarder devant celles-ci, faites maison, et particulièrement parfumées. Quelques petits gâteaux aussi, pas mauvais du tout, foi de gourmands !

Sunset Café (plan Grand Baie, 62) : ☎ 263-96-02. Au bout de la galerie marchande du même nom, constituée de petites maisons, au départ de la promenade en bois qui longe la plage. Tlj 8h-19h (happy hours à partir de 17h). Belle terrasse sur le ponton et la baie, prix en conséquence. Bonnes glaces et petite restauration rapide.

La Rhumerie (plan Grand Baie, 19) : au niveau de la plage publique, au-dessous de l'hôtel Ti Fleur. Ouv jusqu'à minuit env. Fermé dim soir. Happy hour 18h-19h. Cocktails avec

ou sans alcool et une multitude de rhums arrangés. Super à l'heure de l'apéro. Jolie terrasse en bois.

Le Banana Café (plan Grand Baie, 43) : en plein centre de Grand Baie, après la station Caltex. ☎ 263-03-26. Lun-sam jusqu'à 3h-4h du mat ; dim 17h-2h. C'est le café à la plage, ou plutôt la plage au café. Au sol, du sable ; sur le sable, des fauteuils sous les bananiers et un flamboyant. Lieu de rendez-vous des jeunes (et moins jeunes). L'endroit est sympa comme tout, l'ambiance conviviale. Nombreux cocktails et pas mal de soirées organisées : DJs, concerts, karaoké, etc. (entrée gratuite). Prix corrects.

Quelques bars-boîtes à Grand Baie, pour aller guincher. Mais sachez que les choses évoluent vite. Certains ont une durée de vie éphémère, les réputations et la clientèle changent vite. On ne saurait donc trop vous conseiller de vous renseigner sur place pour prendre la température, connaître les endroits qui ont le vent en poupe. L'entrée est généralement payante le week-end (entre 100 et 200 Rs, soit de 3 à 6 €). Juste à côté du *Banana Café*, vous pouvez essayer le **Zanzibar** *(plan Grand Baie, 43)*. Musique branchée techno-dance. Pas de short. Ou encore le **Star Dance** *(plan Grand Baie, 63)*, à la sortie nord de Grand Baie en direction de Pereybère ; fermé lun. Également **Le Kiliman-djaro** *(plan Grand Baie, 64)*, chemin 20 Pieds, ☎ 263-84-88. Mer-dim à partir de 22h. Musique tous azimuts (dance et techno version Ibiza, hip-hop, salsa, etc.) et parfois de bons concerts.

À faire

Plages

⌓ **Grand Baie** *(plan Grand Baie)* : face aux restos chinois. Belle plage mais pas très pratique pour la baignade en raison du nombre de bateaux qui mouillent dans la baie.

⌓ **La Cuvette** *(plan Grand Baie)* : pratiquement face à l'entrée du *Veranda Hotel*. Belle plage aménagée, pas très grande, très prisée des familles mauriciennes le week-end. Aussi bien pour les enfants que pour les grands, qui peuvent véritablement nager avec suffisamment de fond.

Activités nautiques

Pour toutes les activités décrites ci-dessous, il est possible de passer par l'une des multiples agences sur Royal Road. Nous en avons sélectionné deux :

■ **Centre nautique de Grand Baie** *(plan Grand Baie, 41)* : Royal Road, Sunset Boulevard. ☎ 263-80-17. ● centrenautique.com ● Tlj 8h-17h. Tarifs un peu élevés, mais réduc de 10 % pour nos lecteurs. Agence sérieuse installée depuis des années. Matériel neuf. C'est plutôt bien mené et bien encadré, malgré un côté « usine à touristes ».

– **Excursions :** le concept est simple. On part sur un bateau, catamaran ou quillard, pour quelques heures ou pour la journée, et on se laisse porter, au gré du vent ou du moteur, vers les îles proches.
– **Speed boat :** là aussi, on monte sur un bateau, sauf que ça ne dure que 10 mn et que ça va très vite.
– **Ski nautique :** bon, là, on n'est plus dans le bateau, on est derrière... mais ça va vite aussi.
– **Parachute ascensionnel :** cette fois-ci, on plane au-dessus du bateau.
– **Pêche au gros :** personnellement, nous on préfère voir les poissons vivants plutôt qu'agonisants au bout d'un hameçon. Mais bon...
– **Le bateau à fond de verre :** le fond du bateau est remplacé par une plaque transparente, qui permet d'admirer les poissons et les coraux sans se mouiller.
– **Le Nessee :** un peu plus élaboré que le précédent, ce semi-submersible a une sous-coque vitrée, qui permet de voir les poissons en face plutôt que par le dessus. Bien pour ceux qui ne plongent pas. Trois départs quotidiens à 10h, 12h30 et 14h30. Prévoir 1h45 de balade. Tarif : 500 Rs (12,50 €) ; moitié prix pour les enfants. Accepte les petits à partir de 2 ans et prend 36 personnes max (super pour ceux qui n'aiment pas se sentir seuls...).
– **Undersea Walk (marche sous l'eau) :** la « plongée » s'effectue en eau calme et peu profonde avec un scaphandre fort simple mais efficace. Large vision des fonds marins, et on peut garder ses lunettes. Étrange sensation de marcher au ralenti, bien sûr, alors que les poissons viennent gentiment se gausser de vous. Sortez un morceau de pain, on ne croyait pas qu'ils fussent si nombreux !

LA CÔTE NORD-OUEST ET NORD

■ *Blue Safari (plan Grand Baie, 70) : Royal Road, à l'entrée de la ville, côté terre, un peu avant le resto* Le Capitaine. ☎ 263-33-33. ● *blue-safari.com ● Résa impérative (mieux vaut s'y prendre 2 j. avt). Prévoir 3 200 Rs (80 €) env par pers pour une plongée en sous-marin ; 1 800 Rs (46 €) moins de 12 ans. Départs tlj, ttes les heures (en fonction des conditions météo), 8h30-16h30. Rendez-vous au kiosque de* Blue Safari, *à Mont-Choisy, juste devant l'hôtel Coralia Club (plan Pointe aux Piments, 24). Durée de la plongée : 45 mn env, mais prévoir 2h en tout. Un petit tour en sous-marin, ça vous tente ? Bon d'accord, c'est un peu cher, mais le fonctionnement et l'entretien de ces engins, archi-contrôlés pour assurer la sécurité des passagers, justifient le prix. Et puis, ce n'est pas tous les jours qu'on peut plonger à une telle profondeur, sans compter que tout le monde n'a pas ou plus les aptitudes physiques pour le faire. Ces deux petits sous-marins, de 5 et 10 places, sont uniques dans l'océan Indien, et il n'y en a qu'une quinzaine dans le monde ! D'une incroyable maniabilité, ils plongent de l'autre côté du lagon jusqu'à 35 m de profondeur et évoluent entre les poissons, au pied d'un récif corallien, près d'une épave, etc. Évidemment, d'épaisses vitres permettent* aux poissons d'observer les humains sans s'asphyxier, et ça marche aussi dans l'autre sens. Remarquez la modification chromatique du décor : à partir de - 10 m, la couleur rouge disparaît.

Petite folie : on peut réserver le petit sous-marin pour 17 500 Rs (437,50 €) ou mieux pour un repas en tête à tête pendant 1h30... pour 39 000 Rs (975 €). On peut même s'y marier !

Autre façon d'évoluer sous l'eau : des scooters sous-marins (biplaces). Compter 4 200 Rs (105 €) pour deux, et 3 200 Rs (80 €) si vous voulez tenter l'aventure seul ou 2 300 Rs (57,50 €) comme simple passager. Durée de l'immersion : 30 mn, mais là encore, prévoir 2h en tout. Interdit aux moins de 12 ans, aux femmes enceintes et si vous avez un problème de santé, bien entendu. Amis de sensations fortes, bienvenue ! Après un briefing complet, vous enfourchez votre scooter, et vous voilà dirigeant vous-même l'engin, à 3 m de profondeur, parmi les poissons, la tête maintenue dans une bulle d'air. C'est très fun, sécurisé (vous êtes suivi en permanence par des plongeurs) et, c'est surtout l'occasion de vivre une expérience unique au monde ! N'oubliez pas vos serviettes et maillots de bain.

Plongée

■ *Mascareignes Plongée (plan Grand Baie, 40) : Royal Road.* ☎ 269-12-65 *ou* 📱 750-86-97. ● *mascareignesplongee.com ● Local situé sous le resto* Le Capitaine. *Baptême env 1 800 Rs (45 €), plongée env 1 200 Rs (30 €) excluant l'équipement (1 400 Rs, soit 35 €). Également des forfaits. Certificat médical (hormis pour les baptêmes) et brevets demandés. Assurance à prendre sur place : 100 Rs (2,50 €). Un petit centre sérieux et compétent.* C'est Jean Lincoln, le directeur, qui accompagne les clients en plongée. Très sympa, calme et rassurant, il a une connaissance impressionnante des poissons. Le centre est bien équipé. La plongée au Nitrox est une de ses spécialités. Bref, vous voilà entre de bonnes mains. À 9h, il emmène les confirmés, fait les baptêmes à 11h et enfin, à 14h, c'est le tour des plongeurs de tous niveaux (sauf débutants).

Sorties en mer

■ *Le Babacool :* ☎ 257-57-07 *ou* 255-82-74. ● *babacool@intnet.mu ● Excursion à l'île Plate pour 1 200 Rs* (30 €) *par pers. Départ de la plage de Pereybère. Sur un trimaran pouvant accueillir environ 25 personnes,*

Benjamin, marin rodriguais, Jayson, Jackson et leur inoubliable guitariste vous emmènent découvrir les plages blanches et désertes de l'île Plate (les gros bateaux vont plutôt sur l'îlot Gabriel, en face). Au programme : *snorkelling*, farniente et succulent pique-nique. Claire et Benjamin, les gérants du *Babacool*, aiment travailler dans un esprit artisanal et il leur importe beaucoup de protéger la nature.

■ *Isla Mauritia (plan Grand Baie, 71)* : Royal Road, kiosque sur la droite, un peu après le resto Le Capitaine, en venant du nord. ☎ 263-83-95. Fax : 263-78-14. • isla-mauritia. com • Compter 1 950 Rs (58,50 €) ; réduc de 20 % accordée aux lecteurs de ce guide, si on réserve de France par fax ou par e-mail ; réduc

de 10 % en réservant sur place. Les croisières ont lieu mer et sam (résa 2 j. à l'avance). Les départs se font le mat vers 9h30 et les retours vers 17h. Le *Isla Mauritia* est un vieux voilier construit en 1852, long de 32 m et fidèlement restauré. Il peut accueillir 60 passagers (autant être prévenu !). Au programme, *snorkelling*, pique-nique (salades et caris à discrétion) sur la plage de la baie du Tombeau et séga. Au retour, malgré le ronronnement du moteur, il est doux d'envoyer la voilure et de se laisser bercer au gré du tangage et du craquement des vieux bois ibères. Sur demande, croisières pour admirer le coucher du soleil. Même si le concept s'adresse à une clientèle d'hôtels, le routard y trouve sa place.

> ## DANS LES ENVIRONS DE GRAND BAIE

🍴 🚶 **Le domaine de Labourdonnais :** à Mapou, à env 10 km de Grand Baie. ☎ 266-15-33, 266-64-47 ou 48. • vergersdelabourdonnais.com • Suivre la M2 vers Port-Louis ; juste avt le 4e rond-point, prendre sur la gauche, direction « Poudre d'Or-Hamlet » et bifurquer 500 m plus loin à gauche (panneau discret) ; c'est au bout, à env 1 km. Lun-sam mat. Visites d'une bonne heure à 9h, 11h30 et 14h30 ; sam à 10h slt. Entrée : 250 Rs (6,30 €) à pied, 350 Rs (8,80 €) à VTT. Résa conseillée 24h avt.

Visite d'une serre présentant une petite dizaine de variétés de fleurs (principalement des anthuriums) avant d'entreprendre la « randonnée fruitière » sur 50 ha. Au passage, un bonjour à Jeremy, une tortue de près de 60 ans ne pesant pas moins de 300 kg. Tout au long du parcours, dégustation de fruits suivant la saison ; du classique : mangue, papaye, goyave, ananas... mais aussi du plus original : un hybride orange-pamplemousse très sucré et très juteux, différentes petites « oranges » très acides *(kumquat)*, que l'on mange avec la peau... Également une quinzaine de variétés de légumes et cinq variétés d'épices. Avant de partir, dans la boutique, dégustation de jus de fruits frais et de pâtes de fruits produites sur le domaine. On peut également acheter des fruits (un peu plus chers que sur les marchés, mais certains ne se trouvent qu'ici), des sorbets, de la confiture. On vous conseille de passer par là si vous voulez rapporter quelques produits locaux à des prix finalement abordables.

PEREYBÈRE

À quelques kilomètres au nord de Grand Baie, petit village un peu moins touristique et disposant de son lot de locations bon marché. Belle plage publique vivante et populaire, où des dizaines de familles mauriciennes viennent pique-niquer en fin de semaine. On ne vient pas à Pereybère pour le calme, mais c'est l'un des endroits où les contacts avec les Mauriciens sont les plus faciles, les plus directs.

Sur la plage de Pereybère, observez et participez au boka (un jeu de cartes très populaire à Maurice), au *Fire Place,* sous les filaos.

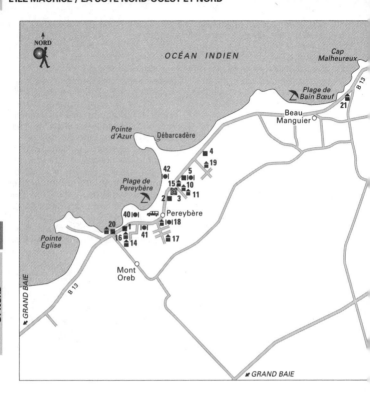

■ Adresses utiles

1 Mauritius Commercial Bank
2 Change Express
▣ 3 Hard Drive Café
4 Pharmacie
5 Supermarché Monop'

≙ Où dormir ?

10 Sabina Villa, chez Mme Panchoo
11 Les Bougainvilliers
14 Blooms
15 Chez Stephen
16 L'Escala
17 Cases Fleuries
18 Côte d'Azur Hotel

Arriver – Quitter

➢ **En bus :** liaisons toutes les 15-20 mn avec Grand Baie, 6h-18h30 environ.

Adresses utiles

■ **Boîte postale :** à côté du supermarché Monop'.
■ **Téléphones :** face à la plage et à côté de la MCB.

■ **Change :** à la **Mauritius Commercial Bank** (plan Pereybère, 1), au centre. Lun-jeu 9h-16h ; ven-sam 9h-17h ; j. fériés 9h-12h. Distributeur

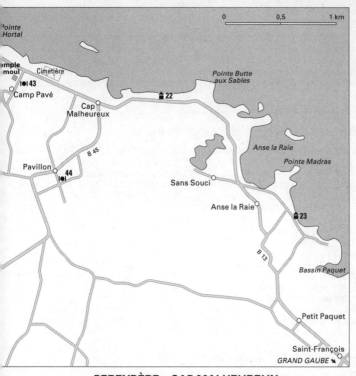

PEREYBÈRE – CAP MALHEUREUX

19 Casa Florida	18 Le Pêcheur
20 Hôtel Hibiscus	40 Palm Beach Café
21 Veranda Coin de Mire	41 Café Pereybère
22 Kuxville	42 Sea Lovers
23 Paladien Marina	43 Kanaco
	44 Amigo

I●I Où manger ?	■ À faire
5 Wangthaï	20 Blue Water Diving Center

automatique. Également ***Change Express*** *(plan Pereybère, 2)*. Lun-sam 8h-16h30 ; dim et j. fériés 8h-12h30.

@ ***Hard Drive Café*** *(plan Pereybère, 3)* : face au resto Sea Lovers. Lun-sam 9h-20h ; dim 10h-17h. Connexion rapide.

■ ***Pharmacie*** *(plan Pereybère, 4)* : sur la route principale. ☎ 263-57-88. Lun-sam 8h-19h ; dim 8h-12h30.

■ ***Station de taxis*** : *en face de la plage.*

■ ***Location de deux-roues*** : *dans différentes agences de voyages, au centre du village. Compter env 150 Rs (3,80 €) la journée pour un vélo et env 400 Rs (10 €) pour un scooter.*

■ ***Supermarché Monop'*** *(plan Pereybère, 5)* : lun-jeu 9h-19h ; ven-sam 9h-20h ; dim 7h30-12h.

Où dormir ?

À Pereybère, il existe plusieurs possibilités : les petits logements en appartement avec les propriétaires qui habitent sur place, style *guesthouse,* les bungalows indépendants ou les hôtels. Le tout est d'éviter le bord de route. Préférer les établissements en retrait de la route. Il est difficile de rester seulement une nuit, les proprios exigeant souvent de louer pour plusieurs jours.

PENSIONS CHEZ L'HABITANT

De bon marché à prix modérés

🛏 *Sabina Villa, chez Mme Panchoo* (plan Pereybère, **10**) : chemin Stephen Boutique, juste avt Les Bougainvilliers. ☎ et fax : 263-89-03. Prévoir env 700 Rs (17,50 €) en studio (2 ou 3 pers). Des apparts (4 ou 5 pers) à env 900 Rs (22,50 €). Extérieur bien fleuri. La gentille Mme Panchoo est à la retraite et vit ici à longueur d'année, toujours contente de bavarder avec ses hôtes. Ses studios et appartements, aux finitions soignées, ont un petit côté bonbonnière. Propres et bien équipés : douche et w-c, ventilo ou clim' et coin-cuisine.
🛏 *Les Bougainvilliers* (plan Pereybère, **11**) : chemin Stephen Boutique. ☎ et fax : 263-88-07. ● lesbougainvilliers.biz ● À env 400 m du centre de Pereybère, en allant vers Cap Malheureux ; tourner à droite au niveau de Stephen Boutique. Apparts 800-900 Rs (20-22,50 €) pour 2 pers selon confort (sans ou avec clim'). Env 1 000 Rs (25 €) pour 4 pers. Tarifs négociables en basse saison. Bon accueil de la famille Rajanah. Bâtiment à l'architecture tarabiscotée, avec beaucoup de fleurs et un gros frangipanier dans le jardin. Studios sobrement aménagés, avec terrasse. Location de vélos. Nombreuses excursions possibles avec l'agence du même nom.

HÔTELS, STUDIOS, APPARTEMENTS

De bon marché à prix modérés

🛏 *Blooms* (plan Pereybère, **14**) : Paradizo Lane. ☎ 263-88-40. Fax : 269-10-60. À env 200 m de la Royal Road. En venant de Grand Baie, juste avant le resto Le Pêcheur, tourner à droite, puis 1re à droite, puis à gauche. Compter env 700 Rs (17,50 €) le studio pour 2 pers. Dans un quartier résidentiel et calme. Enfin une maison moderne avec une architecture réussie, de style méditerranéen. Pas d'étage, un jardin verdoyant autour, une fontaine glougloutant (si le jardinier a pensé à la mettre en route) dans un patio autour duquel s'ordonnent 7 chambres avec terrasse, à la décoration claire et de bon goût (teintes jaunes et bleues). Excellent rapport qualité-prix. Pas de petit déj ni de repas (cuisine dans les studios). Bien que le propriétaire n'y habite pas, l'ambiance reste bonne, et les chambres n'ont pas été dépouillées de leur charme comme c'est parfois le cas...
🛏 *Chez Stephen* (plan Pereybère, **15**) : ☎ 263-88-58 (boutique) ou 263-61-91 (domicile). C'est l'épicerie à côté du Monop', en allant vers le nord, sur la droite de la route, à 300 m du centre de Pereybère. Studios à partir de 400 Rs (10 €) pour 2 pers, appart à partir de 500 Rs (12,50 €) pour 4 pers, et aussi une villa plus chère. Ici, les routards sont les bienvenus. Le patron Stephen tient l'épicerie. Il est arrivé de Canton (Chine) en 1951 et, depuis cette date, il n'a pas pris un seul jour de vacances. Il loue des logements dans un endroit calme, à l'écart de la route Royale. Les logements sont tout simples, mais le jardin est très plaisant. Une villa idéale pour 6 personnes, un appartement à l'étage et 2 studios. La femme de ménage passe en principe tous les jours.
🛏 *L'Escala* (plan Pereybère, **16**) :

☎ 263-73-79. Fax : 240-01-17. *Dans le centre, dans la rue à droite, juste après la banque MCB, en venant de Grand Baie. Compter 500-800 Rs (12,50-20 €) le studio pour 2 pers* selon confort (sans ou avec clim'). Un ensemble disposé autour d'un jardin. C'est calme, propre, sans charme particulier, l'espace est limité, mais c'est fonctionnel.

De prix modérés à prix moyens

🛏 *Cases Fleuries* (plan Pereybère, **17**) : *Beach Lane.* ☎ 263-88-68. ● *casesfleuries.com* ● *Juste après le café* Pereybère, *en allant vers Grand Baie, prendre la 1re route à gauche. Apparts 900-1 400 Rs (22,50-35 €) pour 2 pers selon saison et confort, payables d'avance. 1 200-1 600 Rs (30-40 €) pour 4 pers. Réduc possible en cas de longs séjours.* Dans un quartier résidentiel. Une douzaine d'appartements répartis dans plusieurs maisons enfouies sous la végétation d'un agréable jardin. Les plus chers disposent de la clim'. C'est simple, mais propre, fonctionnel et loin du bruit de la rue. Accueil familial et bonne qualité des prestations.

🛏 *Côte d'Azur Hotel* (plan Pereybère, **18**) : ☎ 263-81-65. ● *hotelcote dazur.com* ● *En plein centre-ville, au niveau du resto Le Pêcheur. Doubles standard 1 600-3 000 Rs (40-75 €) selon saison, petit déj en sus* (ce qui est un peu exagéré...). *N'hésitez donc pas à négocier les prix. Apparts à partir de 1 800 Rs (45 €) en basse saison.* Les chambres sont plutôt coquettes, bien équipées (frigo, TV, Canal +, clim', balcon) et, surtout, elles ont un lit immense. Prendre les chambres de derrière (nos 225-226), plus calmes, et éviter celles qui donnent sur la rue.

De prix moyens à beaucoup plus chic

🛏 *Casa Florida* (plan Pereybère, **19**) : *Mont Oreb Lane.* ☎ 263-73-71 ou 62-08. ● *casaflorida.net* ● *Dans la rue à droite (en venant de Grand baie), juste avt la pharmacie (panneau). Compter 1 610-2 660 Rs (40,30-66,50 €) pour 2 pers selon confort, petit déj compris. Possibilité de ½ pens.* Ensemble de petits bâtiments abritant différents types de studios et appartements. Les plus sympas, de catégorie C2, possèdent 2 chambres, la clim' et sont situés près de la piscine. Leur mobilier, très gai, affiche des couleurs vives. Propre et bien entretenu. Jolie petite piscine. Un endroit très prisé des familles.

🛏 *Hôtel Hibiscus* (plan Pereybère, **20**) : *à l'entrée du village, sur la gauche en venant de Grand Baie.* ☎ 263-85-54. ● *hibiscushotel.com* ● *Prévoir 3 200-4 200 Rs (90-120 €) par pers en ½ pens. Également des suites plus chères.* Un ensemble d'une quarantaine de chambres littéralement enfoui sous une végétation tropicale luxuriante (remarquez les magnifiques caoutchoucs, à faire pâlir les plus grands jardiniers de nos contrées !). L'hôtel a été superbement restauré. Chambres spacieuses, aux couleurs chaudes. Belle déco à l'indonésienne. Toutes disposent d'une terrasse ou d'un balcon. Bien entendu, le confort est au rendez-vous (clim', grands lits, etc.). Piscine qui donne face à la mer avec une petite plage artificielle (mais il y a des rochers). Pour un vrai bain de mer, rendez-vous sur la plage publique. Une adresse au charme certain.

Où manger ?

Bon marché (de 150 à 250 Rs, soit 3,80 à 6,30 €)

|●| *Palm Beach Café* (plan Pereybère, **40**) : *face à la mer, à gauche* de la plage publique. Tlj sf lun jusqu'à 19h (dernier service en hiver) ou 20h

(en été). Un endroit intéressant pour son emplacement surtout, puisqu'on peut s'installer sur une terrasse de sable, ombragée, qui surplombe le lagon. Au tableau : salades, croque-monsieur, panini, plats plus mauri-ciens et longue liste de bons cocktails. Pas une grande adresse culinaire, mais un endroit pour se restaurer simplement, avec une déco intérieure plutôt agréable.

De prix modérés à prix moyens (de 250 à 600 Rs, soit 6,30 à 15 €)

|●| *Wangthaï (plan Pereybère, 5) : au 1er étage du supermarché Monop', à 50 m de la plage publique. Fermé lun midi. Prix modérés.* Bonne cuisine thaïe, épicée comme il faut. Un menu pour les végétariens.

|●| *Café Pereybère (plan Pereybère, 41) : Royal Road, au centre.* Un resto chinois avec sa déco toute rouge et son ambiance feutrée. On peut se contenter d'un *mine frit* ou d'un bol renversé. Accueil efficace et discret. Rapport qualité-prix honnête.

|●| *Restaurant Le Pêcheur (plan Pereybère, 18) : Royal Road, au centre.* ☎ *263-19-53. Prix moyens.* Un resto qui pourra faire l'affaire de ceux qui veulent se sustenter d'une cuisine créole ou de grillades et qui ne sont pas trop pressés... Mais ne vous attendez pas à de la grande gastronomie. Terrasse en bord de rue.

Plus chic (de 600 à 1 000 Rs, soit 15 à 25 €)

|●| *Sea Lovers (plan Pereybère, 42) : en plein centre de Pereybère, côté mer.* ☎ *263-62-99. Repas à partir de 700 Rs (17,50 €) env ; plateau de fruits de mer pour 2 pers à 2 000 Rs (50 €).* Pour les amoureux de la mer, le chef concocte une cuisine souvent inventive, comme le cari de crevettes aux aubergines et son riz créole. Déco chic sans trop en faire (une prédilection pour le bois naturel), à moins de préférer la superbe terrasse couverte devant la mer. Service dans les règles de l'art. Animation musicale de bonne qualité (mais mieux vaut ne pas être trop près de la sono...). À signaler tout de même qu'il y a parfois des faux pas dans la qualité de la cuisine, dommage...

À faire

Plages

⌇ Outre les plages privées des grands hôtels, on trouve une agréable *plage publique* au cœur du village. Très fréquentée en semaine et bondée le week-end. Ce n'est pas le lagon aux plus belles couleurs, mais c'est là que ça bouge le plus. Ceux qui préfèrent la solitude passeront leur chemin. Sinon, notamment le dimanche, vous vivrez un chouette moment de réalité sociale mauricienne. Les familles s'installent sous les filaos, déjeunent, roupillent, picolent un peu, jouent aux boules, écoutent de la musique. Sur la plage même, des centaines de baigneurs de toutes les couleurs de peau, qui se mêlent dans la bonne humeur. Extra. Vendeurs de paréos, d'ananas et de coca (c'est une boisson locale).

Sorties en mer

➢ *L'île d'Ambre :* voir plus loin le chapitre « Les îlots au nord de Cap Malheureux ». Promenade proposée par de nombreux pêcheurs. *Patrice Louis* (☎ *499-95-61)* vous emmène en bateau à fond de verre pendant 1h environ pour 200 Rs (5 €) par personne (max 20 personnes). Sinon, balade à la journée pour 700 Rs (17,50 €) par personne. Départ en principe le mercredi à 8h30, avec repas, punch, caca pigeon (gâteaux apéritifs, en créole !), bananes grillées aromatisées au rhum et équipement pour faire du *snorkelling*.

Plongée

■ *Blue Water Diving Center* (plan *Pereybère*, **20**) *:* à l'hôtel Hibiscus. Un centre très sérieux tenu par Hugues Vitry. Voir « Activités nautiques » à Trou aux Biches et Mont-Choisy.

CAP MALHEUREUX

Après Pereybère, voilà la pointe nord-est de Maurice, un endroit moins commercialisé, plus paisible. La route côtière (Royal Road) longe quelques beaux lagons. Entre les filaos, on aperçoit, en point de mire, l'île du même nom. Pas véritablement de plage sur le chemin entre Pereybère et Cap Malheureux, mais des coins de sable, des brèches pour faire trempette. La mer offre ici d'exceptionnelles couleurs, des dégradés de vert, turquoise et bleu.
Les pêcheurs partent tôt le matin et reviennent vers 14h ; leur retour vaut le coup d'œil, surtout lorsqu'ils installent leur moteur sur leur vélo. Attention à l'encombrement. Ensuite, ils sont disponibles pour des promenades sur le lagon.
À Cap Malheureux, on trouve une poste, une épicerie et une cabine téléphonique.

UN PEU D'HISTOIRE

Son nom viendrait d'un cap rocheux et dangereux pour les navires, qui provoqua par le passé le naufrage de nombreux vaisseaux. Il n'y a pas eu que des naufrages, mais aussi des débarquements. C'est ici, près de l'église, que, le 6 novembre 1810, la flotte anglaise débarqua pour prendre définitivement le contrôle de l'île, lavant ainsi sa sévère déconvenue de Grand Port, quelques mois auparavant.

Où dormir ?

Beaucoup plus chic

🛏 *Veranda Coin de Mire* (plan *Pereybère*, **21**) *: Royal Road.* ☎ *262-73-02.* ● *veranda-resorts. com* ● *Au niveau de la plage publique de Bain Bœuf. Compter 2 000-3 000 Rs (50-75 €) par pers en ½ pens selon confort et saison.* En bord de route, l'hôtel fait face à une mer superbe. Chambres au style colonial, agencées avec un goût sûr et simple à la fois, distribuées autour d'un beau jardin exubérant et d'une grande piscine. Deux types de chambres, standard ou supérieures, climatisées. Deux piscines (proches de la route), centre de remise en forme, tennis, massages, miniclub (à partir de 4 ans). Personnel aux petits soins.

Où dormir dans les environs ?

De plus chic à beaucoup plus chic

🛏 *Kuxville* (plan *Pereybère*, **22**) *: Sur la route Royale, en allant vers* le nord, 450 m exactement après l'église de Cap Malheureux. ☎ *262-*

79-13 ou 88-36. ● kuxville.de ● Pour 2 pers, selon saison, studios, apparts ou bungalows env 45-90 € côté jardin, 50-130 € côté mer. Petit déj et ½ pens possibles. Les plus chers, ensoleillés et peu nombreux, se trouvent directement dans la verdure et les fleurs, face à une pelouse qui descend jusqu'au lagon et à une petite plage de sable. Les moins chers, de l'autre côté de la route, sont plus récents. Les appartements (équipés d'une cuisine et d'une salle de bains) peuvent accueillir jusqu'à 4 personnes ; préférer toutefois les bungalows, plus spacieux, tandis que dans certains studios, on est un peu à l'étroit. Également très bonne école de *kitesurf*, qui a même son festival en juillet.

🛏 *Paladien Marina* (plan Pereybère, 23) : à Anse la Raie, à env 2 km de la plage publique de Cap Malheu-reux, en direction de Grand Gaube. ☎ 204-88-00. ● veranda-resorts. com ● Selon saison, 123-160 € par pers en chambre double, en formule « all inclusive ». Au bout d'une pointe, totalement isolé, un hôtel-club (Nouvelles Frontières) de 140 chambres, sur un vaste terrain découvert et battu par les vents. Petites plages agréables, piscine, court de tennis et animations. Deux types de constructions confortables : d'une part, une quinzaine de petits bâtiments au toit de chaume situés à proximité du bar, et donc, des animations nocturnes ; d'autre part, des bâtiments plus récents et plus calmes, à la déco intérieure soignée et plutôt réussie. Tous sont climatisés. Espace bien-être. Ambiance très famille (miniclub). Souvent plein car réservé par les agences.

Où manger ?

Prix modérés (de 250 à 400 Rs, soit 6,30 à 10 €)

|●| *Kanaco* (plan Pereybère, 43) : à env 1 km du bourg de Cap Malheu-reux, sur la gauche de la route côtière, en allant vers Pereybère, face au temple tamoul ; il y a un panneau. ☎ 262-83-78. Ouv le soir slt en sem ; dim tte la journée. Une petite salle modeste, genre cantine, avec tables et chaises en bois, maquette de bateau. Une adresse sans prétention dans un coin où il n'y a pas grand-chose à se mettre sous la dent.

Plus chic (de 600 à 1 000 Rs, soit 15 à 25 €)

|●| *Amigo* (plan Pereybère, 44) : à Pavillon, un faubourg aux affreux blocs HLM jaunes, face à la gare routière. ☎ 262-84-18 ou 62-48. Fléché à partir de la route Royale. Ouv jusqu'à minuit. Fermé dim. Résa conseillée. Au 1er étage, une petite salle de resto nickel, chaises en osier et nappes roses. Hormis un cari au poulet et un agneau poêlé, le reste de la carte est consacré aux produits de la mer. Poissons et langoustes crus marinés dans l'huile d'olive, parfumés au basilic, crevettes blanches sauce corail, etc. Tout le monde y vient, même les grands, comme Jacques Chirac en vacances. En revanche, a-t-il usé de sa plume ? Eh bien, demandez...

À voir

🎭🎭 *Le village :* c'est un petit bout de village, juste quelques maisons. Sa curiosité, c'est bien sûr sa charmante église au toit rouge, face au lagon. Voilà l'image d'Épinal de Maurice, l'une des cartes postales les plus vendues. Parfaitement sereine toute la semaine, se contentant de regarder d'un œil

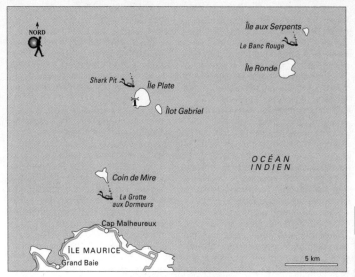

LES ÎLES DU NORD

aimable le retour des pêcheurs, l'église connaît le dimanche un vrai débordement. Grande affluence pour la grand-messe (à 9h, mais vérifier sur place). Parfois, il y a autant de monde dehors que dedans.

À faire

Plages

⌁ **La plage publique :** *au centre du village.* Elle draine en fin de semaine une foule de bienheureux qui goûtent aux joies du farniente, première activité des Mauriciens le week-end. Populaire donc, à défaut d'être la plus belle, mais en Panavision et multicouleurs locales.

⌁ **La plage de Bain Bœuf** *(plan Pereybère) : un peu avt Cap Malheureux, en face de l'hôtel* Veranda Coin de Mire. Petite mais sympa avec sa rangée de filaos. On venait autrefois y nettoyer les bœufs. On peut y faire trempette mais on ne s'y baigne pas vraiment à cause des quelques rochers et des voiliers qui mouillent à longueur de journée.

LES ÎLOTS AU NORD DE CAP MALHEUREUX

– On compte 6 îlots au nord de la pointe de Maurice. Celui du **Coin de Mire,** qui ressemble à un poisson-lune gonflé, est le plus proche de la côte (environ 3 km de Cap Malheureux). On ne débarque pas au Coin de Mire, dont les abords sont difficiles et qui a été transformé en réserve naturelle. En revanche, certains clubs de plongée viennent par ici car les fonds sont superbes.
– Un peu plus au nord, à 8 km de Cap Malheureux, il y a l'**île Plate** et l'**îlot Gabriel,** séparés par un lagon de 200 m environ, plus authentiques que l'île aux Cerfs et surtout moins bondés. Des excursions sont organisées par les

agences ainsi que par tous les hôtels. On débarque sur l'îlot Gabriel car son accès est plus aisé. Naturellement, il y a aussi plus de monde que sur l'île Plate. À choisir, préférez cette dernière pour sa plus grande « tranquillité ». Sortie d'une journée (compter 3h de navigation aller-retour depuis Grand Baie, et 3h ou 4h sur place, ou 1h depuis Cap Malheureux). Une sortie bien agréable : pique-nique, bronzette et plongée avec masque et tuba. Beau massif corallien dans le lagon et faune pas farouche (balistes, poissons-clowns, etc.). Mais attention, ne mettez pas vos mains dans les trous des rochers : il y a des murènes !

– Bien plus au nord, à 15 km environ de Cap Malheureux, l'*île Ronde* et l'*île aux Serpents.* Leur éloignement et leur difficulté d'approche les préservent des intrus. De beaux oiseaux y ont trouvé refuge. Même les ornithologues les observent des embarcations, pour éviter qu'un rat ne débarque malencontreusement de la cale du bateau ! Curieusement, c'est l'île aux Serpents qui est ronde, et elle n'abrite pas de serpents, mangés par les oiseaux. En revanche, l'île Ronde abrite aussi bien des serpents que de superbes espèces d'oiseaux. Elle est devenue, comme l'île du Coin de Mire, une réserve naturelle. Les pêcheurs disent qu'on y trouve une espèce de boa unique au monde...

– *L'île d'Ambre,* entre Grand Gaube et Poudre d'Or, est une petite île à l'intérieur du lagon. Les bateaux partent de Grand Baie (2h) ou de Pereybère (1h30). La traversée du lagon est parfois difficile à marée basse. Préférer un bateau à fond de verre pour apprécier le lagon. On longe toute la côte, dépassant Cap Malheureux, on s'aperçoit que les cases en bord de mer n'ont rien de malheureux ; bien au contraire, heureux ceux qui vivent là, les pieds dans l'eau. Sur l'île d'Ambre, ne vous attendez pas à une île déserte au milieu de l'océan, avec des plages de sable blanc bordées de cocotiers et des fonds ressemblant à des aquariums. Rien à voir avec les îlots de Nouvelle-Calédonie, Tahiti, Madagascar, Mayotte... L'île est proche de la côte, il n'y a pas de plage mais des bancs de sable et de l'ombre sous les filaos. Quant aux fonds marins, on n'a vu ni coraux ni poissons en quantité. Et il faut bien avouer que côté tranquillité, on a vu mieux... Attendez-vous à une grosse animation avec de nombreux groupes qui ne sont jamais bien éloignés les uns des autres et qui vous font généreusement profiter de leur séga.

On peut faire le tour de l'île (l'intérieur est une poubelle), nager au nord pour revenir à l'heure du repas au niveau des bateaux. Les agences proposent le transport et le repas, sans oublier le chanteur de séga. Possibilité aussi de faire du kayak de mer (voir *Isa Mauritius* dans « À faire » à Grand Gaube).

Comment choisir son prestataire ?

De nombreuses agences à Grand Baie et à Cap Malheureux proposent les excursions. *Selon le type de bateau, les prix varient de 700 à 1 000 Rs (17,50-25 €) par pers, tt compris, pour l'île d'Ambre ; 1 000-1 300 Rs (25-32,50 €) par pers pour les autres îlots.* Vous croiserez certainement des pêcheurs qui vous proposeront de vous y emmener avec leurs embarcations, pour moins cher, en principe. Sachez que la plupart du temps, vous embarquez alors à vos risques et périls. Primo, ils ne sont généralement pas assurés en cas de pépin. Secundo, c'est interdit (ils ne paient pas de patente) et les garde-côtes sont vigilants car il y a déjà eu des accidents ! Le pêcheur risque une grosse amende qui se transforme souvent en bakchich d'ailleurs... N'écoutez pas les rabatteurs des bacs à sable. Ils vous racontent n'importe quoi. Avant d'embarquer, vérifier bien deux choses :

– l'inscription PC *(Permit Commercial)* doit figurer sur la coque du bateau. Cela signifie que l'embarcation est contrôlée régulièrement par le ministère du Tourisme et que le propriétaire est habilité à emmener des passagers ;

– le chiffre mentionné après les inscriptions BY ou AY qui correspond au nombre de passagers autorisés à bord.

Enfin, assurez-vous qu'il y a un abri contre le soleil sur l'embarcation (et surtout, que vous ne serez pas trop nombreux; car dans ce cas, tout le monde ne peut pas s'abriter).

On a sélectionné quelques prestataires à Grand Baie. N'oubliez pas palmes, masque et tuba !

GRAND GAUBE

Nous voici déjà sur la côte est. Grand Gaube est le premier village que l'on rencontre après avoir passé Cap Malheureux et la pointe nord de l'île. Tout en longueur, sans véritable centre, ce village authentique et banal n'a à offrir que la nonchalance de ses habitants. Et ce n'est pas si mal. On fabrique ici des barques, en *jack fruit,* de manière artisanale. En bord de mer, bancs, kiosques et allées serpentant sous les arbres.

Adresse utile

■ *Médecin :* Dr Mita Lutchmun, médecin généraliste. ☎ 251-45-03. | Se déplace (ce qui est rare !) de Goodlands à Cap Malheureux.

Où dormir ?

Prix moyens

🛏 *Le Jardin des Essences :* à Calodyne, Grand Gaube. ▯ 788-88-78. ● isa-mauritius.com ● *Prévoir 40 € pour 2 pers avec petit déj (plus cher pdt fêtes de fin d'année). Résa à l'avance. Séjour min 3 nuits (7e nuit offerte sur présentation de ce guide).* Au milieu des champs, ce petit *B & B* propose juste une chambre confortable avec salle de bains. Jolie déco reposante. Piscine qui épouse la forme de la maison, sinon la mer est à 10 mn de marche. Une adresse au calme. Stages de cuisine mauricienne toute l'année, accessible même aux non-résidents (se renseigner sur les dates). Cours d'aérobic 2 fois par semaine. Commerces à proximité, excursions et voiture sur demande (voir plus bas *Isa Mauritius* dans la rubrique « À faire »).

De plus chic à beaucoup plus chic

🛏 *Veranda Paul et Virginie :* Royal Road. ☎ 288-02-15. ● veranda-resorts.com ● *En venant du nord, sur la gauche de la route Royale, à l'entrée du village. Selon saison et confort, 3 440-4 400 Rs (86 et 110 €) par pers en ½ pens.* Ce complexe hôtelier offre un très bon rapport qualité-prix et plusieurs atouts : ambiance familiale, intimité et calme (les chambres sont à l'écart du bar), service impeccable, personnel attentionné. Les chambres confortables sous les toits de chaume disposent de toutes les commodités, d'un balcon ou d'une terrasse avec vue sur la mer, et on ne se lasse pas du paysage. Pour les fans de bronzette, un cadre idéal (petite plage artificielle et 2 piscines), et pour les sportifs, toutes les activités présentes sur l'île sont proposées, ainsi que des massages pour détendre les héros fatigués. Resto de fruits de mer en bord de plage. Petite expo consacrée à Paul et Virginie dans le salon de lecture. L'hôtel faisant partie du Groupe *Veranda Hotels,* on peut profiter des activités des autres et, pourquoi pas, essayer leurs différents restos.

🏠 *Archipel Bungalows : dans le petit hameau de Calodyne, Grand Gaube. Pancarte sur la gauche de la route principale.* ☎ 283-95-18. Fax : 283-79-10. *Doubles (sans cuisine) 1 400-1 700 Rs (35-42,50 €) selon saison, petit déj inclus. Bungalows 1 800-2 600 Rs (45-65 €). Possibilité de ½ pens.* Ensemble de bâtiments en dur sans prétention, des années 1970, alignés parmi les petits cocotiers. Deux formules : chambres pour 2 ou 4 personnes et bungalows avec vaste salon, cuisine, 2 chambres. La déco est dépouillée et l'ensemble a un peu vieilli. Coin en cours d'urbanisation mais encore calme, ambiance relax et bon accueil. Petite plage de sable et piscine. Activités nautiques : planche à voile, kayak. Si vous souhaitez rayonner alentour, il est conseillé d'avoir une voiture.

Où manger ?

De bon marché à prix modérés (de 150 à 400 Rs, soit 3,80 à 10 €)

🍽 *Le Bernache : Grand Gaube, à env 300 m de la plage publique.* ☎ *526-08-08.* Dans une grande salle au 1er étage, un resto qui propose une cuisine simple mais correcte. Ne faites pas le déplacement exprès, mais c'est une adresse pratique si vous êtes dans le coin.

À faire

■ *Isa Mauritius : Calodyne, Grand Gaube.* 🖳 *788-88-78.* ● *isa-mauritius. com* ● ♿ Installée depuis quelques années sur l'île et amoureuse de sa terre d'adoption, Isa la Bretonne se propose, comme intermédiaire, d'organiser pour vous des excursions à la carte en collaboration avec ses nombreux partenaires mauriciens : sorties en mer, sorties baleines (juin-septembre), nage avec les dauphins, sortie à l'île Plate, plongée, visite de la fabrique de thé de Bois Chéri, etc. Elle peut aussi se charger des réservations de logement (à moins d'opter pour son propre *B & B,* voir plus haut), transferts depuis l'aéroport, locations de voitures et de vélos, et fournit très volontiers des réponses à toutes vos interrogations. Elle est aussi équipée pour convoyer les personnes à mobilité réduite.

■ *Yemaya Adventures : Calodyne, Grand Gaube.* 🖳 *752-00-46.* ● *yemaya adventures.com* ● Sportif confirmé et écolo passionné, Patrick Haberland a choisi le carburant le moins polluant pour partir à la découverte de son île : l'huile de coude ! C'est à grands coups de pagaie ou de pédalier (en fonction de l'option kayak ou VTT) qu'il vous guidera dans la mangrove, dans la baie, dans le lit de belles rivières ou sur de petites routes jolies comme tout. Excursion limitées à 8 personnes pour préserver la convivialité de l'atmosphère. Une vraie leçon d'écotourisme.

DE GRAND GAUBE À ROCHES NOIRES

GOODLANDS

Au sud de Grand Gaube, dans l'intérieur des terres. Ville qu'on pourrait qualifier au choix de quelconque ou de typique, les deux adjectifs peuvent être appliqués. Goodlands abrite l'une des plus grandes entreprises de maquettes de bateaux. Marché aux fruits et légumes les mercredi et samedi, marché au tissu les mardi et vendredi. Plusieurs banques avec distributeurs automatiques dans la rue principale.

🔫 🎿 *Les ateliers de Historic Marine : dans la zone industrielle de Good-lands (au bord de la route principale ; panneau).* ☎ 283-93-04. ● *historic-marine.com* ● *Visite guidée gratuite. Lun-ven 8h30-17h ; w-e 9h-12h. Préférer les visites en sem et avt 15h pour profiter de l'activité de l'atelier.* On le dit tout net, les prix sont élevés, mais la qualité et la variété sont indiscutables. On n'a pas vu de maquettes plus belles ni mieux finies ailleurs. La visite des ateliers est particulièrement intéressante.

POUDRE D'OR

Malgré le nom évocateur dû au sable doré (qui n'est pas plus doré qu'ailleurs) de cette partie de la côte, ce paisible village n'a rien de spécial à offrir. Il doit sa seule gloire au **naufrage du Saint-Géran,** en août 1744, à 4 km au large de la côte de Poudre d'Or. Un monument très ordinaire a été élevé pour commémorer ce drame et le roman *Paul et Virginie.* Un joli coin cependant, ventilé par les alizés et agréable pour un pique-nique face au large. Par la rue juste avant celle du monument dédié à Paul et Virginie, on accède au port de Poudre d'Or, qui consiste en quelques barques dans une crique. Le retour de pêche a lieu en début d'après-midi, ensuite les pêcheurs jouent aux dominos, sous le grand banian, tandis que d'autres réparent leur nasse ou tressent leur filet. La vie mauricienne dans toute sa torpeur. La rue principale se termine à l'hôpital, un joli petit bâtiment de la fin du XIXe siècle, avec son jardin tropical dans la cour.
Après le resto *Le Coin du Nord,* au bout de l'allée de cocotiers, se dresse une petite église entourée de champs de canne à sucre.

ROCHES NOIRES

🔫 *Bras d'Eau Forest Reserve : à un peu moins de 4 km au sud de Roches Noires, par la route de l'intérieur.* Visitor's Center *ouv lun-ven 7h-16h ; w-e 8h-17h. Entrée libre.* Une nouvelle réserve naturelle créée au sein d'un boisement diversifié d'eucalyptus, d'araucarias, de filaos, etc. Intéressante pour l'avifaune qu'elle abrite. Avec beaucoup de patience et pas mal de chance, on peut y observer certaines espèces d'oiseaux rares comme le coq des bois, une espèce endémique. C'est un genre de passereau aux ailes rouges, rien à voir donc avec notre gallinacé national ! Dans le *Visitor's Center,* panneaux (en anglais seulement) sur la faune et la flore de la réserve. En face du *Visitor's Center* (sur le côté gauche de la route en venant de Roches Noires) débute un petit sentier (3 km ; compter 1h aller-retour) qui permet une balade ombragée jusqu'aux mares Mahogany, Chevrettes et Coq des Bois. Ça change de la plage ! Prévoir de bonnes chaussures car le sentier est caillouteux. La mare Mahogany est un endroit sympa et frais pour pique-niquer (quelques tables aménagées à cet effet).

LA CÔTE EST, DE POINTE LAFAYETTE À MAHÉBOURG

Restée très sauvage pendant de nombreuses années, la côte est a connu un important développement touristique au cours de la dernière décennie, notamment entre la Pointe de Flacq et Trou d'Eau Douce. Un peu plus au nord, entre Roches Noires et Pointe Lafayette, le littoral est bordé de roches noires déchiquetées par la force des vagues et de quelques villas « les pieds dans l'eau ». Le coin est beau et franchement très tranquille, mais il y a peu de plages et de possibilités d'hébergement. Ensuite, vers le sud, de super-bes étendues de sable blanc se succèdent sur une dizaine de kilomètres. C'est ce coin-ci, bien sûr, qui est tombé dans l'escarcelle des hôtels de luxe. Enfin, entre Grande Rivière Sud-Est et Vieux Grand Port s'égrènent des vil-lages de pêcheurs. Sur cette partie de la côte et un peu plus au sud, le vent souffle presque toute l'année.

CENTRE-DE-FLACQ

Flacq est une commune englobant 36 villages, et son centre est... Centre-de-Flacq, à 10 km environ de la côte. C'est la ville la plus importante de l'est de l'île. Elle a connu ces dernières années une grande expansion démogra-phique et économique, conséquence notamment d'une activité textile en plein boom, dopée par la création de la zone franche. C'est aujourd'hui un bourg populaire très vivant, avec ses bazars, ses échoppes nombreuses, tout un grouillement de population occupée à marchander et à deviser, sa vaste gare routière, ses centaines de collégiens en uniforme, son imposant tribunal d'architecture coloniale et les abords ombragés de la rivière.

– Nombreuses **banques** avec distributeurs automatiques.

– **Foire :** mer mat et dim mat. Fruits et légumes, épices, vannerie, vête-ments, tissus.... Animé, très typique et dépaysant. De bonnes affaires à réa-liser côté textile.

Où manger ?

Bon marché (de 150 à 250 Rs, soit 3,80 à 6,30 €)

|●| *Pizza & Tandoori Restaurant :* *Riverland Gallery, Darbarry Lane.* ☎ *413-87-55 ou 39-07. Au centre : prendre la route de Port-Louis, puis tout de suite après le pont, la rue à droite. Fermé lun.* Ne pas se fier au nom, ni à la salle plutôt impersonnelle. Voici un p'tit resto simple, un genre de cantine fréquentée par les Mauriciens qui vaut largement le détour si vous êtes dans le coin. D'abord pour le concept. C'est en fait une école de cuisine gastronomique montée par Mougam Pareatumbee, un chef hindou qui a d'abord travaillé en tant que chef-pâtissier au très chic *Restaurant du Saint-Géran* (excusez du peu !) et qui ne compte plus les prix remportés dans les salons internationaux. Ne pas se priver d'un beau dessert ! Une adresse bien surprenante, une initiative à encourager !

Où manger dans le coin ?

De prix modérés à prix moyens (de 250 à 600 Rs, soit 6,30 à 15 €)

|●| *Chez Manuel :* à *Saint-Julien.* ☎ *418-35-99. Village situé à env ` km à l'ouest de Centre-de-Flacq. ` centre-ville, prendre la direction ` Port-Louis, puis c'est fléché. `é dim.* Déco sobre et cadre `le, avec une grande terrasse `onnant sur un jardin tropical. ` est considéré comme l'un des meilleurs chinois de l'île. Tout tient dans l'assiette. Préparation de crabe superbe (attention, c'est au poids), tout comme les soupes. Rien de particulièrement original dans la carte fleuve, mais c'est largement supérieur à ce qui est proposé géné-ralement dans les restos de la côte. Et c'est copieux !

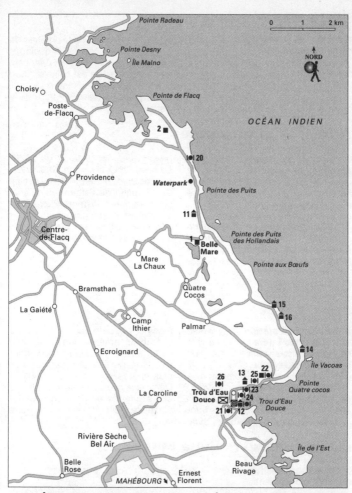

LA CÔTE EST, DE POINTE DE FLACQ À TROU D'EAU DOUCE

■ **Adresses utiles**

⊠ Poste
1 Shibani Finance
2 Mauritius Commercial Bank
@ **12** Cybercafé Sous le Manguier
22 Location de deux-roues

🛏 **Où dormir ?**

11 Emeraude Hotel
12 Chant de la Mer Bungalow
13 Le Dodo
14 Cilaos Beach Resort
15 Surcouf Village Hotel
16 La Palmeraie

|◉| **Où manger ?**

12 Sous le Manguier
20 Symon's
21 Resto 7
22 Green Island Beach
23 Chez Tino
24 Les Terrasses du Lagon
25 Le Four à Chaux
26 Restaurant Le Café des Arts – Fondation Maniglier

BELLE MARE

De la Pointe de Flacq à la Pointe aux Bœufs, une dizaine de kilomètres de plage ombragée de filaos, presque sans discontinuité. Idyllique. À quelques exceptions près, ce coin est réservé à l'hôtellerie haut de gamme. Aller vers la Pointe de Flacq, splendide coin s'il en est, mais la route est coincée entre le golf et les résidences aux multiples étoiles et aux prix vertigineux.
– *Attention,* pas de bus entre Belle Mare et Centre-de-Flacq, ni entre Belle Mare et Trou d'Eau Douce. Taxi uniquement.

Adresses et info utiles

■ *Bureaux de change : Shibani Finance (plan Côte est, 1). Dans le centre de Belle Mare, à deux pas de la bifurcation entre Trou d'Eau Douce et la Pointe de Flacq.* ☎ *415-20-25. Lun-sam 8h30-16h30 ; dim 8h30-11h30. Également un bureau de change à la Mauritius Commercial Bank (plan Côte est, 2), située à la Pointe de Flacq, face aux hôtels*

prestigieux. ☎ *415-16-57 ou 15-54. Lun-ven 9h30-17h ; sam 8h30-17h ; j. fériés 9h-12h. Fermé dim.* Possibilité de retirer de l'argent au guichet avec une carte *Visa* ou *MasterCard* en présentant son passeport.
– Pas de ***distributeur automatique*** dans le coin. Il faut aller à Centre-de-Flacq.

Où dormir ?

Beaucoup plus chic

🛏 *Emeraude Hotel (plan Côte est, 11) : à la sortie de Belle Mare, sur le côté gauche de la route, en direction de la Pointe de Flacq.* ☎ *415-11-07 ou 08.* ● *blue-season-hotels.com* ● *Prévoir 2 600-3 600 Rs (65-90 €) pour 2 pers en ½ pens selon saison et confort.* Un petit complexe de bungalows aux toits de chaume, avec

piscine et resto. Deux types de chambres aménagées avec soin (déco assez classique mais agréable, clim', belle salle de bains). Les plus chères sont plus spacieuses. Dommage que la circulation automobile s'entende un peu. La superbe plage de Belle Mare est de l'autre côté de la route.

Où manger vers Belle Mare ?

Prix moyens (de 400 à 600 Rs, soit 10 à 15 €)

|●| *Symon's (plan Côte est, 20) : Pointe de Flacq, Belle Mare.* ☎ *415-11-35. Au bord de la route, sur la droite en venant du sud, 300 m avant l'intersection pour Poste-de-Flacq et la Pointe de Flacq.* Prix un peu plus élevés que la moyenne, mais cuisine bien réalisée. Pas mal de spécialités

indiennes et plusieurs plats végétariens. La salade d'ourite à la mauricienne n'a pas fait un pli, et on aurait bien voulu lécher l'assiette de la « banane boucanier », mais ça ne se fait pas. Quelques pizzas pour les enfants. Terrasse en bord de route.

À faire

🧍 *Le Waterpark (plan Côte est) : face à la plage de Belle Mare.* ☎ *415-26-26.* ● *maurinet.com/waterpark.html* ● *Hiver : tlj 10h-17h30 ; été : tlj 10h-18h. Entrée : 350 Rs (8,80 €) ; réduc enfants.* Casiers avec cadenas pour déposer ses affaires.

Parc aquatique à dimension humaine comprenant, outre les snacks, restos et boutiques, 9 attractions nautiques : toboggans en tout genre, bouées, piscines avec ou sans vagues pour petits et grands. Également quelques manèges (auto-tamponneuses, balançoires...). Au sein du parc, plusieurs endroits où grignoter (*mine frit,* burgers, etc.) car il est interdit d'apporter son casse-croûte. Pour ceux qui préfèrent l'authenticité, la plage et la mer, la vraie, qui sent l'iode et pas l'eau de Javel, sont juste en face.

TROU D'EAU DOUCE

Gros village agréable et très étendu en bord de route. Le lieu est connu parce qu'il est le point de départ pour l'île aux Cerfs. Les belles plages se situent au nord du village, en direction de Belle Mare. Malheureusement, elles sont pas mal squattées par les hôtels de luxe. Elles changent de nom de kilomètre en kilomètre, mais peu importe, c'est la même, toujours belle et bordée de filaos, un peu aride quand même.

Arriver – Quitter

➤ *En bus :* liaisons quotidiennes toutes les 30 mn environ, de 6h à 18h30, entre Centre-de-Flacq et Trou d'Eau Douce. À Centre-de-Flacq, bus pour les principales villes de l'île. Pas de bus en revanche entre Trou d'Eau Douce et Belle Mare.

Adresses et info utiles

✉ *Poste :* dans le centre du village.
– Pas de *bureau de change,* ni de *distributeur automatique.*
@ *Cybercafé Sous le Manguier* (plan Côte est, *12*) : dans la salle à manger du resto du même nom

(voir « Où manger ? »).
■ *Location de deux-roues :* au resto *Green Island Beach* (plan Côte est, *22* ; voir « Où manger ? »). Env 150 Rs/j. (3,80 €) pour un vélo et 500 Rs/j. (12,50 €) pour un scooter.

Où dormir ?

Bon marché

🛏 *Chant de la Mer Bungalow* (plan Côte est, *12*) : Nowbuth Road, la rue en face de l'église. Se renseigner auprès de la table d'hôtes Sous le Manguier, ☎ et fax : 419-38-55 ou 📠 726-89-40. ● souslemanguier@ hotmail.com ● Chambre 450 Rs (11,30 €) pour 2 pers, avec ventilo, petit déj en sus. Appart climatisé avec une chambre, salle à manger, kitchenette, salle de bains et terrasse à partir de 650 Rs (16,30 €) pour 2 pers, et 2 chambres d'hôtes autour de 1 200 Rs (30 €), ménage inclus. Au calme et bien placée, presque en face du magasin, c'est la maison au portail bleu. Marie-Line et

José sont souriants et toujours prêts à rendre service. Très bien tenu, propreté irréprochable.
🛏 *Le Dodo* (plan Côte est, *13*) : en plein centre du village, sur la gauche de la route Royale en allant vers le nord (panneau). ☎ et fax : 480-00-34. En retrait de la route, studios 600-700 Rs (15-17,50 €) pour 3 pers, avec cuisine, douche, w-c et ventilo. Quatre appartements avec terrasse, sans charme mais fonctionnels, et à quelques minutes à pied de la plage de Four à Chaux. Les plus chers, au 2e et dernier étage, ont vue sur la mer. Très propre et calme. Bon accueil.

Où dormir dans les environs ?

Prix moyens

🛏 **Cilaos Beach Resort** (plan Côte est, **14**) : à env 2 km au nord du centre de Trou d'Eau Douce, le long de la route côtière juste avt la plage publique de Palmar. ☎ et fax : 480-29-85. • beach-bungalows.mu • Bus ttes les 30 mn env pour le centre du village. Studios ou bungalows (2 chambres) avec cuisine pour 2 à 4 pers entre 30 et 55 € la nuit selon taille et saison, ménage et linge compris. Pas de petit déj. CB refusées. Malgré son nom qui fait « luxe », il s'agit d'une structure hôtelière familiale simple, face à une petite plage tranquille. TV dans les chambres, clim' prévue. Les studios les plus récents, mieux équipés, nous ont paru plus propres et plus agréables ; ils sont aussi un peu plus chers. Les autres manquent indéniablement d'entretien. Attention aux moustiques. En principe, les restos du coin viennent chercher et ramènent les convives.

Beaucoup plus chic

🛏 **Surcouf Village Hotel** (plan Côte est, **15**) : Coastal Road, Palmar. ☎ 415-18-00 ou 01. • lesurcouf. net • Selon taille et saison, 84-100 € pour 2 pers en ½ pens (obligatoire). Sur cette côte assez sèche, le Surcouf offre une certaine intimité et un cadre de bon goût pour un prix finalement raisonnable. Belle piscine très appréciable, devant un lagon parfois envahi par les algues. La plupart des chambres possèdent une vue sur la mer et toutes sont climatisées.

Chic et charme

🛏 **La Palmeraie** (plan Côte est, **16**) : Coastal Road, Palmar. ☎ 401-85-00. • hotel-palmeraie.com • Doubles 160-360 € par pers selon confort, vue et saison, en ½ pens. Bienvenue à... Marrakech ! Ce séduisant hôtel d'une soixantaine de chambres offre, de par son architecture marocaine, le dépaysement dans le dépaysement (à moins que vous n'habitiez au Maroc !). Les chambres, de très grand confort, sont décorées avec goût et élégantes : voilages de couleur, mobilier marocain, lits douillets. Bar sous une belle coupole en mosaïque qui évoque celle d'une mosquée (ils ont juste oublié l'appel du muezzin à l'aurore !). Pour se baigner, petite plage ou belle piscine qui encercle une partie du bar. Très bon accueil, très bons services (spa, massages, sports nautiques, excellents repas...). Bref, rien ne manque à ce boutique hôtel, cette nouvelle génération d'hôtels qui jouent à fond la carte du charme et de l'intimité.

Où manger ?

De bon marché à prix modérés (de 150 à 400 Rs, soit 3,80 à 10 €)

🍽 **Resto 7** (plan Côte est, **21**) : dans une rue à gauche à la sortie de Trou d'Eau Douce, en venant du nord (indiqué 500 m après la poste). ☎ 419-27-66. Fermé sam. Avantage : 10 % de réduc accordés chez Resto Tours, petite agence qui organise des excursions vers l'île aux Cerfs. Resto familial indien perché sur une terrasse entourée de verdure. Cadre reposant. Propose, comme toujours à Maurice, des plats chinois et créoles. *Farata* sur commande (ce sont des galettes à base de farine). On peut aussi se contenter d'une petite restauration rapide.

|●| *Green Island Beach* (plan Côte est, **22**) : Royal Road. ☎ 480-07-35. Fermé lun. À l'entrée de Trou d'Eau Douce en revenant du nord, sur la droite. Ce resto-café avec une

micro-terrasse (pour boire un v... propose une bonne cuisine (c... noise, mauricienne et européenne, copieuse, bien présentée. Le chef vient même vous voir pour s'assurer que ça vous plaît. Baie vitrée avec une vue directe sur le lagon et les barques de pêcheurs. Et vous aurez certainement tout le loisir de les contempler avant d'être servi !

De prix modérés à prix moyens (de 250 à 600 Rs, soit 6,30 à 15 €)

|●| *Les Terrasses du Lagon* (plan Côte est, **24**) : petite rue sur la gauche de la route principale en venant du nord, au cœur du village. Fermé lun. Dans une belle maison de pierre qui pourrait faire la couverture de magazines de déco. Grande terrasse qui donne directement sur le lagon où dodelinent quelques barques en toute quiétude. Une cuisine mauricienne et européenne fort réussie (crevettes à la vanille, poulet aux pistaches, etc.). Également des pizzas. Peuvent venir vous chercher le soir à votre hôtel et vous proposer des balades dans le lagon en journée. Une adresse qui réserve une certaine intimité et donc parfaite pour un petit repas en amoureux à prix raisonnables.

|●| *Chez Tino* (plan Côte est, **23**) : Royal Road. ☎ 480-27-69. Fermé dim soir. Pour trouver l'escalier qui mène à la salle de resto au 1er étage, traverser le garage et suivre les poissons-lunes-lampions ! Des serveurs jeunes, sympas et efficaces apportent des plats bien mijotés tels que le cari végétarien ou de crevettes, de

calamars ou de poulet. Terrasse agréable le soir.

|●| *Sous le Manguier* (plan Côte est, **12**) : Royal Road. ☎ 419-38-55 ou ▤ 726-89-40. *En face du porche d'entrée de l'église. Tlj à midi ; le soir sur résa slt (24h à l'avance) avec menu unique.* Le midi, c'est un resto « classique », avec des plats du jour que l'on savoure dans une petite salle propre et nette. Le soir, c'est une table d'hôtes ouverte aux non-résidents. Marie-Line et José proposent alors un repas mauricien comprenant un ti-punch et un verre de vin que l'on déguste assemblés autour d'une même table. Fait aussi cybercafé.

|●| *Le Four à Chaux* (plan Côte est, **25**) : Royal Road. ☎ 480-10-36. *Fermé sam midi.* Jolie salle au 1er étage, en surplomb de la route principale, en face d'un ancien four à chaux. Cuisine mauricienne principalement (spécialités de fruits de mer) et quelques plats internationaux assez bien réalisés, avec des produits bien frais. Déco et atmosphère chic. Bon accueil.

Beaucoup plus chic

|●| *Restaurant Le Café des Arts – Fondation Maniglier* (plan Côte est, **26**) : Victoria Road. ☎ 480-02-20. Au centre, prendre la route juste à droite de la poste (en venant du nord), puis fléché. Tlj sur résa slt. Le midi, compter 1 400-1 600 Rs (35-40 €) pour un repas ; le soir, menu-carte à env 2 300 Rs (57,50 €). Dans

le splendide cadre de la Petite Victoria, une ancienne sucrerie de 1848 admirablement restaurée, on déguste une cuisine gastronomique qui change en fonction de l'inspiration du jour. Mais le filet de bourgeois au parfum de combava cuit à la vapeur dans sa feuille de banane tient régulièrement le haut de l'affi-

e vous mettre l'eau à
e reste de la carte et
t. Le tout au milieu
higlier, qui fut, entre
...ere élève de Matisse.

Remarquable carte des vins.
Superbe accueil personnalisé de
Jocelyn et de son épouse. Une
adresse pour le plaisir des yeux et
du palais.

> ## DANS LES ENVIRONS DE TROU D'EAU DOUCE

🏃🏃 *Le domaine de l'Étoile :* de Trou d'Eau Douce, gagner Bel Air, puis
suivre la route de Montagne Blanche (B27) ; c'est indiqué env 7 km plus loin
sur la gauche (panneau discret à l'entrée d'une mauvaise piste). ☎ 433-
10-10 ou 50. ● cieletnature.com ● Résa obligatoire. Compter 500-2 500 Rs
(12,50-62,50 €) par pers selon l'activité.
Moins fréquenté que ses homologues, car plus excentré, ce vaste domaine
tire profit de son isolement pour offrir à ses visiteurs des prestations de qualité dans un environnement préservé. Forêts luxuriantes, vallons intimes, rivières apaisantes, belvédères panoramiques à couper le souffle, autant d'ima-
ges de carte postale qui caractérisent les 6 000 ha déployés sur les flancs de
Montagne Bambous. Autant dire que les activités ne manquent pas pour
profiter du site, organisées en principe sur une demi-journée (repas compris) : parcours de randonnées, VTT, circuit en 4x4 et en quad, que l'on déconseille pour des raisons écologiques évidentes, et tir à l'arc sur des cibles
animalières fixes en 3D. Le tout encadré par des équipes souriantes et com-
pétentes ! On peut ensuite se balader dans le parc et découvrir les animaux
en liberté : cerfs, singes, sangliers, pailles-en-queue, chauves-souris. Au
retour, buffet mauricien classique servi dans un *lodge* aussi romantique qu'historique... car c'est ici que furent tournées certaines scènes de la série TV
Paul et Virginie avec Véronique Jannot, difusée en 1974. Que d'étoiles au
domaine !

L'ÎLE AUX CERFS

L'île est à 15 mn de la côte et du village de Trou d'Eau Douce. On y va en
bateau et il n'y a pas de voiture. Elle doit son succès à la beauté de son
lagon. Plages superbes, comme partout à Maurice. Et pourtant, si l'île aux
Cerfs n'a rien de plus à offrir que le reste des côtes, elle est devenue depuis
quelques années l'excursion la plus courue de Maurice. Et comme la conces-
sion et les restos de l'île aux Cerfs dépendent du fameux hôtel *Touessrock,*
on comprend mieux que le marketing joue bien son rôle. Maintenant que
l'aménagement du site semble amorti, on a l'impression que celui-ci périclite,
son entretien et celui du matériel laissant à désirer... De plus, le nouveau golf
a envahi une grande partie de l'île, si bien qu'on se promène moins facilement à l'intérieur de l'île. On peut tout de même rejoindre quelques plages
isolées de l'autre côté de l'île, la plupart des touristes restant agglutinés autour
du débarcadère, ou juste emprunter un sentier qui longe la côte sur 500 m
environ et permet de se poser au sein de superbes criques tranquilles (à
condition toutefois de suivre les conseils que l'on vous livre ci-dessous).
– *Conseils :* l'endroit est beau, mais si vous voulez en profiter, il vous faut y
aller tôt et repartir en fin de matinée. Après 11h-11h30, tous les groupes
excursionnistes débarquent et ça devient insupportable. À partir de 15h30,
pour revenir, c'est la cohue sur le ponton. Très désagréable. D'ailleurs, les
bateaux qui traversent la font parfois dans des conditions de sécurité limite.
Évitez aussi d'y aller le week-end, quand les Mauriciens s'ajoutent aux touristes, ça fait vraiment du monde.

LA CÔTE EST

– Sur les plages, des rabatteurs vous proposeront différentes activités, notamment des balades en bateau vers la cascade de Grande Rivière Sud-Est, située au sud de l'île aux Cerfs, mais dont l'accès est impossible de la terre ferme.

Comment y aller ?

Très facile. Tout le monde à l'île Maurice propose cette excursion. Mais bien évidemment les tarifs augmentent avec l'éloignement. Le plus économique consiste à partir de Trou d'Eau Douce. Dans le village, vous serez sollicité par de très nombreuses compagnies et d'innombrables pêcheurs. La plupart pratiquent le même prix : de 200 à 400 Rs (5 à 10 €) aller-retour par personne, selon le type de bateau. Elles ont des petits bureaux au centre qui vendent des billets. Fuyez celles qui vous annoncent des prix exorbitants ! La plupart des agences proposent des prestations additionnelles, comme un aller-retour en bateau rapide pour admirer la cascade de Grande Rivière. Évidemment, les prix augmentent avec le nombre de prestations.

➢ Si vous venez en taxi, veillez à ce que celui-ci ne se mette pas une commission dans la poche (il n'y a pas de raison !). Si vous partez avec un particulier qui ne donne pas de ticket, convenez clairement ensemble de l'heure du retour et, pour éviter toute déconvenue, payer seulement à la fin. Dans tous les cas, faites-vous bien préciser le prix aller-retour par personne. Les premiers bateaux partent pour l'île entre 9h et 9h30 ; départ toutes les 10 ou 15 mn. En général, l'après-midi, les retours s'effectuent toutes les heures jusqu'à 16h30.

Où manger ?

l●l Un resto propose une nourriture très moyenne pour un prix exorbitant. À éviter. Le snack non plus n'est pas formidable. Mais problème : pique-nique interdit. On peut tout de même apporter un sandwich, une banane et une bouteille d'eau, et manger sans pique-niquer. C'est d'ailleurs ce que font les Mauriciens.

À voir. À faire

– Au débarcadère, un kiosque (sorte de *boat house*) offre diverses activités mais elles sont réservées aux clients de l'hôtel *Touessrock*. Tant pis !

– À 200 m environ sur la gauche du débarcadère, un beau **lagon-piscine** à la pente très douce qui ravit les petits enfants, et des boutiques de souvenirs qui soulagent le portefeuille des parents.

– N'hésitez surtout pas à suivre le sentier qui se poursuit au-delà du lagon-piscine. Sur près de 500 m, il mène à d'autres petites plages. En s'éloignant un peu, on se retrouve rapidement seul. Tant mieux ! Mais attention, il y a quelques oursins. Il est donc conseillé de se baigner avec des chaussures en plastique. Attention aussi aux balles de golf (on rigole !).

– **Le speed-boat :** parmi toutes les activités, la plus rentable en matière de qualité-temps-argent est le *speed-boat,* qui vous fait faire le tour de l'île en 1h via la cascade, avec, si vous le demandez, une plongée avec masque et tuba sur des patates de coraux : compter 400-500 Rs (10-12,50 €) par personne selon la taille du bateau (de 5 à 10 personnes).

– **Le parachute ascensionnel :** compter 700-1 300 Rs (17,50-32,50 €) pour 2 selon la durée.

RETOUR SUR LA CÔTE EST

POINTE DU DIABLE

En continuant vers le sud, on passe devant le site de la célèbre bataille navale de la baie de Vieux Grand Port, livrée en août 1810. Une batterie de canons pointés vers le large immortalise la seule victoire jamais remportée par la flotte napoléonienne sur la *Royal Navy.* Peu d'intérêt en soi. Si vous avez envie de vous dégourdir les jambes, la vue est belle.

Où dormir ? Où manger chic dans le coin ?

🛏 🍽 *Le Barachois :* Anse Bambou, Bambous Virieux. ☎ 634-56-43 ou 57-08. ● lebarachois.info ● Un peu après Pointe du Diable, sur le littoral. Tlj ; soir sur résa slt. Doubles env 2 800 Rs (70 €), petit déj inclus. Menus 650-1 600 Rs (16,50-40 €). Gastronomique... et historique ! Car le lopin de terre, enfoncé comme un éperon dans les eaux du lagon, aurait accueilli le campement du gouverneur pendant la bataille de 1810. Aujourd'hui, l'atmosphère est plus au farniente qu'à l'abordage, et les gourmands dégustent, les pieds dans l'eau, langoustes, crabes et camarons pêchés dans le vivier attenant (*barachois* en créole). Ceux qui apprécient la sérénité du site (pour ne pas dire solitude) craqueront sans doute pour les chambres rustiques (avec clim' et salle de bains), dispersées dans un chapelet de bungalows créoles flanqués de balcons sur pilotis. Agréable, mais pas donné si l'on tient compte du vieillissement d'une partie des infrastructures.
🛏 🍽 *Chez Corinne et Philippe Gotti :* rue Bethleem, Bambous Virieux. ☎ 634-50-24 ou 631-39-23. ● phgotti@hotmail.com ● Au centre du village, dans une rue parallèle à la route côtière. Doubles en ½ pens à env 2 400 Rs (60 €). Après quelques années en Europe, Corinne est rentrée au bercail avec un mari suisse séduit à l'idée de taquiner la carangue dans les lagons mauriciens. Ils ont construit un nid douillet au-dessus de la maison des parents et ajouté un étage pour accueillir des hôtes. C'est dire si tout a été pensé pour leur confort ! Les chambres, simples mais impeccables (souvenir de Suisse ?) sont égayées de tableaux naïfs, équipées d'immenses salles de bains et donnent sur une large terrasse d'où l'on domine le village et la baie. Et quitte à bien faire, on a même ajouté une grande salle commune avec coin cuisine et salon TV. Mais mieux vaut déjeuner léger pour profiter des bons petits plats mitonnés par Corinne ! Une adresse loin des plages et des touristes, où accueil et authenticité ne sont pas de vains mots (Philippe se fait un plaisir d'emmener ses hôtes sur son bateau).

Achat

🌸 *L'Ylang des Îles :* un peu avt le domaine du Chasseur, sur la même route. En principe, lun-sam 9h-17h. Une curiosité. À demi enfouies dans la végétation, deux cabanes bancales abritent une distillerie artisanale d'ylang-ylang et son point de vente. Oh, n'espérez rien de bien spectaculaire... Mais si vous avez la chance de passer le bon jour, on vous expliquera comment on obtient les précieuses huiles essentielles à partir de brassées de fleurs et de quelques cuves et alambics plus rouillés qu'une vieille ancre. Pittoresque !

LE DOMAINE DU CHASSEUR

ꕥꕥꕥ *À Anse Jonchée, à 2 km de la route côtière, dans les terres.* ☎ 634-50-97 ou 11. ● domaineduchasseur.mu ● *Tlj 8h30-17h. Activités sur résa.*
Pionnier du genre, le *domaine du Chasseur* est aujourd'hui encore l'une des principales références du tourisme vert sur l'île. Car la chasse n'est pas sa principale activité, loin s'en faut ! Ses terres escarpées et giboyeuses offrent quantité de possibilités de balades, guidées ou non (mais il serait dommage de se priver des explications d'écoguides passionnés et passionnants), à pied ou en quad (véhicule que nous déconseillons toutefois pour la pollution engendrée). Évidemment, ce sont les randonnées qui permettent de profiter au maximum de cet environnement paradisiaque, de découvrir les nombreuses essences végétales endémiques et de surprendre, au hasard d'une trouée dans les frondaisons, quelques cerfs égarés, une harde de cochons marron ou un vol de crécerelles... Aux plus aventureux, on proposera même un trek sur deux jours, avec bivouac dans la forêt. Et comme le *domaine du Chasseur* n'est pas sectaire, il s'est ouvert à l'univers du pêcheur et de la mer. Des sorties de pêche au gros sont organisées au large de Vieux Grand Port, ainsi que des régates de 2 à 3h dans le superbe lagon de Mahébourg sur les pirogues traditionnelles des pêcheurs. C'est l'occasion de faire du *snorkelling* (prêt du matériel), avant d'aller partager un repas sur l'île aux Flamants, dont le domaine a l'usage exclusif. Bref, il y en a pour tous les goûts !

Où dormir ? Où manger ? Où boire un verre dans le domaine ?

🛏 Ti Villaz : *nuit à 3 500-4 000 Rs (87,50-100 €) pour 2 pers, petit déj compris. Pens complète et ½ pens possibles.* Envie de dépaysement ? Ce pittoresque village de huttes en bois et bambous fera le bonheur des amoureux de la nature : un environnement sylvestre de choix, une vue magnifique sur le lagon depuis certains balcons et des nuits tropicales mélodieuses garanties. Et comme le rustique a tout de même ses limites, on a ajouté aux lits en rondins rugueux un minibar, un ventilo et des salles d'eau agréables. Cosy !

🍽 🍸 Le Panoramour : *à 20 mn de grimpette depuis l'entrée du domaine, ou transferts en 4x4 (gratuits). Ouv tlj (le soir sur résa). Compter env 1 000 Rs (25 €).* Le Panora-mour, c'est avant tout un lieu magique. Agrippé à flanc de montagne, ce *lodge* caractéristique en bois et chaume profite d'une vue panoramique spectaculaire sur les collines et le lagon. De quoi en oublier son assiette ! Mais le fumet des spécialités rappelle à l'ordre les étourdis : cochon marron et cerf du domaine sont déclinés sous toutes leurs formes (qui a déjà goûté le gratin de panse et patte de cerf ?), à moins d'opter pour les salades de palmiste et les camarons du jour. Quant aux randonneurs de passage, une belle carte de cocktails et de glaces leur permettra de profiter en journée de ce cadre de charme. Après tout, ils l'auront bien mérité !

VIEUX GRAND PORT

Fermant la baie de Grand Port, ce village au nord de Mahébourg n'est remarquable que pour son rôle historique. En venant de Trou d'Eau Douce, un panneau indique juste avant le pont Molino un monument en bord de mer. Il commémore le débarquement des Hollandais le 20 septembre 1598. « Dutch Sailors First Landing » mentionne la colonne de pierre noire élevée en 1948. Le village possède encore, à la sortie nord, quelques ruines d'un fort militaire construit par les Hollandais et agrandi plus tard par les Français. Vieux Grand

Port est aussi le lieu de l'unique bataille navale jamais remportée par la flotte napoléonienne sur les Anglais (1810)... ce qui lui valut une inscription sur l'Arc de Triomphe parisien !

À voir

🏃 *Frederik Hendrik Museum : lun-sam 9h-16h ; dim 9h-12h. Entrée libre.* Le minuscule musée se trouve sur le site du premier fort hollandais, remplacé à partir de 1722 par les baraquements de la garnison française. Y sont exposés une poignée d'objets découverts lors des fouilles, comme des pipes en terre cuite, des boutons d'uniforme en argent ou en cuivre et quelques pièces de monnaie. En sortant, petit tour de rigueur dans le jardin parsemé de ruines, dont les allées descendent en pente douce jusqu'au rivage.

LA VALLÉE DE FERNEY

🏃🏃🏃 *Peu après Vieux Grand Port, en direction de Mahébourg.* ☎ *433-10-10.* ● *cieletnature.com* ● *Visite sur résa (4 départs/j.) 450 Rs (11,50 €) ; réduc. Prévoir chaussures et antimoustiques.* Un vrai conte de fées ! Au départ, un sinistre projet d'autoroute : entrepreneurs et investisseurs s'étaient mis d'accord pour bitumer la vallée, lâchant des nuées d'ouvriers chargés de sélectionner les arbres à abattre. Et soudain, alors que le chantier de terrassement n'était plus qu'à quelques encablures, tout le monde a pris conscience de la valeur du site. Le gouvernement a choisi de préserver ce patrimoine unique et a confié la gestion des 200 ha de forêt au groupe *CIEL* et à la *MWF (Mauritian Wildlife Foundation)*. Formidable, assurément...
Mais la vraie récompense, ce fut la découverte dans la foulée d'essences indigènes supposées disparues depuis des lustres ! Une petite exposition présente ces invités de dernière minute, comme le bois clou, avant que les visiteurs ne partent sur le terrain pour les rencontrer *in situ*. La balade, 1h30 à 2h de rencontre avec une nature mauricienne que les chercheurs s'efforcent de débarrasser de plantes parasites, est enrichie des excellents commentaires de guides passionnés. Incontournable pour comprendre les enjeux de la protection de la faune et de la flore endémiques.
|●| Possibilité de se restaurer sur place, dans un *lodge* charmant dont la terrasse surplombe un enclos aux tortues.

LA CÔTE SUD-EST : MAHÉBOURG, BLUE BAY ET LA POINTE D'ESNY

Voici le coin de l'île qui nous plaît le plus. Pourtant l'une des régions les plus accessibles depuis l'aéroport, le développement touristique ne s'y est pas fait de la même manière qu'au nord. Ici, on séjourne au calme, presque en secret... L'une des particularités de la côte sud-est est d'être copieusement exposée au vent, le climat y est donc moins clément qu'ailleurs. Pendant les grosses chaleurs, cela rend le farniente sur la plage de Blue Bay des plus agréable, mais que la brise ne vous fasse pas oublier la puissance du roi des astres !

MAHÉBOURG

Située à l'extrémité sud-est de l'île, la ville se niche au fond de la vaste baie de Grand Port. Son activité est en partie due à la proximité de l'aéroport de

Plaisance, à une dizaine de kilomètres du centre. Vivante, animée et douce à la fois, citadine et pourtant à deux pas de lagons fantastiques. Ce qui n'empêche pas la ville de se moderniser : en témoignent une promenade en front de mer (le *waterfront*) et un centre commercial à l'entrée de la ville, sur le modèle (réduit) du *Caudan Waterfront* de Port-Louis.

UN PEU D'HISTOIRE

Les Hollandais débarquèrent en 1598 dans la baie de Vieux Grand Port, mais ils ne se fixèrent pas, laissant la place aux marins et aux colons français. Au début du XVIIIe siècle, la première capitale de l'île fut Mahébourg. Mais en 1732, celle-ci perdit son titre au profit de Port-Louis, dont la baie est mieux abritée des vents. Mahébourg, quadrillée comme une ville coloniale par les urbanistes français, porte en souvenir le nom de Mahé de La Bourdonnais, le gouverneur français des Isles de France et de Bourbon, entre 1735 et 1746, qui marqua de manière importante le développement de l'île. Au fil du temps, Mahébourg se figea dans un rôle secondaire et s'assoupit peu à peu. Il fallut la construction de l'aéroport pour réveiller cette paisible bourgade, aujourd'hui dynamisée (sans excès) par l'autoroute vers Port-Louis. Mais ce regain d'activité n'entame pas le caractère délicieusement provincial de cette ville tout en sérénité et authenticité.

Arriver – Quitter

En bus

🚌 *Gare routière (plan I, B1)* : dans le centre, à côté du marché. Mahébourg est un carrefour important pour les bus : liaisons directes avec *Blue Bay*, *Curepipe* (correspondance ensuite pour *Quatre-Bornes*), *Port-Louis* (d'où l'on rejoint *Grand Baie* et *Trou d'Eau Douce*) et *Flacq*. Départs de 5h-5h30 à 19h15 environ, toutes les 15-30 mn. Horaires précis auprès des chauffeurs.

Adresses et info utiles

– Pas d'office de tourisme.

✉ *Poste (plan I, A1)* : Royal Road, à l'angle de la rue Marianne. Lun-ven 8h15-16h ; sam 8h15-11h45.

@ *Mauritius Telecom et Cybercafé (plan I, A1, 1)* : rue Marianne, juste derrière le marché. Lun-ven 8h30-16h ; sam 8h30-12h. À gauche de la boutique, un petit escalier conduit au cybercafé. Ouv à partir de 9h. Connexions rapides et bon marché. On y trouve aussi des cartes téléphoniques, que l'on peut par ailleurs acheter dans les tabagies et les supermarchés.

@ *Cybercafé Cybersurf (plan I, B2, 2)* : rue La Bourdonnais. Tlj 9h-17h. Connexions lentes. On peut aussi y louer des VTT à prix doux.

■ *Banques et change :* la plupart des banques sont installées sur Royal Road et possèdent un distributeur automatique. À l'angle de la rue des Cent-Gaulettes et de Royal, on trouve la *HSBC* (Hong Kong Shanghai Bank ; plan I, A1, *3*). Dans la rue des Cent-Gaulettes, un peu plus loin, se situe la *Mauritius Commercial Bank* (plan I, A1, *4*). De retour sur Royal Road, on poursuit jusqu'à la *First City Bank* et la *State Bank* (plan I, A1, *5*).

■ *Pharmacie et médecin (plan I, A1, 6)* : *pharmacie* sur Royal Road, face au poste de police et à la poste. ☎ 631-96-21. Tlj sf dim 9h-18h. Le *Dr Chattaroo* a son cabinet juste derrière. Même téléphone que pour la pharmacie. Lun-ven 10h-15h ; sam 9h-12h. Compter 300-400 Rs (7,50-10 €) la consultation. On vous prévient, c'est un peu vétuste et pas étincelant de propreté, mais le médecin est compétent. Il se déplace également.

⚙ **London Way :** *à la sortie de Mahébourg sur la route de Blue Bay, sur la droite (immanquable). Super-marché ouv lun, mar, jeu 8h30-19h ; mer 8h30-13h30 ; ven-sam 8h30-20h ; dim 8h30-12h30.*

■ **Excursions en minibus :** *Man Ramdhayan, rue Maurice.* ☎ *631-56-38 ou 251-25-31. Man propose des virées à la journée (9h-17h) partout sur l'île. Excursions à la carte, tarifs à négocier selon distance et nombre de participants. Ce sont les circuits touristiques classiques (Terres de Couleurs, parc de La Vanille, shopping à Floréal, Pamplemousses, Domaine Les Pailles, etc.). Attention, sorties randos proposées vers la montagne du Lion et celle du Pouce, mais sans assurance. Un bon service dans l'ensemble, car Man est aimable et connaît bien son île, qu'il aime faire découvrir.*

– **Location de voitures, motos et vélos :** contrairement à Grand Baie où les loueurs sont légion, à Mahébourg il faut les chercher. Cela dit, toutes les grandes compagnies possèdent un comptoir à l'aéroport (tout proche).

■ **Colony Car Rental** *(plan I, B2, **7**) : rue de la Colonie, au sud de la ville.* ☎ *631-70-62 ou 252-02-00. Suivre le panneau face à* Coco Villa. *Voitures autour de 1 200 Rs (30 €). Kilométrage illimité, assurances comprises. Possibilité de livraison et remise à l'aéroport (gratuit).*

■ **Allocar** *(plan II, **8**) : cité La Chaux, à la sortie de Mahébourg.* ☎ *631-18-10.* ● *allocarltd.com* ● *Tlj 9h-15h. Petite boutique bleue en bord de route, sur le côté gauche en arrivant de Mahébourg. Voitures à partir de 1 300 Rs (32,50 €)/j. Kilométrage illimité, assurances comprises, prix dégressifs à partir de 5 jours.*

Où dormir ?

Bon marché

🛏 **Nice Place** *(plan I, B1-2, **10**) : rue La Bourdonnais.* ☎ *631-94-19 ou 12-08.* ● *niceplace59@hotmail.com* ● *De l'autre côté du Willoughby College. Doubles 500 Rs (12,50 €) ; studios 600 Rs (15 €). Nice Place n'a évidemment rien d'un palace. Il s'agit plutôt d'une pension de famille à l'ancienne mode, propre, et tenue par un couple sympathique et serviable. On passera sur la déco, inégale et simplifiée, pour ne retenir que les aspects pratiques de la maison : un escalier conduit à 3 chambres basiques, avec w-c, douche et coin cuisine collectifs, tandis qu'un autre dessert une terrasse commune et des studios mieux équipés et plus confortables (ventilos, cuisine). Mention spéciale pour celui du dernier étage qui profite d'une belle vue sur* la baie depuis la terrasse (supplément). Certainement l'un des meilleurs rapports qualité-prix du bourg.

🛏 **Pensionnat Orient** *(plan I, B2, **11**) : rue des Hollandais.* ☎ *631-21-11.* ● *orient@intnet.mu* ● *Doubles 600-700 Rs (15-17,50 €) selon confort. Supplément pour la clim'. Ce petit hôtel modeste est très apprécié des voyageurs en transit à l'aéroport. On les comprend : les chambres se révèlent simples et pas bien grandes, mais propres et convenables (ventilo, salle d'eau et TV). La prochaine ouverture d'une salle de resto au dernier étage, dont les baies vitrées sont orientées face à la mer, en fera plus que jamais un lieu idéal pour une étape. Bon accueil.*

Prix modérés

🛏 **Le Saladier** *(plan I, A2, **13**) : rue de la Chaux.* ☎ *631-97-58.* ● *lesaladier@hotmail.com* ● *Doubles autour de 1 000 Rs (25 €), petit déj com-* pris ; prix dégressifs à partir du 4ᵉ j. Une petite *guesthouse* intime, retranchée dans une rue calme (sauf pour l'appel à la prière du muezzin !), dont

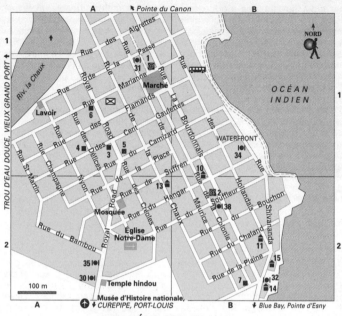

MAHÉBOURG (PLAN I)

LA CÔTE SUD-EST

■ **Adresses utiles**

- ✉ Poste
- 🚌 Gare routière
- @ 1 Mauritius Telecom et Cyber-café
- @ 2 Cybercafé Cybersurf
- 3 HSBC
- 4 Mauritius Commercial Bank
- 5 First City Bank et State Bank
- 6 Pharmacie et médecin
- 7 Colony Car Rental

🛏 **Où dormir ?**

- 10 Nice Place

- 11 Pensionnat Orient
- 13 Le Saladier
- 14 Coco Villa
- 15 Auberge Aquarella

🍽 **Où manger ?**

- 30 Au Bon Goût
- 31 Le Coin Casse-Croûte
- 32 Récréation
- 34 Les Copains d'Abord
- 35 Chez Patrick
- 38 La Vielle Rouge

les quelques chambres et le studio s'organisent autour d'une courette fleurie. L'ensemble est bien tenu et d'un niveau de confort convenable (clim', salle d'eau, w-c). Rien d'extra-ordinaire en soi, mais l'accueil gentil comme tout de la propriétaire fait largement la différence. Un coup de bol pour le saladier !

Prix moyens

🛏 *Coco Villa* (plan I, B2, **14**) : rue Shivananda. ☎ 631-23-46. ● *mahe-cocovilla.net* ● Juste à l'entrée de Mahébourg, sur la droite en venant de Blue Bay. Doubles annoncées à 1 800 Rs (45 €), petit déj compris, mais prix négociables selon durée du séjour. À condition d'avoir obtenu un tarif acceptable, cette petite résidence sans prétention vaut le coup pour une étape. Plantée à la croisée des chemins et prolongée par un agréable jardinet les pieds dans l'eau, elle rassemble une quinzaine de chambres sans surprise mais correctes. Pas de plage, mais une bien jolie vue pour tout le monde (sf pour 3 studios réservés aux très courts séjours). Accueil souriant.

⌂ *Auberge Aquarella (plan I, B2, 15)* : 6, rue Shivananda. ☎ 631-27-67. ● aquarellamu.com ● *Doubles et bungalows 1 600-1 900 Rs (40-47,50 €) selon vue.* L'auberge ne manque pas d'arguments : pas trop grande, pour préserver l'intimité des hôtes, d'un niveau de confort hono-

rable (chambres agréables avec balcon, ou bungalows plus simples, mais bien entretenus) et stratégiquement située pour qui souhaite séjourner en ville : à 5 mn des commerces et déjà les pieds dans l'eau, en face du superbe lagon (ce qui compense l'absence de plage). Une bonne option, d'autant que les sympathiques proprios mitonnent un menu familial chaque soir et proposent différents services (transfert aéroport, location de voitures et vélos, excursions...).

Où manger ?

Très bon marché (moins de 150 Rs, soit 3,80 €)

I●I *Le Coin Casse-Croûte (plan I, A1, 31)* : rue de la Passe, à l'angle de la rue de Maurice. Tlj jusqu'à 15h-16h. Il y a des indices qui ne trompent pas : la file d'attente et la mine réjouie des convives. Alors on se laisse tenter par un *meefune* et un bol renversé... et on se félicite d'avoir poussé la porte de ce qui pourrait bien être le meilleur snack de la ville ! Plats copieux et très bien exécutés qui font oublier le cadre un peu bancal et modeste des petites salles. Accueil familial souriant.

I●I *Au Bon Goût (plan I, A2, 30)* : Royal Road, face au temple hindou (pas forcément évident à repérer car il n'est pas coloré !). Tlj 10h-22h. Ne vous fiez pas aux apparences : l'intérieur est très ordinaire et la rue bruyante, mais pour une poignée de roupies, on s'y régale de bons plats créoles (comme l'ourite sautée à la sauce tomate et coriandre) ou d'un incontournable *mine frit* spécial. C'est copieux, correct et pas ruineux. Également des plats à emporter.

Bon marché (de 150 à 250 Rs, soit 3,80 à 6,30 €)

I●I *Récréation (plan I, B2, 32)* : entre Coco Villa et Aquarella. *Fermé le soir.* Petit snack mauricien simple et sans chichis. À la carte, très peu de choix, mais tout est préparé dans les règles : poisson poêlé, poulet sauté aux oignons, cari d'ourites... Deux tables en terrasse, et à peine plus à l'intérieur. Accueil charmant.
I●I *Le Gentil Pêcheur (plan II, 33)* : Royal Road, cité la Chaux. Tlj jusqu'à

23h. P'tite cantine toute simple en bord de route, sur la gauche en direction de Pointe d'Esny. Pas de la grande cuisine, bien sûr, mais 2 ou 3 plats du jour corrects préparés en fonction du marché. Ce qu'on aime ici, c'est la gentille animation. Les gens du coin viennent y boire une bière et, parfois, improvisent un concert en terrasse.

De prix modérés à prix moyens (de 250 à 600 Rs, soit 6,30 à 15 €)

I●I *Chez Patrick (plan I, A2, 35)* : Royal Road. ☎ 631-92-98. Tlj jusqu'à 22h. Chez Patrick, c'est la

petite table locale où les Mauriciens vont se faire plaisir. La carte est variée, avec des plats originaux comme le riz à l'ananas ou la salade de *kono kono*, la cuisine copieuse et bien préparée dans l'ensemble. Bon, le cadre classique manque de personnalité, mais on n'en ressort pas fâché pour autant. Un bon rapport qualité-prix en somme. Accueil sympathique.

|●| *La Vieille Rouge* (plan I, B2, 38) : à l'angle des rues Colonie et Souffleur. ☎ 631-39-80. *Tlj jusqu'à* *21h30*. La vielle rouge, c'est un poisson local à la chair savoureuse. Mais c'est aussi un très bon resto de quartier plébiscité par les habitués. Le cadre est un tantinet aseptisé, alors on ira tout droit en terrasse pour profiter des bonnes crevettes au basilic, des délicieux gratins de crabe ou encore du goûteux capitaine... le tout arrosé par les cocktails du patron ! Accueil très sympa.

Plus chic (plus de 600 Rs, soit 15 €)

|●| *Les Copains d'Abord* (plan I, B1, 34) : rue Shivananda. ☎ 631-97-28. L'équipe du célèbre *Domaine du Chasseur* s'est fait plaisir : un emplacement de choix sur le front de mer, un cadre néocolonial soigné, une cuisine mauricienne fraîche et bien ficelée (cerf et cochon marron du domaine, poissons de la criée), et un piano-bar chaleureux qui dynamise l'atmosphère tous les soirs (une ex-star de l'Eurovision s'y produit même le week-end !). Rien d'étonnant à ce que cette belle adresse soit devenue le rendez-vous des copains... d'abord.

Où acheter une maquette de bateau ?

⚜ *Maquettes Constance* (plan II, 60) : en sortant de Mahébourg, sur la route de Blue Bay, un bâtiment jaune que l'on ne peut pas louper. ☎ 631-76-11. ● mt.constance@intnet.mu ● Lun-ven 8h30-17h30 ; sam 8h30-12h30. Le jovial Tony dirige sa petite entreprise familiale avec passion et précision. Ses artisans, qui travaillent pour la plupart chez eux, cisèlent les maquettes de bateaux et même d'avions avec un soin extrême. Belles finitions. De plus, Tony est d'une grande intégrité dans son travail. Prix raisonnables pour la qualité, d'autant qu'il accorde une réduc de 10 % aux porteurs du *Guide du routard* venus sans intermédiaire (et comme il ne rentre pas dans le jeu des chauffeurs de taxi, il est souvent dénigré ! À bon entendeur...). Nous rappelons que pour les grosses pièces une taxe importante est perçue par les compagnies aériennes. Mini-atelier jouxtant le magasin, qui permet de voir comment les maquettes sont réalisées.

À voir. À faire

⚑ *Le marché* (plan I, A1) : face à la gare routière. Lun-sam 7h-17h ; dim 7h-12h. Dans un bâtiment récent mais bien intégré, un petit marché haut en couleur dont la plupart des étals sont regroupés dans une cour intérieure protégée du soleil par de grandes voiles tendues. Très photogénique. On y vient pour les kaléidoscopes multicolores des paniers de fruits et de légumes, mais aussi pour les odeurs, un peu fortes, des épices et du poisson séché. Dans la rue Marianne, nombreux camelots, vendeurs ambulants de beignets, *samoussas* et autres *dholl puri*. Des en-cas bien agréables entre deux achats.

⚑⚑⚑ *Le musée d'Histoire nationale* (hors plan I par A2) : Royal Road ; en arrivant en ville de l'aéroport, sur le côté gauche. Tlj sf mar 9h-16h. Fermé 1er et 2 janv. Visites guidées à la demande. Audioguide... en créole ! Entrée gratuite.

Dans une belle demeure coloniale du XVIIIe siècle, au fond d'un luxuriant jardin ayant appartenu à une grande famille de l'île. Cet excellent musée présente sur deux niveaux toute l'histoire de l'île Maurice, en insistant sur les épisodes les plus marquants.

– **Au rez-de-chaussée :** la grande *salle de gauche* évoque l'arrivée des premiers colons hollandais, avec de belles cartes et des lithographies de bateaux. À noter, sur la droite, le portrait de Maurice de Nassau, à qui l'île doit son nom. Plusieurs peintures de dodo, une tortue et un cerf empaillés témoignent des bouleversements écologiques causés par l'arrivée de l'homme à Maurice.

– *La salle du fond* est consacrée à la période française. Y figurent en bonne place les portraits des « illustres » (Pierre Poivre, le vicomte de Souillac, le chevalier de Ternay, Jean-Nicolas de Céré, Malartic...). Également une poignée de meubles d'époque et deux chaises à porteurs. Une section aborde enfin la question de l'esclavage, douloureuse, avant de proposer quelques épisodes plus anecdotiques comme le naufrage du *Saint-Géran* survenu en 1744 (fragments de l'épave et cloche du navire). Rappelons que cette tragédie inspira l'écrivain Bernardin de Saint-Pierre pour son roman *Paul et Virginie*.

– *La salle de droite :* « Les guerres franco-anglaises » permettent de souligner le rôle primordial joué par les corsaires, ces marins formidables mais incontrôlables, qui harcelaient sans relâche les vaisseaux de ligne et les navires de commerce ennemis. Un pistolet exposé aurait même appartenu au plus fameux d'entre eux, le légendaire Malouin Surcouf. Une section détaille évidemment le plus célèbre épisode militaire de l'île : la bataille de Vieux Grand Port en 1810. Canons, fragments d'épaves et cartes illustrent l'unique victoire jamais remportée par la flotte napoléonienne sur l'Anglais. Pour l'anecdote, les deux capitaines ennemis furent blessés pendant la bataille et soignés ensemble dans cette maison.

– **Au 1er étage :** période anglaise. De nombreuses gravures, peintures, lithos et photos d'époque illustrent les réformes initiées par les Britanniques : développement du sucre, abolition de l'esclavage, construction du chemin de fer (un vieux wagon est d'ailleurs visible dans le jardin, à l'arrière de la demeure), etc.

🦪 **Le lavoir** (plan I, A1) : au bout de la rue de la Passe. C'est fléché. Ce vieux lavoir en ciment n'est pas le plus beau qu'on ait vu, mais il a le mérite d'être encore utilisé aujourd'hui. C'est pourquoi il y a toutes les chances que vous tombiez sur des dames en train de laver leur linge. Une tranche de vie mauricienne, typique et authentique...

🦪 **La foire :** « *le grand déballage* », comme on dit ici, a lieu ts les lun 10h-16h ou 17h (selon la fréquentation) à la pointe des Régates (sur le front de mer, juste au nord de la gare routière). Un peu plus petit que le marché de Quatre-Bornes, il a l'avantage d'être beaucoup plus aéré, ce qui rend la flânerie possible et agréable. On se faufile entre les étals de babioles, on contourne les vendeurs de glaces ambulants, et on finit par déboucher sur une immense pelouse où les commerçants étalent saris, T-shirts, shorts, nappes et petites robes brodées de Madagascar (mais peu d'artisanat), le tout à des prix démocratiques. Pas ou peu d'arnaques de touristes (contrairement au marché central de Port-Louis). Le marchandage ne vous fera pas gagner grand-chose. Alors profitez-en pour renouveler votre garde-robe, acheter vos cadeaux...

➤ DANS LES ENVIRONS DE MAHÉBOURG

🦪 🧍 **La biscuiterie H. Rault :** à Ville Noire. ☎ 631-95-59. • raultmanioc biscuits.com • À env 5 mn en voiture de Mahébourg. Au nord de Royal Road, traverser la rivière de la Chaux pour parvenir à Ville Noire, qui fut un ancien repaire de sorciers ; en haut du village, prendre à gauche, direction Riche en

Eau ; après la montée, bifurquer à droite puis, dans le virage, prendre tout de suite à gauche (panneau) ; continuer cette rue qui devient une piste jusqu'au bout. Lun-ven 9h30-15h. Il est néanmoins préférable de téléphoner avt. Visite guidée 100 Rs (2,50 €), dégustation comprise ; réduc enfants.

Voilà un biscuit unique en son genre. « Unique au monde », assure M. Sénèque, le propriétaire de cette adorable fabrique artisanale. La recette de ces biscuits à la farine de manioc n'est jamais sortie de la famille Sénèque-Rault depuis son invention par Hilarion Rault, fils d'un colon breton venu de Saint-Brieuc à l'île Maurice au XIXᵉ siècle. La fabrication ne semble pas avoir changé depuis cette date, malgré la présence de machines... qui mériteraient d'ailleurs de figurer dans un musée eu égard à leur grand âge ! Chaque jour, pas moins de 15 000 gâteaux sont élaborés à partir de ces fameuses racines de manioc, dont 40 % seulement proviennent de plantations mauriciennes. Les autres sont importées de Madagascar. Elles sont d'abord lavées, épluchées, râpées puis broyées. La pâte obtenue est alors accommodée en fonction des saveurs désirées, puis répartie dans les moules qui cuisent à même une immense plaque chauffée au feu de feuilles de canne. Dernière étape : l'emballage exécuté à la main, paquet après paquet. La visite se termine par la dégustation de ces étonnants gâteaux secs assez farineux. Dans les champs à côté de la fabrique, on peut voir une plantation de manioc, avec des arbustes mesurant entre 1,50 et 2 m de haut et résistant très mal aux cyclones.

➢ *Petite balade dans l'intérieur des terres :* si vous avez l'âme vagabonde, la route de Mahébourg à Riche en Eau est l'une des plus jolies du sud. Les arbres qui la bordent forment une voûte ombragée. La route traverse un beau paysage de champs de canne à sucre, avec des collines dans le lointain. À *Riche en Eau,* importante sucrerie dans un paysage verdoyant (la région est riche en eau... comme son nom l'indique). En continuant jusqu'à Saint Hubert, puis Le Val (éviter *Le Val Natural Park,* sans intérêt), on pourra rattraper une petite route privée ouverte de 9h à 17h pour rejoindre le *hameau de Cluny.* Elle monte par quelques lacets sur une colline au-dessus du *Val Natural Park,* puis redescend dans la plaine sucrière au sud, en offrant de belles échappées. Possibilité de revenir à Mahébourg en passant par les villages d'Eau Bleue, Mare Chicose et Riche en Eau.

LA POINTE D'ESNY ET BLUE BAY

À quelques kilomètres au sud de Mahébourg, la côte, de la Pointe d'Esny à Blue Bay, est bordée de plages parmi les plus belles de l'île. Malheureusement, le long de la route côtière, une rangée de villas cossues dissimule le rivage. On y accède pourtant par de discrets sentiers, que nous vous indiquons un peu plus loin (« À voir. À faire. Plages »). Seule la plage de Blue Bay ne se dérobe pas à la vue et affiche ses eaux turquoise qui abritent un magnifique jardin de corail. À vos masques et tubas !

Où dormir ?

Plusieurs pensions nichées dans la verdure, la plupart du temps donnant directement sur la plage. C'est là qu'il faut résider. On se réveille tôt le matin, le soleil sur la ligne d'horizon (on est à l'est), et on se laisse gagner par la sérénité du paysage... Comme on y est un peu loin de tout, il est conseillé de louer une moto ou un vélo pour être vraiment indépendant.
Attention toutefois aux locations. De plus en plus de vols sont signalés. Soyez vigilant et ne laissez rien de valeur à la portée des indélicats.

De prix moyens à plus chic

🛏 *Le Jardin de Beauvallon* (plan II, **22**) : à Beauvallon. ☎ 631-28-05. ● beau-vallon.net ● *Sur la gauche en arrivant de Mahébourg, juste avt le croisement avec la route de Blue Bay (panneau). Doubles 1 500-2 200 Rs (37,50-55 €) selon confort, petit déj compris. Repas 400 Rs (10 €) pour les résidents.* Comment ne pas succomber au charme de cette belle maison coloniale du XVIIIᵉ siècle, isolée au cœur d'un parc soigné où l'on distingue le disque argenté d'une piscine. À l'étage, 2 chambres confortables (TV, clim') et pleines de cachet avec leur vieux parquet et leurs bibelots ravissants. Chacune dispose d'une terrasse sur la galerie, idéale pour se reposer au retour de la balade. Mais les amoureux choisiront sans hésiter le pavillon, un *lodge* indépendant et très cosy défendu par une porte sculptée du plus bel effet. Une perle dans son genre !

🛏 *Noix de Coco* (plan II, **16**) : Pointe d'Esny, sur la gauche en direction de Blue Bay. ☎ 631-99-87. ● noixde coco@intnet.mu ● *Réception ouv lun-ven 8h30-17h ; sam 8h30-12h. Doubles 1 300-2 000 Rs (32,50-50 €) selon vue et taille, petit déj compris, ou appart env 3 500 Rs (87,50 €). Repas 400 Rs (10 €) à partir de 6 convives.* Plus proche d'un hôtel que d'une chambre d'hôtes dans son mode de fonctionnement, *Noix de Coco* reste une bonne option pour résider au calme en bord de mer. La petite maison ne rassemble qu'une poignée de chambres à l'étage, convenables et propres (ménage quotidien), qui se partagent une cuisine, un salon et un grand balcon agréable. Au rez-de-chaussée, un appartement spacieux conviendra mieux aux familles avec ses 2 chambres, sa cuisine, son salon et sa terrasse. Bref, une structure à taille humaine dont le jardin déroule son petit ruban de pelouse jusqu'à la plage.

🛏 *Chez Henri* (plan II, **21**) : Pointe d'Esny, sur la droite en arrivant de Mahébourg. ☎ 631-98-06. ● henrivacances.com ● *Doubles autour de 1 200 Rs (30 €), petit déj compris. Supplément pour la clim'. Repas possible à 450 Rs (11,50 €).* Située sur la route côtière, mais côté terre, cette belle villa ne donne pas sur la plage et ne profite pas d'une vue dégagée sur le grand large. Tant mieux ! Elle pratique par conséquent des prix tenus, qui sont une aubaine si l'on tient compte de la qualité de la maison : les 3 chambres sont agréables, décorées avec goût (quelques tableaux, meubles choisis) et tout confort (TV, ventilo, clim', coffre, coin-cuisine). Une charmante adresse, d'autant plus que le petit jardin fleuri est idéal pour prendre le frais au retour de balade.

🛏 *Chante au Vent* (plan II, **17**) : Pointe d'Esny, directement sur la plage. ☎ 631-96-14. ● chanteauvent. com ● *Doubles ou apparts 1 000-2 200 Rs (25-55 €) selon confort et vue, petit déj compris. Possibilité de repas le soir.* Elle chante au vent, cette belle villa créole face à la mer, dont la grande terrasse reçoit la bise comme une bénédiction aux heures les plus chaudes... Quant aux chambres, il y en a pour tous les goûts : des petites, sans vue, propres et confortables, des plus grandes donnant sur la terrasse, des vraiment très agréables avec leur coin-cuisine et leur balcon face à la grande bleue, et enfin 2 appartements et 1 studio regroupés dans une maison de l'autre côté de la route. Un peu plus vieillots, sans vue, ils ont l'avantage d'être spacieux et dotés de terrasses ombragées. Une adresse intime et conviviale, tenue par une équipe souriante.

Beaucoup plus chic

🛏 *Blue Lagoon Beach Hotel* (plan II, **18**) : Blue Bay. ☎ 631-95-29 ou 98-67. ● bluelagoonbeachhotel. com ● *Doubles standard 4 000-7 000 Rs (100-175 €) selon période, petit déj inclus ; ½ pens possible.* Un de ces gros complexes dont les brochures touristiques raffolent. Ses bâti-

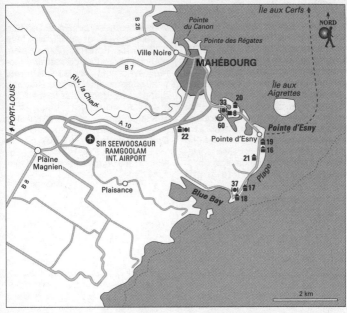

MAHÉBOURG – LA POINTE D'ESNY ET BLUE BAY (PLAN II)

■ **Adresse utile**	22 Le Jardin de Beauvallon
8 Allocar	|●| **Où manger ?**
≙ **Où dormir ?**	22 Restaurant Le Jardin de Beauvallon
16 Noix de Coco	33 Le Gentil Pêcheur
17 Chante au Vent	37 Le Bougainville
18 Blue Lagoon Beach Hotel	⬚ **Où acheter une maquette de bateau ?**
19 Villa Chantemer	
20 Preskil Beach Resort	60 Maquettes Constance
21 Chez Henri	

ments de style balnéaire enveloppent comme de juste la piscine et le jardin, dont les derniers arpents effleurent une petite plage bien agréable. Tout confort, on s'en doute : AC, TV et téléphone, minibar, déco fleurie... Tennis et sports nautiques gratuits (sf la plongée avec bouteilles), massage, sauna et toutes ces sortes de choses. Un seul bémol : les chambres donnant sur la piscine profitent également des soirées thématiques... organisées 6 jours sur 7 ! Mieux vaut aimer faire la fête.

≙ *Villa Chantemer* (plan II, 19) : Pointe d'Esny. ☎ 631-96-88. ● chan-

temer.mu ● *Doubles 2 800-3 000 Rs (70-75 €), petit déj compris. Également une suite.* Une pancarte discrète indique cette grande maison privée, dont le charmant jardin descend jusqu'à la plage. La propriétaire, une femme sélective et au caractère entier (soit on s'entend tout de suite avec elle, soit on va voir ailleurs), tient quelques belles chambres spacieuses, lumineuses, arrangées avec beaucoup de goût à grand renfort de bibelots choisis. On évitera toutefois celle dont l'unique fenêtre ouvre sur le salon : intimité assez discutable !

Coup de folie

⌂ **Preskil Beach Resort** (plan II, **20**) : à la pointe Jérôme, un peu avt la Pointe d'Esny. ☎ 604-10-00. ● lepreskil.com ● Doubles 8 800-12 800 Rs (220-320 €) selon vue et saison, en ½ pens. Nombreuses offres promotionnelles, mais il est dans tous les cas plus intéressant de réserver dans les agences pour ce type d'établissement. Le Preskil a fait fort. Pour mériter son nom, cet établissement de grand standing a colonisé une petite langue de terre entièrement privée. Si on adhère au style village vacances, celui-ci est en tête de peloton : 4 plages exclusives face à l'île aux Aigrettes, 2 piscines, 200 chambres tout confort et décorées avec goût (couleurs tendres, beaux tissus, meubles exotiques), dispersées dans différents bâtiments et cottages d'inspiration créole, et une foultitude d'activités (plongée, fitness, soirées à thème...). Darladirladada ! Pour ceux que la foule rebute, le Preskil propose également des lodges rustiques hyper cosy dans l'arrière-pays.

Où manger ?

De prix modérés à prix moyens (de 250 à 600 Rs, soit 6,30 à 15 €)

|●| **Le Bougainville** (plan II, **37**) : Blue Bay, en face du Blue Lagoon Beach Hotel, dans le virage. ☎ 631-82-99. Cette grande case créole est plébiscitée par les touristes du secteur. Forcément, l'adresse est idéalement située à deux pas de la plage, et sa terrasse franchement agréable le soir lorsque les bougies font danser les nappes colorées. À la carte, toute la panoplie des spécialités mauriciennes classiques, assorties de quelques salades et pizzas. Cuisine honnête, bon rapport qualité-prix. Le soir, il est préférable de réserver.

|●| **Restaurant Le Jardin de Beauvallon** (plan II, **22**) : à Beauvallon. ☎ 631-28-05. Sur la gauche en arrivant de Mahébourg, juste avt le croisement avec la route de Blue Bay (panneau). Tlj 9h-22h. Petite carte à prix doux le midi, plus cher le soir. Soirée à thème une fois par mois. Quelque chose à annoncer ? C'est ici qu'il faut venir, dans cette délicieuse demeure coloniale du XVIIIe siècle dont la salle à manger cossue donne sur un jardin soigné. À la carte, une cuisine métisse de bon goût mêlant des spécialités traditionnelles, comme les 7 caris et la salade de palmistes, à quelques plats d'inspiration européenne. Service irréprochable, quoique un peu longuet. Romantique à souhait. À noter que la piscine est accessible aux non-résidents (la maison fait chambres d'hôtes), et que la petite carte du midi propose pizzas, paninis et salades plus simples à déguster en terrasse.

À voir. À faire

Plages

⌂ **La Pointe d'Esny et Blue Bay :** certainement parmi les plus belles plages de l'île. La première est notre préférée. Sauvage, elle sinue en silence au bord du lagon, pratiquement déserte, même le week-end. Seulement voilà, sur plusieurs kilomètres, le littoral est caché par des dizaines de villas entourées de murs et de haies, serrées les unes contre les autres, face à la plage. Les accès au rivage sont si discrets que le marcheur ne les trouve pas. Ces passages existent pourtant, mais ce ne sont que d'étroits boyaux de 1 m de large à peine, coincés entre deux murs de villas. Bref, ça dissuade les visiteurs de chercher plus longtemps. Résultat : tout se passe comme si la longue et superbe plage de Pointe d'Esny était bel et bien une plage privée.

On vous a déniché deux accès publics, évidemment pas du tout signalés par des panneaux.

– **Le 1er accès** se trouve juste avant le *club nautique,* dans un virage, sur la gauche de la route en venant de Mahébourg, à 300 m environ après l'hôtel *Preskil* (se repérer au panneau métallique indiquant le virage et au petit oratoire blanc sous un arbre). Derrière celui-ci commence le sentier qui conduit à la plage, entre des murs gris, des grillages, des morceaux de tôles ondulées. Pas très romantique mais, au moins, on accède à la plage, 50 m plus loin. La plage est sympa mais très proche des maisons. De plus, il y a d'un côté des roches dans l'eau qui rendent la baignade difficile et de l'autre le club nautique, donc pas mal de passage. Ce n'est pas l'endroit le plus calme.

– **Le 2d accès** public se trouve exactement à 400 m après les villas *Chantemer* et *Noix de Coco*. C'est au niveau d'un grand terrain planté de palmiers et à la hauteur d'une porte de villa, de couleur marron clair (la porte). Le sentier étroit et un peu crapoteux passe entre des murs de pierres noires cachant des propriétés privées. La plage est 50 m plus loin. Là, on est vraiment tranquille. Pour la baignade, pas de problème pour faire trempette sur le bord, même s'il faut se méfier des oursins. Un peu plus loin, on trouve des coraux. Mais en raison de la faible profondeur du lagon et des courants assez forts, on peut facilement se blesser sur le corail, ce qui n'est jamais très agréable... Face à la Pointe d'Esny, l'*île aux Aigrettes,* plantée au milieu de ce lagon-piscine.

Blue Bay, plus au sud-est, est une petite baie très fermée qui doit son nom à une couleur bleue très belle, très lumineuse, due à un bas-fond assez rare dans un lagon. L'endroit est également très réputé pour ses coraux encore vivants (un fait là encore rarissime à Maurice). Idéal pour s'adonner au *snorkelling* (plongée avec masque et tuba). Pas d'oursins au niveau de la plage. Sur la droite et derrière la zone de baignade, donc proche du rivage, on distingue de nombreux coraux peu profonds (on les voit de la plage, ce sont les gros points noirs !). Myriades de poissons de toutes les couleurs, spectacle à ne pas rater. Attention aux courants, toutefois moins forts qu'à la Pointe d'Esny.

Blue Bay a un seul inconvénient : on subit le bruit du décollage des avions, heureusement peu nombreux.

– De la plage publique on aperçoit l'*île aux Deux Cocos,* petit caillou posé sur la mer et malheureusement chasse gardée d'un groupe hôtelier de luxe. Une fois de plus, l'écotourisme n'a pas fait le poids face aux sirènes de la consommation et du tourisme d'élite. Dommage, l'écosystème est bien fragile. Faut-il rappeler que les coraux sont ici parmi les plus beaux de l'île ?

🐠🐠🐠 **Le parc marin et le jardin de corail :** cet espace protégé tant vanté par les brochures est réellement magnifique. Pour en profiter, plusieurs solutions :

– Le plus facile est de s'y rendre avec un des bateaux à fond de verre. Ils sont nombreux à proposer leurs services dans le secteur. Le seul inconvénient est la durée de plongée limitée. Il faut donc négocier dès le départ. Dans le lagon, vous pourrez, en ne cherchant pas trop, apercevoir d'extraordinaires coraux « cerveau de Vénus », dont on nous a dit qu'ils étaient parmi les plus grands au monde. Toute plongée (même en apnée) sur ce site est un véritable enchantement, et les plus chanceux pourront même suivre les évolutions d'une tortue ou d'une autre.

– On peut également y aller seul, en partant de la plage publique, que l'on longe sur la droite. Après avoir clopiné environ 10 mn parmi les rochers, on parvient au poste de garde-côte. Le site est juste en face, à faible distance du rivage. Un bémol toutefois : si on se prive des conseils d'un guide, on risque de perdre beaucoup de temps avant de repérer les plus beaux endroits, voire d'en rater. Il y a par ailleurs différents courants qu'il n'est pas inutile de connaître avant de plonger.

Activités en mer

On peut à peu près tout faire, ou presque, à partir de la Pointe d'Esny et de Blue Bay : plonger au parc marin, partir en excursion vers les îles du Sud-Est, ou même pousser jusqu'à l'île aux Cerfs. C'est d'ailleurs une excellente option. Partir de la Pointe d'Esny permet de combiner la visite de l'île (voir plus haut « La côte est... L'île aux Cerfs ») avec une belle balade en bateau. Sur le trajet, cabotage d'île en île (et arrêt *snorkelling*) : île de la Passe, îlot Flamants, cascade de Grande Rivière Sud-Est. De nombreux pêcheurs, semi-professionnels et professionnels proposent toutes sortes d'activités à la carte... mais gare aux sorties en mer non couvertes par les assurances. Quelques adresses :

■ *Harold Bavajee :* Flat batiment BF 03, Beauvallon, Mahébourg. ☎ 631-78-29 ou 📱 752-97-22. Compter env 1 200 Rs (30 €) par j. et par pers. Harold est un pêcheur jovial et communicatif. Il organise avec son épouse, Maryoe, des promenades en mer à bord d'un bateau à moteur (9 personnes). Découverte du jardin de corail, plongée en apnée (on voit une épave de 1900), pêche à la traîne, puis passage le long de l'île aux Aigrettes, pique-nique sur l'île du Phare avec poisson grillé et langouste. Au retour, on peut observer les barracudas.

■ *Totof :* plage de Blue Bay. ☎ 637-63-42 ou 📱 751-17-72. ● boatotof@yahoo.com ● Rens sur la plage face à la jetée. Bateau à fond de verre à partir de 200 Rs (5 €) de l'heure par pers. Excursions à la journée à partir de 1 200 Rs (30 €) par pers. À bord du glass bottom Toftof (bateau à fond de verre), le capitaine à la guitare Totof, Jocelyn ou sa fille Virginie font découvrir le jardin de corail du lagon. Après la balade au-dessus des coraux, *Totof* jette l'ancre pour permettre aux plongeurs de les voir de plus près en *snorkelling*. Palmes, masques et tubas à disposition. Les pilotes pensent même au pain pour les poissons. Jocelyn propose également des sorties à la journée. Sympa, serviable et prévenant, il aime faire partager sa passion du lagon avec les touristes. Il peut vous faire visiter l'île aux Cerfs, mais franchement, il préférera vous emmener sur l'île de la Passe, un ancien poste de garnison français. Ensuite, *snorkelling* au-dessus des coraux. Il plonge avec vous, c'est plus agréable, des fois que vous passiez à côté des merveilles de la nature sans les voir.

■ *Dodo bato :* on trouve sa case sur le côté droit de la route vers Blue Bay, juste après l'anse de la Pointe d'Esny (panneau). ☎ 631-04-79 ou 📱 753-50-11. Mio est un pêcheur de la Pointe d'Esny qui possède un bateau à fond de verre et un hors-bord. Pour 1 200 Rs (30 €) par personne, il vous emmène toute une journée aux îles Sauvages avec pique-nique (marinade de poisson cru et ananas) et punch bien tassé. C'est un joyeux drille, qui saura agrémenter la journée de sa bonne humeur et de sa philosophie hédoniste. Attention, son punch est redoutable ! Mio peut aussi vous emmener sur le récif de Blue Bay pour faire de la plongée avec masque et tuba : compter environ 200 Rs (5 €) de l'heure par personne.

■ *Jean-Claude Farla :* ☎ 631-70-90. Pour le sérieux de son équipement et la qualité de ses prestations, on conseille le réputé Jean-Claude Farla, ex-star de la voile. Il propose notamment d'intéressantes excursions pour l'île aux Cerfs. Les départs s'effectuent de l'hôtel Le Guerlande (à Pointe d'Esny) à 10h. Jean-Claude emmène entre 6 et 10 personnes. Il propose également des sorties plongée, ski nautique, *Hobbycat,* bateau à fond de verre, pirogue à voile... Très pro.

Plongée

■ *Coral Dive :* hôtel Preskil. ☎ 604-10-00 ou 250-24-65. ● coraldiving. com ● Lun-sam 8h30-17h ; dim 9h-13h. Baptême autour de 1 800 Rs

(45 €), sinon 1 000-1 400 Rs (25-35 €) en fonction de la plongée (dans le lagon, en haute mer ou de nuit). Tony Appolon a choisi de s'installer sur la côte la plus sauvage de l'île ; il la connaît sur le bout des palmes et prend le temps, avant chaque sortie, de faire un vrai briefing. Comme la météo sur cette côte est capricieuse, Tony fait preuve d'un grand profes-sionnalisme pour trouver le site idéal selon le temps et le niveau des plongeurs. Sites magnifiques d'ailleurs, et les « grosses pièces » approchent facilement des rives. Il y a même une excursion « spécial téméraire », à la rencontre des requins ! On a vraiment apprécié l'organisation impec-cable et la gentillesse de toute l'équipe.

Marche sous l'eau

■ *Coral Dive :* hôtel Preskil. *Voir ci-dessus pour les infos pratiques. Sorties autour de 800 Rs (20 €).* Eh non, la découverte des fonds marins n'est plus réservée aux plongeurs confir-més ! Un scaphandre sur la tête, une ceinture de plomb autour de la taille et de bonnes chaussures aux pieds pour ne pas s'esquinter les arpions, on se laisse glisser tout doucement jusqu'aux fonds sableux. Et là, entre 3 et 5 m sous l'eau, on se balade pendant 30 mn dans l'univers oniri-que des poissons multicolores et des roches aux formes fantasmagori-ques. Une belle expérience accessi-ble à tous.

Excursions à l'île aux Aigrettes

➤ *Visites quotidiennes, sur résa :* ☎ 631-23-96. ● *http://ile-aux-aigrettes. com* ● *Compter env 800 Rs (20 €) par pers ; réduc enfants.* À quelques enca-blures de Mahébourg s'épanouit le sanctuaire des derniers vestiges de la forêt côtière mauricienne, posé comme un nénuphar au milieu des eaux tur-quoise de la baie. Protégé pour sa faune et sa flore, c'est aujourd'hui une réserve naturelle interdite au public. Il est toutefois possible d'y effectuer une visite guidée par un spécialiste de l'écosystème mauricien et organisée par la *Mauritian Wildlife Foundation.* Les efforts de cette association ont permis d'éliminer les espèces végétales exotiques qui parasitaient les essences endémiques, afin de recréer petit à petit l'écosystème d'origine mis à mal depuis l'arrivée de l'homme. Quelques espèces rares ont également été réin-troduites, comme des tortues géantes, le pigeon rose et le cardinal mauri-cien, rescapés de l'extinction. N'oubliez pas d'apporter chapeau, crème anti-moustiques, crème solaire, eau et une bonne paire de chaussures.

LE SUD

LE SUD, DE MAHÉBOURG AU MORNE BRABANT

Une bien jolie route que celle qui serpente dans les terres, de Mahébourg à Souillac, avant de longer la côte jusqu'au Morne Brabant. La végétation s'y fait plus dense et l'atmosphère plus douce. Ensuite, la côte révèle des coins sauvages et de belles étendues de sable. On y aperçoit tour à tour un lagon paisible puis de fortes vagues venant s'échouer sur de sombres roches noi-res et luisantes. Le sud de l'île est peu peuplé, et loin des clichés sur Maurice (sauf à Bel Ombre, colonisé par les 5-étoiles).

DE MAHÉBOURG À SOUILLAC

🍴 *Le Souffleur :* à env 15 km au sud de Mahébourg, en direction de Souillac. *Tlj 6h-18h (après, des grilles bloquent l'entrée de la piste). Juste à l'entrée du village de l'Escalier, pile poil après le poste de police, c'est indiqué à gauche.* Au passage, admirez le temple hindou multicolore, ainsi qu'un remarquable banian, d'une quarantaine de mètres de haut, qui entoure la cheminée d'une ancienne usine à sucre. Suivre ensuite la petite route qui file à travers les champs de canne sur environ 5 km, avant de devenir une mauvaise piste jusqu'au site. La vue est fantastique sur la côte sauvage. Ici, il n'y a pas de barrière de corail et l'océan déferle sur la falaise. Le spectacle est toutefois nettement plus féerique par gros temps. Sur la route, entre l'Escalier et Rivière des Anguilles, voir un autre énorme banian dont les racines forment un pont au-dessus de la chaussée.

🐊🐊🐊 🚶 ***La Vanille*** *(Réserve des Mascareignes) : bien indiqué depuis le village de Rivière des Anguilles, à env 2 km.* ☎ *626-25-03.* ● *lavanille-reserve.com* ● *Tlj 9h30-17h. Entrée, visite guidée comprise (à la demande) : env 200 Rs (5 €) ; réduc enfants et w-e. Si vous avez oublié votre crème antimoustiques, on en vend à la caisse.*

Un nom bien curieux... pour un site qui abrite une ferme aux crocos ! Car ce vaste parc, aussi beau que surprenant, rassemble entre autres plus de 2 000 sauriens aux dents étincelantes. Brrrr... Et pourtant les bébés dans les couveuses sont si mignons qu'on leur chatouillerait bien le menton. Élevés autant pour la protection de l'espèce que pour leur chair, ces crocodiles du Nil importés de Madagascar passent leur journée à bâiller aux corneilles au bord de bassins luxuriants (en réalité, ils ventilent !). Pour les voir s'animer un peu, venir le mercredi à 11h30, heure du festin hebdo. Impressionnant, mais même les accrocos resteront baba en découvrant les autres stars de *La Vanille,* les tortues géantes Aldabra des Seychelles et Radiata de Madagascar. On en compte plus de 500, qui évoluent librement et tranquillement (c'est le moins qu'on puisse dire !) dans une vaste savane reconstituée. Les gamins peuvent même s'asseoir dessus pour une photo ; mais attention tout de même à ne pas se faire mordre ! Au sein de cet espace a été aménagé un jardin d'enfants.

Après la pause, retour dans la jungle où les sentiers ombragés conduisent ici à une volière de chauves-souris, là aux bassins de carpes japonaises, plus loin aux crapauds buffles (qui ne manquent pas de coffre !) ou encore aux petits musées qui présentent la faune et la flore mauriciennes. Mais la vraie cerise sur le gâteau, c'est le superbe insectarium qui abrite la collection exceptionnelle de Jacques Siedlecki. Il a mis 30 ans à réunir 23 000 insectes et papillons. Ils y sont tous : phasmes, scarabées, ou cette punaise à tête d'homme de Malaisie !

Bref, cette *Vanille,* c'est un cocktail merveilleux pour petits et grands.

🍽 ***Le Crocodile Affamé :*** *dernière commande à 16h. Snacks autour de 150 Rs (4 €), plats 300-500 Rs (7,50-12,50 €).* Camouflé dans la verdure, un agréable resto-terrasse en surplomb du parc qui propose du croco à toutes les sauces, au gingembre, au curry ou aigre-doux. Les méfiants peuvent se contenter de tester les beignets de croco. Le goût de sa chair se situe entre le poulet et le poisson : ça varie selon l'âge de la bestiole !

SOUILLAC

Un gentil village, au sommet de belles falaises noires. Il tient son nom de François de Souillac, gouverneur de l'île à la fin du XVIIIe siècle. Il est aujourd'hui jumelé avec... la ville de Souillac (Lot). Ici, la mer est tumultueuse et rugissante. Il est donc difficile de s'y baigner.

Adresse utile

🚌 *Gare routière : dans le centre.* Gare importante. Bus pour ***Curepipe, Mahébourg*** et ***Baie du Cap.***

Où dormir, où manger à Souillac et dans les environs ?

Rien de vraiment excitant à Souillac même. On trouve toutefois quelques troquets typiques sur le parking du Gris-Gris.

Plus chic

🏠 |●| *L'Auberge de Saint-Aubin :* au Domaine de Saint-Aubin, près de Rivière des Anguilles.* ☎ 626-15-13. ● *larouteduthé.mu* ● *Compter 1 500 Rs (37,50 €) par pers en ½ pens.* Soigneusement restaurée et meublée avec un goût très sûr (on sent la patte féminine), la vieille habitation créole jouxtant le domaine est à nouveau prête à accueillir des hôtes. Le parquet ancien, les lits à baldaquin (2 chambres sur 3), les beaux volumes et la varangue courant le long de la maison entretiennent une atmosphère d'antan, renforcée par les paysages de plantations qui environnent le domaine. De l'authentique, mais tout confort : en témoignent la clim' et la jolie piscine. Un cocon douillet hors des sentiers battus, idéal pour les familles (2 familiales) ou les amoureux. Le Domaine propose également une agréable table d'hôtes (voir « La Route du Thé ; Domaine de Saint-Aubin »).
|●| *Green Palm Restaurant :* voir plus bas « De Souillac au Morne Brabant. Riambel ».
|●| *Le Crocodile Affamé :* voir plus haut « De Mahébourg à Souillac. La Vanille ».

À voir

🍴 *Le jardin de Telfair :* sur la route de Gris-Gris, presque en face de la gare routière. Agréable parc municipal qui surplombe la mer bouillonnante, où il est plaisant de pique-niquer à l'ombre des kiosques d'une autre époque. Il porte le nom du Dr Charles Telfair, secrétaire d'un des gouverneurs anglais de l'île au début du XIXe siècle, personnage clé de l'industrie sucrière.

🍴 *Le musée Robert-Edward-Hart :* à 700 m de la rue principale, sur la droite de la route de Gris-Gris ; un peu après le jardin municipal de Telfair. ☎ 625-61-01. Tlj sf mar et j. fériés 9h-16h. Entrée gratuite.
La petite maison de pierre volcanique et de corail, où habita le poète mauricien Robert Edward Hart jusqu'à sa mort en 1954, a malheureusement été démolie. Reconstruite en 2003 quasiment à l'identique et au même endroit, « la Nef » fut, selon Georges Duhamel, une retraite marine à la fois austère et délicieuse. Les trois pièces fidèlement reconstituées rassemblent quelques objets personnels (sa machine à écrire), une poignée de documents et même le masque mortuaire d'un écrivain francophone, considéré comme l'un des principaux auteurs de l'océan Indien. Vue saisissante depuis la véranda, d'où l'on peut imaginer qu'il écrivit : « Tous les songes d'Asie, tous les parfums d'Afrique, toute la poésie chimérique me viennent ce soir avec la brise de la mer Indienne. »

🍴🍴 *Le Gris-Gris et la Roche qui Pleure :* à l'est de Souillac. En venant de Rivière des Anguilles, prendre la rue à gauche juste avt la gare routière. Au *bout, en arrivant au parking, suivre la petite route à gauche (carrossable) qui conduit à un bois de filaos.* Derrière le rideau d'arbres, on découvre le paysage superbe formé par cette côte sauvage, où les falaises de roches volcaniques noires subissent les assauts féroces de l'océan. La « Roche qui Pleure », c'est une saillie rocheuse énorme dans laquelle la mer s'engouffre en passant par un puits. En se retirant, l'eau ruisselle et la roche pleure... On peut s'en approcher en dévalant les buttes herbeuses pelées par le vent, mais à condition d'y aller en maillot de bain. Douche assurée par fort vent (on a testé) ! Entre la Roche qui Pleure et le parking s'étend une plage de sable fin où les baignades sont dangereuses.

➤ *DANS LES ENVIRONS DE SOUILLAC*

🏃 ***Rochester Falls :*** *de Souillac, compter env 4 km en direction de l'intérieur des terres. Bien indiqué du village de Souillac. Une route goudronnée cède rapidement la place à un mauvais chemin qui se faufile à travers les champs de canne, pour aboutir à une sorte de parking (inaccessible en période de coupe de canne, à partir de juin). La dernière centaine de mètres se parcourt à pied.*
Pas très haute (environ 10 m), la chute dégringole au fond d'un petit cirque. La roche formant la paroi, d'origine volcanique, se découpe curieusement comme de longs tuyaux carrés d'orgues géométriques. Un bassin au pied de la chute permet de faire trempette.
– ***Attention arnaque :*** un endroit pas désagréable, mais complètement gâché par les conditions d'accès. En effet, depuis des années, un groupe de personnes pas franchement recommandables sévit sur le parking improvisé. Tout est prétexte au racket : garder votre voiture, vous accompagner aux chutes, vous aider à franchir une chute, etc. C'est de l'arnaque pure et simple. Donc, si vous entrez dans leur jeu, il vous faudra d'abord fixer la somme à l'avance et vous y tenir, car les lascars demandent toujours plus aux touristes. De plus, certaines lectrices ont avoué ne pas s'être senties en sécurité... Mais que fait la police ? Rien. Du coup, les loueurs de voitures déconseillent carrément de s'y rendre.

🏃 ***Le domaine de Saint-Aubin :*** voir plus loin « La route du Thé ».

🏃 ***La vallée des Couleurs :*** *au pied de la montagne des Savannes, à Mare aux Anguilles.* ☎ *626-86-66. Tlj 9h-17h. Entrée : 150 Rs (3,80 €).* Le site est magnifique et l'idée bonne : juxtaposer les 23 couleurs de terre mauricienne, de manière à reconstituer artificiellement ce phénomène géologique si particulier observé aux Terres de Chamarel (où l'on ne dénombre toutefois que 7 variations de couleurs). Malheureusement, le laisser-aller dans l'entretien du parc gâche un peu l'expérience. Cela dit, si l'on esquive le resto et les toilettes en ruine, on gardera un bon souvenir des belles cascades qui jalonnent la balade et de la merveilleuse nature mauricienne.

DE SOUILLAC AU MORNE BRABANT

Un joli coin plutôt sauvage, peu peuplé, avec seulement quelques poignées de maisons distribuées ici et là. Mais plusieurs complexes hôteliers de luxe (une grappe de 5-étoiles, une plage artificielle, un golf...) se sont implantés dans le secteur de Saint-Félix-Bel Ombre. Les promoteurs ont décidément l'intention de squatter tout le littoral...

RIAMBEL

Jolie plage publique, déconseillée pour la baignade, mais idéale pour les pique-niques. Sinon, voici un resto sympa :

|●| *Green Palm Restaurant : Coastal Road, Riambel, Surinam.* ☎ 625-50-36. *Le long de la route côtière, après la plage de Riambel. Facile à trouver, c'est presque le seul resto dans ce secteur si peu touristique. Tlj jusqu'à 22h30. Prix modérés.* On ne fera pas le détour exprès, mais cette petite adresse locale est tout à fait fréquentable pour une étape. Cuisine sino-mauricienne classique et convenable, servie dans une salle simple et agréable (quelques boules chinoises et des nappes bariolées lui donnent un peu de couleur).

SAINT-FÉLIX

Village de l'arrière-pays, Saint-Félix a longtemps abrité la plus ancienne sucrerie de l'île. Celle-ci a dû fermer ses portes en 2006, mais des projets de réhabilitation (musée et centre artisanal) sont en cours.

🎿🏃 *Les Cerfs Volants : à Chamouny, au nord de Saint-Félix, sur des terres appartenant à l'ancienne compagnie sucrière.* ☎ 212-50-16 ou 422-31-17. ● lescerfsvolants.com ● *Activités tyroliennes autour de 2 400 Rs (60 €) ; 1 400 et 2 100 Rs pour le trekking et le tir à l'arc (35 et 52,50 €) ; réduc enfants. Déj compris.*
Dans le cœur vert du sud de l'île Maurice, parcours (1,3 km) de 11 tyroliennes suspendues de part en part de la Rivière des Galets, ainsi qu'un circuit pédestre (pour ceux qui auraient le vertige), suivi d'une baignade revigorante sous les cascades. Apéritif près de la chute (sur demande) et déjeuner au cœur des montagnes. Autres activités proposées : circuit de tir à l'arc et trekking. Également possibilité de balade en charrette traditionnelle tirée par un bœuf autour de la propriété, sur réservation.

BAIE DU JACOTET

Si, à Pointe aux Roches, la mer est agitée, un peu plus loin, vers la Baie du Jacotet, une superbe plage sauvage s'étire, bordée de filaos. Ceux-ci furent plantés en vue de fixer le sable trop meuble.
Clin d'œil historique : c'est à la Baie du Jacotet qu'eut lieu, en 1810, une des innombrables batailles entre Anglais et Français. Au cours de cette attaque surprise, le commandant français fut fait prisonnier et échangé plus tard contre menues victuailles : cochons, cabris et autres volailles !

BEL OMBRE

Minuscule village avec un petit cimetière marin chahuté par les intempéries, au centre d'un véritable jardin d'Éden. Depuis peu, le littoral a été réhabilité et accueille désormais plusieurs grands et beaux complexes touristiques pour nantis. Il faut bien avouer que le coin est superbe. La baignade, rendue autrefois impossible en raison des rejets de la sucrerie et des algues qui avaient par conséquent proliféré, se fait aujourd'hui dans d'excellentes conditions : la plage et l'eau ont été assainies, la blondeur du sable et le dégradé turquoise du lagon ont retrouvé leur place dans la palette des couleurs. Magnifique !
Il faut juste trouver l'accès à la plage publique, coincé entre les hôtels grand luxe *Héritage* et *Mövenpick* (repérer le petit chemin vers la mer qui longe pratiquement la façade de l'*Héritage*). Sachez enfin qu'en logeant ici, il faut vraiment avoir envie de s'isoler du reste du monde. Mais qui a vraiment envie de s'échapper de ces hôtels où tout, absolument tout, est proposé aux résidents ? On trouve même à proximité un golf 18 trous et la *Réserve de Valriche*, vaste domaine vallonné où l'on s'adonne aux joies de la marche ou du quad en guettant les cerfs, cochons marron et autres chauves-souris.

Où dormir ? Où manger ?

Beaucoup plus chic

🏠 *Hôtel Héritage :* Coastal Road, Bel Ombre. ☎ 601-15-00. • verandaresorts.com • *Doubles 12 800-18 000 Rs (320-450 €) en ½ pens. Plus cher pour les fêtes de fin d'année et en formule « Premium » (plein de bonus).* Renseignez-vous auprès des tour-opérateurs qui proposent souvent des tarifs plus intéressants. Le grand jeu : 160 chambres au décor raffiné, avec terrasse ou balcon, face à l'océan, au milieu d'une végétation qui ne demande qu'à protéger ces ravissantes maisons couvertes de toits de chaume, où le luxe se fait discret, le bois, la pierre, les couleurs appelant à une douce quiétude. Dans cette « zénitude » ambiante, le spa trouve naturellement sa place. Restos et bars de plage où l'on peut déjeuner sur le pouce à prix assez doux.

🍴 *La Compagnie des Comptoirs :* à l'hôtel Héritage (voir ci-dessus). *Le soir, sur résa. Compter env 2 000 Rs (50 €).* Les célèbres frères Pourcel, en ouvrant ici leur 5e déclinaison de *La Compagnie des Comptoirs,* reviennent aux sources mêmes de leurs créations inspirées des cuisines du monde. Chaque mois, ces artistes du goût font le déplacement depuis Montpellier pour créer une nouvelle carte, toujours pleine de surprises aussi originales qu'exquises, aux saveurs mauriciennes... Le tout se déguste à petites bouchées, dans le cadre raffiné d'un pavillon entouré d'eau. À faire une fois, entre amoureux ou amoureux de la vie tout simplement.

BAIE DU CAP

Le village authentique et rustique est à l'image de l'île Maurice. C'est ici qu'accosta en 1803 le *Cumberland,* navire anglais sur la route du retour d'Australie. Des maisons en tôle, certaines colorées, et quelques jardins fleuris. Plage sauvage à Pointe Corail, tout de suite après Baie du Cap. Juste à la sortie du village, le rocher de Macondé, où quelques marches permettent d'accéder à un petit promontoire. Aussitôt après, la route s'agrippe au pied de spectaculaires falaises noires, avant de filer vers le désormais tout proche Morne Brabant.

Si vous venez de Chamarel par la mauvaise route qui rejoint Baie du Cap, suspendez deux minutes votre trajet à Choisy pour apercevoir un étonnant *temple tamoul* d'un jaune vif adossé à un fond de végétation au vert intense.

DU MORNE BRABANT À FLIC EN FLAC

Ce secteur du littoral est nettement moins touché par l'affluence touristique que la partie nord-ouest de l'île. Ceux qui recherchent le calme séjourneront de préférence dans la région. Les autres en feront un excellent but de balade à la journée, qu'on peut agrémenter d'un petit tour vers l'intérieur à Chamarel et Grand Bassin.

LE MORNE BRABANT

Site superbe, péninsule paradisiaque, sorte de « pain de sucre » veillant sur le coin sud-ouest de l'île, le Morne dresse ses parois abruptes à 245 m d'altitude. En saison sèche, ne soyez pas surpris de voir la montagne racornie, des flancs arides, des herbes jaunies, des arbres dénudés et effeuillés, dans un paysage de brousse africaine. C'est normal, car le Morne Brabant tourne le dos aux nuages et les pluies ont du mal à arriver jusqu'ici, ce qui explique cette sécheresse. Cette roche altière est entourée d'une mince bande de plage que l'on peut considérer comme la plus somptueuse de l'île grâce à la couleur de ses eaux. Malheureusement, les hôtels de luxe ont squatté presque tout le littoral, grignotant toujours un peu plus d'espace sur la plage publique. Pour accéder aux portions « privées » de la sublime plage, il faut s'acquitter d'un droit d'entrée très élevé auprès des hôtels qui, en outre, demandent souvent qu'un repas soit pris sur place. Nous, ça nous a proprement scandalisés : tout ce béton qui gâche le paysage et ce côté « accès-porte-monnaie ». Du coup, on conseille plutôt d'aller profiter de la mer et de l'air du temps sur les plages publiques, dont on vous indique les accès.

UN PEU D'HISTOIRE

C'est au sommet du Morne que les esclaves noirs marrons venaient se réfugier. Rappelons que les marrons étaient ceux qui avaient échappé à leur maître. L'accès au sommet du Morne, très difficile, leur conférait une certaine sécurité. Une légende raconte qu'en 1834, alors que des soldats venaient leur annoncer la bonne nouvelle de l'abolition de l'esclavage, prenant peur, craignant de se faire prendre, ils choisirent de se jeter dans la mer du haut de la falaise. Tragique méprise !

Adresses utiles

■ **Mauritius Commercial Bank :** *dans le centre commercial. Lun-jeu 9h-15h ; ven 9h-17h.* Distributeur de billets et change.
■ **Centre commercial de L'Harmo-**nie : *route des hôtels.* Plusieurs commerces, pas toujours très utiles (souvenirs quelconques et chers) et assez éloignés des hôtels.

À faire

Plages

La plage publique du Morne Brabant est déserte en semaine et bondée le week-end pour le pique-nique rituel des familles mauriciennes.

◿ **Les accès à la plage publique :** une fois passé le centre commercial de L'Harmonie, suivre la route jusqu'à l'hôtel *Dinarobin.* La principale section de plage publique commence juste après. Longue de 500 m, elle est frangée par un bois de filaos large de 50 m. Un vrai goût de paradis : grande quiétude, sable blond très clair, eau transparente (même si ce n'est pas là que l'on verra de beaux coraux). Un autre accès à la plage publique se trouve entre l'hôtel *Les Pavillons* et l'hôtel *Berjaya.* Beaucoup plus ramassé que le précédent, ce petit bout de plage est là encore précédé d'un espace planté de filaos. Pas le plus agréable. Un autre à la pointe sud-ouest du Morne, là où se retrouvent les véliplanchistes car les vents et les courants y sont plus forts. C'est aussi le coin le plus tranquille, car le plus éloigné.
Enfin, le 4e accès est au bout du chemin de terre qui longe le dernier hôtel : plage calme mais dangereuse selon les locaux (ceci explique peut-être cela).

Sorties en mer

■ **Nasser :** *embarquement au* Club Mistral, *Kite Surf Beach, à l'hôtel* Indian Resort. ☎ 727-69-61. ● *nushmu@yahoo.com* ● *Sorties en mer à partir de 1 000 Rs (25 €) par pers.* Prestations classiques.

Randos

■ *Fun and Culture :* 🖥 785-61-77. ● *yanature.com* ● Le Morne, c'est bien sûr cette plage de toute beauté déroulée au pied de la montagne, mais c'est aussi l'un des plus beaux points de vue de toute l'île. Mais ce panorama à couper le souffle se mérite ! Yan, guide expérimenté, entraîne ses équipiers dans une aventure aussi belle que sportive, avec ascension du Morne, tyrolienne, rappel... le tout dans un environnement de carte postale.

Plongée

■ *Centre de plongée Easydive :* *attenant aux hôtels Berjaya et* Les Pavillons. ☎ 450-58-00. ● *easydivemauritius.com* ● 🕐 *Tlj sf dim 8h30-17h. Handicapés et enfants à partir de 12 ans acceptés. Env 2 400 Rs (60 €) le baptême,* 1 480 Rs (37 €) la plongée. Tarifs 5-étoiles, comme tout ce qui caractérise désormais le Morne. On vous proposera notamment une plongée avec les murènes à la grotte « cathédrale ».

➤ DANS LES ENVIRONS DU MORNE BRABANT

🏃 En reprenant la route B9 en direction de Baie du Cap, après avoir exploré la plage du Morne Brabant, à environ 1 km après cet embranchement, sur la droite, un superbe *banian* étale ses branches et ses racines sur une surface impressionnante.

➤ En poursuivant le chemin de terre qui dépasse le *Berjaya* et longe la côte, on peut faire le *tour de la presqu'île* pour rattraper la route du sud qui mène à Baie du Cap. À réserver toutefois aux 4x4 : la piste est truffée d'ornières quasi infranchissables pour des voitures de tourisme. Beau, mais risqué (on a failli rentrer en stop) !

LA GAULETTE

Ce paisible village, au nord du Morne Brabant, s'étire langoureusement entre la route principale et la mer. Ici, pas de plage mais une anse vaseuse et romantique au crépuscule, donc pas de touristes classiques. Et lorsque les pêcheurs ne taquinent pas la carangue, ils papotent sur la place du village, à l'ombre des arbres, ou baladent les touristes à l'île aux Bénitiers, à quelques encablures de la côte.

Arriver – Quitter

➤ *En bus :* arrêts le long de la route principale vers Flic en Flac dans un sens et vers le Morne Brabant dans l'autre.

Adresses utiles

🏵 *Épicerie La Gaulette Store :* lun-sam 8h-19h ; dim 8h-12h. On y trouve de tout : victuailles, piles électriques, journaux, savons, shampooings, brosses à dents.

🏵 En face, un autre magasin, le *Bénitier Store.*
■ *Cabines téléphoniques :* près du Cocotier Snack.

Où dormir ?

Prix modérés

🛏 *Chambres Ropsen Chawan (Ropsen Tour Operator) :* route Royale. ☎ 551-01-26 ou 451-57-63. • ropsen.net • À droite en venant du nord, en face de la « Library », juste après le Liverpool Snack. *Doubles à partir de 800 Rs (20 €). Supplément pour la clim'.* Les Ropsen ont commencé par louer les 4 appartements à l'étage de leur grande maison blanche. Simples, propres et fonctionnels (cuisine, balcon ou terrasse...),

ils se révèlent tout à fait agréables lorsqu'ils donnent sur la mer (côté rue, c'est évidemment moins enthousiasmant). Mais avec le temps, la petite affaire des Ropsen est devenue une sorte d'agence de voyages. Ils assurent le transfert à l'aéroport, proposent la location de vélos et de voitures et gèrent de nombreux logements dans les environs, du studio à la maison. Bref, de quoi satisfaire tout le monde.

Où manger ?

Bon marché (de 150 à 250 Rs, soit 3,80 à 6,30 €)

|●| *Cocotier Snack :* près de l'épicerie La Gaulette Store. *Tlj jusqu'à 21h.* Pour les cocotiers, on repassera ! Mais ce boui-boui aux toiles cirées de rigueur propose un *mine frit* du jour impeccable pour manger sur le pouce.

|●| *Restaurant Pointe Pêcheur :* en plein centre du village, face à La Gaulette Store. ☎ 451-59-10. *Tlj jusqu'à 22h.* Toute petite table de village, où l'on fera volontiers une halte pour une cuisine locale de bon aloi (*mine frit,* filet de poisson grillé...).

À faire

Sorties en mer

■ *Kissen :* ☎ 451-51-56 ou 📱 758-98-49. *Sortie dauphins à 1 000 Rs (25 €) par pers, ou journée complète à 2 000 Rs (50 €) par pers.* Sérieux et très respectueux des dauphins, Kissen n'a trouvé qu'une seule solution pour aller à leur rencontre sans trop les gêner : partir entre 6h et 7h. Tant pis pour la grasse mat', mais

c'est à ce prix qu'on échappera peut-être à l'armada de bateaux. Pour la journée complète, l'excursion prévoit du *snorkelling* (prêt de matériel) et un pique-nique sur l'île aux Bénitiers, qui doit son nom à ce gros et beau coquillage converti par les missionnaires en bénitier.

DU MORNE BRABANT À FLIC EN FLAC

EXCURSIONS VERS L'INTÉRIEUR

La partie sud-ouest de l'île propose quelques belles escapades très nature, changeant un peu du bord de mer. Une même route vous guide naturellement vers les terres colorées de Chamarel, Plaine Champagne et Grand Bassin. Une balade d'une demi-journée fort agréable.

CHAMAREL ET LES TERRES DE COULEURS

🍴🍴 Un peu après La Gaulette, à la hauteur du patelin de Grande Case Noyale, une route indique Chamarel. Elle serpente à travers la forêt et les champs de canne, puis escalade courageusement les flancs escarpés de la montagne. La grimpette à vitesse réduite permet de profiter à plein du festival de vues formidables sur la plaine en contrebas et le littoral, avant d'atteindre le village qui borde les plantations de caféiers. D'ailleurs, on vous encourage vivement à goûter le café de Chamarel. Il détient à juste titre une excellente réputation.

Au sommet de la route, à la première fourche, suivre la direction Baie du Cap pour rejoindre le célèbre site des **Terres de Couleurs.** *Tlj 7h30-18h. Entrée : 75 Rs (1,90 €). Pas vraiment pratique d'y aller en transports en commun. Peu de bus et, de l'entrée, il y a encore 3 km de marche.* Passé la barrière, la petite route bien goudronnée file dans les terres et fait un détour par la belle et très majestueuse cascade Saint-Denis. Arrêt obligatoire pour grimper jusqu'à la terrasse panoramique. Elle surplombe les minces filets d'eau, qui plongent une centaine de mètres dans un bassin au cœur d'une végétation dense et somptueuse. Une bonne mise en bouche avant de rejoindre le fameux site...

Les Terres de Couleurs de Chamarel sont une sorte de grande clairière bombée et dénudée qui ondule gracieusement et présente 7 variations de couleurs, oscillant de l'ocre au marron, du rouge au violacé. Une fois mélangées, elles finissent toujours par se séparer. Quoi d'étonnant à ce mystère de la nature, quand on sait que Chamarel était un haut lieu de la sorcellerie ? D'un point de vue plus scientifique, la raison de ces variations chromatiques est la présence de cendres volcaniques qui contiennent des oxydes minéraux de couleurs différentes. En fonction de la lumière, l'effet varie énormément. C'est pourquoi il est conseillé de venir tôt le matin. C'est aussi le seul moyen d'échapper à la foule ! Car le site, victime de son succès, est pris d'assaut à longueur d'année par les cars et les taxis. Avec deux conséquences : la construction d'un resto franchement incongru ici et l'installation de barrières de sécurité pour protéger le sol. Comme on ne peut plus vraiment se retrouver au milieu des terres, on se consolera avec le mini-tour qui permet d'avoir une meilleure vue d'ensemble. Reste une question en suspens. Pourquoi, malgré l'affluence, aucun panneau explicatif n'a-t-il été installé ?

🍴 🥾 **Le Parc Aventure Chamarel :** *l'entrée du parc est la même que celle des Terres de Couleurs (mais les clients du Parc Aventure ne paient pas le billet d'entrée, à moins de souhaiter visiter le site par la suite).* ☎ 234-53-85 ou 45-33. ● parc-aventure-chamarel.com ● *Résa impérative. Tlj sf mer 9h30-16h. Prix : 950 Rs (24 €) ; réduc enfants (min 6 ans).* L'entrée comprend un plat en barquette, comme cela se fait beaucoup à Maurice dans les *take-away*. Rien de gastronomique. Prévoir de l'eau, des gants et une crème antimoustiques.

Le site se répartit sur 30 ha, mais les deux parcours ne sont guère étendus :
– le parcours *Mille Feuilles* : jolie promenade aérienne de passerelle en passerelle. Pas très haut ; rien de bien difficile.
– Le parcours *Aventure* : petit, se résume à une poignée d'activités faciles (plancher filets, mur en filets, U renversé, petite tyrolienne...).
Bref, si l'on ajoute aux parcours une agréable balade sur le domaine, les familles passeront un bon moment. C'est d'ailleurs la clientèle ciblée par le parc, au demeurant bien sécurisé. Les autres n'y trouveront aucun intérêt.

Où dormir ? Où manger ? Où boire un verre ?

Bon marché

🍽 **Barbizon Snack :** à Chamarel, en direction de Sainte Anne. ☎ 483-50-78. *Menu complet à 250 Rs (6,50 €).* Pas de carte dans cet agréable resto de campagne très aéré, mais un menu du jour élaboré au gré du marché. Rien que du frais par conséquent, pour une cuisine familiale où figurent en bonne place les recettes de grand-maman : poissons en sauce, sanglier, et une foule de légumes présentés façon tapas pour tout goûter. Simple et généreux... comme l'accueil. Mauricien en somme.

Prix moyens

🛌 |●| *Table d'hôtes Les Palmiers :* Royal Road, à Chamarel. ☎ 483-83-64. À env 700 m avt l'entrée des Terres de Couleurs en venant du nord, un panneau indique cette maison au toit vert clair (avec une véranda), posée sur une butte au-dessus de la route. Doubles 500-800 Rs (12,50-20 €) selon confort (sans ou avec clim', la moins chère avec douche et w-c sur le palier). Menu (entrée + plat) à 600 Rs (15 €). Accueil particulièrement jovial d'une très gentille dame. La cuisine servie en terrasse est à son image, familiale, fraîche et colorée en fonction du marché et de la cueillette du jour. Bref, tout serait parfait si l'addition était un peu revue à la baisse. Il reste qu'une cuisine correcte dans la région est devenue une denrée rare. Également un appartement (2 chambres, cuisine) et des chambres d'hôtes propres et sans chichis qui se partagent un salon et une grande terrasse équipée d'un coin-cuisine. Un point de chute idéal pour une plongée en apnée dans l'arrière-pays mauricien.

Plus chic

🛌 *La Kaz Chamarel :* Piton Canot, à Chamarel. ☎ 483-52-40 ou 729-96-97. ● lakazchamarel.com ● Juste avt d'arriver à Chamarel par la route de Grande Case Noyale, prendre à droite un chemin au niveau d'un kiosque vert, juste après le resto Chamarel. *Cases 69 € ou bungalows 110-130 € pour 2 pers en ½ pens.* Ils demandent à garder l'adresse secrète. Impossible ! Imaginez un peu : le chemin privé débouche sans prévenir sur un vallon luxuriant, au creux duquel s'épanouit un grand bassin. Sur un ponton, 2 cases mignonnes comme tout se partagent une douche en plein air. Dispersés sur les flancs de la colline, différents bungalows de grand confort à la déco thématique, prolongés également par des douches aux allures de jardin zen (galets, plantes, statuettes...). Et on n'a encore rien dit des 2 piscines et du bâtiment commun très cosy, avec salon colonial, salle TV, salle internet et une belle varangue équipée d'une lunette pour observer les étoiles.

|●| 🍷 *Varangue sur Morne :* sur la route de Plaine Champagne, à l'est de Chamarel. ☎ 483-59-10 ou 66-10. Tlj jusqu'à 15h (16h pour le bar). Déj 700-800 Rs (17,50-20 €).

Tout le monde connaît l'adresse. Moins pour sa cuisine, certes très bien faite mais pas cadeau, que pour sa vue spectaculaire sur la végétation luxuriante dégringolant jusqu'à la mer. On en oublierait presque le cadre, qui lui non plus ne fait pas dans le banal : une immense salle d'inspiration chalet savoyard avec quelques vieux outils et des santons accrochés aux murs. La maison s'est même offert un petit musée du bois, sis dans un bâtiment à demi dissimulé dans le beau jardin. Un lieu multiple qui vaut le coup d'œil, idéal pour boire un verre en cours de balade.

🍷 *Le Chamarel :* à l'entrée de Chamarel en arrivant de Grande Case Noyale, sur la droite. ☎ 483-69-37 ou 64-21. Tlj sf dim jusqu'à 16h. Garez votre véhicule sur le parking et descendez quelques marches pour découvrir l'une des plus belles vues de Maurice. Le resto en terrasse, au toit de chaume, domine de 400 m le versant de la montagne et la mer. Évitez d'y manger, c'est cher et pas terrible. En fait, il fonctionne essentiellement avec les autocaristes. Venez plutôt y boire un verre ou siroter le fameux café de Chamarel.

LA PLAINE CHAMPAGNE

🐾🐾🐾 C'est le « paysage d'antan » avant que l'homme n'y laisse sa marque au XVIIᵉ siècle pour commettre ses faits et méfaits. Peu après Chamarel et en se dirigeant vers Grand Bassin, sur la gauche se dresse une église dédiée à sainte Anne, mère de Marie et sainte patronne de la Bretagne (parmi les premiers colons, les Bretons furent nombreux). À l'extérieur, sur un piédestal, la statue de la mère apprenant la lecture à sa fille. On traverse ensuite la région de la Plaine Champagne. Ce petit haut plateau (750 m) se trouve au cœur du parc national de Rivière Noire. Il concentre une bonne partie des plantations d'agrumes et abrite dans ses forêts des essences rares comme le colophane, le tatarnaka, le tambalacoque, le camphrier, le bois de natte... C'est également le refuge de nombreuses espèces d'oiseaux rares, certaines en voie d'extinction, comme la crécerelle « mangeur de poules », le merle cuisinier ou le pigeon des mares. Vous pourrez aussi y rencontrer des macaques, toujours contents de prendre les fruits ou les gâteaux secs qu'on leur tend. La plaine est encore peu accessible aux randonneurs. Des efforts sont entrepris pour baliser les différents chemins qui sillonnent la région. Certains sont déjà plus ou moins accessibles, mais en attendant la mise en place systématique de bornes, il faudra se contenter de la traverser par la route, ce qui reste malgré tout une balade savoureuse qui propose deux beaux points de vue.

– *Point de vue de Black River Gorges :* à 6 ou 7 km après l'embranchement vers les Terres de Couleurs, en atteignant la Plaine Champagne, un panneau indique sur la gauche « View Point Black River Gorges » ; à 150 m de là, par un sentier, on accède à un splendide point de vue sur la vallée, la forêt tropicale et plusieurs chutes d'eau. Gorges impressionnantes par leur profondeur et la richesse de la végétation. Du grand spectacle à ne surtout pas manquer.

– *Point de vue sur les chutes Alexandra :* environ 3 km plus loin, une autre pancarte sur la droite conduit vers une allée plantée de beaux arbres. Au bout, un petit sentier permet d'accéder au belvédère qui fait face aux chutes Alexandra, visibles sur l'autre versant de la montagne. La vue très dégagée porte loin, jusqu'au littoral. Par ailleurs, plusieurs tables disséminées sous les arbres font du site un agréable lieu de pique-nique, d'autant qu'on trouve souvent des vendeurs de boissons fraîches sur le parking.

LE PÉTRIN

Le deuxième centre d'information pour les randonnées dans le parc naturel de Rivière Noire est situé au carrefour des routes pour Grand Bassin et Chamarel/Vacoas. Il ouvre de 9h à 16h, mais les gardes sont souvent en inspection dans le parc. Mieux vaut s'adresser au centre de Rivière Noire (voir plus loin).

GRAND BASSIN

🐾🐾 *À env 3 km du Pétrin. Il est possible de s'y rendre en bus, mais les fréquences sont rares.*
Grand Bassin, ou Ganga Talao, signifie « le lac du Gange ». Vous êtes ici à 702 m d'altitude, dans un paysage de collines fraîches et verdoyantes. Pour les hindous, Grand Bassin est la représentation symbolique du Gange, le fleuve sacré de l'hindouisme. C'est donc le lieu le plus sacré de l'île pour les croyants. Ce grand bassin est une vaste retenue d'eau naturelle pas toujours bien entretenue, qui remplit le cratère d'un ancien volcan. Sur ses rives en partie aménagées en promenades, en particulier au sud et à l'est, plusieurs temples hindouistes (de béton) très colorés sont ouverts aux pèlerins et aux visiteurs. Enlevez vos chaussures à l'entrée, c'est la règle, et portez une tenue

assez couvrante. Le plus important est le temple hindou Shiva *(Shiv Jyotir Lingum Temple)*. Selon la croyance, douze dieux Shiva se sont déjà manifestés en Inde, le treizième s'est illustré à Maurice, d'où la construction de ce temple en 1989. Depuis cette date, l'endroit est devenu un haut lieu de la ferveur populaire. Le temple abrite plusieurs autels dédiés aux divinités et aux déesses de l'hindouisme classique : Shiva, Vishnou, Durga, Kali, mais on trouve aussi un petit oratoire dédié aux neuf planètes.

Avant de quitter Grand Bassin, n'oubliez surtout pas de grimper au sommet de Piton Grand Bassin. L'escalier est situé sur la rive sud du lac, juste avant le temple, et permet d'accéder à un belvédère offrant une vue panoramique à couper le souffle sur tous les environs. À vos appareils photo !

Le Maha Shivaratree

Si vous êtes là en février ou en mars (ce n'est pas à une date fixe), vous pourrez assister à la grande fête du Maha Shivaratree ou à ses préparatifs, qui ont lieu plusieurs semaines à l'avance. L'histoire conte que les eaux du Ganga Talao furent versées sur la tête de Shiva. Aussi sacrées que celles du Gange, puisque le grand fleuve découle directement de la toison capillaire du dieu. Celui-ci fit sacrifice de sa vie pour sauver l'humanité, et c'est ce geste que l'on vient honorer ce jour-là. *Maha Shivaratree* signifie « la nuit du Seigneur Shiva ». Les eaux du lac cristallisent la foi des hindous lors de la fête à laquelle assiste près de la moitié de la population de l'île (les chiffres varient entre 350 000 et 500 000 personnes).

C'est de loin la plus grande fête de l'île Maurice, et elle s'étale sur quatre jours. De tous les coins de l'île, on vient en portant son *kanwar,* sorte de chapiteau ou d'autel en bambou décoré de papiers rouges et blancs, de guirlandes, de morceaux de plastique brillant. L'image de Shiva est en bonne place partout. Le premier pèlerinage eut lieu en 1898 et depuis lors, tous les ans, les hindous ne manquent pas le rendez-vous. Notez qu'il y a tant de monde alors, à Grand Bassin et sur la route y menant (B88), qu'on ne peut y accéder qu'à pied. En voiture, on risque de rester coincé dans un embouteillage interminable, avançant au pas des pèlerins, et encore ! Mais bon, c'est l'occasion d'appréhender un peu la religion hindoue et de voir les fidèles multiplier les offrandes tout le long du chemin.

BOIS CHÉRI

🏸🏸🏸 Voir plus loin « La route du Thé » au départ de Curepipe.
De Grand Bassin via Bois Chéri, la route se poursuit vers l'A9 et permet de regagner la côte vers Souillac ou vers l'A10 pour rejoindre Mahébourg.

RIVIÈRE NOIRE

Au nord de Grande Case Noyale, sur la route côtière. Cette région, à l'embouchure de la rivière Noire, se révèle sauvage et belle. L'un de nos endroits préférés de l'île. Le village, très étendu, est entouré de collines verdoyantes donnant sur la mer. Au large des côtes de Rivière Noire, on pêche, paraît-il, les plus gros marlins qui soient. C'est le coin le plus réputé pour cela.

Adresses utiles

■ *London Way :* lieu-dit La Preneuse, à l'entrée de Rivière Noire. Galerie marchande avec la *Mauri-* *tius Commercial Bank,* équipée d'un distributeur, une *pharmacie* et un grand supermarché *Spar, lun-*

sam 8h30-19h (13h30 mer et 20h ven-sam).

■ *Le Ruisseau Créole : lieu-dit La Mivoie, au centre de Rivière Noire.* Galerie commerciale huppée, où l'on trouve de nombreuses boutiques chic, de bons restos et 2 bars qui tentent de rameuter la jeunesse branchée du coin. Également une *banque* avec un distributeur.

Où dormir ?

Prix moyens

🛏 *Appartement chez Arlette Labonne : lieu-dit La Preneuse.* ☎ 483-51-87. Du London Way, prendre la direction du sud, puis tourner dans la 1re rue à droite. Au bout, tourner encore à droite (allée des Pêcheurs), c'est 50 m plus loin, la 3e maison sur la droite. Prévoir 1 000-1 200 Rs (25-30 €) selon saison. Au 1er étage d'une maison privée, Arlette loue un appartement avec 3 chambres climatisées et équipées (cuisine spacieuse, salle à manger, grande terrasse). L'appart est très propre, et la propriétaire réserve à ses hôtes un accueil chaleureux et quelques gentilles attentions. La plage publique se trouve à 5 mn à pied.

Si c'est complet, sa belle-sœur loue également l'étage de sa maison, située juste derrière. ☎ 483-68-91 ou 🖂 725-26-67. Pour 1 000 Rs (25 €) par jour, vous bénéficiez d'un appartement impeccable doté de 3 belles chambres, d'un grand séjour avec coin-cuisine et terrasse, le tout dans les tons jaunes et égayé par quelques bibelots.

Beaucoup plus chic

🛏 *La Mariposa Resort : allée des Pêcheurs, plage de La Preneuse.* ☎ 483-50-48 ou 🖂 728-05-06. ● la mariposa.mu ● Du London Way, prendre la direction du sud, puis tourner dans la 1re rue à droite. Au bout, tourner encore à droite (allée des Pêcheurs). Réception tlj 9h-17h (sf sam ap-m et dim ap-m). Gardien 24h/24. Studios env 2 700-4 000 Rs (67,50-100 €) selon vue et saison, petit déj compris. Ce tout petit ensemble bien caché au bout d'une allée privée a tout mis en œuvre pour satisfaire ses hôtes : les jolis bâtiments d'architecture balnéo-créole encadrent un jardin charmant, où fontaine et fleurs ne cèdent la place que pour la petite piscine, le tout grand ouvert sur un agréable bout de plage avec vue dégagée sur les bateaux et le Morne. Un bon début. Les chambres maintenant : vastes, confortables (TV, clim', cuisine séparée...), mignonnes, et toutes dotées d'un balcon ou d'une terrasse. Formidable pour l'apéro ! Et l'accueil ? Gentil comme tout, assuré par un jeune couple dynamique.

🛏 ❙●❙ *Les Lataniers Bleus : Royal Road.* ☎ 483-65-41. ● leslataniers bleus.com ● En venant du nord, c'est 250 m après la station Caltex (panneau). Doubles à partir de 3 200 Rs (80 €), petit déj compris ; ou bungalow complet de 4 à 10 pers à partir de 8 800 Rs (220 €). Dîner sur résa env 600 Rs (15 €). Imaginez un très grand jardin verdoyant, des maisons élégantes de style mauricien bordant la piscine, et la mer, en pente douce, à 20 m. Là-bas, la barrière de corail, qu'on peut gagner en barque, prêtée gracieusement (un bon plan pour y nager avec masque et tuba). Dans la 1re maison, 3 chambres ; 5 autres dans la demeure principale ; et 1 bungalow romantique juste en bord de plage avec 2 chambres encore (pour ce dernier, réservation très longtemps à l'avance). Tous les logements sont de bon confort, propres, spacieux et décorés avec goût. Une élégance teintée de convivialité que l'on retrouve à table, lorsque les proprios accueillent leurs hôtes pour le dîner dans la charmante salle à manger. Une belle adresse.

Locations de villas (campements)

🏠 *Sunset Holidays Villas : sur la superbe plage de La Preneuse. Résa à partir de France slt par* Tropicalement Vôtre *:* ☎ *01-43-70-99-55.* ● *ile-maurice.fr* ● *Compter 270 €/j. la villa pour 6 pers avec vue sur mer et piscine. Idéal pour une ou plusieurs familles. Appelées plus couramment* campements, ces villas de style colonial, situées au bord du lagon, servaient de résidences d'été aux Mauriciens. La villa *Filaos* dispose d'une piscine et d'une jolie varangue donnant sur la mer. Coup de cœur assuré.

Où manger à Rivière Noire et sur la route de Tamarin ?

Plats à emporter

Attenant au supermarché *Spar,* sur la droite, une petite cafétéria propose des plats mauriciens, *mine frit,* salades, *akiens,* gâteaux, le tout très goûteux et pas chers. À emporter ou à manger sous la paillote, juste devant.

Prix modérés (de 250 à 400 Rs, soit 6,30 à 10 €)

🍽 *Pizzadelic : dans la galerie commerciale du* Ruisseau Créole. ☎ *483-70-03. Tlj jusqu'à 22h.* Pizza-délice plutôt ! Car cette pizzeria à ciel ouvert (belle terrasse sur caillebotis) fait bien les choses : pâtes fines, bonnes garnitures et cuisson pile poil. Rien d'étonnant à ce que beaucoup de jeunes en fassent leur QG !

🍽 *Le Pavillon de Chine : à droite en allant vers la plage de La Pre-* neuse, quand on vient du sud. ☎ *483-57-87. Tlj jusqu'à 22h.* Un chinois de quartier classique, hormis sa déco façon trattoria avec de grandes nappes rouges et vertes et des chaises en sisal. Il reste tout de même les lampions et les reliques pendus au plafond. Plats classiques mais pas inoubliables, avec quelques options créoles.

De prix moyens à plus chic (de 400 à 1 000 Rs, soit 10 à 25 €)

🍽 *Zucca : dans la galerie commerciale du* Ruisseau Créole. ☎ *483-70-05. Tlj jusqu'à 22h.* Si le cadre moderne et épuré (et réussi !) paraît tiré d'un magazine de déco, la cuisine plus qu'honorable de la maison est à l'inverse bien ancrée dans la tradition... italienne ! Une preuve ? La cuisine ouverte permet d'observer les marmitons occupés à préparer des pâtes fraîches. Mamma mia... Un minestrone pas mal du tout ou un carpaccio classique pour étoffer le menu, une lampée de chianti pour faire glisser le tout, et c'est la Dolce Vita ! Accueil sympathique d'une patronne 100 % transalpine.

🍽 *Le Cabanon Créole : sur la route* de Tamarin, au niveau de la station-service *Caltex, sur la droite quand on vient du nord.* ☎ *483-73-53. Tlj sf dim.* Trois ou quatre plats à l'ardoise, pas plus. C'est la seule solution qu'a trouvée Michael pour garantir à ses hôtes des produits de toute première fraîcheur. Alors on lui fait confiance, on prend place en terrasse ou dans la mini-salle, et on se félicite d'avoir tenté le coup : ses plats franco-mauriciens arrivent sur les tables bien présentés et joliment ficelés. Une bonne petite adresse.

🍽 *Le Bistrot du Barachois : route du Barachois, plus près de Tamarin, à côté de l'*Épicerie Gourmande. ☎ *483-87-35. Fermé dim-lun.* Bonne cuisine d'inspiration française : noix de Saint-Jacques poêlées crème de laitue, carpaccio de daurade marinade au basilic, magret de canard poêlé sauce litchis, filet de vacoas braisé au citron confit et cumin... Le menu change chaque semaine pour satisfaire les nombreux habitués qui en ont fait leur table de prédilection. Salle de resto plutôt coquette et grande terrasse à l'arrière du bâtiment.

À voir

➢ *Plage de La Preneuse :* plage publique dont l'accès se situe juste à côté de la tour Martello. Elle n'est pas bien grande mais assez jolie. On se baigne sous le regard hautain et lointain du fier Morne Brabant. Parfois un panneau invite à la prudence.

🎋 *La tour Martello :* chemin de La Preneuse. ☎ 583-01-78. Tlj sf lun 9h30-17h (13h30 dim). Visite guidée (30 mn) : 50 Rs (1,30 €) en sem, 40 Rs (1 €) le w-e ; réduc.
Ce donjon trapu est le mieux préservé des 5 tours édifiées par les Anglais sur le littoral mauricien entre 1832 et 1834. À l'époque, l'armée britannique voulait abolir l'esclavage, contre l'avis des colons français, et craignait donc une intervention de l'ennemi héréditaire. On trouve d'ailleurs des tours identiques un peu partout dans le monde. Conçues pour empêcher tout débarquement, elles se résument à une casemate solide équipée d'une pièce d'artillerie lourde. La tour Martello, parfaitement restaurée, donne une petite idée du quotidien des 20 soldats de la garnison : cellier et réservoirs dans les soubassements, poudrière, pièce à vivre au 1er étage et la fameuse terrasse de tir sur le toit, où sommeille un vieux canon. De l'autre côté de la baie, en direction du Morne, on devine les vestiges d'une autre tour qui permettait d'obtenir un tir croisé efficace. Visite intéressante, étoffée de vitrines (sabres, boutons d'uniforme) et de quelques panneaux.

À faire

Randonnées

➢ *Le parc naturel de Rivière Noire :* de Rivière Noire, prendre la route côtière vers le nord, puis juste à la sortie du village à gauche (fléché). Fermeture des grilles à 18h. À l'entrée, près du parking, se trouve le *Visitors' Center (tlj sf dim 9h-17h ; 9h-12h sam)*. On s'y procure une carte du parc. Les employés sont de bon conseil. Pour plus de détails sur les randonnées, se reporter au début du guide à la rubrique « Sports et loisirs » des « Généralités ».

Kayak et VTT

■ *Yemaya Adventures :* ☎ 283-81-87 ou 📱 752-00-46. ● yemeya adventures.com ● Patrick Haberland est basé dans le nord, mais la région de Rivière Noire se prête particuliè-rement bien au VTT et au kayak, deux activités qu'il propose. Pour plus de détails, reportez-vous au texte qui lui est consacré à Grand Gaube.

Achats

❀ *Fabrique de marlin fumé :* sur le côté droit de la route en allant vers Tamarin, à côté du London Way. ☎ 483-67-72. Lun-ven 8h-16h ; sam 8h-12h. Hygiène oblige, l'usine ne se visite pas. Elle est logiquement installée ici, car c'est la région de la pêche au gros. La fabrique fournit tous les restos de l'île, sauf ceux qui fument eux-mêmes. On peut s'y procurer du marlin frais ou surgelé, ainsi que du poisson et des crustacés surgelés. Prix très intéressants.

TAMARIN
....

Au nord de Rivière Noire, Tamarin, qui compte on s'en doute beaucoup de tamariniers, est un petit village endormi, sans grand charme et pas touristique pour une roupie. La rivière du Rempart se jette dans une baie ouverte, bordée de mangrove. Vaste plage où fourmillent de petits crabes, et qui ne ressemble en rien à celles du nord de l'île. Pas de sable blond et pas de grands hôtels. Mer assez dangereuse, sans barrière de corail pour protéger contre les vagues et les courants. Pas vraiment la carte postale rêvée, mais une atmosphère particulière, paisible, authentique. Tamarin est l'un des rendez-vous des surfeurs de l'île. C'est l'unique endroit où, en juillet-août, se forment des vagues impressionnantes qui font la joie des glisseurs.
Autre caractéristique de Tamarin, les salines. On les voit à l'entrée du village. Le sel produit est utilisé à différentes fins. Au départ, l'eau est pompée pour remplir les bassins en glaise au-dessus des salines, qu'on appelle des chauffoirs, où l'eau commence à chauffer et à s'évaporer tout en ruisselant de rigole en rigole. À ce niveau, on récolte du sel brut qui servira dans l'agriculture, mélangé aux engrais et directement répandu sur les champs de canne à sucre. Plus bas, un peu plus raffiné, le sel sera utilisé pour le nettoyage des cuves des usines sucrières et des usines de textile. Enfin, tout en bas, dans les cristallisoirs visibles de la route, le sel est récolté par les femmes, empaqueté par les hommes, puis transporté par les camions à la raffinerie au sud de Port-Louis. Les 60 000 tonnes produites par la région de Tamarin sont utilisées dans l'île. Il vaut mieux venir vers 8h ou vers 17h pour voir les employés travailler dans les trois salines, gérées depuis des décennies par trois familles de Blancs mauriciens.

Où dormir ?

Dans la rue qui mène à la plage, plusieurs chambres et appartements à louer. En général, pas le grand luxe, bien souvent même assez rudimentaires. Le vrai routard y trouvera cependant son compte, d'autant que la plage publique n'est pas bien loin.

Bon marché

⬛ *Jayram Luximon :* av. Public Beach. ☎ 483-84-42. En venant de Rivière Noire, prendre la rue à gauche avt l'église ; c'est la maison qui fait l'angle à gauche, en face de l'épicerie Étoile de Mer. *Appart pour 5 pers env 700 Rs (17,50 €).* L'appartement donne l'impression d'une petite maison individuelle plantée sur le toit de la bâtisse. Confort très sommaire mais acceptable : chambre avec 2 lits, cuisine (avec un lit simple) et douche, terrasse. L'accueil de la famille Luximon est discret.

⬛ *Bungalow Jean-Antonio Sambacaille :* en venant de Rivière Noire, prendre la rue à gauche avt l'église ; c'est la maison à droite en allant vers la plage (20 m après l'Étoile de Mer Store). ☎ 483-81-06. *Studio env 15 € ; appart env 30 €.* C'est comme à la maison : on est accueillis comme des cousins de passage, et logés dans un studio au rez-de-chaussée et un grand appartement à l'étage (2 chambres, cuisine), tous deux meublés sans chichis et décorés de bibelots. Typique.

Plus chic

🛏 *Hôtel Tamarin :* face à la plage publique, parfaitement isolé. ☎ 483-69-27. • blue-season-hotels.com • *Doubles 4 200-6 800 Rs (105-170 €) en ½ pens.* Un ensemble atypique de couleur orange, dont les bâtiments vaguement Art déco encadrent une grande piscine au milieu d'un jardin tropical. Plus de 70 chambres à la déco bariolée, d'un bon confort (clim') et donnant sur une petite terrasse (ou un balcon pour celles de l'étage). Ambiance zen propice à la méditation, construction bien intégrée à l'environnement. Beaucoup d'atouts : la plage publique (mer assez dangereuse toutefois) juste devant, le calme d'un village peu touristique, le spa (différents massages), le miniclub pour enfants de 3 à 12 ans, l'école de surf, la location de vélos, la restauration sur place, les excursions proposées et une intéressante programmation de concerts de jazz en soirée. Une adresse où on se serait bien vus poser nos valises plus longtemps !

Où prendre un en-cas ?

🍴 *Chez Mardaye :* entre la Tabagie nationale *en jaune et la* Tabagie populaire *en rouge, sur la droite en direction de Rivière Noire (ouvrez l'œil, c'est tout petit).* Fermé lun. Petite cabane en contrebas de la route où les files s'allongent vers 16h, lorsque les gâteaux-piments du jour sortent du four. Également des *samoussas* et autres gâteaux-patates.

🍴 *La Cosa Nostra :* en bord de route, entre la Tabagie et le Tamarin Store. ☎ 483-61-69. Tlj sf lun jusqu'à 22h. Minuscule resto guilleret, apprécié pour ses bonnes pizzas à pâte fine cuites au feu de bois. Fait également de la vente à emporter.
– Voir aussi les adresses mentionnées plus haut, à Rivière Noire et sur la route de Tamarin.

➤ DANS LES ENVIRONS DE TAMARIN

🥾 *Tamarin Falls :* magnifiques chutes au cœur d'un paysage luxuriant qui rappellerait presque la Réunion. Il est toutefois plus facile d'y accéder depuis Quatre-Bornes. Se reporter à ce chapitre.

FLIC EN FLAC

L'origine de son nom proviendrait d'un mot hollandais qui, après déformation, aurait donné « Flic en Flac ». Peu importe, c'est original et ça sonne bien. La ville s'étale le long de la route côtière, au bord d'une très longue plage (2 à 3 km) tournée vers l'ouest. Cette plage est superbe et souvent peu fréquentée... sauf le week-end, où les Mauriciens descendent en famille de Curepipe et Rose Hill, et campent avec tentes, sonos et barbecues. Là, c'est carrément la cohue ! Flic en Flac reste malgré tout un endroit agréable en demi-saison, recherché par les amateurs de tourisme balnéaire. Les plongeurs pourront observer de nombreuses espèces de poissons.
La région, en pleine expansion, n'échappe malheureusement pas au modèle de développement touristique dont a été frappée Grand Baie. Face à la plage et à sa belle forêt de filaos, les hôtels et les « morcellements » (lotissements) poussent comme des champignons. Pas de style, bien entendu, ni matériaux nobles. Béton et architecture banale. Sur le littoral brille désormais une guirlande de restos touristiques... sans éclat.

La campagne et l'arrière-pays présentent un paysage de champs de canne, étendus sur les versants ouest des hauts plateaux du centre.

Arriver – Quitter

➢ **En bus :** pour **Port-Louis** et **Quatre-Bornes,** bus toutes les 15 mn environ de 6h15 à 18h, à prendre à l'un des fréquents arrêts, le long de la route principale. Également une liaison pour **Curepipe,** mais seulement le dimanche (jour de sortie des familles !).

Adresses utiles

🛈 *Office de Tourisme : dans le centre commercial* Pasadena. ☎ 453-86-60. Tlj sf dim 10h-17h (12h sam). Quelques brochures.

✉ *Poste : en face du centre commercial* Pasadena, *derrière le poste de police. Tlj sf dim 8h-15h30 (12h sam).*

■ *Banques : au centre commercial* Pasadena, *la **State Bank** possède un distributeur ; la **Mauritius Commercial Bank** se trouve à l'entrée de la ville, sous les arcades de la petite galerie marchande (lun-jeu 9h-15h15 ; ven 9h-17h). Dispose* aussi d'un distributeur.

■ *Police : en face du centre commercial* Pasadena. ☎ 453-99-16 ou 17.

■ *Pharmacie : au centre commercial* Pasadena. *Fermé dim ap-m. Tenue par un Français.*

⊛ *Supermarché Spar : au sous-sol du centre commercial* Pasadena. *Lun-sam 8h-20h ; dim 8h-13h (17h l'été). Bien approvisionné.*

@ Petit *cybercafé au sous-sol du centre commercial* Pasadena, *face aux caisses du Spar. Lun-sam 9h30-20h ; dim 9h30-13h.*

Où dormir ?

Flic en Flac regroupe encore des structures hôtelières aux tarifs modérés, contrairement à sa voisine, *Wolmar,* à 3 km au sud, qui accueille plusieurs hôtels de luxe.

DU MORNE BRABANT À FLIC EN FLAC

Location de studios, bungalows et appartements

🏠 *Flic en Flac Tourist Agency : Coastal Road.* ☎ *453-93-89.* ● *fftourist.com* ● *À 250 m env du centre commercial* Pasadena, *sur la droite de la route principale, en direction de Port-Louis. Tlj sf dim ap-m.*

Une petite agence qui gère quelques studios et appartements situés dans les « campements » face à la mer. Loue également des vélos et des scooters.

De bon marché à prix modérés

🏠 *Villa Le Tamarinier : av. des Colombes, Safeland.* ☎ *453-59-32 ou* ▯ *761-55-50.* ● *letamarinier@ intnet.mu* ● *De la rue principale, prendre la rue qui longe le centre commercial* Pasadena, *tourner à gauche au prochain carrefour (2ᵉ rue), puis à droite après le petit pont. À partir de 1 000 Rs (25 €) la*

double, avec ou sans clim', petit déj inclus. Réduc en cas de long séjour. Le propriétaire, un professeur affable et jovial, habite avec son épouse au rez-de-chaussée de cette villa récente de 2 étages. Ils réservent à leurs hôtes un véritable accueil à la mauricienne, à la fois simple, sincère et chaleureux. Bon, la déco des chambres brille par son absence, mais elles se révèlent impeccables pour un long séjour : très propres, claires et dotées d'une bonne literie. Dîner sur demande et grandes cuisines à disposition (l'une à l'étage, l'autre sur le toit, donnant sur une vaste terrasse). Transferts et excursions possibles.

🛏 |●| **The Nilaya** : av. des Colombes, Safeland. ☎ 453-90-37. À Paris : ☎ 01-40-65-96-98. ● nilayamauritius.com ● De la rue principale, prendre la rue qui longe le centre commercial Pasadena, tourner à gauche au prochain carrefour (2ᵉ rue), puis à droite après le petit pont. Studios 32 € pour 2 pers, petit déj compris. Table d'hôtes certains soirs 10 €. Dans un quartier résidentiel, calme et verdoyant, une maison cossue avec un jardin fleuri très fréquenté par les petits oiseaux (Kit, la sympathique proprio, les nourrit tous les jours). Elle abrite 4 petits studios avec cuisine et salle de bains, clim'

(petit supplément) ou ventilo sur pied. Les hôtes ont accès à la terrasse avec douche extérieure et espace BBQ, à la véranda, ainsi qu'à la machine à laver et à Internet ! Toute la maison est décorée des peintures (très colorées) de Kit.

🛏 **Villa Paul et Virginie** : Sea Breeze Lane. ☎ 453-85-37. ● geocities.com/villapauletvirginie ● De la rue principale, prendre la rue qui longe le centre commercial Pasadena, tourner aussitôt à gauche à l'angle du Sea Breeze, puis tout droit. Doubles en ½ pens à partir de 2 800 Rs (70 €). Petit établissement propret qui présente trois avantages : un environnement calme, car situé dans une rue bien à l'écart de l'axe principal ; des chambres convenables (clim') où l'on note de louables efforts de déco thématique (murs zébrés pour l'africaine, du bleu pour l'atlantis...) ; un jardin doté d'une piscine bien agréable à l'heure de l'apéro. Une bonne option.

Plus chic

🛏 **Escale Vacances** : Coastal Road. Résa via la Flic en Flac Tourist Agency (voir coordonnées plus haut) ou au ☎ 453-50-02. Accueil 8h-18h (17h sam et 14h dim). Situé sur la gauche de la route côtière en allant vers le sud ; c'est bien indiqué. Grands studios à partir de 2 000 Rs/j. (50 €) selon vue (sur jardin ou sur mer). Un peu moins cher en basse saison. Petite résidence de tourisme bien conçue et bien gérée : chaque

studio se compose d'une pièce à vivre au rez-de-chaussée (cuisine, coin salon avec TV) et d'une chambre à l'étage. Le tout est à la fois propre et fonctionnel, et bénéficie de prestations correctes (ménage quotidien, parking privé, gardien, piscine). Attention, les studios côté mer donnent sur la route, très bruyante le week-end. Donc, préférer ceux côté jardin, dont les terrasses bordent la piscine.

Beaucoup plus chic

🛏 **Klondike Hotel** : au bout d'une petite route qui part de la rue principale, au niveau d'un grand virage. ☎ 453-83-33 ou 34. ● klondikehotel. com ● Env 3 000 Rs (75 €) la double, petit déj inclus. Dans le genre « village vacances », celui-ci se défend plutôt bien. Il a pour lui deux atouts indéniables : sa taille raisonnable et un emplacement de choix face à la mer, dans un secteur à la fois proche du centre et à l'abri des nuisances sonores. Les chambres,

convenables, se répartissent entre un chapelet de bâtiments sur le rivage et une poignée de bungalows familiaux dans le jardin. Les enfants seront d'ailleurs à la fête avec une petite aire de jeux, une belle piscine à débordement et une plage de poche aménagée parmi les rochers. Bref, tout à fait fréquentable.

🛏 **Villas Caroline** : ☎ 453-84-11. ● carolinegroup.com ● Dans le centre de Flic en Flac, juste devant la plage. Doubles 4 600-6 600 Rs (115-

165 €) en ½ pens selon saison et confort. Un agréable complexe touristique à taille humaine. Bungalows face à la plage, à la belle architecture (toits en tôle ondulée rouge vif, pour ceux qui se perdraient en ville), dans un site calme et joli comme tout.

Comme le confort est à la hauteur du cadre (chambres colorées très convenables) et que les prestations sont bonnes (terrain de volley, kayaks, pédalos, piscine, club de plongée sérieux), on y pose volontiers ses valises !

Où manger ?

Très bon marché (moins de 150 Rs, soit 3,80 €)

Sur la plage publique, on trouve plein de bonnes petites choses à grignoter et même de quoi caler une plus grosse faim : kebabs poulet, *mine frit*, frites tout court, *samoussas*, glaces, fruits frais, etc. Le tout pour des sommes modiques.

Prix modérés (de 250 à 400 Rs, soit 6,30 à 10 €)

|●| *Ah-Youn :* Royal Road, le long de la plage, face au four à chaux (sorte de pyramide en pierre noire). ☎ 453-90-99. Fermé lun. Tout le monde connaît Ah-Youn. La recette du succès ? Une cuisine sino-mauricienne bien ficelée à prix doux, servie dans une grande salle aérée face à la plage. Un endroit populaire et souvent plein : réservez !

|●| *Le Papayou :* à l'entrée de la ville, à gauche, en venant de Port-Louis, sous les arcades d'une petite galerie marchande. ☎ 453-98-26. Fermé certains dim. Une jolie petite salle aux couleurs mandarine et turquoise, agrandie judicieusement grâce à quelques miroirs. Carte étendue mêlant spécialités mauriciennes, chinoises et européennes, sans oublier les pizzas et, en dessert, les crêpes ou le *papayou* maison, une papaye confite chaude. Difficile de ne pas y trouver son compte, d'autant qu'on peut commander un plateau de fruits de mer, des *faratas* et même une paella en prévenant 48h avant. Cuisine de qualité et accueil chaleu-

reux. Pas de terrasse. Pas beaucoup de tables non plus, alors ne pas hésiter à réserver.

|●| *Le Bois Noir (Chez Joe) :* à l'entrée de la ville, à gauche, sous les arcades d'une petite galerie marchande. ☎ 453-88-20. Fermé jeu. Sa déco sans fard permet de se concentrer sur les plats classiques et bien exécutés, de l'incontournable *mine frit* au plateau de fruits de mer dantesque et d'une grande fraîcheur, en passant par quelques recettes chinoises convenables. Une toute petite adresse simple et agréable, très appréciée des gens du coin. Service pas toujours rapide.

|●| *Sea Breeze :* route principale, dans l'angle du virage face au centre commercial Pasadena. ☎ 453-92-41. Fermé mar. Resto chinois à la déco sobre et classique, connu pour sa fondue pékinoise et son canard laqué. La qualité et la régularité de la cuisine lui valent les faveurs des Mauriciens. Une valeur sûre dans son genre.

De prix moyens à plus chic (de 400 à 1 000 Rs, soit 10 à 25 €)

|●| *Moti Mahal :* resto des Villas Caroline. ☎ 453-84-11. Ouv soir slt. Fermé lun. Résa conseillée. On cohabite avec les demi-pensionnaires, dans une grande salle en terrasse avec vue sur la piscine et la plage. Mais contrairement à leurs

voisins de tablée qui se contentent du buffet, les non-résidents savourent une cuisine indienne de qualité préparée par un chef originaire de Bombay. Service raffiné. Spectacle de séga le samedi soir, sympa mais un peu envahissant.

|●| *Chez Pepe – Ristorante Pizzeria* : route principale, face à la plage publique. ☎ 453-93-83. Fermé mer. *Pepe* ne désemplit pas, et ce malgré l'ouverture de son colossal petit frère, le *Jardin d'Italie*. Forcément : le cadre façon trattoria sans chichis se prête bien mieux aux soirées à deux ou entre amis, d'autant que les très bonnes pizzas ou les goûteuses spécialités de la maison (scampi du chef pas mal du tout) ne donnent pas envie d'aller voir ailleurs. Musiciens le week-end en saison.

Où manger dans les environs ?

De prix moyens à un peu plus chic (de 400 à 1 000 Rs, soit 10 à 25 €)

|●| *Domaine Anna* : à 2 km de la sortie de Flic en Flac (fléché), bifurquer à gauche, c'est au bout, à 1 km. ☎ 453-96-50. Fermé lun. Le soir, pensez à réserver en terrasse. Décor superbe et verdoyant : petits lacs artificiels éclairés par des bougies, autour desquels on peut faire une balade hautement romantique le soir. Une fois bien installés sur la belle varangue au bord de l'eau ou, mieux, dans l'un des ravissants kiosques sur pilotis, les convives peuvent se concentrer sur la bonne cuisine de la maison : délicieux camarons (pêchés dans le barachois du domaine), poulet au miel de Rodrigues, ou crevettes au porto et aux pousses de bambou. Un excellent rapport qualité-prix pour un endroit aussi charmant. Juste un bémol pour le service qui n'assure pas du tout le week-end, période de grosse affluence.

Où boire un verre ? Où sortir ?

Inflation touristique oblige, beaucoup de restos du front de mer proposent désormais des animations musicales en saison. Sinon, pas vraiment de bars ou de lieux pour sortir.

🍸 *Kenzi Bar* : de la rue principale, prendre la rue qui longe le centre commercial Pasadena, *tourner aussitôt à gauche à l'angle du Sea* Breeze, *puis 1ʳᵉ à droite*. Tlj 18h-minuit. Au rez-de-chaussée et dans la cour d'une maison qui en a vu d'autres, un bar convivial tenu par un Breton très sympa. Musique live très souvent, tables basses et ambiance décontractée. Délicieux rhum arrangé (notamment le rhum vanille ou le rhum amande) à des prix tout doux. Un bar vraiment agréable.

♫ *Arena* : au-dessus du centre commercial Pasadena. *Ven-sam à partir de 22h. Entrée payante.* La boîte à la mode, avec des soirées à thème. Très fréquentée par les Mauriciens d'origine chinoise.

À faire

Plages

⌂ Plage publique, vaste, en demi-lune inversée. Une longue bande de sable blond protégée côté mer par la barrière de corail et côté route par la barrière de filaos. Ici, il y a de la place pour tout le monde.

⌂ Après le *Manisa Hotel,* on atteint une bande de sable blanc toujours quasi déserte en semaine.

Plongée

■ *Abyss (Chez Christophe Pelicier)* : av. des Mérous, morcellement Anna. ☎ 453-81-09. ● tof110@yahoo.fr ● ♿ En entrant dans Flic en

Flac, tourner à droite derrière la station Shell, puis tout de suite à gauche ; dans le bas de la descente, à la fourche, prendre à droite ; c'est la 2e maison à droite. Plongée 1 160 Rs (29 €) ; baptême 1 320 Rs (33 €). Christophe, moniteur CMAS et PADI, est sérieux, compétent, professionnel, archi-expérimenté et connaît parfaitement le milieu marin. Il faut dire qu'il a de qui tenir : son père est un des grands spécialistes de la faune sous-marine. Il a découvert 12 poissons endémiques de l'île, dont 3 portent son nom. Outre les baptêmes et les passages de niveau, Christophe propose des plongées de nuit, des plongées avec les enfants et les handicapés moteur. Grande pédagogie. Inconvénient : comme il bosse tout seul, il est limité en nombre de plongeurs. À vos agendas, réservez !

■ *Centre de plongée Villas Caroline :* centre CMAS attenant mais indépendant de la structure hôtelière. ☎ 453-84-50. ● pierre-szalay. com ● Tlj sf dim et j. fériés 9h-16h. Sorties en mer 9h30-14h30 (13h30 sam). Prévoir env 1 400 Rs (35 €) le baptême, 1 000 Rs (25 €) la plongée et 1 200 Rs (30 €) avec l'équipement fourni. Petit supplément pour l'usage du Nitrox. Sérieux, compétent et gentil. D'ailleurs, la longévité du club prouve la qualité des prestations. Plongées d'exploration de jour et de nuit (plus de 40 spots proposés), à partir de 16 ans. Assurance et certificat médical demandés. Apportez vos diplômes.

■ *Sundiving, hôtel La Pirogue :* ☎ 453-84-41. Tlj sf dim 8h-16h. À partir de 1 200 Rs (30 €) la plongée et 1 800 Rs (45 €) le baptême. Club 5 étoiles PADI. Sur la plage de l'hôtel. Plusieurs plongées par jour de 40 mn max chacune. Ils proposent aussi des formules. Un centre compétent, mais c'est un peu l'usine.

➤ **DANS LES ENVIRONS DE FLIC EN FLAC**

🐾🐾 👫 *Casela Nature & Leisure Park et Casela Yemen Nature Escapade :* à 5 km env de Flic en Flac, sur la route de Tamarin. ☎ 452-06-95. ● caselayemen.com ● Oct-avr : tlj 9h-18h ; mai-sept : tlj 9h-17h. Billets : 150 Rs (4 €) ; réduc enfants. Safari de base en sus à 50 Rs (1,20 €) par pers. Plus cher pour les autres activités (pêche...).
Casela voit double, voire triple ! À l'origine, une centaine de volières, plus de 1 500 oiseaux, 140 espèces et quelques dizaines de mammifères, dont les impressionnants tigres, guépards et bébés lions. Le tout dans un beau parc planté de banians, dont les frondaisons ombragent de grands bassins où batifolent en liberté canards, cygnes, poules d'eau et flamants roses. Ajoutez à cela une mini-ferme adorable et un belvédère pour découvrir les environs, vous aurez le Casela Nature Park. Et le Casela Yemen ? Ni frère jumeau, ni simple extension du premier, ce vaste domaine est un parc autonome conçu sur le modèle des réserves africaines. À pied (randos classiques ou via ferrata pour sportifs), en charrette tirée par un tracteur, en quad (on déconseille), en camion découvert ou en 4x4, on part à la recherche des impalas, zèbres et autruches à l'occasion d'un safari haut en couleur. Les gamins adorent ! Et comme Casela voit loin, ce domaine décidément plein d'idées prépare l'ouverture d'un Snake Park et d'un Aquapark. Une chose est sûre, ça va casela baraque !
●❙ Sur place, le Mirador, tlj 10h-17h. Prix modérés. Plats chauds, sandwichs ou snacks. Belle vue sur le parc et la baie.

🍖 *The Medine Sugar Estate :* en sortant de Bambou, sur la droite. ☎ 401-60-00. Visite de l'usine sucrière pdt la période de coupe, juil-nov. Entrée : env 150 Rs (3,80 €). Un guide est sur place 3 j. par sem, 9h-12h (téléphoner).
Tout ce que vous vouliez savoir sur la canne à sucre sans jamais avoir osé le demander : la récolte, la transformation, la distillerie, le sucre et l'utilisation des produits dérivés.

🍴 🚶 **Le phare d'Albion :** *à 10 km env au nord de Flic en Flac, par la route de Port-Louis. Bien indiqué depuis le centre d'Albion (suivre les panneaux* Lighthouse*).* Légèrement excentré au nord de ce village paisible qui compte moult demeures coquettes. Pas vraiment d'horaires d'ouverture : le gardien se fera un plaisir de vous ouvrir les portes, s'il est là. N'oubliez pas de laisser un petit pourboire. L'un des rares phares de l'île, qui se dresse fièrement au bord d'une côte aux roches noires déchiquetées par les vagues. Ce n'est quand même pas tous les jours qu'on a l'occasion de grimper au sommet d'un phare encore en activité (surtout à l'île Maurice) ! Sympathique visite que l'on peut poursuivre par une balade sur un sentier qui longe le bord de mer.

LE CENTRE DE L'ÎLE

CUREPIPE

La ville des hauts plateaux, à environ 26 km au nord de Mahébourg et une bonne vingtaine au sud de Port-Louis, est une bourgade bien vivante. Elle dut son développement à une épidémie de malaria qui toucha Port-Louis à la fin du XIXᵉ siècle. Il y pleut pratiquement tous les jours et elle a perdu depuis bien longtemps son caractère colonial. La plupart des anciennes maisons de bois et tôle ont été balayées par le béton et un urbanisme proprement anarchique. Cependant, l'air y est frais puisqu'elle est perchée à 550 m d'altitude, ce qui est plutôt agréable. À noter qu'au centre, on trouve quelques magasins de grandes marques (*IV Play* et *Habit*).

L'ORIGINE DU NOM

Pourquoi Curepipe ? L'une des explications avancées est que les troupes françaises marchant sur les hauts plateaux s'arrêtaient par ici pour allumer ou nettoyer leurs pipes. Mais pourquoi ici plutôt qu'ailleurs, car les troupes françaises n'attendaient pas d'être sur ce plateau pour allumer leurs bouffardes ? Une autre thèse développée est qu'un Français se serait souvenu de son hameau de Curepipe en Gironde, et qu'il aurait nommé l'endroit ainsi.

LES FABRIQUES DE MAQUETTES DE BATEAUX

Curepipe mérite toutefois un détour, car c'est un centre artisanal important. La première fabrique de maquettes de bateaux vit le jour vers la fin des années 1960. C'est **José Ramar** (1938-2002) qui fut le premier à en fabriquer dans son atelier. Il fut ensuite copié par des dizaines d'autres artisans de l'île, qui jamais n'ont atteint sa qualité.

Arriver – Quitter

En bus

Attention, il y a deux terminaux.
🚌 **Terminal du sud** *(plan C-D2)* qui dessert :
➢ **Mahébourg :** bus toutes les 15 mn, 6h15-18h15. Durée : 1h environ.

➤ Également *Choisy, Vacoas* et *Chamouny.*

🚌 *Terminal du nord (plan C2)* qui relie :
➤ *Port-Louis :* départ toutes les 5 mn, 5h-20h30. Durée : 45 mn. Trajet direct.
➤ *Rose Hill :* départ toutes les 10 mn. Durée : 35 mn.
➤ *Flic en Flac :* attention, bus seulement le dimanche, toutes les 30 mn, 7h-17h. Les autres jours, il faut passer par Quatre-Bornes ; compter alors un peu moins de 1h de trajet.

Adresses utiles

📫 *Poste (plan C2) : rue René-Maigrot.* Lun-ven 8h15-16h ; sam 8h15-11h45.
◼ *Mauritius Commercial Bank* (plan C2, **1**) et *Barclay's Bank* (plan C2, **2**) : *rue Royale.* Distributeurs de billets.
◼ *Change :* un bureau de change à côté de la Mauritius Commercial Bank, *en face du collège Royal.* Lun-sam 9h-17h.
◼ *Librairie Allot (plan C2, **3**) : sous les arcades centrales de la ville, dans la petite galerie commerçante.* ☎ 676-12-53. Lun-sam 9h-18h (sf jeu 9h-13h). Journaux français (avec quelques jours de retard), magazines, cartes IGN de l'île Maurice, livres de poche, beaux livres sur l'océan Indien, guides, livres de recettes...
📧 *Boutique Internet (plan D2, **4**) : centre commercial* Le Manhattan, 1er étage. Lun-sam 9h-21h30 ; dim 9h-20h.
🏪 *Supermarchés : Spar,* au centre commercial Le Manhattan *(plan D2, **4**).* Lun-sam 7h-19h30 ; dim et j. fériés 7h-13h. Également *Monoprix (plan C2, **5**), rue du Pot-de-Terre.* Lun-ven 9h-19h ; sam 9h-19h30 ; dim 9h-13h.

Où manger ?

Très bon marché (moins de 150 Rs, soit 3,80 €)

🍴 *Croc Express (plan C2, **5**) : rue du Pot-de-Terre.* Lun-ven 9h-19h ; sam 9h-19h30. Fermé dim. La cafétéria du *Monoprix* propose des sandwichs, des paninis, des pizzas ou des frites. Pas franchement dépaysant, mais propre et c'est ici que déjeune une bonne partie des employés de Curepipe.

Prix modérés (de 250 à 400 Rs, soit 6,30 à 10 €)

🍴 *Central (plan C1, **10**) : rue Royale, quasi en face de la rue Remono.* ☎ 676-12-82. Fermé lun et 1er dim du mois. Resto chinois qui propose une cuisine copieuse et savoureuse. Quelques plats créoles et européens également. Ici, on ne pousse pas à la consommation, il suffit de demander aux serveurs les quantités à prendre. Le poulet à l'ananas est un pur régal. Salle un poil coquette, sans extravagance et plaisante. Service agréable.

De prix moyens à plus chic (de 400 à 1 000 Rs, soit 10 à 25 €)

🍴 *Le Gaulois (plan C2, **11**) : rue Dr-Ferrière.* ☎ 675-56-74. Très central. Fermé dim. On sert ici des salades, de savoureux plats mauriciens pré-

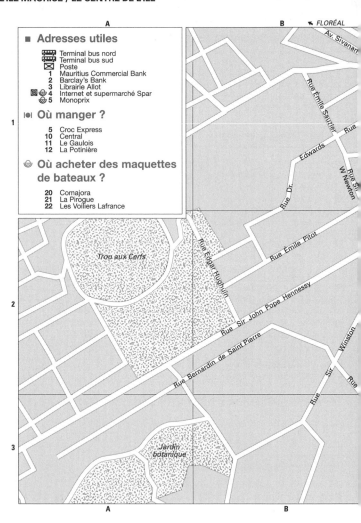

parés à base de produits frais et joliment présentés. Cadre soigné. Accueil et service pleins de discrétion. Venir tôt pour déjeuner, l'adresse a du succès et c'est mérité ! ⓘ *La Potinière* (plan C2, **12**) : impasse Saint-Joseph (perpendiculaire à la rue Sir-Winston-Churchill), sous le Hillcrest Building. ☎ 676-26-48. Fermé dim et lun soir. Repas complet à partir de 650 Rs (16,30 €). Une adresse qui ne paie pas de mine de l'extérieur. Mais une fois le pas de porte franchi, on découvre une belle salle à la déco raffinée, à l'ambiance assez classe mais décontractée. Des spécialités mauriciennes ou aux saveurs plus européennes qui donnent envie (soufflé de crevettes et de palmiste, pintade au champagne). Le midi, on peut se contenter d'un plat du jour ou d'une salade maison. Accueil et service très aimables.

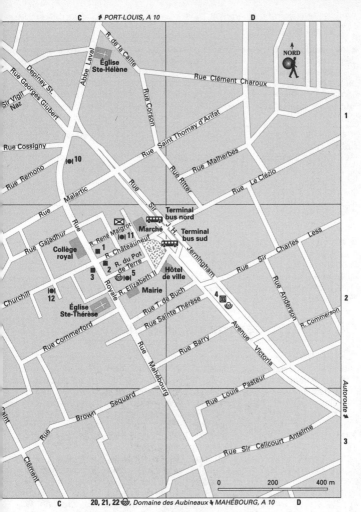

CUREPIPE

À voir. À faire

🎋 *L'hôtel de ville (plan C-D2),* qui est en fait une salle de bal (et non la mairie !), a conservé sa belle architecture coloniale. Si les portes sont ouvertes, ne pas hésiter à entrer. Des concerts y sont parfois organisés (se renseigner à la mairie, juste à côté, pour connaître le programme). Dans les jardins, trois statues, dont la réplique en bronze de *Paul et Virginie,* l'original, sculpté à Paris en 1884, se trouvant au *Blue Penny Museum* de Port-Louis. En face, une aire de jeux pour les enfants, propre et agréable.

🎋🎋 *Le Trou aux Cerfs (plan A2) :* si vous disposez d'un véhicule, car c'est à env 1 km à l'ouest du centre de Curepipe, sur les hauteurs. Pour y aller,

prendre la rue Pope-Hennessy, puis tourner à droite dans la rue Edgar-Hugues qui fait le tour du cratère.
À une altitude de 550 m, ce Trou aux Cerfs est en fait un beau cratère, aux formes parfaites, de 100 m de profondeur et de 80 m de diamètre. L'occasion de rappeler que l'île est d'origine volcanique. Belle vue sur cette crevasse où la végétation a repris le dessus. En vous retournant, large panorama sur une bonne partie de l'île, notamment sur la montagne de Pieter Both. On peut en fairé le tour à pied (ou en voiture, sauf de 5h à 8h et de 16h à 18h30), comme tous ces joggers dont c'est ici le rendez-vous. Vivifiant ! Évitez le détour les jours de brouillard, on n'y voit rien ! Et pis, faudrait pas tomber dans l'trou !

🏃 *Le jardin botanique (plan A3) : oct-avr, tlj 7h-19h ; mai-sept, tlj 8h-18h. Entrée libre.*
Moins riche que celui de Pamplemousses, mais bien sympathique quand même. C'était un des lieux préférés de l'écrivain et poète Malcolm de Chazal. Il déclarait qu'il avait eu une révélation en s'y promenant un jour. « J'ai été converti – s'il fallait que je le fusse – un après-midi où sur la berge du petit lac du jardin botanique de Curepipe, des femmes hindoues opéraient un service divin. Ici les saris multicolores faisaient flamber les fleurs d'offrandes. Le cosmos était témoin et le ciel bénissait d'en haut. »

🏃 *Marchés :* il en y a deux principaux.
– *Le marché aux fruits et légumes (plan C2) : rue Châteauneuf, non loin de la gare routière. Lun-sam 7h-17h30 ; dim 7h-12h.* Sous un chapiteau un peu étrange en forme de silo. Ambiance garantie.
– *Le grand marché (hors plan par D3) : au sud de la ville, en direction de Forest Side. Ts les mer et sam 7h-17h30.* On y trouve également des textiles.

Où acheter des maquettes de bateaux ?

Curepipe est le centre historique de la fabrication des maquettes. Les usines fleurissent, et il est parfois difficile de s'y retrouver. Alors pourquoi ne pas en visiter plusieurs pour comparer avant de vous lancer dans un achat peut-être inconsidéré ? On ne saurait trop vous conseiller de lire la rubrique « Achats » dans les « Généralités ». Voici quelques adresses.

🌀 *Comajora (hors plan par D3, 20) : route de la Brasserie.* ☎ 670-16-68 et 675-16-44. *Depuis Curepipe, suivre la Royal Road plein sud. Après 1 km, bifurquer à droite (juste avt le pont) ; il y a d'ailleurs un panneau. Poursuivre la route sur 2 km, vous y êtes. Lun-ven 8h-17h ; sam 8h-13h (ouv dim mat en projet).* Il s'agit de la plus vieille fabrique de maquettes de l'île Maurice (reprise depuis peu). Possibilité de visiter l'atelier et d'obtenir de bonnes explications. Belle gamme de maquettes de toutes tailles, de tous styles, à tous les prix aussi. La maquette peut vous être remise à l'aéroport. Derrière la boutique, un *musée* (il est prévu de demander un petit droit d'entrée) relate l'histoire de la construction des bateaux, depuis l'homme primitif flottant sur son tronc d'arbre jusqu'au paquebot *France.* Environ 80 maquettes, superbes.

🌀 *La Pirogue (hors plan par D3, 21) : route de la Brasserie.* ☎ 674-10-61 ou 📱 791-20-77. *Sur la même route que* Comajora *(voir ci-dessus), 400 m env après la bifurcation de la Royal Road, sur le côté droit. Lun-sam 8h-18h ; dim 8h-13h.* Minuscule entreprise familiale. Le choix est restreint et leurs maquettes ne sont pas les plus belles de l'île, mais c'est tout de même du bon travail à prix intéressant. Possibilité de visiter l'atelier.

🌀 *Les Voiliers Lafrance (hors plan par D3, 22) : route de la Brasserie, 200 m env après* La Pirogue. ☎ 670-26-05 ou 📱 777-32-65. ● *lesvoiliers delafrance @ yahoo.com* ● *Ouv tlj, sinon leur téléphoner.* Jolie boutique avec son atelier attenant. Choix plus large qu'à *La Pirogue*. Le patron a reçu plusieurs distinctions pour la qualité de son travail : on vous laisse juger !

➤ DANS LES ENVIRONS DE CUREPIPE

🏃🏃🏃 *Le domaine des Aubineaux* (hors plan par D3) : à 1,2 km du centre-ville de Curepipe. Voir le chapitre « La route du Thé », plus loin.

🏃 *The Mauritius Glass Gallery* : au rond-point de Phoenix, bien indiqué par des panneaux. ☎ 696-33-60. Lun-sam 8h-17h. Entrée gratuite. La verrerie recycle les bouteilles de soda. Dans l'arrière-boutique, quelques jeunes souffleurs travaillent le verre de façon artisanale. Également un petit musée de la Verrerie avec des œuvres réalisées sur place.

🏃🏃 🏃 *Le domaine de Lagrave* : Village Banane, Eau Bleue. ☎ 570-18-49 (demander Gilbert). ● parclagrave@intnet.mu ● Tlj 11h-21h. Résa préférable, mais pas obligatoire pour moins de 10 pers. À 15 km env de Curepipe ; pour y accéder, suivre la M2 (l'autoroute) en direction de Mahébourg ; prendre la sortie Midlands (panneau « domaine Lagrave » avt la sortie) ; ensuite, tourner à gauche, puis 1,5 km plus loin sur la droite en direction d'Eau Bleue ; arrivé au Village Banane, s'engager sur un chemin vers la gauche, indiqué par un panneau, puis emprunter la piste : l'aventure commence ici. Compter 200 Rs (5 €) par activité ; 300 Rs (7,50 €) la descente en rappel ; 1 500 Rs (37,50 €) la journée récréative (comprenant 4 activités au choix et un repas). Demi-tarif pour les moins de 12 ans (sf journée récréative). VTT à disposition. Le domaine s'étend sur la montagne Lagrave et son flanc. Un site entièrement dédié à la nature, ce qui le rend plus hostile que d'autres domaines, mais c'est aussi là tout son intérêt.

La principale activité est la randonnée avec 4 parcours fléchés de difficultés différentes : du parcours familial jusqu'au très beau circuit de 9 km, assez exigeant. Arrivé en haut, superbe vue sur Mahébourg au loin. Parmi les autres activités proposées : possibilité de construire un radeau, puis de l'utiliser, tir sur cible fixe, ponts suspendus, parcours de cordes, canoë, descente en rappel. Le concept du domaine, s'il reste dans cet esprit plutôt routard, est assurément décalé par rapport à ce qu'on a pu voir ailleurs. Voilà tout son charme.

|●| On peut aussi y manger. *La Case créole* (sur résa, midi et soir) propose un menu mauricien, de poissons ou de grillades. Compter 500 Rs (12,50 €) par pers. Pique-nique autorisé, dans la montagne uniquement (ce qui se comprend aisément).

FLORÉAL

Cette petite ville, qui jouxte Curepipe au nord, est beaucoup plus résidentielle que cette dernière. Elle est également réputée pour ses usines de textiles (chemises, T-shirts, polos et vêtements de marque). Voir plus loin la rubrique « Achats ».

Où manger (coup de folie...) ?

|●| *La Clef des Champs* : Queen Mary Avenue. ☎ 686-34-58 ou 25-09. Passer devant la galerie marchande Floreal Square, *puis prendre la 2ᵉ à gauche ; c'est un peu plus* haut sur la droite. Résa obligatoire. Fermé le w-e. Compter min 1 800 Rs (45 €) le repas. Mais bon, depuis les amuse-bouches jusqu'au dessert, c'est un véritable festival de saveurs.

Tout y est succulent ! La carte de ce resto gastronomique change tous les jours. Cadre quand même assez chic, voire un peu guindé. Jacqueline Dalais, la chef cuistot, est l'une des stars de la gastronomie mauricienne. C'est elle qui a préparé les repas de Sonia Gandhi lors de sa dernière visite à Maurice, fin 2004.

Achats

Méfiez-vous, les échoppes à touristes, qui affichent pourtant fièrement leurs certificats d'authenticité en devanture, ne revendent que des faux. Alors, avant de vous lancer dans un shopping enfiévré, lisez attentivement nos conseils dans la rubrique « Achats » au début du guide.

Pour faire des emplettes, il faut se rendre à la galerie marchande *Floreal Square,* située sur la gauche de l'avenue principale, à l'entrée de la ville en arrivant de Curepipe (panneau). On y trouve les marques *Harris Wilson, Équateur, Et Dieu créa la Femme.*

À voir

🏃 *Floréal Textile Museum :* 1, rue John-Kennedy, Floreal Square, au 1er étage de la boutique Harris Wilson. ☎ 698-80-07 ou 11. Lun-ven 9h30-17h ; sam 9h30-16h. Fermé dim. Entrée : 100 Rs (2,50 €) ; demi-tarif moins de 12 ans.

Ce musée du Textile fait honneur à toutes ces petites mains qui ont contribué à l'essor économique de l'île. Après une expo sur l'histoire du textile en France (eh oui !), le musée évoque l'évolution des fibres d'une manière didactique, les secrets de la couleur et de la matière de façon ludique. En fin de visite, atelier de démonstration que l'on met en route, exprès pour vous.

LA ROUTE DU THÉ

Voilà une belle occasion de découvrir les beautés de l'intérieur de l'île Maurice sans faire beaucoup de kilomètres. On oublie les plages et les lagons bleus pour s'initier à l'histoire, de même qu'à l'économie agricole et horticole du pays. En effet, le thé a longtemps constitué la deuxième culture de l'île après la canne à sucre. La *route du Thé* permet de visiter trois anciens domaines coloniaux, dans le centre et le sud-ouest de l'île, qui ont marqué l'histoire de la production de ce breuvage : le *domaine des Aubineaux,* à Curepipe, le *domaine de Bois Chéri* et enfin le *domaine de Saint-Aubin,* près de Rivière des Anguilles.

Pour faire l'escapade, deux possibilités :

– la famille à la tête des trois domaines (joli patrimoine) a eu l'idée de proposer *un forfait très complet (tlj sf dim et j. fériés). Résa impérative.* ☎ 626-15-13. ● larouteduthe.mu ● *Compter env 1 250 Rs (30 €) par pers ; demi-tarif moins de 12 ans. Être véhiculé. Pour les non-motorisés, l'excursion est proposée dans les hôtels, mais à des tarifs qui varient en fonction de l'éloignement.* La journée débute à Curepipe, au domaine des Aubineaux, par la visite de la demeure coloniale et une dégustation de thé. Elle se poursuit à Bois Chéri, à 30 mn au sud de Curepipe en voiture, par la visite de l'usine de thé. On peut assister à la cueillette mais surtout à la transformation des feuilles. La visite continue à environ 12 km au sud de Bois Chéri (entre Souillac et Rivière des Anguilles) par un déjeuner créole dans la demeure coloniale de Saint-Aubin. À l'issue du repas, visite du domaine et de la distillerie.

– Sinon, chaque site peut être visité indépendamment (on indique dans ce cas leur prix), sans rendez-vous. C'est ce que nous avons fait, et c'est une bonne formule pour ceux qui n'ont pas le temps de tout faire dans la même journée, ou qui ne sont pas intéressés par le déjeuner créole. Il est aussi possible de venir déjeuner au domaine de Saint-Aubin sur résa, sans visiter les autres sites.

🦑🦑🦑 **Le domaine des Aubineaux :** *à 1,2 km de Curepipe en suivant la Royal Road vers le sud (panneau sur la gauche). Tlj sf dim 8h30-16h (13h sam). Visite guidée ou libre et dégustation : 200 Rs (5 €) ; demi-tarif moins de 12 ans.*
Une magnifique allée mène à cette vaste propriété sur laquelle se dresse l'une des dernières demeures coloniales de l'île, construite en 1872 par des architectes français. Très bien conservée, et patiemment restaurée avec des matériaux nobles (teck, clous en cuivre, etc.), cette bâtisse, habitée jusqu'en 1999, a su garder le charme suranné et la nostalgie des époques passées. On flâne dans les pièces aux immenses plafonds, décorées de meubles anciens, authentiques et hétéroclites, comme ce piano autrefois utilisé par le philharmonique de Curepipe. Dans la 3e pièce, remarquer les peintures murales italiennes découvertes récemment, sous un revêtement. Dans le couloir, nombreux clichés (Aubineaux fut la première maison de l'île à avoir un appareil photo et à comporter un couloir) qui présentent les ancêtres de l'actuel propriétaire ainsi que d'anciennes demeures coloniales dont la plupart ont été détruites par des ouragans. Dans la salle de bains, noter l'ampoule commune à deux pièces : la famille, aisée, avait tout de même le souci d'économie (à moins que ce ne soit tout simplement parce que Aubineaux fut, là encore, la première maison de l'île à avoir l'électricité en 1889...) ! N'oubliez pas de monter au grenier, aménagé comme s'il recevait encore des visiteurs... Y est exposé le fameux appareil photo !
La visite se poursuit dans les anciennes écuries avec une série de vieilles photos sur l'Exposition universelle de Paris en 1900, retrouvées dans le grenier. Également une boutique. Superbe jardin avec des camphriers qui ont été plantés pour repousser les moustiques et éradiquer la malaria. En revanche, ne cherchez pas les théiers, ils n'existent plus. Le thé que l'on goûte dans l'ancienne salle de billard provient de l'usine de Bois Chéri. Possibilité de caler un p'tit creux avec une crêpe.

🦑🦑🦑 **Le domaine de Bois Chéri :** *direction sud par l'A10, puis l'A9. Indiqué après Nouvelle France. Tlj sf dim 8h30-15h30 (11h30 sam). Visite et dégustation : env 250 Rs (6,50 €) ; demi-tarif moins de 12 ans.*
En venant du nord et de l'intérieur de l'île, la route principale sort de la Plaine Champagne pour descendre vers la plaine littorale en traversant les vastes plantations de théiers jusqu'au bourg de Bois Chéri. L'usine, bien signalée, produit plus de la moitié du thé mauricien. On peut la visiter toute l'année, mais la meilleure période se situe entre octobre et avril (période de la récolte), alors que de mai à septembre la fabrique tourne au ralenti, seulement deux à trois jours par semaine. La récolte des feuilles de thé se fait sur place, dans les plantations du domaine (250 ha). On récolte jusqu'à 40 t de feuilles par jour. Les femmes se livrent à la cueillette dès 5h et jusqu'à 13h ou 14h. Venir d'ailleurs suffisamment tôt pour assister à toutes les étapes du traitement du thé. Sinon, on risque de ne voir que des machines à l'arrêt.
Avant la visite de l'usine, petit détour par le *musée* pour tout apprendre de l'histoire, de la fabrication et de l'usage du thé. Les différents panneaux, photos anciennes et documents sont présentés de façon fluide, aux côtés d'une poignée d'objets pittoresques comme une locomotive recyclée en chaudière, plusieurs machines à broyer et une maquette du *Cutty Sark*, clipper britannique qui servit au commerce du thé. Il s'agissait du trois-mâts le plus rapide de son époque. Au fait, saviez-vous qu'au début du XXe siècle, 300 millions de tasses de thé étaient bues chaque année dans le monde ?

LE CENTRE DE L'ÎLE

– *Le thé de Bois Chéri :* principalement consommé sur l'île, les exportations ne dépassant guère 25 %. Cela dit, il connaît un certain succès, notamment en France, où l'on peut se le procurer dans les boutiques chic de la capitale (comme *Mariage Frères*). Le thé parfumé à la vanille se vend partout dans l'île et se boit dans tous les hôtels et restos. C'est d'ailleurs le seul qui soit parfumé naturellement avec des gousses de vanille, car les autres thés sont aromatisés grâce à des essences.

– *L'usine de Bois Chéri :* il est préférable de venir le matin, lorsqu'on apporte les sacs de feuilles au fur et à mesure de la cueillette pour une manipulation immédiate. Un guide vous entraînera alors dans les entrailles haletantes de l'usine, où d'impressionnantes machines avalent, mâchent et recrachent les feuilles dans un tonnerre de cliquetis métalliques et de sifflements chuintants. Vous serez bientôt incollable sur tout le processus, du flétrissage à l'étiquetage. Le thé arrive dans des sacs de 10 kg. Déshydratées, broyées, les feuilles sont ensuite mises à fermenter (pendant 1h30). De nouveau séchées (elles changent alors de couleur en passant du vert au noir), elles sont découpées puis triées. Avant d'être commercialisé, le thé est entreposé dans des silos pendant 3 mois pour qu'il prenne son parfum.

– *La dégustation* se déroule au *Chalet,* un salon de thé panoramique perché au sommet d'une colline à 1 km de l'usine. Il faut y aller avec son propre véhicule. Le beau panorama englobe les collines de l'arrière-pays couvertes de plantations (joli camaïeu de vert), la plaine littorale et au loin l'océan Indien. On peut déguster tous les thés produits par la plantation (à la vanille, à la menthe, à la bergamote, au coco...). Noter qu'on peut s'y rendre indépendamment de la visite guidée de l'usine (on paie alors 150 Rs, soit 4 €). Possibilité d'acheter des thés en vrac ou en sachets dans la petite boutique attenante (certains parfums sont difficiles à trouver ailleurs).

🎬🎬🎬 *Le domaine de Saint-Aubin :* près de Rivière des Anguilles. De Bois Chéri, revenir à la Flora, puis prendre l'A9 vers le sud. Tlj sf dim et j. fériés 8h30-16h (14h30 sam). Visite seule : 200 Rs (5 €) ; réduc enfants. Visite + déjeuner en table d'hôtes env 800 Rs (20 €) par pers ; demi-tarif moins de 12 ans.

Le domaine de Saint-Aubin abrite une belle maison coloniale, datant de 1819, qui fut déplacée et reconstruite planche par planche en 1870, l'usine sucrière toute proche gênant la tranquillité des lieux. C'est aujourd'hui un lieu de visite intéressant et une agréable table d'hôtes, où l'on goûte à une cuisine mauricienne « typique »... Au menu, salade de palmiste et marlin fumé, poulet vanille ou créole et, enfin, mousse coco ou sorbet. Eau, thé ou café inclus, mais le vin est en sus. Les repas se prennent dans une salle à manger élégante à l'ancienne, ou sur la véranda où l'on profite d'une belle vue sur le jardin. Service attentif et souriant. Les produits (légumes, fruits) sont cultivés sur le domaine. Après le repas, la visite du domaine constitue la meilleure des balades digestives... car elle commence par la distillerie ! En fonction de l'heure, on assiste au broyage de la canne, on se fait expliquer le fonctionnement des alambics et des cuves à fermentation, puis on file au bar pour tout goûter : rhum blanc, rhum à la vanille et rhum épicé. Bien réchauffé, on enchaîne avec le parcours botanique, la visite de la serre d'anthuriums et la maison de la vanille (ou comment tout savoir sur cette plante délicate, de la fécondation manuelle à sa commercialisation). Visites guidées possibles. Aire de jeux pour les enfants.

ROSE HILL

Ville résidentielle où les Mauriciens aisés possèdent de riches maisons. L'une des rares villes à posséder un nom anglais. À l'origine, les roses et lumineux

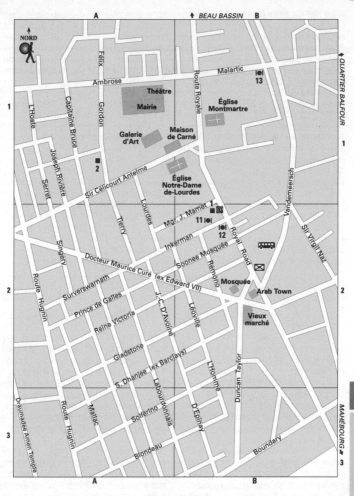

ROSE HILL

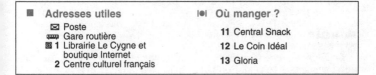

■ **Adresses utiles**

✉ Poste
🚌 Gare routière
🖧 1 Librairie Le Cygne et
   boutique Internet
■ 2 Centre culturel français

|●| **Où manger ?**

11 Central Snack
12 Le Coin Idéal
13 Gloria

couchers de soleil sur le « corps de garde », la montagne qui veille sur la ville. Pas étonnant que Pierre Argo, grand photographe devant l'Éternel, ait choisi d'y vivre.

Aujourd'hui, la ville arbore les contradictions des cités qui évoluent trop vite. Les anciennes demeures du centre-ville sont progressivement cernées par le béton conquérant. En même temps, bien sûr, Rose Hill est vivante et animée, mais aussi un peu plus polluée. Une balade de 2h vous permettra de découvrir ses qualités pas encore noyées dans le ciment. Si vous êtes en voiture, le plus simple est de vous garer gratuitement près de l'église Notre-Dame-de-Lourdes ou près de la mairie *(plan A1)*.

Adresses utiles

■ *Banques et bureaux de change :* plusieurs banques avec distributeurs et bureaux de change le long de Royal Road, entre la poste et les gargotes que nous indiquons (voir « Où manger ? »).

■ *Librairie Le Cygne* (plan B2, **1**) : 340, Royal Road, dans la galerie commerciale, au 2ᵉ étage. ☎ 464-24-44. Ouv 9h30-18h ; jeu et dim 9h30-13h. Bien fournie. Nombreux magazines français.

@ *Boutique Internet* (plan B2, **1**) : 340, Royal Road, dans la galerie commerciale, au rez-de-chaussée.

■ *Centre culturel français Charles Baudelaire* (plan A1, **2**) : 15/17, rue Gordon. ☎ 454-79-29 ou 30. Lun-ven 9h-16h30. Organise une trentaine de spectacles par an dans les différentes salles de spectacles de l'île, ainsi que des expositions et des débats-conférences. Revues et journaux français en consultation.

Où manger ?

Très bon marché (moins de 150 Rs, soit 3,80 €)

|●| Sur Royal Road, nombreux vendeurs de beignets, *mine frit, samoussas*, gâteaux-piments, *poutous* (galettes de riz et noix de coco), ananas... appétissants et très bon marché. Également autour de la gare routière *(plan B2)*.

|●| *Central Snack* (plan B2, **11**) : rue Inkerman. ☎ 454-78-66. Service en continu tlj sf dim 10h-18h. Un petit resto efficace, qui ne mise ni sur la déco ni sur le service. Très bonne cuisine chinoise : *chop suey* poulet, *mine frit* spécial, *meen foon* (bouillon très copieux). Fait également *take-away*.

|●| *Le Coin Idéal* (plan B2, **12**) : à l'angle de Royal Road et de la rue Inkerman. ☎ 464-17-36. Tlj sf jeu 12h-minuit. Un petit repaire sans prétention, genre gargote, facile à reconnaître avec sa façade rouge et jaune. Dans l'intimité des box, on mange l'un des meilleurs bols renversés du coin. Une adresse pour le midi. Le soir, l'ambiance est glauque.

|●| *Gloria* (plan B1, **13**) : pratiquement à l'angle des rues Malartic et Vandemeersch. Tlj sf dim en journée. Pour ceux qui auraient un petit creux avant (ou après) la balade dans le quartier Balfour (c'est sur la route !) et qui aiment les kebabs et *shawarma* (très bons au demeurant). Une ou deux tables pour se poser, pas plus !

À voir

🕯 *Le vieux marché* (plan B2) : tlj 6h-18h. Structures à la Baltard. Au moins aussi animé que celui de Port-Louis, mais plus ramassé et plus intime. Un amoncellement incroyable de fruits et légumes, de vêtements dans une atmosphère de marché aux puces.

🕯 *Arab Town* (plan B2) : un vrai bazar, un souk couleur locale, assemblage hétéroclite de baraques, stands et petits commerces, complètement décalés avec la modernité autour. On y fait de bonnes affaires : tissus, vêtements, marchands de *dahl,* parfums de cardamome, etc. Tendance à s'étaler dans les rues avoisinantes. Ne pas rater la boutique d'*alouda,* ce délicieux lait aromatisé à la grenadine, avec des petits grains noirs, très bons pour la santé.

🕯 *L'église Notre-Dame-de-Lourdes (plan A-B1) : Royal Road.* Massive, en pierre noire et sans clocher. Les cloches sont restées au sol, à l'arrière gauche de l'église. À l'intérieur, une reconstitution naïve de la grotte de Lourdes.

🕯 *La mairie (plan A1) :* bel ensemble architectural aux formes arrondies qui abrite aussi un théâtre à l'italienne, le théâtre le plus grand et l'un des plus réputés de l'île (actuellement en restauration). Rose Hill a aussi attiré beaucoup d'artistes et écrivains mauriciens qui y ont installé leur résidence.

🕯 *La galerie d'art (plan A1) : en face de la mairie. Lun-ven 9h-12h, 13h-16h ; sam 9h-12h. Fermé dim.* On y découvre des artistes de l'océan Indien à travers des expositions temporaires de sculptures, photos ou peintures.

🕯 *Le quartier Balfour (hors plan par B1) :* en remontant lentement les rues de ce quartier, on croise, ici et là, de vieilles demeures créoles, entourées de jardins de rêve. Il est préférable d'effectuer la balade avec un autochtone, car beaucoup d'entre elles se cachent presque secrètement comme pour mieux préserver leur mode de vie. Mais n'hésitez pas à vous y aventurer seul.
Point de départ à la *maison de Carné (plan A-B1),* à côté de la mairie, qui offre un bel exemple d'architecture coloniale. Elle ne se visite pas. Poursuivre sur Royal Road en direction de Beau Bassin et tourner à droite dans la rue Malartic, le quartier Balfour se trouve un peu plus loin sur la gauche. En empruntant la rue Balfour, on admirera au passage le *manoir de la Tour Blanche,* construit en 1830 par un administrateur anglais dans les beaux jardins Balfour. Aujourd'hui appelée *maison Thabor,* c'est la maison de retraite et de méditation de l'évêché. Peu après, le jardin public Balfour (fermé le mercredi) surplombe une énorme ravine luxuriante avec de nombreuses cascades. C'est un endroit charmant comme tout, où l'on croise de nombreux amoureux déambulant en toute quiétude.
Face à l'intersection avec la rue Henri-Lemaire, ravissante maison avec véranda, cocotiers, filaos, etc. Au début de la rue Victor-Hugo, admirer une autre demeure intéressante, puis remonter la rue Shand, bordée également de quelques belles demeures.

QUATRE-BORNES

« Ville résidentielle-emporium », à côté de Rose Hill. Nombreux commerces et... embouteillages. Son seul intérêt : son marché aux tissus et textiles bruts (face à la gare routière) les jeudi et dimanche, l'un des plus importants de l'île ; on y fait vraiment des affaires. T-shirts et autres cotonnades bien moins chers qu'à Port-Louis et, bien sûr, qu'à Grand Baie. Au même endroit, marché aux fruits et légumes les mercredi et samedi de 6h à 17h.

Adresses utiles

■ *Banques :* rue Saint-Jean, juste à côté du marché en allant vers Flic en Flac. La *MCB* et la *First City Bank* possèdent des distributeurs automatiques.
■ *Orchard Center :* juste à côté du marché. Une grande galerie com-

merciale avec un supermarché.
@ *Cyber Arena : Orchard Center, 2e étage, magasin S35.* ☎ 427-72-92. *Lun-sam 9h-19h ; dim 9h-14h.* Grand immeuble sur la gauche de la rue principale, en allant vers Flic en Flac, après le marché central.

Où manger ?

Très bon marché (moins de 150 Rs, soit 3,80 €)

– *Au marché :* plusieurs stands à l'entrée vendent de quoi caler un petit creux (fruits, *samoussas*, beignets divers...).

|●| *Gold Crest Cafeteria : route Saint-Jean (rue principale), 30 m avt le marché sur la gauche en venant de Rose Hill et Curepipe, dans une* sorte de galerie marchande. Tlj 9h-21h. Dans une cour intérieure propre et calme. Snack-cafétéria créole qui sert croissants, tartes et petits plats mauriciens et indiens (tandoori, curries, poulet *biryani*). Prix très économiques et bonne qualité. Idéal pour manger sur le pouce.

De bon marché à prix modérés (de 150 à 400 Rs, soit 3,80 à 10 €)

|●| *Le Dragon Vert : à la sortie sud de Quatre-Bornes, sur la droite, juste avt l'embranchement pour Vacoas-Palma.* ☎ 424-45-64. *Fermé lun. Ne pas confondre avec son voisin, le* King Dragon, *plus gastronomique et plus cher. Entrée discrète sous les arcades ; monter au 1er étage. Grand parking juste en face.* Cadre cosy dans une salle aux murs bardés de bois qui évoque quelque peu un pub irlandais (la musique en moins !). La cuisine est réputée comme l'une des meilleures de la ville. On vous conseille les spécialités maison (même si elles sont un peu plus chères), comme cet excellentissime poisson vapeur à la chinoise. Attention, pour les spécialités, les prix sont au poids.

|●| *Le Bon Choix : 76, route Saint-Jean.* ☎ 465-38-56. *À l'entrée de Quatre-Bornes sur la gauche en venant de Rose Hill et Curepipe.* Voici un resto qui propose une bonne cuisine créole (daube et vindaye de poisson, cari, etc.) ou européenne, mais aussi de sympathiques soirées les vendredi et samedi à partir de 22h. Si vous êtes dans le coin, n'hésitez pas (la priorité est donnée à ceux qui mangent sur place, normal). Ambiance très bon enfant et les groupes locaux arrivent même parfois à mettre le feu ! Le samedi midi, grillades seulement.

▶ *DANS LES ENVIRONS DE QUATRE-BORNES*

⚜⚜⚜ *Tamarin Falls :* magnifique écrin naturel abritant sept cascades, à ne pas manquer...

Malgré son nom, le site est plus facilement accessible et mieux indiqué des hauts plateaux que de Tamarin. À la sortie sud de Quatre-Bornes, prendre à gauche au carrefour en direction de Vacoas, puis continuer tout droit (malgré le panneau direction Vacoas sur la gauche) en direction du Pétrin ; sur la route au niveau de Glen Park, bifurquer à droite (c'est indiqué) ; on va jusqu'au terminus du bus d'Henrietta.

Il existe des guides officiels. Mais quand vous arrivez, il y a toujours des guides amateurs qui vous proposent leurs services contre quelques roupies (se mettre d'accord avec eux avant de partir). La randonnée s'avère assez sportive, sans compter les problèmes d'orientation. On vous le rappelle, tous les chemins sont encore loin d'être bien balisés. On conseille vivement de partir accompagné.

Voici deux itinéraires pour découvrir les cascades :

➤ *Vers les trois premières cascades :* se garer au niveau du terminus de bus. Compter 2 à 3h de marche aller-retour. Emprunter le chemin qui suit la crête, longer les champs de canne et les poteaux électriques, passer devant une bâtisse en ruine et une décharge sauvage (bravo l'écologie !). Traverser une petite ravine, un peu plus loin sur la droite au niveau d'une pierre dans un virage sur laquelle sont dessinées des flèches blanches, un chemin part abruptement vers les chutes. La descente est relativement courte (heureusement pour le retour...). On arrive au-dessus de la première chute (environ 50 m). Là, traverser où l'on peut le petit cours d'eau (plus ou moins important suivant la saison), attention aux pierres glissantes. Le chemin est en principe toujours balisé par des marques blanches sur les arbres et les pierres.

On traverse une végétation assez dense pour rejoindre un chemin raide et glissant. Avant d'arriver au pied de la chute, il faut passer derrière, au sec (impressionnant !), et poursuivre la descente de l'autre côté. Sur la droite, suivre les nombreuses grosses pierres. On ressort plus loin pour se retrouver au niveau de la deuxième chute, en surplomb de la troisième. Le passage pour y accéder n'est pas évident. Il faut longer la paroi, faire attention de ne pas glisser, prendre appui sur l'arbre et descendre le long de celui-ci (des encoches ont été faites par les guides dans le tronc). Troisième cascade. Superbe. Baignade plus agréable qu'à la première chute. Avec un guide professionnel équipé, il est possible de descendre la façade de la *quatrième cascade* en rappel. On déconseille vivement de s'y aventurer seul. Le chemin sur la droite qui y mène est particulièrement dangereux (on longe le précipice). Honnêtement, les trois premières cascades suffisent amplement !

➢ *Vers les deux dernières cascades :* très beau parcours, assez simple. Compter 4h aller-retour. Du terminus de bus, suivre la route sur la droite qui passe devant le temple hindou. On continue sur le chemin cahoteux jusqu'au relais électrique où l'on peut se garer car, ensuite, le chemin privé est théoriquement interdit au passage. On descend jusqu'à un cours d'eau, qu'on suit sur la gauche. On arrive aux deux dernières cascades. Il faut faire un peu de grimpette, en s'aidant parfois des mains. Au niveau de la sixième cascade, la vasque invite à la baignade. De plus, le filet permet (selon la saison) de passer et même de rester sous la cascade. Pour voir la cinquième chute, il faut reprendre sur la droite.

L'ÎLE RODRIGUES

Pour la carte de l'île Rodrigues, se reporter au cahier couleur.

Voyageurs trop pressés, passez votre chemin. Cette île n'est pas pour vous. Rodrigues appartient à ceux qui sauront comprendre qu'elle a non seulement du cœur, mais aussi une âme. La Cendrillon des Mascareignes, ridée comme les tortues qui la peuplaient, joua longtemps la belle délaissée. Les navigateurs voguant vers les Indes la considéraient uniquement comme un garde-manger. Après avoir empli leurs cales de tortues, ils oubliaient cette terre plissée comme la crête d'un iguane, perdue au sein d'un lagon deux fois plus grand qu'elle.

Aujourd'hui, ses quelque 40 000 habitants demeurent toujours aussi éloignés de l'agitation de Port-Louis. Les Mauriciens eux-mêmes connaissent mal cette dépendance, aussi lointaine géographiquement que culturellement. Sa population n'est-elle pas principalement créole et catholique ?

Ignorée par sa grande sœur, la petite île conserva ses coutumes. Faute de route, on y marchait. Faute de télévision, on y dansait le *kotis* (scottish) en chantant des romances à la mode d'antan. Pour vivre, on cultivait son petit lopin de maïs et on piquait les ourites (poulpes) dans le lagon. C'était hier, à l'aube des années 1990. Les choses bougent petit à petit. Désormais, des hôtels, de plus en plus nombreux, émergent ici et là, les routes se couvrent d'asphalte et les touristes découvrent, éberlués, une île encore préservée, mais pour combien de temps ? Même si les Rodriguais tiennent à conserver leurs traditions, le développement touristique et économique commence à changer les mentalités et les habitudes. Signe du temps, un projet de casino devait voir le jour à Port Mathurin. Était-ce bien nécessaire... ?

Sans prétendre à la luxuriance ou à la beauté des plages de ses sœurs de l'océan Indien, Rodrigues possède le charme que celles-ci ont parfois perdu. C'est un grand village. Elle est si calme et souriante qu'aujourd'hui, même les Mauriciens et les Réunionnais stressés viennent s'y délasser.

Car Rodrigues n'est pas une île à voir, mais à vivre. Il est d'ailleurs assez vain, à notre avis, d'y passer deux jours et une nuit comme le proposent certains voyagistes. Vous risqueriez d'être déçu et de passer à côté du charme de l'île. Alors que faire ? Vivre comme les Rodriguais, pardi ! Marcher d'un village à l'autre, prendre le bus, découvrir les plages, à pied ou à VTT, relever les casiers dans le lagon, piquer les ourites, boire un petit rhum le dimanche sous les filaos, puis chanter une romance et danser une mazurka. La vraie vie, quoi !

Car, comme l'a si bien dit un lecteur, Corneille avait raison : Rodrigues a vraiment du cœur !

ARRIVER – QUITTER

En avion

■ **Air Mauritius** (plan couleur Port Mathurin, A2, **7**) : rue Max-Lucchesi, ADS Building. ☎ 831-15-58. Tlj sf dim 8h-15h30 (12h sam). Également un comptoir à l'aéroport : ☎ 831-13-01.
Air Mauritius relie Maurice à Rodrigues plusieurs fois par jour sur

NOUVEAUTÉ

TOKYO-KYOTO (mai 2008)

On en avait marre de se faire malmener par nos chers lecteurs ! Enfin un *Guide du routard* sur le Japon ! Voilà l'empire du Soleil Levant accessible aux voyageurs à petit budget. On disait l'archipel nippon trop loin, trop cher, trop incompréhensible. Voici notre constat : avec quelques astuces, on peut y voyager agréablement et sans se ruiner. Dormir dans une auberge de jeunesse ou sur le tatami d'un *ryokan* (chambres chez l'habitant), manger sur le pouce des sushis ou une soupe *ramen,* prendre des bus ou acheter un *pass* ferroviaire pour circuler à bord du *shinkansen* (le TGV nippon)... ainsi sommes-nous allés à la découverte d'un Japon accueillant, authentique mais à prix sages ! Du mythique Mont Fuji aux temples millénaires de Kyoto, de la splendeur de Nara à la modernité d'Osaka, des volcans majestueux aux cerisiers en fleurs, de la tradition à l'innovation, le Japon surprend. Les Japonais étonnent par leur raffinement et leur courtoisie. Tous à Tokyo ! Cette mégapole électrique et fascinante est le symbole du Japon du IIIe millénaire, le rendez-vous exaltant de la haute technologie, de la mode et du design. Et que dire des nuits passées dans les bars et les discothèques de Shinjuku et de Roppongi, les plus folles d'Asie ?

ATR 42 et ATR 72. Certains jours, la connexion immédiate est possible avec le vol venant de Paris. Compter 1h30 de vol. Il est prudent de réserver plusieurs mois à l'avance, surtout au moment des fêtes et vacances scolaires. Compter environ 5 500 Rs (137,50 €) l'aller-retour. Attention à l'excédent de bagage : 23 kg par personne en vol international avec connexion à Maurice, 15 kg seulement pour le vol inter-îles Maurice-Rodrigues.

■ *Catovair :* IBL House, au Caudan, à Port-Louis. ☎ 203-21-53.

• *catovair.com* • *Tlj sf dim 9h-17h (12h sam). À Rodrigues, Catovair est représenté par* **Rotourco,** *rue François-Leguat.* ☎ *831-07-47.* • *rotourco. com* • *Tlj sf dim 8h-16h (12h sam).* La nouvelle compagnie privée mauricienne assure jusqu'à 2 liaisons quotidiennes (en fonction du calendrier) entre Maurice et Rodrigues. Tarifs intéressants. Possibilité d'achat du billet en ligne. Là aussi, seulement 15 kg de bagages autorisés, car les vols sont effectués par un ATR 42, petit avion d'une capacité de 48 passagers.

Arrivée à l'aéroport

✈ **L'aéroport** se situe à Plaine Corail, loin de tout. Petit, mais moderne : on y trouve un espace *duty free,* 2 distributeurs de billets, 2 banques où vous pourrez faire du change et plusieurs agences locales. Ces dernières louent également des voitures. Présente également, la compagnie **Avis.** Il est préférable de réserver à l'avance.

Si vous voulez confirmer votre billet de retour, rendez-vous dans la salle des bagages où une préposée d'*Air Mauritius* se charge de cette opération derrière un petit comptoir. Les hôtels et chambres d'hôtes peuvent s'occuper de votre transfert (payant) si vous les prévenez de votre arrivée. Sinon, un bus effectue régulièrement la navette avec la gare routière de Port Mathurin.

➤ Pour parcourir les 17 km qui séparent l'aéroport de la capitale, en passant par la route du centre, appelée « la route de l'Autonomie », compter 30 mn en voiture et 1h en bus.

En bateau

– Le **Mauritius Pride** relie Maurice à Rodrigues en 30h minimum (24h en sens inverse, car les courants sont plus favorables) en moyenne 2 à 3 fois par mois. Ce cargo, qui assure l'essentiel de l'approvisionnement de l'île, transporte 20 passagers en cabine et 248 assis. Traversée simple à 2 500 Rs (62,50 €) en cabine (avec douche et w-c privés), 1 500 Rs (37,50 €) en classe « Loisirs » (fauteuil avec dossier inclinable) et 1 200 Rs (30 €) en classe économique (même fauteuil). Les repas sont inclus dans le prix, mais le menu diffère en fonction de la catégorie. S'y prendre très tôt pour obtenir un billet : les places les moins chères partent comme des petits pains.

– Le **Mauritius Trochetia** assure une liaison avec Rodrigues 1 à 2 fois par mois (dans le cadre d'une croisière incluant la Réunion et Madagascar). Voyage uniquement en cabine. Destiné avant tout aux touristes (navigation de 1 à 2 semaines), le navire accueille aussi des passagers qui ne veulent effectuer qu'un seul trajet. Entre Maurice et Rodrigues, prévoir 1 900-3 500 Rs (47,50- 87,50 €) selon confort (de la cabine basique avec douche et w-c en commun à la chambre de luxe avec lit double, minibar, TV, coin salon), repas compris. À noter qu'il est possible d'entreprendre l'aller avec le **Pride** et le retour avec le **Trochetia.** Ou inversement.

Pour les deux bateaux, renseignements et réservations :

– **À l'île Maurice :** MSC Coraline Ship Agency Ltd, Nova Building, 1, route militaire, Port-Louis. ☎ 217-22-85. • cinthia.ferret@mscl.mu •
– **À Rodrigues :** MSC Limited (Rodrigues Unit), rue François-

Leguat, Port Mathurin (plan couleur A2). ☎ 831-06-40. ● *mscl.mu* ● *Tlj sf dim 8h-16h (sam 12h).*

– Et dans toutes les agences de voyages.

AVANT LE DÉPART

– L'office de tourisme de l'île Maurice à Paris peut vous donner un petit guide complet sur Rodrigues, avec plein d'infos pratiques, notamment la liste des hébergements, qui peut vous dépanner au cas où toutes les adresses citées dans ce guide seraient complètes (ce qui arrive !).
– Les autres adresses utiles sont les mêmes que pour Maurice. N'hésitez pas à consulter les sites ● ot-maurice.com ● ilemaurice-tourisme.info/rodrigues45.htm ● rodrigues-island.org ● ou encore le site de l'association des passionnés de Rodrigues ● vivrodrigues.com ●
– **Formalités d'accès** identiques à celles de l'île Maurice.

ARGENT, BANQUES, CHANGE

Les banques se trouvent à Port Mathurin et à l'aéroport. Toutes disposent de distributeurs automatiques pour cartes internationales. Seuls les grands hôtels et quelques restaurants acceptent ce moyen de paiement.

ACHATS

Vous ne vous ruinerez pas. Si vous êtes amateur, achetez des piments et autres achards, préparés avec du limon. Ne manquez pas non plus le miel. Celui fabriqué par Careco a reçu de nombreuses distinctions, dont le 2e prix lors d'une compétition internationale en 2000. L'autre grande spécialité locale est la vannerie, en particulier les chapeaux, réalisée avec les feuilles de vacoa ou de vétiver. Magnifiques, légers et très bon marché, ils adoptent toutes sortes de formes au gré de l'inspiration des artisans. La profession excelle également dans la fabrication de paniers charmants, ainsi que de sacs en aloès. Ne pas rater le marché du samedi à Port Mathurin pour s'en procurer, ou aller directement à l'atelier des célèbres *Frères Léopold* (voir « Au cœur de l'île. Achats »).

Même si le phénomène reste pour l'instant limité à Port Mathurin, des marques de vêtement internationalement connues commencent à envahir le marché rodriguais. Ainsi, certaines boutiques de la capitale de l'île proposent des chemises ou des jeans siglés *Billabong*, à des prix défiant toute concurrence. Attention toutefois aux contrefaçons (voir les « Généralités » sur Maurice, en début de guide, rubrique « Achats. Les vêtements de grandes marques »).

BUDGET

Le plus cher est évidemment le transport de Maurice à Rodrigues car une fois sur place, la vie est relativement bon marché. Le plus économique étant bien sûr de loger chez l'habitant, en chambres d'hôtes ou en gîte. Attention, de nombreux hôtels rendent la demi-pension obligatoire.
Hébergement sur une base de 2 personnes sans repas :
– *Bon marché :* moins de 500 Rs (12,50 €).
– *Prix modérés :* de 500 à 800 Rs (12,50 à 20 €).
– *Prix moyens :* de 800 à 1 500 Rs (20 à 37,50 €).
– *Plus chic :* de 1 500 à 2 500 Rs (37,50 à 62,50 €).
– *Beaucoup plus chic :* à partir de 2 500 Rs (62,50 €), toujours en demi-pension.
Les restaurants vous ruineront encore moins. Un repas avec entrée et plat (on est souvent privé de dessert) tourne autour de 300 Rs (7,50 €). Même les fruits de mer, qui font grimper sensiblement l'addition, restent abordables. C'est le moment d'en profiter.

CLIMAT

Comme pour Maurice, les saisons sont inversées par rapport à notre hémisphère. De novembre à avril, la température oscille entre 29 et 32 °C. De mai à octobre, de 15 à 29 °C. Quant à l'eau, sa température ne descend jamais en dessous de 23 °C. Le climat est nettement plus sec qu'à Maurice, surtout de septembre à novembre. Les cyclones, entre novembre et avril, sont plus fréquents qu'à Maurice et parfois très violents. En mars 2003, le cyclone Kalunde, avec des vents soufflant jusqu'à 215 km/h, a totalement sinistré l'île. Si aucun blessé n'a été à déplorer, les cultures ont été dévastées et plusieurs centaines d'animaux d'élevage sont morts.

CUISINE

Assez peu influencée par l'île Maurice, même si de nombreux plats comme le *cari* figurent à la carte, la vraie cuisine rodriguaise se démarque par l'emploi systématique de produits locaux. D'une manière générale, la cuisine est moins épicée qu'à Maurice, car quasi sans influence indienne (les Indiens sont très peu nombreux dans l'île). Un vrai repas doit comprendre du *maïs,* qui constitua longtemps la base de l'alimentation, mais qui est peu à peu supplanté par le *riz,* à la suite de dramatiques sécheresses. On sert le maïs en purée avec un *rougail d'ourites* (poulpes), un *bouillon de poisson* et des *haricots rouges.* Le tout accompagné de redoutables mais succulents *piments limon* ou *piments mangue.*

L'autre grande spécialité est due à la longue occupation, non pas des Français, mais des Britanniques. Ceux-ci, privés de leur sacro-saint bacon pendant la guerre, apprirent aux Rodriguais à préparer le *cochon boucané.* Le porc en général, et le jambon en particulier, sont épatants.

On ne peut que vous conseiller un détour culinaire typiquement rodriguais par la salade de *kono-kono,* un petit mollusque finement haché, préparé à base d'échalotes, d'herbes, de pommes d'amour et de petits limons. Un vrai régal... qui, de plus, est aphrodisiaque. On attend votre point de vue... scientifique !

Goûtez également les petits *limons* (citrons), qui ont fait la réputation de l'île, la *salade de papaye verte* râpée et salée qu'on mange en général en début de repas, et les desserts préparés avec de la *patate douce.* Exquis. Sans oublier la *tourte rodriguaise,* une préparation sucrée à base de cannelle, de coco ou de papaye confite. Un peu étouffe-chrétien mais tellement bon. Malheureusement, on n'en trouve pratiquement jamais dans les menus. Vous aurez peut-être la chance d'y goûter dans les tables d'hôtes (à condition de le demander bien à l'avance). Vous pouvez en commander aussi dans la boulangerie de Port Mathurin (voir les « Adresses utiles » de la ville).

Quant au *miel d'eucalyptus,* il est très réputé.

La table d'hôtes est un bon moyen de découvrir la gentillesse des Rodriguais. Réserver au moins la veille en précisant ce que vous souhaitez. Sinon, c'est la surprise. Quoi qu'il en soit, vous y mangerez souvent des plats introuvables au resto. N'oubliez pas non plus que la plupart des chambres d'hôtes ouvrent leurs tables aux non-résidents.

ÉCONOMIE

Rodrigues, longtemps oubliée par sa grande sœur, est encore bien loin du développement de Maurice. Ici, ni zone franche ni grosses industries hormis une usine de textile implantée récemment qui devrait employer à terme 300 personnes. Pour le reste, l'économie tourne grâce à des entreprises de poche (artisanat, tourisme...) et à un secteur public omniprésent. Il occupe d'ailleurs près du tiers des actifs. Mais le taux de chômage est inquiétant.

Agriculture, élevage et pêche constituent les trois autres principales ressources de l'île, mais sans véritable distinction, puisqu'un pêcheur est presque toujours éleveur et agriculteur... et inversement. L'État, encore lui, possède 90 % des terres qu'il loue aux agriculteurs pour y planter maïs, patates douces et autres légumes. Vaches, cochons et moutons qui encombrent les routes constituent la principale exportation de l'île, sans pour autant enrayer le déficit chronique de la balance commerciale. Forcément, l'augmentation régulière de la population a pour corollaire des besoins plus nombreux et la hausse des importations. La pêche, par exemple, demeure artisanale et suffit à peine à nourrir les familles. Elle se limite au lagon, déjà surexploité. Vous verrez, tout autour de l'île, quelques-unes des mille pirogues recensées, et surtout les piqueuses d'ourites qui assurent plus de la moitié des prises. Une activité au large permettrait de meilleurs débouchés. Mais il faudrait faire évoluer, d'une part, les moyens mis en œuvre en utilisant des bateaux plus solides pour quitter le lagon, et d'autre part les traditions (ce qui est sans doute le plus difficile). Étonnamment, les Rodriguais, surtout les plus anciens, ne sont pas à l'aise dans l'océan. Le lagon offre plus de sécurité.

Depuis fin 2000, le *duty free* a été instauré dans l'île, mais il ne concerne que les produits usuels, essentiellement électroménagers, ainsi que la hi-fi. Une façon de relancer la consommation intérieure.

Quant au tourisme, il se développe peu à peu. Le premier grand hôtel de l'île (le *Cotton Bay* ; 46 chambres) n'a ouvert qu'au début des années 1990. Les responsables rodriguais souhaitent, officiellement, privilégier un tourisme vert de chambres et tables d'hôtes, et non un tourisme d'hôtels « à la mauricienne ».

Depuis 1990, les amoureux de l'île se battent contre l'implantation de plusieurs hôtels sur la côte est. Les motivations de ce rejet sont simples et visent essentiellement à protéger l'île : manque d'eau chronique, seuil de tolérance, etc. Du point de vue de ses infrastructures tant routières que sanitaires, Rodrigues n'est pas vraiment prête à accueillir un afflux trop important de nouveaux touristes. Mais cela risque de changer. Jusqu'à présent, le nombre de visiteurs était limité par les liaisons avec l'île Maurice encore peu nombreuses. Or, après des années de tergiversations, le projet d'agrandissement de la petite piste d'atterrissage a finalement vu le jour, ce qui permet de recevoir de plus gros porteurs. Du coup, le gouvernement mauricien a accepté la création de nouveaux hôtels avant d'accorder un statut d'autonomie à l'île. Lors de sa prise de fonction, Serge Clair, le chef commissaire de l'île, s'est retrouvé avec pas moins de 92 projets hôteliers sur son bureau. Seuls ceux qui se plient à des conditions drastiques (50 chambres maximum, un seul étage, pas d'installation directement en bordure de plage, traitement des eaux usées, approvisionnement en eau via une unité de dessalement de l'eau de mer) ont été retenus. À peine une quinzaine de projets touristiques ont par conséquent reçu leur permis de construire. Est-ce un premier pas vers un développement contrôlé, voulu par une écrasante majorité de Rodriguais ? La petite Cendrillon est-elle en train de devenir la nouvelle station à la mode ? Le modèle de Maurice ne se transpose pas à Rodrigues. Les visiteurs l'ont bien compris et viennent ici à la recherche d'un tourisme de proximité, qui s'est délité ailleurs. Un changement de cap serait dommageable pour l'île, le tourisme et surtout pour les Rodriguais. Les ressources agricoles et hydriques sont déjà insuffisantes pour la population locale, alors que les infrastructures touristiques existent déjà.

FAUNE ET FLORE

La faune

« Ils ne volent point. Ils sont extraordinairement gras et le goût en est excellent. On trouve des mâles qui pèsent jusqu'à quarante-cinq livres. La femelle est d'une beauté admirable ; il y en a des blondes et des brunes. Sitôt qu'ils sont arrêtés, ils jettent des larmes sans crier, et refusent opiniâtrement toute sorte de nourriture, jusqu'à ce qu'ils meurent. » Goûteux et incapable de voler, le ***solitaire*** si bien décrit par François Leguat a connu le même sort que le dodo à Maurice : exterminé. Massacrées également, les trois espèces de tortues qui peuplaient l'île.

Parmi les rares espèces endémiques rescapées, on pourra observer, dans la forêt située dans la grande descente vers Port Mathurin et à Cascade Pigeon, la ***chauve-souris*** rodriguaise. Elle sort du bois un peu avant 18h. Plusieurs oiseaux endémiques peuplent toujours l'île : le ***cardinal jaune*** de Rodrigues (ou *zoizeau zaune*), le ***foude*** ou encore la fauvette de Rodrigues *(zoizeau long bec),* que l'on peut également surprendre à Cascade Pigeon. Vous verrez aussi des ***perdrix rouges***, surtout sur l'île de Gombrani et l'île au Chat ; des ***goélettes blanches*** et des ***noddis*** sur l'île aux Cocos, où l'on peut parfois aussi admirer le fort rare *« **oiseau la vierge** »,* blanc aux pattes bleues.

Des espèces beaucoup plus communes, vaches, chèvres et porcs circulent en quasi-liberté. Vous en rencontrerez souvent au bord de la route. Seul problème : l'élevage accélère l'érosion des sols et contribue à une sérieuse dégradation de l'environnement en général et du lagon en particulier.

La flore

Quand on vous parle de ***vieilles filles*** (excellentes en infusion), ne regardez pas la petite dame qui passe, mais penchez-vous sur un arbuste dont les fleurs roses sont les plus communes de l'île. Quant à l'écorce et aux feuilles de ***bois d'oiseaux,*** elles se boivent aussi en infusion, appelée « fraîcheur » ou « rafraîchie ». Une tisane très appréciée des Rodriguais, qui en boivent régulièrement.

Rodrigues, malheureusement, a beaucoup souffert de la déforestation. L'une des causes remonte à la Seconde Guerre mondiale, lorsqu'il était alloué à chaque soldat quelques arpents de terre fertile. Une mesure mal encadrée qui a provoqué l'assèchement des puits et l'érosion des sols. En l'absence de politique environnementale cohérente, Rodrigues continue à payer lourdement ses erreurs. Des efforts ont certes été entrepris, mais ils demeurent insuffisants.

L'autre fléau à l'origine de l'appauvrissement de la flore rodriguaise, c'est l'invasion d'essences exotiques apportées par les colons. Ainsi, les espèces endémiques sont menacées par le développement anarchique de végétaux comme le lantana ou l'arbre du voyageur, grands consommateurs d'eau, qui non seulement empêchent les autres plantes de se développer, mais contribuent à l'assèchement général de l'île. Si bien que certains habitants sont privés d'eau courante pendant plusieurs jours, voire plusieurs semaines.

Parmi les espèces rares ou endogènes qui ont survécu, le ***café marron*** revient de loin. Cousin éloigné du caféier, l'arbuste est qualifié de « marron » non pour sa couleur, mais en référence aux esclaves « marrons », partis se réfugier à l'intérieur des terres. On a longtemps cru cette espèce disparue, avant d'en retrouver un spécimen au cœur de l'île, dans les années 1980. Aujourd'hui protégé, le café marron a la réputation de soigner la gueule de bois, les « maladies d'amour », et servait jadis pour la sorcellerie. Vaste programme ! Signalons également les rarissimes bois pipe, bois de fer, bois cabri, bois puant, bois gandine et un hibiscus aux fleurs roses.

Le reboisement est aujourd'hui une priorité, tout comme l'implantation de mangroves dans les lagons, qui permet la reproduction de poissons, freine l'érosion du littoral et donne du bois à brûler. On peut en voir notamment du côté de Baie du Nord.

Les arbres les plus répandus sont le ***latanier,*** le ***vacoa*** *(pendanus)*, le ***filao*** et l'***eucalyptus.***

FÊTES ET JOURS FÉRIÉS

– La fête la plus importante est celle de la **banané.** Pour célébrer cette bonne année, chaque famille tue un cochon qui est mangé sous forme de grillades, boudins, gratons, etc. Le huitième et dernier jour de cette fête, on dit que « le roi boit ». On tue aussi deux cochons pour les mariages, mais un seul pour les premières communions et les enterrements.

– **Fête de l'Autonomie :** le 12 octobre. Chaque année, pour célébrer l'accession de Rodrigues à son autonomie politique, le gouvernement régional organise des concerts, des fêtes de village ou des concours d'invention !

– **Festival créole :** début décembre. Au programme : concours de séga, expo d'artisanat, dégustation de plats régionaux, etc. Un concert de musique de l'océan Indien clôture le festival.

GÉOGRAPHIE

À 569 km au nord-est de Maurice, la plus petite des îles Mascareignes (avec Maurice et la Réunion) mesure à peine 18 km de long sur environ 6,5 km de large. Mais regardez-la photographiée par un satellite. Ce petit bijou ressemble à une perle bordée d'un lagon turquoise deux fois plus grand qu'elle ! Avec ses montagnes ridées, ponctuées de cultures en terrasses, cette île aride possède un relief assez tourmenté, dont le mont Limon constitue le point culminant avec 398 m. Dix-huit îlots entourent ses côtes, parfois rocheuses, parfois bordées de plages de sable fin. Ils se trouvent tous à l'intérieur du lagon. Parmi les plus connus, citons l'île aux Cocos qui accueille la majorité des visiteurs en excursion. Mais les autres îles ne doivent pas être dédaignées, notamment l'île Hermitage, l'île Gombrani (la plus longue), l'île au Chat et l'île aux Crabes.

HÉBERGEMENT

Si les complexes hôteliers vous rebutent, bienvenue à Rodrigues. Ici, on reste en famille. L'offre touristique se limite à quelques hôtels et à un tourisme vert en pleine expansion : pensions de famille, chambres d'hôtes ou encore gîtes constituent un moyen idéal pour rencontrer la population et vivre avec elle. Sans oublier la possibilité de louer une maison tout entière ou seulement une partie. Un vrai bonheur pour le voyageur qui aspire au calme. D'autant que ce type d'hébergement est très avantageux. Attention toutefois à certains proprios qui voient dans ce concept une bien belle aubaine et proposent tout et n'importe quoi. Peu de confort, éventuellement une vue sur la mer, et côté charme, on repassera. Le prix et/ou la situation ne suffisent pas toujours. N'hésitez pas à demander le maximum de détails avant d'effectuer vos réservations.

Pour vous aider à choisir votre mode d'hébergement, voici quelques points de repère.

– **Les hôtels,** toujours de faible capacité, comme on l'a vu et souvent conviviaux, rendent quasi systématiquement la demi-pension obligatoire.

– **Les maisons à louer** se composent en général de deux à trois chambres, et offrent un bon rapport qualité-prix. Idéal pour ceux qui recherchent plus d'indépendance, les proprios n'habitant pas sur place.

– Au contraire, les **chambres d'hôtes** permettent une relation directe avec les propriétaires, qui logent au même endroit. Le petit déj est toujours compris, quelquefois le dîner. C'est sans doute cette forme d'hébergement qui évolue le plus : avec un essor considérable de l'offre, et par conséquent de la concurrence, la qualité des prestations s'améliore très nettement.

– **Les gîtes** offrent un compromis : ils procurent à la fois une certaine indépendance (cuisine et salle à manger) et un contact avec les loueurs qui habitent en général une partie de la maison ou à proximité. Ils proposent parfois la table d'hôtes.

– À noter qu'en fonction de la fluctuation de la roupie mauricienne, plusieurs hôteliers préfèrent communiquer leurs prix en euros.

Le site officiel ● tourism-rodrigues.mu ● présente, en plus d'infos générales sur l'île, une liste assez complète des hébergements. Sur ● ile-rodrigues.fr ● ou au ☎ 01-43-70-99-55, un tour-opérateur peut se charger des réservations et d'autres services (voir notamment la rubrique « Sports et Loisirs »).

Tandis que ● rodrigues-island.org ● présente quelques hôtels chic, que l'on peut visualiser.

HISTOIRE

Bordée de redoutables récifs, Rodrigues doit son nom à un pilote portugais, Diego Rodriguez, qui la découvrit en 1528 mais n'y fit sans doute même pas relâche. Les Hollandais s'y arrêtèrent ensuite à plusieurs reprises, au cours du XVIIe siècle, pour emplir leurs cales de tortues, avant de la laisser à sa solitude. Il fallait une âme de Robinson pour s'y installer. C'est ce que François Leguat, déçu par les hommes, fit avec sept compagnons.

Ce protestant français, ruiné par la révocation de l'édit de Nantes, trouva refuge en Hollande. Là, il rencontra le marquis Duquesne, fils du grand amiral, qui aidait ses coreligionnaires à s'établir sous des cieux plus cléments. François Leguat et ses compagnons voguèrent vers l'île Bourbon (la Réunion), où ils auraient dû se rendre. Mais leur capitaine en décida autrement et, le 1er mai 1691, ils débarquèrent sur Rodrigues. Ils allaient y rester deux ans. Deux ans pendant lesquels notre Robinson eut tout le loisir de tirer un formidable récit (publié aux éditions Phébus sous le titre *Les Naufragés de Dieu*), où il décrit aussi bien le solitaire que les tortues et la flore alors exubérante. Terrassés par les cyclones et la solitude, ils regagnèrent Maurice en 1693.

Après leur départ, en radeau, l'île demeura à nouveau inoccupée, à l'exception de quelques pirates de passage et de marins « oubliés » par leurs commandants. L'île servit alors de garde-manger aux vaisseaux qui se rendaient aux Indes. Ils y relâchaient pour embarquer des centaines de tortues qui avaient déjà disparu des autres îles des Mascareignes.

En 1735, Mahé de La Bourdonnais, fraîchement nommé gouverneur général des Isles de France et de Bourbon, décide d'envoyer à Rodrigues un détachement permanent pour assurer l'approvisionnement en tortues de ces deux îles et des vaisseaux de passage. Selon Alfred North-Coombes, à qui on doit un passionnant ouvrage sur l'histoire des tortues de terre de Rodrigues, deux navires effectuent alors deux voyages par an entre Rodrigues et l'Isle de France, emportant à chaque fois entre 4 000 et 6 000 tortues de terre, sans compter quelques centaines de tortues de mer ! Ce pillage assure la survie des habitants de Maurice, qui souffrent de disette chronique. À cette époque, une trentaine de personnes vivent en permanence sur l'île Rodrigues, dont quatre Français accompagnés de malabars et d'esclaves. Les tortues furent complètement exterminées vers la fin du XVIIIe siècle. Elles avaient joué, comme le souligne Albert North-Coombes, « un rôle capital pour le maintien de la présence française dans l'océan Indien ».

Les premiers colons s'installèrent vers 1795. Ils introduisirent un peu de bétail et plantèrent du manioc, du café, du riz et surtout du maïs. Certains de leurs noms – Marragon, Guatier, Monnier, Gontier – ont survécu à travers les âges.

En 1809, l'île connut une subite affluence. L'armée anglaise s'était emparée de Rodrigues en 1807, et près de 16 000 soldats y séjournèrent avant de partir à l'assaut de Maurice. Nos amis britanniques, une fois encore, allaient emporter la victoire. Maurice et Rodrigues passaient sous leur contrôle. Dès lors, l'île se peupla assez rapidement, passant de 200 habitants en 1825 à près de 3 000 à la fin du XIXᵉ siècle. Sa vocation agricole s'affirma et Rodrigues devint le « grenier à blé » de Maurice. L'augmentation de sa population y mit fin, l'île étant considérée comme surpeuplée dès 1930, alors qu'elle ne comptait que 8 000 habitants.

La plupart n'avaient jamais quitté Rodrigues, faute de moyens. Voilà pourquoi près d'un millier de Rodriguais s'enrôlèrent volontairement auprès des Britanniques lors de la Seconde Guerre mondiale. Ils servirent en Afrique et en Italie et rentrèrent au pays en 1953. Ces militaires, avec leur solde quatre fois supérieure au revenu moyen de l'île (plus quand ils étaient mariés), firent beaucoup de bien à l'économie rodriguaise.

Au début des années 1960, les Rodriguais commencèrent à demander la prise en compte de leur spécificité, l'île étant jusque-là considérée comme une simple dépendance de Maurice, alors qu'ils se sentaient plus proches des habitants des Seychelles ou de la Réunion que des Mauriciens. En 1967, les Mauriciens votent « oui » à l'indépendance à près de 54 %. Rodrigues, qui préfère rester anglaise plutôt que de passer sous la coupe mauricienne, vote « non » à plus de 90 %. L'île fut néanmoins intégrée au territoire mauricien. Il fallut attendre les élections mauriciennes de septembre 2000 pour que le gouvernement central considère que Rodrigues avait maintenant besoin d'une gestion locale. La loi lui accorda donc une autonomie, qui modifie le paysage sociopolitique de l'île. Les élections pour la première Assemblée régionale ont eu lieu en septembre 2002. Elle a en charge les affaires publiques, à l'exception de la police qui reste sous tutelle du gouvernement mauricien. L'Assemblée compte dix-huit membres et comprend un comité exécutif dirigé par un *chief commissioner* (chef commissaire) et une opposition dirigée par un *minority leader* (le chef de file de l'opposition).

HORAIRES

D'après un dicton local : « À Rodrigues, on y va doucement le matin, pas trop vite l'après-midi et tranquillement le soir. » Voilà qui donne une idée de l'étendue des horaires d'ouverture et de leur respect. Enfin, n'exagérons rien : en principe, bureaux et *boutiks* ouvrent du lundi au vendredi entre 8h et 9h jusqu'à 16h (parfois 17h), le samedi jusqu'à 14h et sont fermés le dimanche. Les horaires sont plus souples dans les petites épiceries de villages. Ou, parfois, complètement aléatoires dans certains magasins. Allez savoir : la chaleur, le peu d'activité, obligations diverses... Bref, si vous avez des courses à faire, un conseil : adoptez le rythme de la population et faites-les tôt, car après 15h, c'est sieste pour tout le monde !

LANGUE

Le créole. Encore le créole. Et toujours le créole. Et pour vous faire plaisir, parfois le français. Voir la rubrique « Langues » dans les « Généralités » sur l'île Maurice.

MÉDIAS

Il existe plusieurs hebdomadaires à Rodrigues. *Le Vrai Rodriguais* et *Ici Rodrigues* sont, respectivement, les organes de presse du parti actuellement au pouvoir (l'OPR ; Organisation du peuple de Rodrigues) et du principal mouvement d'opposition (le MR ; Mouvement rodriguais). Ils paraissent tous les deux le vendredi. Autre journal à paraître le même jour, *La Tribune*. C'est la seule publication véritablement indépendante de l'île. *Le Nouveau Rodriguais,* quant à lui, est un bimensuel écrit presque entièrement par un député de l'OPR. Vous n'y lirez donc, logiquement, que des articles faisant l'éloge du gouvernement régional et critiquant vertement l'opposition.

La presse internationale n'arrive pas jusqu'à Rodrigues. En revanche, vous pouvez vous procurer les trois grands quotidiens que sont *L'Express, Le Mauricien* et *Le Matinal* chez Mr Kong, dans la rue de la Solidarité.

Rodrigues possède sa propre station de radio *(MBC).* Elle émet le matin de 5h à 7h et de 14h30 à 22h sur 97,3 FM.

MUSIQUE

Si vous connaissez une île où l'on chante la romance dans la langue de Crébillon, où l'on danse le *kotis* (scottish), le *mazok* (la mazurka), la polka, le *laval* (valse), le séga accordéon et le séga tambour, vous êtes certainement déjà venu à Rodrigues.

Un pays de tradition orale

Dans cette île où il n'existe pas de réelle tradition écrite, l'oral est un moyen d'expression libérateur : contes, légendes, sirandanes (devinettes créoles), proverbes et bien sûr chansons, tout est bon pour animer la vie sociale. Avec le séga tambour, on attaque gentiment son voisin sur quelques mélopées bien senties (en étant bien sûr qu'il entendra cette création musicale, à laquelle il répondra sur le même ton), comme cette chanson qui évoque la virginité perdue d'une fille qui va se marier : « *Nelda, Nelda, to dir moi to pou marier, kot to couronne mariage en bad dilo vert Grand Baie* » (« Tu me dis Nelda que tu veux te marier, mais où est ta couronne, elle est à Grand Baie »). De plus en plus, on chante sa journée et ses misères, comme le séga moderne qui adopte des textes plus engagés. C'est le cas, par exemple, de Gonzague Pierre-Louis, un merveilleux chanteur aveugle. Mais tous les répertoires trouvent leur place.

Sur ce petit bout de terre, on compte plus d'une quarantaine de groupes, aux noms évocateurs comme « Réveille Plaine Coco », créé pour animer le village de Plaine Coco, « Bois sirop du bois dur » (Dibwa Dire), « Ambiance tropicale », « Arc-en-ciel », « Nouveau Venu », « Racines », « Alpha Omega », « Rayon de soleil », « Hirondelle », « Cascavel » ou « Camaron ». L'île aime la musique. D'ailleurs, ici, tout le monde chante, joue ou danse... après ses heures de bureau. Ainsi, Gonzague Pierre-Louis travaille à *Careco,* Édouard Doyal est fonctionnaire, Bernadette Plaîche est institutrice et Tino Samoisy, facteur.

Tino Samoisy anime par ailleurs le groupe « Ambiance tropicale », à notre avis, le groupe folklorique le plus attrayant de l'île. Ce musicien hors pair s'est d'ailleurs confectionné son propre instrument. Il s'agit d'un morceau de bambou long d'environ 1,50 m et savamment taillé sur lequel on frappe à des endroits précis pour battre la mesure.

L'un des hommes qui a le plus fait pour redonner vie au folklore rodriguais est incontestablement Ben Gontran. C'est sous l'impulsion de cet homme passionné et passionnant que le groupe de danses traditionnelles folklorique « Racines » a vu le jour. Véritable patriarche musical de l'île, il a réussi à transmettre à la jeune génération son goût pour la musique rodriguaise.

Il est à noter que la plupart des hôtels et certains restaurants proposent plusieurs fois par semaine des spectacles folkloriques.

Un riche métissage

Les navigateurs européens qui se sont arrêtés à Rodrigues ont laissé à l'île un riche héritage musical. La mazurka, la valse, le quadrille ou le scottish sont ainsi devenus des danses locales. Mais la plus populaire d'entre elles

reste sans conteste le séga. Importé d'Afrique par des esclaves mozambi-
cains, le séga reste la principale danse populaire de Rodrigues. Le séga
tambour, aujourd'hui spécifique à Rodrigues, a quant à lui eu quelques difficultés à s'imposer. Utilisé dans les cérémonies vaudoues africaines, le tambour était considéré par le clergé comme l'instrument du démon. C'est à
cause de l'interdiction du tambour que s'est développé le séga accordéon (le
séga-kordéon). Introduit dans l'île au XIXᵉ siècle, il fut adopté aussi bien par
les Rodriguais que par l'église, qui vit dans l'occidentalisation de la musique
de l'île un signe de rédemption.

Aujourd'hui, un orchestre typique de séga se compose à la fois d'un tambour
et d'un accordéon diatonique, mais aussi d'un *bobre* (percussion en bois), de
deux triangles, de mailloches (deux bouts de bois qu'on frappe l'un sur l'autre)
et de boîtes de conserve vides pour râper.

Vers un renouveau musical

Après la Seconde Guerre mondiale, les soldats rentrèrent au pays avec des
gramophones, mais peu d'accordéons. D'abord parce que la plupart ne
savaient pas en jouer, ensuite parce que les pays en guerre (la France et
l'Allemagne notamment) ne fabriquaient plus beaucoup ce genre d'instruments. Enfin, la mode évolua vers le fox-trot, le one-step et la rumba. Les
magnétophones finirent par supplanter les gramophones. Si bien qu'au début
des années 1960, l'accordéon avait pratiquement disparu et, avec lui, la musique traditionnelle.

Il fallut attendre la fin des années 1970 pour que des groupes commencent à
se reformer. Des bals d'anciens, ou bal accordéon, ont commencé à être
organisés les dimanches après-midi. Ces bals diurnes voyaient souvent la
participation de jeunes filles qui accompagnaient leurs parents ou leurs
grands-parents. Souvent bridées à la maison, celles-ci voyaient là une bonne
occasion de sortir. Du coup, les garçons, pour ne pas être en reste, se sont
mis aussi à danser.

Au début des années 1990, les hôtels tels que le *Cotton Bay* ou le *Mourouk
Ebony* ont également joué un rôle primordial dans le renouveau musical :
concours et spectacles pour touristes ont permis à des groupes émergents
d'y faire leurs armes, et aux autres de continuer à se produire.

Certes, la musique connaît aujourd'hui un vrai regain, mais elle se trouve
confrontée à un manque cruel de moyens qui limite forcément son dyna-
misme. Pourtant indispensables à tout orchestre, les accordéons font défaut.
Et aucun réparateur ni vendeur dans l'île ne permet, pour l'instant, de renouveler les anciens instruments. Dans ce contexte, il faut d'ailleurs saluer l'initiative du centre culturel français Charles-Baudelaire de Maurice.
Depuis 2003, des ateliers de réparation d'accordéons ont été organisés à
l'Alliance française, située à Port Mathurin. Un prototype d'accordéon diatonique 100 % rodriguais y a même été fabriqué. L'association des accordéonistes rodriguais, qui compte une cinquantaine de membres, espère pouvoir
lancer prochainement son atelier d'entretien et de fabrication d'accordéons.
Cela étant, si vous avez un accordéon qui traîne dans votre grenier, n'hésitez
pas, vous ferez le bonheur de l'un des 500 accordéonistes de l'île.

Aujourd'hui, les musiciens peuvent enregistrer à Rodrigues ; jusqu'en 2001,
il fallait aller à Maurice.

Dans les hôtels, les discothèques ou les kermesses locales, vous aurez
l'occasion d'entendre ces musiques, de la plus moderne à la plus traditionnelle. Une bonne occasion pour apprendre le *kotis*, la mazurka ou la polka,
histoire d'épater votre grand-mère !

POPULATION

L'île abrite environ 40 000 habitants, soit 3 % de la population mauricienne.
Ce chiffre, assez stable, est dû à une forte émigration, principalement vers

Maurice et l'Australie. À côté des commerçants chinois et de quelques fonctionnaires indiens venus de Maurice, l'écrasante majorité de la population est créole, ce qui confère à l'île son charme si particulier.

La population rodriguaise est issue d'un mélange entre les « Noirs », descendants des esclaves et les « Rouges » (à cause des coups de soleil !), ultra-minoritaires, descendants des Français qui s'installèrent à Rodrigues au début de la colonisation. Les descendants des Rouges, principalement basés à Baie aux Huîtres et Allée Tamarin, dans le Nord de l'île, ont parfois gardé les yeux bleus ou verts. Les Rodriguais possèdent une solide identité culturelle, qui a encore été renforcée par l'autonomie acquise en 2002.

En outre, Rodrigues possède un profil religieux très différent de celui de Maurice. Pour honorer cette population à 97 % catholique, Jean-Paul II a même célébré une messe au stade de La Ferme en 1989, devant plus de 17 000 personnes ! À noter que Serge Clair, le chef commissaire de l'île, est un ancien prêtre, et que Benoît Jolicœur, ex-ministre de l'île, a suivi des études de théologie à Angers et à Nantes. Ce catholicisme prégnant a sans doute permis un développement sans inégalités sociales criantes. Les principaux problèmes sociaux de l'île sont l'alcoolisme et le chômage.

SPORTS ET LOISIRS

Multisports

■ *Club Osmosis : sur la plage de l'hôtel* Mourouk Ebony. ☎ 832-30-51. ● *osmosis-rodrigues.com* ● *Résa également possible en France par* Sport Away *(*☎ *0826-88-10-20 (0,15 €/mn),* ● *sport-away.com* ● *) ou chez* Tropicalement Vôtre *(*☎ *01-43-70-99-55,* ● *ile-rodrigues.fr* ● *). Accessible aux non-résidents. Pour ttes les activités, résa fortement conseillée.* Un club de voile animé par Jérôme et Percy, qui s'est notamment spécialisé dans le *kitesurf* (stages, cours, *trip kite*). Ils proposent aussi du surf et du *funboard* (uniquement pendant l'été austral ; résa obligatoire pour le surf), du windsurf, ainsi que de la voile. Si vous prenez un cours, le matériel est fourni. Le club organise aussi quelques sorties sur la terre ferme : location de VTT et de motos (seuls ou accompagnés) qui permettent d'explorer la richesse de l'île sous différentes facettes, en totale harmonie avec la nature. Consulter sur place le programme au quotidien.

Randonnées

Le moyen idéal, bien sûr, pour découvrir l'île et rencontrer ses habitants. Comme les Rodriguais, peu motorisés, marchent beaucoup, l'île est parcourue de sentiers, creusés au fil du temps par les habitants. Il est difficile de se perdre, car, où que l'on soit, on aperçoit la mer (munissez-vous toutefois de la récente carte de l'île *Ti Boussol,* en vente à l'aéroport et dans plusieurs boutiques de Port Mathurin). On vous indique plusieurs balades, mais des dizaines sont possibles. La plupart longent la côte ou descendent du centre de l'île vers l'océan. On rejoint un point en bus et on continue à pied. Ou inversement. N'hésitez pas à demander des idées de balades dans les hôtels ou les pensions de famille où vous logez. Renseignements également auprès de *Tropicalement Vôtre* (☎ 01-43-70-99-55, ● *ile-rodrigues.fr* ●) qui propose toutes les autres activités praticables à Rodrigues : plongée, *kitesurf,* VTT, etc. N'hésitez pas à contacter leurs spécialistes.

Plongée

Destination plongée par excellence, Rodrigues possède un atout majeur : une faune et une flore pratiquement vierges, que seuls 3 clubs de plongée se partagent depuis 1996. Et pas question de se retrouver à 40 en train de mater la même sirène. Les quelques moniteurs de l'île prennent chacun 4 à 5 plongeurs maximum. On privilégie la convivialité et la découverte intimiste d'un milieu exceptionnel.

Il faut bien reconnaître qu'il y a de quoi faire. La grande richesse sous-marine est notamment due à la bonne santé du corail : les pêcheurs concentrent leur activité dans les 200 km² de lagon. Si bien que de l'autre côté du récif, aucune ancre n'est jetée et le corail reste intact. Seule la violence des cyclones lui est dommageable. Mais tunnels, grottes, canyons, cheminées et chambres sculptés au fil des siècles continuent à offrir des terrains d'exploration hors du commun aussi bien dans le lagon qu'en pleine mer. On y découvre une infinie variété de poissons, des espèces parfois très rares et non répertoriées. Bref, un ballet aquatique au casting impressionnant : poissons-fantômes, poissons-feuilles, poissons-clowns, poissons-trompettes, poissons-dragons, carangues gros yeux, thons dents de chien, licornes, etc. Inutile de plonger profond, car entre - 1 et - 25 m, on voit l'essentiel dans le lagon et de l'autre côté de la barrière grâce au plateau corallien, qui s'étend sur 3 km. Ça tombe bien, car en l'absence de caisson de décompression, les plongées sont limitées à - 39 m. On ne fait pas de plongée palier et on ne sort pas plus de deux fois par jour.

Les débutants sont les bienvenus, et des spots extraordinaires leur sont accessibles. Mais force est de constater que Rodrigues attire avant tout des habitués de la destination et/ou des plongeurs confirmés (ceux qui ont déjà écumé presque toutes les mers du globe, du genre à vous filer des complexes). Quoi qu'il en soit, la plupart des spots se découvrent dès le niveau I.

La meilleure saison pour plonger s'étend d'octobre à décembre-janvier. La température de l'eau flirte alors avec les 28 ou 30 °C. Pendant la période cyclonique (de janvier à mars) et plus encore la saison hivernale (d'avril à septembre), la mer est plus agitée à cause du vent.

Les clubs

Assurance obligatoire (100 Rs, soit 2,50 €, valable 2 mois) à souscrire sur place. Possibilité de forfaits. Pensez à emporter votre carnet de plongée et bien attendre 24h avant de prendre l'avion. Certificat médical recommandé.

■ *Cotton Dive Centre : sur la plage de l'hôtel* Cotton Bay *(voir « À l'est et au sud de l'île. Où dormir ? »).* ☎ 831-80-28 *ou* 875-68-00. ● *diverod@intnet.mu* ● *Fermé sam, ainsi qu'en juil-août. Baptême 1 800 Rs (45 €), plongée à partir de 1 660 Rs (41,50 €) équipement compris. Forfait pour 5 et 10 plongées à partager en famille.* Ce club de confiance (le premier ouvert dans l'île) peut vous fournir un équipement *Scubapro* en parfait état. Résa obligatoire bien à l'avance, car une fois sur place c'est souvent complet (10 plongeurs max). Jacky et Fifi, couple très sympa de passionnés, tiennent à maintenir un esprit convivial dans leur club. Les enfants sont acceptés dès 8 ans. Débutants bienvenus. Jacky vous fera découvrir des spots merveilleux dont il a le secret :

« la basilique », « la passe Saint-François » ou encore « le canyon ». Pour les plongeurs confirmés, plongées à la dérive (65 mn max, bateau suiveur), ce qui limite l'effort et permet de plus longues balades. Et le bonheur défile devant vous.

■ *Bouba Dive Centre : à l'hôtel* Mourouk Ebony *(voir plus loin, rubrique « À l'est et au sud de l'île. Où dormir ? »).* ☎ *832-30-63.* ● *boubadiving@intnet.mu* ● *Accessible aux « extérieurs » selon disponibilités. Plongée env 1 600 Rs (40 €). Forfaits de 5 ou 10 plongées. Également un forfait cumulatif : entendez par là qu'un couple peut se partager un forfait de 10 plongées. Sympa, non ?* Benoît de Baize, un garçon tout à fait sérieux et amoureux de son île, ne prend pas plus de 5 plongeurs (à partir de 8 ans) et accepte les débutants. Il vous emmène sur des sites d'une richesse fabuleuse, comme « Eden de Corail », « Ti Colorado » ou « Shark Point », ou d'autres encore inexplorés, et propose la plongée *Savheol* (au soleil levant), assez méconnue et qui constitue une très belle expérience.

■ *Rodriguez-Diving :* ☎ *831-09-57 ou* ▯ *875-52-17.* ● *http://rodriguez-diving.tripod.com* ● *Au* Pointe Venus Hotel *(voir « Où dormir dans les environs ? » à Anse aux Anglais), à 5 mn de Port Mathurin. Baptême env 2 000 Rs (50 €), plongée à partir de* 1 200 Rs (30 €). Là encore, une petite structure à l'accueil chaleureux, créée et gérée par Alex, avec priorité donnée à la sécurité. Du baptême en une demi-journée aux plongées de 12 à 30 m pour plongeurs confirmés, vous remonterez toujours avec les yeux pleins de merveilles ! Demandez-leur de vous emmener à la « caverne Lisa », sur le site des « Bomies » ou au « jardin de corail ». Également des forfaits de 3 à 10 plongées, ou même des excursions mixtes du genre balade à l'île aux Cocos couplée à 2 plongées. Passage de brevets PADI.

Les meilleurs spots

◞ *L'aquarium :* tous niveaux. Près du *Cotton Dive Centre,* dans le lagon. Une véritable piscine naturelle à la richesse incroyable, où des espèces endémiques évoluent entre 2 et 7 m de profondeur. À vous les poissons-trompettes, poissons-perroquets, poissons-ballons et autres saupes grises tropicales. Sans oublier la traversée d'un banc de rougets. Les confirmés peuvent poursuivre la balade vers des grottes et des chambres où s'abritent des bancs de chirurgiens et des petites carangues étoilées. Le demi-tour s'effectue à contre-courant grâce à un solide cordage.

◞ *La grande passe :* tous niveaux. Face à l'hôtel *Mourouk,* dans le lagon. Il s'agit d'une des plus grandes passes de l'océan Indien qui abrite au moins 7 sites. Les premiers commencent à - 3 m. La visibilité dépasse rarement 12 m, mais c'est un vrai vivier : bancs de carangues gros yeux, de licornes, grande diversité de nudibranches, 4 variétés de poissons-pierres, poissons-feuilles, thons dents de chien, etc.

◞ *La balade des demoiselles :* tous niveaux. Sur la côte est, dans le lagon. Un spot plein de poésie où les plongeurs évoluent sur des champs d'anémones à - 4,5 m, territoire des demoiselles, mais aussi des rougets, soles et chirurgiens.

◞ *La passe Saint-François :* niveau I. Au sud de Pointe Coton, dans le lagon. À 31 m de profondeur. Ici, on est pratiquement sûr de croiser des bancs de carangues gros yeux composés de 50 à 200 individus. Impressionnant ! Plus encore, lorsque allongé sur le sable, on voit les carangues s'approcher parfois très près. Également des raies aigles, tortues et petits requins.

◞ *Karlanne :* niveau I. En face du *Cotton Bay,* à 800 m environ. À - 17 m, on croise mérous, fusillés, thon, carangues ou gaterins.

◞ *Le sec aux tortues :* niveau I. Sur la côte est, en pleine mer. À - 31 m, dans un sec de corail composé de grottes et tunnels, on rencontre notamment des tortues vertes. De nombreuses espèces possèdent un petit poisson-nettoyeur. Ici, ce sont les labres qui se chargent de cette fastidieuse besogne auprès des tortues. Également d'énormes poissons-perroquets et des petits bancs de carangues étoilées.

◞ *Le trou des pirates :* niveau I. À l'ouest, face à l'île aux Cocos. Pas de courant. Un tombant de 12 à 32 m abrite un jardin de gorgones assez unique à Rodrigues. On y croise de nombreux thons dents de chien.

◞ *La basilique :* niveau II. Sur la côte est. Au pied du tombant de la barrière de corail, une grotte donne accès à l'intérieur du récif où les plongeurs évoluent entre - 12 et - 29 m dans un véritable édifice corallien composé de multiples galeries, salles et cheminées traversées de magnifiques jeux de

lumière. Assez unique ! Parmi les fidèles, thons, raies pastenagues et carangues géantes se recueillent.

🐠 *Le petit Colorado :* niveau II. Sur la côte est, à 6 km de la plage. Un haut
fond qui remonte à - 19 m et propose une variété incroyable de poissons.

🐠 *La gorge :* niveau II. En face de Port-Sud-Est. Immersion avec 4 plongeurs expérimentés maximum. Superbe balade « architecturale » au milieu
de coraux aussi majestueux que colorés.

Et le snorkelling ?

Comme il n'est nul besoin de plonger très profond pour s'en mettre plein les
mirettes, on peut parfaitement se contenter de la formule masque et tuba.
Les Rodriguais connaissent de nombreux spots superbes, où il suffit de se
laisser dériver pour assister au ballet formidable des poissons évoluant parmi
les coraux. Les agences (comme *Henri Tours*) proposent souvent des sorties
comprenant différents sites de plongée et un pique-nique sur la plage. Matériel fourni. Génial, à condition de prendre garde aux coups de soleil !

TÉLÉPHONE

– *France* → *Rodrigues :* composer le ☎ 00-230, suivi du numéro de votre
correspondant.
– *Rodrigues* → *France :* composer le ☎ 020-33, suivi du numéro de votre
correspondant (sans le 0 initial).
On trouve des cabines téléphoniques à carte, mais surtout à pièces, dans
toute l'île. Le réseau des portables est couvert par *Cell Plus*.

TRANSPORTS INTÉRIEURS

Compte tenu du relief et de l'état de nombreuses routes secondaires (les
routes pour l'aéroport et Port Mathurin sont impeccables), prévoyez du temps
pour chaque trajet. Pour vous donner une idée, la vitesse est limitée à
50 km/h. Or, rouler à cette allure est mi-grisant, mi-suicidaire. On exagère à
peine ! Heureusement, le goudron est peu à peu refait et devrait rendre la
circulation dans l'île moins douloureuse pour les lombaires.
Il n'existe que très peu de taxis dans l'île. La voiture reste une denrée rare,
car vraiment hors de prix. Les motos sont plus nombreuses. En fait, les Rodriguais marchent énormément, utilisent les bus (assez fréquents) et font du
stop. Ça fonctionne très bien sur les grands axes. Attention, il est interdit de
monter sur la plage arrière d'un pick-up, même si tout le monde le fait. Dernière info, et pas la moindre, Rodrigues possède enfin une carte valable : *Ti
Boussol* la bien nommée, avec une échelle kilométrique et les principaux
sites (adresses utiles et points d'intérêt). On la trouve en vente à l'aéroport et
dans différents magasins de Port Mathurin... mais pas à l'office de tourisme.
Un comble !

🚌 *Bus (plan couleur Port Mathurin B1) :* la gare routière se situe à l'entrée
de Port Mathurin en venant d'Anse aux Anglais. Mignonne tout plein avec
son style créole. Les bus portent des noms inversement proportionnels à leur
rapidité : « Concorde », « Super Force », « Super Copter Tours », « Aigle de
route »... Parfois, plus tendres : « Ciel de Paris », « Soleil de l'Est », « Bon
Voyage » !
Ils circulent en principe entre 6h et 18h (dernier départ des différents villages
vers 16h30), toutes les 20 à 30 mn, et desservent les principaux points de
l'île. Le bus n° 206 assure la liaison avec l'aéroport.
Un ticket coûte environ 21 Rs (0,50 €).

– *Location de voitures :* plusieurs agences, un seul mot d'ordre : choisissez une voiture confortable, du style *Isuzu, Ford Ranger* ou encore *Nissan* ou

Toyota. Votre dos vous en remerciera. Compter 1 500-1 900 Rs (37,50-47,50 €) la location à la journée. À noter que pour 1 000 Rs (25 €) de plus par jour, vous disposerez d'un chauffeur et n'aurez pas à payer l'essence.

– **Location de motos :** pour info, sachez que plusieurs agences louent des motos. Nous ne les mentionnons pas car l'activité ne fait encore l'objet d'aucune réglementation et ne peut être déclarée. Les Rodriguais conduisent vite à deux-roues. N'essayez pas de les imiter. Ils connaissent les nids-de-poule et autres pièges de la route. Soyez prudent. Le port du casque est obligatoire.

AU NORD DE L'ÎLE

PORT MATHURIN

> **Pour le plan de Port Mathurin, se reporter au cahier couleur.**

Situé au nord, il s'agit de la capitale et du seul port de l'île. Son nom vient d'un colon français, Mathurin Bréhinier, qui fut le premier habitant de la région. Oh, rien de fracassant ici, mais c'est incontestablement l'endroit le plus animé de Rodrigues. C'est là que se trouvent tous les services administratifs, les banques, le grand marché du samedi matin (et réduit le mercredi), la plus forte concentration de restos (au moins quatre !) et un nombre incalculable de *boutiks*-quincailleries-épiceries qui s'égrènent le long des quelques rues coupées à angle droit. En un mot, la capitale représente le summum de l'agitation rodriguaise. Et constitue un bon point de départ pour découvrir l'île.

Adresses utiles

Services

∎ *Office de tourisme* (plan couleur B1) : installé provisoirement dans l'ancienne maison du gouverneur, rue de la Solidarité, en attendant la construction de locaux juste en face. ☎ 832-08-67 ou 66. ● tourism-rodrigues.mu ● *Lun-ven 8h-16h ; sam mat en saison slt.* Quelques brochures et infos.

✉ *Poste* (plan couleur B1) : rue de la Solidarité. *Lun-ven 8h15-11h15, 12h-16h ; sam 8h15-11h45.*

∎ *Mauritius Telecom* (plan couleur B1, 1) : non loin de la poste, à l'angle de la rue de la Solidarité. *Tlj sf dim 8h-16h (12h sam).* On y vend des cartes téléphoniques. Cabines à pièces et à carte à l'extérieur.

∎ @ *Mauritius Telecom Internet Center* (plan couleur île Rodrigues, 6) : sur la route d'Anse aux Anglais, à droite juste après le cimetière marin, dans le virage. *Tlj sf dim 8h-16h (12h sam).* Petite annexe de Mauritius Telecom spécialisée dans les connexions internet et les appels internationaux.

@ *Rodnet Cybercafé* (plan couleur B1, 8) : à l'agence Rotourco, pl. François-Leguat. ☎ 831-07-47. *Tlj sf dim 8h30-16h (12h sam).* Prix intéressants.

∎ *Rodrigues Regional Assembly* (RRA ; plan couleur B1, 2) : Port Mathurin. ☎ 831-05-53. *Lun-ven 8h15-14h.* Après avoir rempli les formulaires à l'office de tourisme, on retire les permis pour la caverne Patate et l'île aux Cocos aux caisses de la RRA, situées à droite sous le porche.

∎ *Alliance française* (hors plan couleur par B1) : *Pointe Canon.* ☎ *831-12-52. Au-dessus de la gare routière de Port Mathurin.* L'Alliance française de Rodrigues offre aux artistes locaux un lieu d'expression et pro-

pose de nombreuses activités : projection de films français, expositions artistiques et pédagogiques, cours de français... Dynamique et très sympa.

Change

■ *Banques* (plan couleur A2, **3**) : rue Max-Lucchesi. **State Bank :** *tlj sf dim 9h-15h (11h sam).* **Mauritius Commercial Bank :** *lun-jeu 9h-15h15 ; ven 9h-17h. Également la* **Barclay's**

Bank, *à l'angle de la rue Fatehmamode et de la rue de la Solidarité, en centre-ville.* Distributeurs automatiques.

Représentation diplomatique

■ *Consulat honoraire de France* (plan couleur île Rodrigues, **4**) : à Jeantac, au-dessus de Grand Baie. ☎ *831-17-60. Fax : 831-26-37. Reçoit sur rendez-vous.* Benoît Joli-cœur, ancien ministre de Rodrigues et propriétaire du gîte *Foulsafat* (voir

« Où dormir dans les environs ? » à Anse aux Anglais), est également consul honoraire de France. Les ressortissants français peuvent le contacter en cas de besoin. Ils trouveront là une aide efficace.

Santé

■ *Hôpital Queen Elizabeth :* à Crève Cœur. ☎ *831-15-83 ou 16-28.* C'est le seul véritable hôpital de l'île. En cas de problème sérieux ou grave, préférez, si possible, un

rapatriement immédiat.
■ *Pharmacie* (plan couleur B1, **5**) : rue de la Solidarité. En face de la poste. ☎ *831-22-79. Tlj 7h30-16h30 (15h sam ; 11h dim).*

Transports

■ *Location de voitures :* auprès de **Avis,** à l'aéroport (☎ *832-81-00*) ; dans les **agences** citées plus loin (voir « Agences de voyages ») ; ainsi que chez **Rotourco,** rue François-Leguat (☎ *831-07-47.* ● *rotourco. com* ● *Tlj sf dim 8h-16h ; 12h sam),* auprès de **Comfort Cars,** rue Père-Gandy, près du marché (☎ *831-16-14),* ou dans les grands hôtels (Cotton Bay, *partenaire d'Avis,* et Mourouk Ebony). Tous ces loueurs peuvent mettre votre véhicule à disposition à l'aéroport.

■ *Stations-service* (plan couleur A2 et B1) : les 2 seules stations de l'île sont réunies à Port Mathurin. La 1re est située un peu après le poste de police, à droite avt le pont. Tlj 6h-19h (15h dim). La 2de est à côté de la gare routière. Si vous tombez en rade en plein cœur de l'île, pas de panique : quelques épiceries qui bordent la route vendent (plus cher) des bouteilles d'essence ou de gazole.
■ *Location de VTT :* dans les hôtels et les agences.

Agences de voyages

Si votre hôtel ou votre proprio n'organise pas lui-même les excursions, vous n'aurez aucun mal à trouver une agence. En voici une petite sélection.

■ *Patrico* (plan couleur B1, **8**) : rue François-Leguat. ☎ *831-244. Tlj sf dim 8h-17h (16h sam).* Petite agence qui organise des tours de l'île en

minibus, des sorties à l'île aux Cocos et des excursions à la journée pour individuels, en voiture avec chauffeur. Loue également des *Toyota.*

■ *Henri Tours (plan couleur B2, 9)* : rue Paul-Élysée. ☎ 831-00-75 ou 18-23. Tlj sf dim 8h-16h (14h sam). Henri Meunier est un pionnier. Son agence est sans doute la plus ancienne, mais il a su préserver son âme grâce à l'esprit artisanal qui caractérise toujours ses excursions. Son fils Christophe, qui s'occupe désormais des sorties en mer, est probablement le seul à hisser la voile si le temps le permet. Tout de même plus écolo qu'un moteur ! Propose tous les classiques pour environ 700 Rs (17,50 €) par personne : île aux Cocos (avec 1 plongée en apnée et le déjeuner), *snorkelling* (3 sites différents et le déjeuner)... Loue également des chambres ultra-simples dans sa maison de Caverne Provert (voir « Où dormir ? » à Anse aux Anglais).

■ *Rod Tours (plan couleur A2, 10)* : Camp du Roi. ☎ 831-22-49. ● mauritours.net ● Tlj 8h30-16h30 (13h sam ; 12h dim). La plus « grosse » agence de l'île. Propose tout : location de voitures, vélos et scooters ; pêche au gros ; excursions classiques (île aux Cocos pour environ 900 Rs, soit 22,50 € ; balades en bateau à fond de verre ; visite de l'île...) ou à la carte ... Pas cadeau et moins intime, mais efficace et sympa.

Achats

– *Marché :* si vous avez envie de produits frais (ou tout simplement de faire le plein de jolies scènes de rue), allez au marché *sur Fisherman Lane (plan couleur A1),* samedi matin très tôt (5h-9h en période sèche, car la marchandise, moins nombreuse, part plus vite). Au coude à coude dans la rue, ou dispersés sous les halles, les Rodriguais viennent des quatre coins de l'île vendre trois seaux de tomates et un cageot de citrons. La viande et le poisson sont vendus dans les baraquements qui bordent la rue. Vers 9h ou 10h, tout est remballé (sauf les stands de produits artisanaux). Sinon, il y a toujours quelques étals de fruits et légumes en face de la poste et de la pharmacie, rue de la Solidarité.

❀ *Le Centre de formation agricole* : à Camp du Roi. ☎ 831-20-80. Cette école prépare des enfants en échec scolaire aux techniques agricoles. Vous y trouverez le matin (sauf le dimanche) des pommes d'amour (tomates), calebasses, bringelles (aubergines), giraumons, margoses, pipengailles, œufs et poulets.

❀ *Boulangerie Loul & Co :* Morrisson Street. Lun-jeu 4h-16h30 ; ven 4h-13h ; sam 4h-14h ; dim 4h-12h. Une des deux boulangeries de l'île, l'autre se situant à La Ferme. Le pain (baguette ou complet) y est très bon. Les gourmands y trouveront de quoi se satisfaire : sablés, choux à la crème, tourte rodriguaise à commander 24h à l'avance et, surtout, brioche en croix et brioche coco.

❀ *Careco :* rue de la Solidarité, presque en face de la poste. Tlj sf dim 8h30-16h (13h sam). Comme à la boutique de l'atelier (cf. rubrique « À voir »), on y trouve de jolis petits souvenirs en noix de coco (colliers, bracelets, bougeoirs, etc.) et bien sûr leur fameux miel.

❀ *K7 :* pas faciles à trouver. On trouve quelques CD et cassettes chez *Joli Boutik* (rue Mamzelle-Julia) et au *Kilimandjaro* (rue Johnston). Outre des cassettes de séga d'artistes rodriguais et mauriciens, on y déniche tout et n'importe quoi dans un bric-à-brac monumental.

❀ *Les boutiks* de couleurs vives, comme celles de la rue Mamzelle-Julia, proposent un choix complètement éclectique de denrées et de prestations. À voir, même si on n'achète pas. Vraiment unique !

Où dormir ?

Pas d'hébergement en bord de mer, mais Port Mathurin est le seul endroit de l'île où vous trouverez un peu d'animation, du moins jusqu'à 16h.

De prix modérés à prix moyens

📍 *Ciel d'Été* (plan couleur B1, **21**) : à l'entrée de Port Mathurin, sur la gauche avt le pont. ☎ 831-15-87. Fax : 831-20-04. Prévoir 800 Rs (20 €) pour 2 pers avec petit déj. Possibilité de ½ pens. Agréable pension de famille d'une vingtaine de chambres, construite à l'endroit où François Leguat, premier colon français, aurait bâti sa maison. Historique ! Tout le contraire des chambres : tenues impeccablement, elles se révèlent simples et fonctionnelles (salle de bains, ventilo, lino bleu au sol...). Si l'on ajoute un accueil discret et un joli jardinet, l'ensemble peut constituer un point de chute convenable. Seul bémol, un peu bruyant le matin en raison de la proximité de la route.

📍 *Chez Giselène Waterstone* (plan couleur A2, **22**) : à Camp du Roi, quartier à l'ouest de Port Mathurin. ☎ 831-17-69. ● sgwstone@intnet.mu ● Env 800 Rs (20 €) pour 2 pers. Giselène, d'une gentillesse légendaire, propose 3 appartements en fonction des besoins : une chambre toute simple pour dépanner (avec douche et w-c), un petit studio au rez-de-chaussée de sa maison, ou un autre plus grand situé à deux pas. Propre, convenable, bref, recommandable... d'autant plus que Giselène se met en quatre pour rendre le séjour le plus agréable possible (linge de maison fourni, femme de ménage sur demande, transfert pour l'aéroport possible). Quant à l'absence de plage, elle est compensée par une vie de quartier sympathique (le voisin organise des sorties de pêche au gros et vend du poisson frais). Les touristes urbains apprécieront.

📍 *Pensionnat Vacances des Îles* (plan couleur B1, **23**) : rue François-Leguat. ☎ 831-03-69 ou 04-69. Fax : 831-05-13. Env 700 Rs (17,50 €) pour 2 pers, petit déj inclus. Ce petit pensionnat occupe les 1er et 2e étages d'un des rares immeubles de Port Mathurin. Chambres petites, propres et claires, qui font l'affaire pour une étape. Préférez celles du 2e étage, plus grandes et munies d'un climatiseur. Accueil discret et sympathique.

Beaucoup plus chic

📍 ▮●▮ *Escale Vacances* (hors plan couleur par B2, **25**) : Fond la Digue, Port Mathurin. ☎ 831-25-55 ou 56. ● escal.vac@intnet.mu ● Doubles à partir de 4 400 Rs (110 €), petit déj inclus. Ce petit hôtel familial est sans conteste le meilleur de la ville, avec son architecture semi-créole agréable et ses parties communes coquettes, mais le rapport qualité-prix est très discutable. Après tout, la vue sur la montagne Fanal ne vaut pas celle sur la mer, et les chambres se révèlent confortables sans plus et très classiques. En revanche, l'accueil est vraiment aux petits oignons, tout comme la cuisine, fraîche et savoureuse.

Où manger ?

À Port Mathurin, on trouve encore de ces bouis-bouis vraiment typiques où les Rodriguais viennent boire un verre au comptoir, tout en grignotant des *gadjacks,* des amuse-gueules du style poisson, poulet ou foie frits aux oignons. Peu, voire pas de femmes dans ces troquets sombres et enfumés aux allures de taverne à matelots. Faites donc un tour *Chez Mme Marcel,* sur Fisherman Lane, face au débarcadère. L'adresse est réputée pour ses saucisses chinoises et son porc au miel. Pittoresque.

Prix moyens (de 200 à 400 Rs, soit 5 à 10 €)

▮●▮ *Le Restaurant du Quai* (plan couleur A1, **30**) : Fisherman Lane, en face du débarcadère. ☎ 831-28-40. Fermé lun soir. Résa conseillée.

Petite, coquette et chaleureuse, cette table pittoresque est une vraie référence. C'est ici que les Rodriguais viennent se faire plaisir, autant pour l'accueil du patron que pour la bonne cuisine de sa femme. À la carte, tous les classiques de l'île (ourites, poulet, poisson créole ou coco...), mais aussi de savoureuses spécialités comme les crevettes au beurre d'ail. Avec un ti-punch bien tassé, c'est le bonheur assuré !

|●| *Le Dragon d'Or (plan couleur B1, 32) : rue François-Leguat, au-dessus de l'agence de loc de voitures* Rotourco. ☎ *831-05-41. Fermé dim.* Ce resto dispose d'un atout inestimable : c'est le seul en ville doté d'une terrasse, installée qui plus est sur un petit balcon surplombant la ville et la rivière. Ça change des petites salles étouffantes ! Et ce n'est pas tout, car la cuisine se défend plutôt bien : *mine frit* copieux, crevettes à l'ail goûteuses, gratin de fruits de mer pas mal du tout... et même des pizzas. Atmosphère agréable, due à l'accueil gentil comme tout de la patronne.

|●| *Paille en Queue (plan couleur A2, 31) : rue François-Leguat.* ☎ *832-00-84.* Fleurs en plastique véritable et fresque naïve habillent cette petite salle sans chichis, où l'on viendra commander à l'avance un menu rodriguais bien typique : maïs moulu, salade d'ourites et haricots rouges. Fraîcheur et qualité gustatives garanties.

Où manger dans les environs ?

|●| *La Marmite Resto (plan couleur île Rodrigues, 40) : à 1 km en sortant de Port Mathurin, à côté de l'hôpital de Crève Cœur.* ☎ *831-16-89. Pour s'y rendre : direction Anse aux Anglais ; après le cimetière, tourner à droite ; c'est une maison particulière, à droite dans la montée. Fermé dim. Prévoir 400 Rs (10 €).* La marmite, c'est la petite gamelle qui sert d'enseigne, mais c'est aussi une sorte de devise. Ici, les plats doivent mitonner pour être bien bons. Jusque-là, on est d'accord. Mais cela signifie aussi qu'il est indispensable de commander ses plats à l'avance... à moins d'apporter une pile de bouquins ! Heureusement, les spécialités locales cuisinées dans les règles par la patronne valent vraiment la peine de jouer le jeu.

Où danser ?

♫ À Port Mathurin même, il n'y a guère le choix. C'est au « Nite Club » *Les Cocotiers à Camp du Roi, en face de la caserne de pompiers,* que les jeunes se donnent rendez-vous les vendredi et samedi soir. Musique internationale hybride assaisonnée de séga.

– Pour quelque chose de plus classique et de plus traditionnel, on assistera aux après-midi dansants du dimanche : bals populaires très sympas animés par les meilleures formations de séga de l'île (accordéon, séga tambour...).

– Voir aussi *Le Récif à Anse aux Anglais* et *Prince Nite Club à l'est de l'île, sur la route de l'aéroport* (se reporter aux chapitres correspondants).

À voir. À faire

Deux moments privilégiés pour visiter la « capitale » : le samedi matin très tôt, pour le marché, et les jours où le *Mauritius Pride* est à quai. Les habitants affluent des quatre coins de l'île pour accueillir les amis. Le départ du bateau donne aussi lieu à une grande animation. Des familles entières se massent avec armes et bagages devant le terminal d'embarquement qui jouxte l'Assemblée régionale. Les autres jours, on flânera avec plaisir au gré des quatre rues de ce gros village ; mais avant 16h, car après, la ville sombre dans une douce léthargie.

➤ En particulier, le carrefour rue François-Leguat et rue Mamzelle-Julia avec une charmante église de village et de vieux magasins en bois qui regorgent de marchandises hétéroclites. Ça fait penser aux petites villes de l'Ouest américain au XIXe siècle. Comme ce magasin, rue de la Solidarité, qui vend aussi bien du poulet congelé que des journaux, qui fait quincaillerie et épicerie, et loue, en prime, des voitures. Le tout dans un joyeux bazar. Sur la rue Mamzelle-Julia et Fisherman Lane, des vieux bistrots rodriguais pas tristes (voir « Où manger ? »).

➤ À l'angle de Barclay Street et de la rue François-Leguat, la plus jolie demeure créole de la ville. Plus bas, sur la rue de la Solidarité (entre les rues Barclay et Fatehmamode, avec un vieux canon devant), la Résidence, ancienne demeure des gouverneurs de l'île. On organise aujourd'hui des réceptions officielles dans cette vieille bâtisse en bois récemment rénovée.

– **Careco** *(plan couleur A2)* : *à Camp du Roi, quartier à l'ouest de Port Mathurin.* ☎ *831-17-66. Tlj sf dim 8h-16h (12h sam).* Cette association forme chaque année une trentaine d'enfants handicapés (pour la plupart, sourds, muets ou aveugles), rémunérés pour leur travail. Ils choisissent entre différents secteurs, dont le plus important est consacré à l'apiculture. Le miel est extrait et conditionné selon des normes d'hygiène européennes (des experts viennent régulièrement prodiguer leurs conseils), ce qui lui confère une qualité irréprochable et un goût inaltéré. Ces atouts ont permis à *Careco* de rafler de nombreux prix depuis 2000 dans les concours internationaux. Pas mal pour une petite île du bout du monde ! On visite aussi le département de menuiserie, chargé de confectionner les ruches qu'on aperçoit dans la cour (les moins téméraires peuvent observer les abeilles au travail dans une ruche vitrée exposée dans la boutique). Un atelier réalise également de beaux objets en noix de coco, fins et délicats, comme des pendentifs et de petits bibelots pittoresques. Un autre fabrique du grillage. Tous ces objets sont vendus dans la petite boutique de l'atelier ou dans celle de la rue de la Solidarité, en centre-ville (voir « Adresses utiles. Achats »).

🍴 **Galerie d'Art** *(plan couleur B2, 9)* : *rue Paul-Élysée. Tlj sf dim 8h-17h (14h sam).* La seule de l'île, ouverte à l'initiative de Christophe Meunier. À peu près une quinzaine d'artistes rodriguais y sont exposés. Prix intéressants.

ANSE AUX ANGLAIS

« Là où mon grand-père a vécu, cherché, entre 1902 et 1930, sur les terres alluviales de la rivière, parfois seul, parfois avec une équipe, là où il a creusé tous ses trous, ses tranchées, tracé ses lignes géométriques, maintenant il y a un village. » Jean-Marie Le Clézio décrit ainsi la longue quête de son grand-père qui a, inlassablement, cherché le trésor qu'aurait enfoui Olivier Le Vasseur, dit La Buse, à Anse aux Anglais. Ce village en bord de mer concentre aujourd'hui une grande partie des ressources touristiques, même si la petite plage n'offre pas les meilleures conditions de baignade.

Où dormir ?

À 15 mn à pied de Port Mathurin, un endroit agréable en bord de mer, essentiellement résidentiel, donc très calme.

HÔTELS

Prix moyens

🛏 **Auberge Anse aux Anglais** *(plan couleur île Rodrigues, 10) : dans la rue perpendiculaire à la route principale, accessible au niveau du minimarket et du pensionnat Beauséjour.* ☎ 831-21-79 ou 26-87. • *au bergehung@intnet.mu* • *Doubles 1 600 Rs (40 €) en ½ pens.* Petite résidence familiale à l'ancienne mode, dont les chambres tout à fait convenables se répartissent autour d'une cour intérieure fleurie et d'une piscine. Sans chichis, un point de chute fonctionnel à l'atmosphère chaleureuse et reposante.

🛏 **Les Filaos** *(plan couleur île Rodrigues, 11) : dans la rue perpendicu-* laire à la route principale, accessible au niveau du minimarket et du pensionnat Beauséjour. ☎ 831-16-44 ou 08-96. • *filaosetravenal-rodrigues. com* • *Doubles à partir de 1 500 Rs (37,50 €) en ½ pens.* Balnéaire à souhait, ce minuscule établissement se résume à deux bâtiments accolés enserrant la salle à manger. Si les quelques chambres standard n'ont rien d'excitant, petites et basiques, les « supérieures » se révèlent tout à fait fréquentables avec leur terrasse ou balcon donnant sur le jardin. Jardin dans lequel on prendra l'apéro sous la tonnelle, entre deux plongeons dans la piscine.

Plus chic

🛏 **Le Récif** *(plan couleur île Rodrigues, 12) : au-dessus du resto-dancing du même nom.* ☎ 831-18-04. • *lerecif.com* • *Doubles en ½ pens 1 800-2 100 Rs (45-52,50 €) selon confort.* L'aspect un peu bunker du bâtiment pourrait faire craindre le pire, mais on oublie tout de l'architecture en découvrant la formidable vue plongeante sur la mer depuis les balcons. Et comme les chambres sont spacieuses, agréables et de bon confort (clim', TV...), on s'attarde volontiers... en semaine. Le week-end, c'est l'enfer (la boîte de nuit ferme à 2h).

CHAMBRES D'HÔTES

Prix modérés

🛏 |●| **Chez Claude et Benett Augustin** *(plan couleur île Rodrigues, 14) : à Terre Rouge.* ☎ 831-00-33. • *chezclaudebenet@yahoo. fr* • *Doubles env 1 600 Rs (40 €) avec petit déj. Table d'hôtes sur résa à 400 Rs (10 €).* Cet adorable couple franco-mauricien n'a rien laissé au hasard. Sur les hauteurs d'Anse aux Anglais, ils proposent 3 chambres coquettes (sol coloré typique, quelques bibelots...) ceinturées par un balcon offrant une vue magnifique sur la mer. De quoi faire de beaux rêves, surtout après avoir goûté aux petits plats de Benett. Car cet esthète de la gastronomie locale prend son temps pour mitonner ses spécialités avec la manière, ou plutôt avec amour. Bref, ils assurent le gîte, le couvert, mais aussi les activités : Benett possède sa propre agence (sorties en mer, pêche au gros, plongée en apnée), et Claude en connaît un rayon sur les randos. Comme des coqs en pâte !

🛏 |●| **Villa Mon Trésor** *(plan couleur île Rodrigues, 10) : prendre la rue perpendiculaire à la route côtière, accessible au niveau du minimarket et du pensionnat Beauséjour ; à la fourche, à gauche.* ☎ 831-16-60. • *villatresor@intnet.mu* • *Doubles 1 600 Rs (40 €), petit déj inclus. Table d'hôtes 400 Rs (10 €).* Une vraie chambre d'hôtes. Comprenez par là qu'on loge au coude à coude avec les proprios. Les invités se partagent 3 petites chambres simples et agréables (2 avec douche commune), un salon de poche très cosy envahi par un piano et une vitrine pleine de bibelots, une véranda pour les repas (très bons !) et un jardin ombragé. Peu d'intimité, mais une vraie convivialité due à un accueil sincère et chaleureux.

🛏 I●I *Chez Henri Meunier (plan couleur île Rodrigues, 15)* : ☎ 831-06-14 ou 00-75. ● *aubergelagon bleu@yahoo.com* ● *Compter env 450 Rs (11,50 €) par pers avec petit déj inclus. Table d'hôtes env 350 Rs (9 €).* Dans sa maison de Caverne Provert, perchée au-dessus d'Anse aux Anglais (en face du *Récif*), Henri propose aux routards pas trop exigeants 4 chambres (2 doubles et 2 triples) très simples et fonctionnelles... mais largement valorisées par une vue enchanteresse sur l'océan. Et côté table d'hôtes, une cuisine délicieuse mitonnée par Mme Meunier. Accueil chaleureux et très pro, puisque les Meunier possèdent l'une des plus anciennes agences de voyages de l'île (voir « Adresses utiles »).

MAISON À LOUER
Bon marché

🛏 *Jean-Louis Limock :* à Anse aux Anglais, sur la route côtière. ☎ 831-16-53 ou 📱 876-40-45. ● *jean vagor@intnet.mu* ● *Apparts 900-1 100 Rs (22,50-27,50 €).* À deux pas de la mer, la maison se compose de 2 appartements, un au rez-de-chaussée avec 3 chambres, 2 salles de douche, un coin salon, salle à manger, cuisine et terrasse ouverte sur le jardin (barbecue). L'autre, à l'étage (avec 4 chambres pour une salle de douche), se révèle plus aéré et bénéficie d'une superbe vue sur la mer. Simple, propre, fonctionnel. Les repas peuvent se prendre, sur résa, chez la mère de Jean-Louis, dans la maison d'à côté. Accueil plein de gentillesse.

Où dormir dans les environs ?

GÎTES
De prix modérés à prix moyens

🛏 I●I *Le Ravenal (plan couleur île Rodrigues, 17)* : à Jeantac, en haut de la côte bien raide pour aller vers Grand Baie (panneau). ☎ 831-06-44 ou 📱 875-78-93. ● *filaoset ravenal-rodrigues.com* ● *Double en ½ pens 2 400 Rs (60 €) ; maison en gestion libre 1 600 Rs (40 €). Table d'hôtes 300 Rs (7,50 €).* Cette charmante propriété ne manque pas d'arguments : elle rassemble sur un agréable terrain 3 petits bâtiments d'architecture créole récente, tous de plain-pied et dotés de terrasses. Le premier est réservé aux adorables propriétaires, le deuxième correspond à une villa familiale (2 chambres enserrant une pièce à vivre), le troisième abrite des chambres joliment décorées, chacune équipée d'une salle de bains et de la clim'. La vue sur le lagon est superbe et le calme total. Et que dire de la table, l'une des meilleures de l'île, tenue avec maestria par Margaret. Le rougail-saucisse créole est divin, à l'unisson des caris poulet, poissons-gingembre et autre purée de maïs traditionnelle. Petite piscine agréable pour garder la ligne.

🛏 I●I *Chez Monette et Gérard Édouard (plan couleur île Rodrigues, 18)* : à Crève Cœur, à 700 m au-dessus d'Anse aux Anglais. ☎ 831-16-65. ● *http://gitebellevue. netfirms.com* ● *Studios pour 2 pers à env 700 Rs (18 €) ; ajouter 300 Rs (7,50 €) par pers supplémentaire (dans le studio pour 4 ou l'appartement pour 6). Table d'hôtes env 300 Rs (7,50 €).* Monette et Gérard sont vraiment aux petits soins pour leurs hôtes : madame mitonne à la demande de bons repas typiques, monsieur peut organiser des excursions, louer une moto, servir de guide, en un mot, il est l'homme de toutes les situations. Et la maison ? Récente, elle rassemble un appartement familial et trois petits studios très fonctionnels. Le tout est impeccable, propre et bien équipé. Mais la vraie cerise sur le gâteau, c'est la vue magnifique sur le lagon depuis les terrasses et le jardin commun. Photogénique !

🏠 *Résidence Foulsafat, chez Antoinette et Benoît Jolicœur (plan couleur île Rodrigues, 19) :* à Jeantac, au-dessus de Grand Baie. ☎ 831-17-60. • http://residence foulsafat.com • http://residencefoul safat.tk • Compter 1 400 Rs (35 €) par pers en ½ pens. Table d'hôtes le soir sur résa à 400 Rs (10 €), à partir de 4 pers. Les Jolicœur portent bien leur nom. Benoît, ex-ministre de l'île et consul honoraire de France, a toujours des anecdotes intéressantes à raconter, tandis qu'Antoinette veille sur le confort de ses hôtes. Le gîte (capacité de 8 personnes) se trouve à l'arrière de leur maison et comprend 3 belles chambres (plus une chambre d'enfant) avec salle de bains, une cuisine équipée, un salon avec bibliothèque et une machine à laver. Bonne literie. Un autre gîte à proximité, copie conforme d'une case créole traditionnelle avec sa varan-

gue, comprend 2 chambres. Vue sur mer. Les proprios louent également 2 autres chambres au rez-de-chaussée de leur maison familiale. À table, des produits de la ferme et du potager pour une cuisine au feu de bois. Sans oublier l'apéro avec rhums arrangés de l'île. Benoît peut aider ses futurs locataires à organiser leur séjour.

🏠 *Le Manoir, chez Merécie Limock (plan couleur île Rodrigues, 20) :* à Grand Baie. ☎ 831-20-39. • manoir 73@hotmail.com • Double à partir de 600 Rs (15 €) par pers ou 880 Rs (22 €) en ½ pens. On ne peut pas la manquer : c'est l'une des seules maisons de l'île avec une tour d'inspiration médiévale d'un kitsch assumé. À l'intérieur, on a le choix entre un appartement (2 chambres, cuisine), un studio équipé ou une chambre double classique, tous confortables, bien arrangés et dotés de terrasses face au jardin. Agréable.

🏠 *Coco Villa (plan couleur île Rodrigues, 20) :* à Grand Baie. ☎ 831-04-49. • rodrigues-cocovilla.com • Env 880 Rs (22 €) par pers en ½ pens. Cette villa récente est l'archétype de la location de vacances : 3 appartements bien conçus (2 pour couple, 1 familial avec lit à étage pour les enfants), propres, bien équipés, et dotés pour deux d'entre eux de balcons face à la mer. Petite originalité : le proprio est chauffeur de taxi. Utile pour prévoir balades et sorties.

MAISONS À LOUER

Prix modérés

🏠 *Johnson Roussety :* ☎ 831-15-43. Apparts à partir de 800 Rs (20 €), répartis dans deux propriétés. La première est située à l'entrée de Caverne Provert, à gauche dans le virage qui suit la boîte *Le Récif.* Elle se reconnaît facilement à ses 2 maisons dotées d'une tourelle. La première maison compte 2 appartements familiaux : 2 chambres, salon, coin cuisine et terrasse ou balcon face à la grande bleue. Préférer celui à l'étage : les 2 chambres sont bien séparées (moins net pour l'apparte-

ment du rez-de-chaussée). La seconde maison aux allures de donjon comprend un seul appartement, avec une pièce par étage. Pas de coquetterie superflue, mais l'ensemble est bien entretenu (ménage tous les jours sauf le dimanche) et la literie correcte. Un très bon rapport qualité-prix-situation.

La seconde propriété se trouve sur la plage de Grand Baie, un endroit retiré, particulièrement calme. Elle se divise en 3 appartements de plain-pied avec 1, 2 ou 3 chambres et le même nombre de salles de douche. Également une cuisine et une salle à manger. À noter que le plus petit, au milieu, ne possède qu'une terrasse réduite, comparée aux deux autres.

HÔTEL

Spécial folies

⌂ **Pointe Venus Hôtel** *(plan couleur île Rodrigues, 16)* : à Mont Venus, sur la route de Crève Cœur. ☎ 832-01-04 à 06. ● otentik.intnet. mu ● *Doubles en ½ pens 190-270 € selon confort et saison.* Cet hôtel de luxe n'a pas volé ses 4 étoiles. Rien ne lui manque : une cinquantaine de chambres spacieuses et très confortables, avec vue imprenable sur la mer, des parties communes de charme réparties dans des bâtiments d'architecture locale, de belles terrasses panoramique pour le bar et le resto... Petit point faible, l'établissement n'a pas de plage. Ce handicap est compensé par la très grande piscine à débordement entourée de transats en bois. L'hôtel dispose par ailleurs d'un minigolf, d'un centre de remise en forme et de 3 restos, dont un gastronomique, ouverts aux clients extérieurs. Très complet... et pourtant à taille humaine.

Où manger ?

❙●❙ Ne pas oublier les nombreuses **chambres d'hôtes** qui ouvrent leurs portes le soir aux non-résidents. Rapport qualité-prix-accueil imbattable.

❙●❙ **Le Bambou** *(plan couleur île Rodrigues, 41)* : à Anse aux Anglais, en face de la plage. Tlj jusqu'à 22h. Compter env 150 Rs (4 €) le plat. Ce petit resto chaleureux, décoré de quelques objets locaux et d'instruments de musique, mérite une halte. Pour ses bons cocktails qui permettent de bien commencer la soirée, et pour sa petite ardoise de plats du jour typiquement créoles. Spécialités au lait de coco sur commande (ourites, poulet, etc.). Et si on ne trouve pas son bonheur parmi ces jolies choses, la maison propose également de bonnes pizzas. Quelques tables en terrasse.

❙●❙ **Chez Ram** *(plan couleur île Rodrigues, 45)* : sur la route d'Anse Aux Anglais, à droite juste après le cimetière marin, dans le virage. Fermé mer. Les affaires marchent fort pour le patron du *Restaurant du Quai* à Port Mathurin. À tel point qu'il s'est offert cette vaste salle un poil chic, dont la baie vitrée domine le rivage. Comme la carte est à peu près la même que celle de la maison mère, le choix se fait en fonction de l'atmosphère : les habitués préfèrent la convivialité de l'adresse historique, les touristes optent souvent pour la vue.

❙●❙ **Le Récif** *(plan couleur île Rodrigues, 12)* : à Anse aux Anglais, en surplomb du rivage. Env 400 Rs (10 €) le repas. Les restos se faisant rares dans le coin, on apprécie ce chinois... mais surtout pour sa vue imprenable sur la mer. Buffet créole ou chinois avec petit spectacle de danse traditionnelle tous les vendredis soir.

Où danser ?

♪ **Le Récif** *(plan couleur île Rodrigues, 12)* : à Anse aux Anglais. Ven-sam 21h-2h. Entrée payante. Soirées disco classiques qui attirent touristes et jeunes Rodriguais. Chaque vendredi, à 21h, démonstration de séga tambour et de danses folkloriques. Sympa, mais un peu court (en 45 mn chrono, c'est plié !).

À voir. À faire

➤ *Balade :* d'Anse aux Anglais, la route côtière se prolonge jusqu'à la gentille *plage de Caverne Provert* et sa belle pelouse. Terminus de la route à Anse Grand Baie, ample, harmonieuse. À l'extrémité de la plage, un petit chemin se fraie un passage le long de la mer pour disparaître ensuite dans les roches volcaniques et réapparaître çà et là un peu plus haut, jusqu'à *Baladirou* qu'on atteint au bout de 1h de marche. Cette petite plage peu fréquentée est idéale pour le pique-nique, avec ses rangées d'arbres qui tempèrent les ardeurs du soleil. Plus loin, *Rivière Banane* et ses orgues basaltiques. De là, retour possible en bus, mais ils ne sont pas très fréquents. Chapeau et bouteilles d'eau indispensables.

Partir de préférence à marée basse. Attention, peu d'ombre sur le trajet. Il faut attendre d'arriver à Baladirou pour s'abriter sous les filaos. Le matin, aux heures les moins chaudes, vous aurez sans doute l'occasion de croiser des pêcheurs ou encore des bergers qui font paître leurs troupeaux de vaches et de chèvres sur les maigres parcelles d'herbe du littoral. À part ça, le coin est plutôt désert en semaine. Prudence donc pour les filles seules, qui préféreront se faire accompagner. Le week-end, en revanche, les plages de Baladirou et Rivière Banane sont investies par les familles.

AU CŒUR DE L'ÎLE

De Port Mathurin, une belle route sinue à flanc de colline jusqu'à Mont Lubin, gros bourg du centre de l'île. La région est dominée par le mont Limon, qui culmine à près de 400 m d'altitude. Il surplombe cultures en terrasses, vallées profondes et végétation luxuriante saignée par une multitude de chemins qui dégringolent vers le lagon. D'où les nombreuses possibilités de randonnées.

Où dormir ?

GÎTE

Bon marché

🏠 **Karl Allas** *(plan couleur île Rodrigues, 21) :* à Mon Plaisir, à 1 km de Mont Lubin en direction de Port-Sud-Est. ☎ 831-44-73. ● *karlallas @ yahoo.com* ● *Env 500 Rs (12,50 €) pour 2 pers.* Au cœur de l'île, Karl loue le 1er étage de sa maison au toit bleu, soit 2 chambres, une cuisine, une salle de douche, un coin salon et une terrasse. Déco ultra-kitsch. Possibilité de commander son frichti aux cuisinières du village.

CHAMBRES D'HÔTES

Prix modérés

🏠 **La Collinière** *(plan couleur île Rodrigues, 22) :* à Brûlé, au nord de Grande Montagne, sur la route de Rivière Banane, à 400 m de l'intersection avec Pointe Coton. ☎ 831-85-58 ou 🖃 875-68-24. ● *lelangous tier@intnet.mu* ● *Double en ½ pens 2 400 Rs (60 €).* Un vrai nid d'aigle ! Cette petite villa agrippée à flanc de colline profite d'une vue formidable sur la vallée, dont les derniers contreforts plongent au loin dans la baie.

Autant dire que les chambres n'ont pas besoin de faire beaucoup d'efforts pour être agréables ! Fifi s'est pourtant efforcée de les rendre encore plus accueillantes, en ajoutant ici ou là quelques objets en vannerie locale. Elle a même pensé à réserver une chambre plus simple pour les enfants. Quel accueil exemplaire ! Mais c'est peut-être une seconde nature pour ces hôtes gentils comme tout, qui sont en réalité les moniteurs de l'excellent club de plongée du *Cotton Bay*.

â |●| *Chez Mireille et Maximilien* (plan couleur île Rodrigues, 23) : à Nassola, près du mont Limon. ☎ 831-46-15. *Compter 750 Rs (19 €) par pers en ½ pens. Table d'hôtes sur résa autour de 250 Rs (6,50 €).* Au cœur des collines, les adorables proprios louent 2 petites chambres simplissimes avec salle de bains et une grande chambre familiale pour 4 personnes (lits superposés pour les enfants). Calme olympien et vue champêtre de rigueur. La table est dans le même registre, puisque tous les plats sont préparés à partir des fruits et légumes du jardin. Une vraie adresse de l'arrière-pays, pleine de simplicité et d'authenticité.

â *Les Rosiers* (plan couleur île Rodrigues, 24) : *au village de Grande Montagne, à Coromandel (à l'angle de la route pour Petit Gravier et Montagne chérie).* ☎ 831-47-03. ● *lesrosiers2000@yahoo.com* ● *Double en ½ pens env 1 840 Rs (46 €).* Cette petite structure se définit plutôt comme un hôtel. Les chambres, simples, propres et fonctionnelles, donnent sur une jolie terrasse en surplomb de la vallée. Noëlette prépare les repas et Jean-Paul organise des excursions (il possède sa propre agence). Bon accueil.

Où manger ?

Peu de restos, mais les chambres d'hôtes accueillent avec plaisir les non-résidents à leur table.

Bon marché

|●| *Snack La Citronnelle* (plan couleur île Rodrigues, 42) : à l'entrée du village éponyme en arrivant de Port Mathurin, au début d'une rue perpendiculaire à gauche. ☎ 831-44-92. *Tlj 8h-20h.* Une petite cantine populaire où l'on ne s'attarde pas, mais où l'on s'arrête volontiers pour avaler sur le pouce le plat du jour. Intéressant également pour commander à l'avance quelques spécialités à emporter.

Prix moyens

|●| *L'Auberge de la Montagne* (plan couleur île Rodrigues, 47) : à Grande Montagne, au bord de la route principale. ☎ 831-46-07. *Table d'hôtes tlj midi et soir pour env 350 Rs (7,50 €).* L'Auberge de la Montagne fait parler d'elle. Peu d'articles se sujet omettent de citer *La Cuisine de Rodrigues*, livre de recettes traditionnelles écrit par la propriétaire. Sacrée carte de visite ! Et comme ses bons petits plats sont à la hauteur de l'attente, randonneurs et touristes en excursion se donnent rendez-vous sur l'agréable terrasse... avec vue sur la montagne ! Quelques chambres d'hôtes également.

|●| *Chez Jeannette Baudoin* (plan couleur île Rodrigues, 46) : à Montagne Bois Noir. ☎ 831-58-60. *Table d'hôtes 400 Rs (10 €).* Jeannette Baudoin est connue comme le loup blanc. Cette pétulante Rodriguaise mariée à un Français le mérite, car ses repas typiques à base d'ourites, poulet au miel et gâteaux coco sont copieux et préparés dans les règles. Mais elle est aujourd'hui en partie victime de son succès. Les grands hôtels en

mal d'authenticité programment l'adresse lors de leurs excursions, ce qui nuit bien sûr à l'intimité et à la convivialité. Se renseigner au moment de réserver.

Achats

✎ **Les Frères Léopold :** *à Palissade Ternel, sur la route entre le mont Limon et Pointe Coton, côté gauche.* ☎ *831-80-58 ou* 📠 *875-32-27. Lun-ven 8h-17h.* Cette petite entreprise familiale s'est spécialisée dans la vannerie. On y voit les trois frères et les filles de la maison travailler les feuilles de vacoas, vétiver ou aloès. Ils réalisent aussi sur commande. Petite boutique attenante, bien fournie.
– D'autres magasins de vannerie se sont ouverts un peu partout à Port Mathurin.

À voir. À faire

🎥🐾 **La réserve de Solitude :** *à Solitude, au-dessus de Port Mathurin en direction de Mont Lubin.* ☎ *831-45-58. Tlj sf dim jusqu'à 17h.* La *MWF (Mauritian Wildlife Foundation)* travaille sur le patrimoine naturel de l'île. Après avoir longtemps étudié les essences endémiques rescapées du désastre colonial, l'association s'efforce désormais de restaurer la flore d'origine. C'est un travail de longue haleine, qui consiste à éliminer la peste végétale que sont les espèces exotiques (apportées par l'homme) comme le lantana ou l'arbre du voyageur, pour les remplacer par de jeunes plants élevés en pépinière. À Solitude, un petit musée présente la faune et la flore d'aujourd'hui et d'hier, comme le tristement célèbre solitaire (voir son squelette), puis des guides passionnants proposent de belles balades pour découvrir *in situ* la vraie nature rodriguaise. Captivant.

🐾 **Le mont Limon :** *de Mont Lubin, prendre la direction de Pointe Coton. Arrêt de bus : hôpital de Mont Lubin ; c'est 200 m plus haut, sur la droite (pancarte).* De la route, on repère d'abord les quelques marches qui s'enfoncent dans la forêt. Elles rattrapent un petit sentier, qui vous mène en 2 mn au sommet de l'île (398 m). Pratique, car on la découvre alors dans sa quasitotalité. Si vous vous y connaissez en arbres, goûtez le fruit du jambrosa, gros comme une noix et délicieux comme un litchi.

✎ **La Caze kréol :** *une petite boutique située en face de l'accès au mont Limon (panneau). Lun-ven 8h-15h.* On y trouve du café local, des achards, de la vannerie, des piments confits ainsi que des produits artisanaux et d'excellentes petites « confiseries », du genre bonbons-piments, à manger encore chauds... Cette échoppe est gérée par une association de femmes de Rodrigues, financée par le *Trust Fund,* un organisme para-étatique dont l'action vise à l'intégration sociale des groupes vulnérables (chômeurs, mères célibataires, etc.).

🐾 **L'église de Saint-Gabriel :** édifiée entre 1936 et 1939 par les paroissiens eux-mêmes, qui consacraient le plus souvent leurs dimanches aux travaux (jour du Seigneur !), la plus vaste construction de l'île avec sa façade en blocs de pierre volcanique peut abriter 2 000 personnes. N'oubliez pas de mettre une pièce dans le tronc pour « les âmes du purgatoire ». Et ne manquez pas la messe de 7h le dimanche matin. Les Rodriguais, sur leur trente et un, viennent nombreux assister à l'office.

À L'EST ET AU SUD DE L'ÎLE

En allant vers Pointe Coton, à l'est, le paysage se fait plus dur, plus sec. L'impression est accentuée par un habitat épars. C'est pourtant à l'est qu'on trouve les plus belles plages de l'île : *Anse Fémi, Anse Bouteille, Trou d'Argent*. Elles sont la plupart du temps désertes car accessibles uniquement à pied ou par bateau. L'hébergement y est plus cher qu'ailleurs, mais proportionnel aux prestations d'un niveau plus élevé (voir « Spécial folies »).
Même qualité hôtelière dans le sud, mais ceint par un relief cette fois plus escarpé, une nature plus verdoyante. L'arrivée à Port-Sud-Est vaut le détour. La route en lacet domine l'immensité du lagon (c'est à cet endroit qu'il est le plus vaste) aux nuances émeraude, bleues et turquoise extraordinaires.

Où dormir ?

CHAMBRES D'HÔTES

Prix modérés

🏠 *La Terrasse, chambre d'hôtes chez Malinie et Sidney Clair (plan couleur île Rodrigues, 25) :* à Port-Sud-Est, à flanc de colline, face à Baie Mourouk. ☎ 832-30-17. ● terrasse@intnet.mu ● Arrêt de bus en contrebas. *Compter 800 Rs (22 €) par pers en ½ pens.* La Terrasse ? Un nom qui va de soi pour une mai-son récente qui se tient en belvédère face à la baie. Ses proprios, un jeune couple très gentil, proposent à l'étage 2 chambres doubles et une chambre communicante avec 3 lits (idéale en famille), meublées simplement, où le bleu de la moquette répond au bleu de la mer. À proximité d'un spot de *kitesurf*.

Prix moyens

🏠 ❘●❘ *Chez Claudine (plan couleur île Rodrigues, 26) :* sur la plage de Saint-François. ☎ 831-82-42. ● cbmoneret@intnet.mu ● *Double en ½ pens env 2 400 Rs (60 €). Table d'hôtes 400 Rs (10 €).* Tout le monde connaît Claudine. Forcément ! Sa maison pourrait figurer parmi les curiosités de l'île, avec ses colombages incongrus sous les tropiques, mais c'est sans doute sa cuisine qui est sa meilleure carte de visite. Chaque soir, les hôtes surveillent le four extérieur d'où s'échappe le fumet d'un bon cochon marron, d'un poisson du jour ou d'un poulet local. De quoi s'en pourlécher les babines autour de la table commune disposée en terrasse. Pour le reste, les chambres à l'étage s'avèrent simples mais agréables avec leur petite touche rustique (salle de bains commune, mais lavabos individuels), à moins qu'on ne préfère les studios avec douche et w-c privés situés à l'arrière de la maison.

MAISONS À LOUER

Plus chic

🏠 *Domaine de Décidé (plan couleur île Rodrigues, 27) :* 2 maisons près de Batatrand, sur la route menant à la plage de Graviers ; 1 villa et 2 bungalows sur la plage de Saint-François. Infos et résa à Maurice. ☎ 282-19-54. ● domainededecide@hotmail.com ● *Env 40-90 € la chambre, transfert et repas d'arrivée inclus ; ½ pens possible.* Deux emplacements, pour des prestations assez similaires, simples et très convenables avec chaque fois un petit côté bout du monde. Sans TV ni radio, c'est le paradis des Robinson ! Les deux belles maisons créoles près de Batatrand se partagent un vaste terrain au cœur de collines boisées. Elles sont chacune composées de 4 chambres, 2 salles de bains, une cuisine équipée et une grande varangue ouverte. Construites en altitude, elles bénéficient d'un air frais, appréciable en été. C'est aussi un bon point de départ pour les randonnées, notamment celle qui mène à Trou d'Argent en 40 mn. Les trois maisons situées sur la plage de Saint-François, prévues pour 4 et 6 personnes (10 % de supplément par rapport à celles des collines), à moins d'opter pour la grande villa équipée de 4 chambres et d'une belle varangue, se trouvent à quelques minutes à pied des plus belles plages de l'île. Sympa, mais excentré (difficulté d'aller dîner au resto avec des routes défoncées à négocier de nuit). Très bon accueil des Rodriguais chargés du ménage et de la cuisine, ainsi que de Ferdinand qui s'occupe des balades dans l'île, sorties de pêche et excursions en mer.

HÔTELS

Spécial folies

🏠 *Mourouk Ebony* (plan couleur île Rodrigues, **28**) : à côté de Port-Sud-Est. ☎ 832-33-51 à 54. • mourouk ebonyhotel.com • *Doubles 7 200-10 400 Rs (180-260 €) en ½ pens.* On voit de loin ses toits rouges si typiques de Rodrigues. Il faut dire que l'hôtel joue la carte créole à fond, en occupant un site privilégié où s'égrènent en surplomb de l'océan une dizaine de bungalows pittoresques. Ils sont divisés chacun en 3 chambres agréables, et dotés de charmantes terrasses individuelles. Du lit, vue merveilleuse sur le lagon, mais on ne peut se baigner qu'à marée haute. Au resto, en surplomb de la piscine et du lagon, nourriture raffinée et savoureuse... à moins qu'on ne préfère quelque chose de plus léger à picorer au bar de la plage, les pieds dans le sable. L'hôtel propose également une villa de 4 chambres avec piscine privée et jacuzzi, idéale en famille ou entre amis. Nombreuses activités : club de plongée (au moment de la résa, précisez si vous voulez en faire), *Club Osmosis* (voir plus haut dans les « Généralités. Sports et loisirs »), tir à l'arc, volley et toutes sortes d'activités nautiques que les parents pourront pratiquer grâce au miniclub (baby-sitters). Enfin, l'hôtel propose toute la gamme des excursions classiques et loue voitures, motos et vélos. Qui dit mieux ?

🏠 *Cotton Bay* (plan couleur île Rodrigues, **29**) : à Pointe Coton. ☎ 831-80-01. • cottonbayhotel.biz • *À partir de 8 400 Rs (210 €) la double en ½ pens ; réduc moins de 12 ans.* Ce très beau *resort* n'a rien à envier aux modèles entrevus dans les brochures touristiques. Les chambres coquettes et de grand confort occupent différentes maisonnettes agréables à l'œil, toutes alignées comme à la parade face à l'une des plus belles plages de l'île. Il offre évidemment toute la panoplie des services classiques : agréable piscine avec petit bain pour les enfants, tennis, *snorkelling*, pédalos, canoës, équitation, etc. Pour le club de plongée, pensez à vous inscrire à la résa.

Où manger ?

🍴 *Cotton Bay* (plan couleur île Rodrigues, **29**) : à Pointe Coton. ☎ 831-80-01. Tlj à midi. Env 300 Rs (7,50 €). Grande salle aérée au bord de la piscine, accessible aux non-résidents. Au menu : filet de poisson grillé, steak minute, *briani* de poisson ou étouffée de crabe, etc., le tout assorti de spécialités très occidentales (pâtes bolognaise...). C'est simple et bon, le service est rapide, et quel plaisir de manger face à la mer sous de charmantes paillotes en vacoa !

|●| *Chez Mme Larose* (plan couleur île Rodrigues, 43) : à Pointe Coton, 300 m avt l'entrée du Cotton Bay. ☎ 831-85-42 ou ▯ 876-13-50. Tlj 11h-16h ; le soir sur résa. Env 400 Rs (10 €) le repas. Résa la veille. Une poignée de tables bien dressées posées au milieu d'une terrasse joliment décorée de casiers en osier, de chapeaux et de filets de pêche. C'est dans ce cadre coquet que Sydney et sa femme vous accueillent pour déguster une bonne cuisine locale, à base de langoustes, crevettes à la créole ou cari de porc.

À voir. À faire

À l'est de l'île

Pour les femmes voyageant seules, il est préférable de se faire accompagner sur les balades que nous vous indiquons ci-dessous.

🦐 *Crique de Fumier :* juste au sud de Pointe Coton, où l'on peut accéder en bus. À ne pas rater, avec ses barques au repos dans l'eau et sur terre, le chant des cigales qui rythme nos siestes.

🎬🎬🎬 *Trou d'Argent :* c'est la carte postale de Rodrigues et l'une des plus jolies balades de l'île. De la plage de *Pointe Coton,* on longera les plages de *Fumier, Saint-François* (attention aux courants) et *Anse Ally.* Les plus flemmards et les véhiculés pourront débuter de Saint-François, puisqu'une route goudronnée arrive dorénavant jusqu'à la plage. Au bout de celle-ci, en surplomb, on trouve une épicerie et une petite cabane, avec un gardien, qui marque l'entrée de la réserve naturelle. Après une vingtaine de minutes sous les filaos, accompagné par le bruit sourd de l'océan qui se fracasse contre le récif, on parvient à différentes criques de sable bordées de falaises. La première est Anse Philibert et la deuxième *Trou d'Argent,* reconnaissable à son bloc de corail posé dans le lagon. Là encore, attention aux courants si vous vous baignez. Il est possible de pousser la balade jusqu'à la plage de Graviers ou, bien sûr, de la commencer dans l'autre sens, ce qui permet d'aller boire un verre ou de manger un morceau au *Cotton Bay.* Compter trois bonnes heures de marche.

Un autre accès par les collines, à partir de Batatrand, via Montagne Cabris, offre une vue spectaculaire sur Anse Philibert, Trou d'Argent, Anse Bouteille et Anse Fémi, le plus beau coin de baignade de l'île.

🎬🎬🎬 *Anse Bouteille :* après Trou d'Argent en allant vers Graviers. Superbe petite plage encastrée entre les roches, digne des plus belles cartes postales de l'île. Et puis, atout non négligeable, tout près du rivage, la profusion de coraux et de poissons sublimes en fait un spot de *snorkelling* particulièrement intéressant. La barrière de corail est réellement toute proche (ce qui est rare à Rodrigues) et donc, en nageant peu, on peut facilement aborder le fabuleux monde sous-marin du récif. Attention au courant tout de même, parfois très puissant.

🐚 *La plage de Graviers :* prendre la route de Pointe Coton, puis c'est indiqué à droite. Descente étroite et sinueuse qui offre de beaux points de vue sur la côte. Végétation dense. Coin fort peu urbanisé (pour l'instant, car les projets vont bon train !). Plage en demi-lune très jolie, abritée par un petit bois de filaos. Quelques maisons, une buvette-épicerie. Calme et sérénité garantis, hormis le dimanche, lorsque l'endroit s'anime pour les matchs de foot, réunissant aussi bien les hommes que les femmes.

De là, il est possible de remonter le long de la côte en passant par les plus belles plages de l'île : Anse Fémi, Anse Bouteille, jusqu'à Trou d'Argent, puis Saint-François et Pointe Coton pour les courageux. Ou de rejoindre Anse Mourouk en 1h30 et de repartir par le bus.

Au sud de l'île

🔫 ***Port-Sud-Est et les piqueuses d'ourites :*** si vous ne logez pas au *Mourouk Ebony,* qui organise ces promenades, demandez aux pêcheurs de vous mener dans le lagon. Avec un peu de chance (car elles se font plus rares), vous découvrirez dès l'aube des femmes, coiffées de superbes chapeaux, le corps plongé dans l'eau, d'immenses fouines à la main, prêtes à piquer les ourites, qu'elles enfilent ensuite sur un long fil en nylon. Commencée à marée basse, l'opération se poursuit jusqu'à marée haute. Certaines les feront ensuite sécher près des maisons. C'est essentiellement un métier de femme très respecté dans l'île, dur et qui rapporte pourtant peu d'argent. Un métier qui est, en outre, menacé en raison de l'appauvrissement du lagon. Surexploitation d'une part, érosion des sols d'autre part, car les terres érodées glissent peu à peu vers la mer et bouchent les cavités servant de refuge aux ourites. De plus, en marchant sur le corail, les piqueuses contribuent à sa détérioration et fragilisent tout l'écosystème ; d'ailleurs, elles travaillent de moins en moins, parfois seulement deux fois par mois.

🔫 ***La caverne Patate :*** *venant de Port Mathurin, route des Crêtes par Quatre Vents et Grand la Fouche Corail, puis à gauche, vers la mer. En principe, visites guidées à 9h30, 11h30, 13h30 et 15h30. Il faut se présenter avec un permis (200 Rs, soit 5 €, valable pour 1 à 10 pers), à prendre à l'administration de Port Mathurin (voir « Adresses utiles » à Port Mathurin). Prévoir une lampe de poche, car celles des gardiens sont très souvent fatiguées. Le noir est alors total, bonjour l'angoisse ! Et porter des chaussures qui tiennent aux pieds (avec des tongs, ça glisse quand même un peu !).*

On chemine à travers les 795 m de cette large caverne dont l'intérêt visuel, même si elle a conservé son côté mystérieux, reste limité... Surtout si on a vu juste avant les grottes de la réserve des Tortues ! En effet, avant l'exploitation touristique, n'importe qui y avait accès et de nombreuses concrétions furent brisées. Puis des visites à la lueur de lampes à pétrole noircirent les parois. Aujourd'hui encore, le site n'est absolument pas mis en valeur. On se retrouve sur un vague sentier, parsemé de stalagmites en cours de formation, à peine protégées par quelques pierres (pour éviter aux visiteurs de marcher dessus !). Des projets de sauvegarde du site ont pourtant déjà été proposés, mais sans grand écho auprès des autorités, qui ne se donnent malheureusement pas les moyens de protéger leur patrimoine. L'intérêt de la visite repose alors entièrement sur les guides qui créent une délicieuse ambiance mi-scientifique mi-magique et parviennent à susciter la curiosité du visiteur en débusquant, tout du long, d'étranges concrétions qui rappellent lieux et personnages célèbres ou imaginaires, avant d'atteindre la dernière salle, qui culmine à 27 m.

La lente remontée pour rejoindre la surface donne un peu l'impression d'émerger des entrailles de la terre. Une visite à l'ancienne mode, à la fois rustique et pleine de charme.

🔫🔫🔫 ***La réserve des Tortues :*** *venant de Port Mathurin, route des Crêtes jusqu'à Cascade Saint-Louis (peu avt l'aéroport), puis à gauche vers Dans Coco et Anse Quitor. Le site est indiqué sur la droite (piste).* ☎ *832-81-42 ou 41.* ● *arpege@intnet.mu* ● *Tlj 9h-17h30. Visite du parc et des musées env 160 Rs (payable aussi en euros : 4 €) ; visites guidées des grottes en sus.*

Attention, événement historique : le 30 octobre 2006, les tortues étaient de retour à Rodrigues ! À l'origine de ce petit miracle, un beau projet d'écotourisme soutenu par le *domaine de la Vanille* (à Maurice) et la *MWF (Mauritian Wildlife Foundation)* visant à recréer la physionomie de l'île avant l'arrivée des colons. Sur une vingtaine d'hectares, les spécialistes s'emploient à replanter les essences endémiques et à réintroduire les tortues. Massacrées jusqu'à la dernière par les marins, elles étaient autrefois si nombreuses qu'on pouvait parcourir 100 m sur leurs carapaces sans jamais poser le pied à terre ! Du moins d'après François Leguat. Aujourd'hui, la visite permet de rencontrer quelques Aldabra et Radiata (elles seront 1 000 à terme), en semi-liberté dans deux vallons encaissés plantés d'essences indigènes. La balade peut être couplée à la découverte de magnifiques grottes, très préservées, avant de se conclure par les musées : le premier s'intéresse à l'histoire naturelle, le deuxième à l'histoire de Rodrigues depuis les premiers explorateurs, le troisième à la géologie. Un beau site en devenir... Snack sur place.

À L'OUEST DE L'ÎLE

C'est la partie la plus désolée de l'île. Elle s'étend sur une vaste plaine de corail, auparavant exploitée par endroits pour la construction des maisons. C'est à La Ferme, l'un des bourgs les plus importants de la région, que le pape célébra une messe en 1989.
Ici, pas d'hébergement, mais un resto qui vaut le détour.

Où manger ?

|●| *John's Resto* (plan couleur île Rodrigues, **44**) : à Mangues, à l'ouest de l'île. ☎ 831-63-06. Ouv slt le midi. Env 450 Rs (13,50 €) le repas. Petit resto tout simple avec mini-terrasse couverte au cœur du village. Si vous n'avez pas envie de trop attendre (30 mn en moyenne), téléphonez avant pour que ce spécialiste de fruits de mer vous prépare crabes, ourites, poisson ou encore une langouste accompagnée d'une sauce merveille (à l'huître). À la carte : *fooyang* de poisson, *tec-tec* sauce huître, salade de crabes ou de *kono-kono*, bouillon *tec-tec*, poulet au miel, etc. Une adresse du bout du monde, mais ils sont nombreux à faire exprès le détour.

Où danser ?

♪ *Prince Nite Club* (plan couleur île Rodrigues, **50**) : sur la route de l'autonomie entre Grand la Fouche Corail et l'aéroport. ☎ 875-46-02. Ven-sam slt à partir de 22h. Entrée payante. LE rendez-vous des jeunes de l'île, sur fond de musique internationale et grands tubes indiens.

À voir. À faire

🦪 *L'île aux Cocos :* c'est la grande excursion que tout le monde propose. La solution la plus simple est bien évidemment de vous joindre aux agences, d'autant qu'ils fournissent le bateau, le repas et le permis. Si vous décidez d'y aller seul, mieux vaut demander conseil à votre propriétaire ou à l'hôtel. S'ils n'entreprennent pas eux-mêmes cette excursion, ils connaissent forcément quelqu'un qui pourra le faire. Les tarifs sont très proches, mais c'est sans doute la meilleure solution pour partir en balade en petit comité. Se mettre simplement d'accord sur les conditions (qui ira chercher le permis à retirer à l'administration de Port Mathurin, est-il prévu un transfert de l'hôtel au port...) et vérifiez que le bateau est assuré. En cas de pépin...

Pendant la longue traversée du lagon (près de 1h30 en mer : attention aux coups de soleil), vous pêcherez parfois la carangue à la traîne. L'île, devenue réserve naturelle, abrite des nuées d'oiseaux. De fin mai à fin septembre, de très nombreux oiseaux marins viennent y pondre. Ambiance *Les Oiseaux* de Hitchcock garantie ! L'unique sentier traversant l'île passe si près des nids qu'on a droit à tous les coups aux vols en rase-motte d'oiseaux mécontents. Noter par ailleurs ces énormes araignées qui tendent leurs toiles entre les branches d'arbres. Bref, après la balade, le pique-nique, au coude à coude avec les équipages et les touristes des nombreux autres bateaux, puis trempette digestive des plus agréable. La mer se prête merveilleusement à la baignade. Fun assuré si l'on part trop tard et que la marée commence à descendre. On passe alors autant de temps dehors à pousser le bateau que dedans. Sur une grande partie du parcours, en effet, le lagon fait moins de 1 m de profondeur.

🏃 ***Baie Topaze :*** après La Ferme, la route descend vers Baie Topaze. Sur la droite, profondes vallées avec affleurements rocheux. Habitat très dispersé. Relief de plus en plus dur. Paysans travaillant dur à arracher les pierres des champs. Quelques cultures en terrasses.

De La Ferme, on peut rejoindre Port Mathurin par la côte (via Baie du Nord).

routard
ASSISTANCE
L'ASSURANCE VOYAGE
MONDE ENTIER

VOTRE ASSISTANCE « MONDE ENTIER » LA PLUS ETENDUE

RAPATRIEMENT MEDICAL **ILLIMITÉ**
(au besoin par avion sanitaire)
VOS DEPENSES : MEDECINE, CHIRURGIE, (env. 1.960.000 FF) **300.000 €**
   HOPITAL, GARANTIES A 100% SANS FRANCHISE
   HOSPITALISE : RIEN A PAYER ! … (ou entièrement remboursé)
BILLET GRATUIT DE RETOUR DANS VOTRE PAYS : **BILLET GRATUIT**
   En cas de décès (ou état de santé alarmant) **(de retour)**
   d'un proche parent, père, mère, conjoint, enfant(s)
*BILLET DE VISITE POUR UNE PERSONNE DE VOTRE CHOIX **BILLET GRATUIT**
   si vous être hospitalisé plus de 5 jours **(aller - retour)**
   Rapatriement du corps – Frais réels **Sans limitation**

RESPONSABILITE CIVILE «VIE PRIVEE» A L'ETRANGER

Dommages CORPORELS (garantie à 100%) ....(env. 4.900.000 FF) **750.000 €**
Y compris Assistance Juridique (accidents)
Dommages MATERIELS (garantie à 100%) ....(env. 2.900.000 FF) **450.000 €**
(dommages causés aux tiers) (AUCUNE FRANCHISE)
Y compris Assistance Juridique (accidents)
EXCLUSION RESPONSABILITE CIVILE AUTO : ne sont pas assurés les dommages
causés ou subis par votre véhicule à moteur : ils doivent être couverts par un contrat
spécial : ASSURANCE AUTO OU MOTO.
CAUTION PENALE .... (env. 49.000 FF) **7500 €**
AVANCE DE FONDS en cas de perte ou de vol d'argent ..(env. 4.900 FF) **750 €**

VOTRE ASSURANCE PERSONNELLE «ACCIDENTS» A L'ETRANGER

Infirmité totale et définitive (env. 490.000 FF) **75.000 €**
Infirmité partielle – (SANS FRANCHISE) **de 150 € à 74.000 €**
   (env. 900 FF à 485.000 FF)
Préjudice moral : dommage esthétique (env. 98.000 FF) **15.000 €**
Capital DECES (env. 98.000 FF) **15.000 €**

VOS BAGAGES ET BIENS PERSONNELS A L'ETRANGER

Vêtements, objets personnels pendant toute la durée de votre voyage à l'étranger :
vols, perte, accidents, incendie, (env. 13.000 FF) **2.000 €**
Dont APPAREILS PHOTO et objets de valeurs (env. 1.900 FF) **300 €**

À PARTIR DE 4 PERSONNES
TARIFS
"Spécial Famille"
Nous consulter Tel. : 01 44 63 51 00
Souscription en ligne : www.avi-international.com

routard
A S S I S T A N C E
L'ASSURANCE VOYAGE
MONDE ENTIER

BULLETIN D'INSCRIPTION

NOM : M. Mme Melle

PRENOM :

DATE DE NAISSANCE :

ADRESSE PERSONNELLE :

CODE POSTAL :   TEL.

VILLE :

E-MAIL : ....

DESTINATION PRINCIPALE..

Calculer exactement votre tarif en SEMAINES selon la durée de votre voyage :
7 JOURS DU CALENDRIER = 1 SEMAINE

Pour un Long Voyage (2 mois…), demandez le *PLAN MARCO POLO*
Nouveauté contrat Spécial Famille - Nous contacter

COTISATION FORFAITAIRE 2007-2008

VOYAGE DU   AU   =
                                                    SEMAINES

Prix spécial (3 à 50 ans) :   **22 € x**   =   **€**

De 51 à 60 ans (et – de 3 ans) :   **33 € x**   =   **€**

De 61 à 65 ans :   **44 € x**   =   **€**

Tarif "**SPECIAL FAMILLES**" 4 personnes et plus : **Nous consulter au 01 44 63 51 00**
Souscription en ligne : www.avi-international.com

Chèque à l'ordre de ROUTARD ASSISTANCE – *A.V.I. International*
28, rue de Mogador – 75009 PARIS – FRANCE - Tél. 01 44 63 51 00
Métro : Trinité – Chaussée d'Antin / RER : Auber – Fax : 01 42 80 41 57

ou Carte bancaire : Visa ☐   Mastercard ☐   Amex ☐

N° de carte :

Date d'expiration :   Signature

Je déclare être en bonne santé, et savoir que les maladies
ou accidents antérieurs à mon inscription ne sont pas assurés.

Signature :

Information : www.routard.com / Tél : 01 44 63 51 00
Souscription en ligne : www.avi-international.com

Faites des copies de cette page pour assurer vos compagnons de voyage.

INDEX GÉNÉRAL

OÙ TROUVER LES CARTES ET LES PLANS ?

Les **Routards** *parlent aux* **Routards**

Faites-nous part de vos expériences, de vos découvertes, de vos tuyaux.
Indiquez-nous les renseignements périmés. Aidez-nous à remettre l'ouvrage à jour.
Faites profiter les autres de vos adresses nouvelles, combines géniales... On adresse
un exemplaire gratuit de la prochaine édition à ceux qui nous envoient les lettres les
meilleures, pour la qualité et la pertinence des informations. Quelques conseils cependant :
– Envoyez-nous votre courrier le plus tôt possible afin que l'on puisse insérer vos
tuyaux sur la prochaine édition.
– N'oubliez pas de préciser l'ouvrage que vous désirez recevoir.
– Vérifiez que vos remarques concernent l'édition en cours et notez les pages du
guide concernées par vos observations.
– Quand vous indiquez des hôtels ou des restaurants, pensez à signaler leur adresse
précise et, pour les grandes villes, les moyens de transport pour y aller. Si vous le
pouvez, joignez la carte de visite de l'hôtel ou du resto décrit.
– N'écrivez si possible que d'un côté de la lettre (et non recto verso).
– Bien sûr, on s'arrache moins les yeux sur les lettres dactylographiées ou correctement écrites !
En tout état de cause, merci pour vos nombreuses lettres.

Le Guide du routard : 5, rue de l'Arrivée, 92190 Meudon

e-mail : guide@routard.com
Internet : www.routard.com

Le Trophée du voyage humanitaire ROUTARD.COM s'associe à VOYAGES-SNCF.COM

Parce que le *Guide du routard* défend certaines valeurs : Droits de l'homme, solidarité,
respect des autres, des cultures et de l'environnement, il s'associe, pour la prochaine
édition du Trophée du voyage humanitaire routard.com, aux Trophées du tourisme
responsable, initiés par Voyages-sncf.com.
Le Trophée du voyage humanitaire routard.com doit manifester une réelle ambition
d'aide aux populations défavorisées, en France ou à l'étranger. Ce projet peut concerner les domaines culturel, artisanal, agricole, écologique et pédagogique, en favorisant
la solidarité entre les hommes.
Renseignements et inscriptions sur ● www.routard.com ● et ● www.voyages-sncf.com ●

Routard Assistance 2008

Routard Assistance et Routard Assistance Famille, c'est l'Assurance Voyage Intégrale
sans franchise que nous avons négociée avec les meilleures compagnies, Assistance
complète avec rapatriement médical illimité. Dépenses de santé et frais d'hôpital pris en
charge directement sans franchise jusqu'à 300 000 € + caution + défense pénale +
responsabilité civile + tous risques bagages et photos. Assurance personnelle accidents : 75 000 €. Très complet ! Le tarif à la semaine vous donne une grande souplesse.
Tableau des garanties et bulletin d'inscription à la fin de chaque *Guide du routard* étranger. Pour les départs en famille (4 à 7 personnes), demandez nous le bulletin d'inscription famille. Pour les longs séjours, un nouveau contrat *Plan Marco Polo « spécial
famille »* à partir de 4 personnes. Enfin pour ceux qui partent en voyage « éclair » de 3
à 8 jours visiter une ville d'Europe vous trouverez dans les Guides Villes un bulletin
d'inscription avec des garanties allégées et un tarif « light ». Pour les villes hors Europe
nous vous recommandons Routard Assistance ou Routard Assistance Famille mieux
adaptés. Si votre départ est très proche, vous pouvez vous assurer par fax : 01-42-80-
41-57, en indiquant le numéro de votre carte de paiement. Pour en savoir plus : ☎ 01-
44-63-51-00 ; ou, encore mieux sur notre site : ● www.routard.com ●

Photocomposé par MCP - Groupe Jouve
Imprimé en France par Aubin
Dépôt légal : août 2007
Collection n° 13 - Édition n° 01
24/4096/4
I.S.B.N. 978.2.0124.4096-8